정감록과
격암유록

김
탁 金 鐸, Kim Tak

1963년에 경상북도 의성군에서 태어났으며, 대구 영남고등학교(30기)를 거쳐 1985년에 한양대학교 경제학과를 졸업하였다. 1985년부터 한국정신문화연구원(현 한국학중앙연구원) 부설 한국학대학원 에서 한국사상과 종교를 연구하여, 1995년에 「증산 강일순의 공사사상」이라는 논문으로 철학박사 학 위를 취득하였다.

현재까지 50여 편의 논문을 썼으며, 주요저서로는 『증산교學』(1992), 『한국종교사에서의 동학과 증 산교의 만남』(2000), 『한국의 관제신앙』(2004), 『정감록』(2005), 『증산 강일순』(2006), 『역주 송광 사 사고 - 인물편 - 』(2007, 공역), 『한국의 보물, 해인』(2009), 『대종교원전자료집 - 대종교신원경 - 』 (2011, 공저), 『조선의 예언사상』 상,하(2016), 『일제강점기의 예언사상』(2019) 등이 있다.

정감록과
격암유록

김탁

민속원

서문

　예언豫言은 시대時代의 산물産物이다. 따라서 예언은 항상 당대當代의 문제를 해결하기 위한 화두話頭로서 제시된다. 또 예언은 불확실한 미래를 미리 엿볼 수 있다는 짜릿한 호기심으로 사람을 자극시키며 흥미를 유발시키는 매력이 있다. 그러므로 예언은 늘 관심의 대상이 되어 많은 사람들의 생각에 엄청난 영향력을 발휘하기도 한다. 결국 예언은 미래학未來學의 중요한 한 부문으로 자리매김할 수도 있을 것이다.

　다가올 미래에 일어날 일을 미리 짐작한다는 예언을 기록한 예언서는 항상 그가 출현한 시대의 언어로 기록되기 마련이다. 따라서 예언서는 그것이 나타난 시대와 사회를 배경으로 삼아 나타난다. 그러므로 예언에는 당대인의 생각들이 반영되어 있어서 예언을 분석하는 일이 어느 정도는 가능하다. 바로 이러한 맥락에서 예언을 단순히 믿는 일에서 벗어나 예언을 따져보고 낱낱이 해석하는 일이 요청된다.

　인간은 항상 세계와 앞날에 대한 불안함을 극복할 새로운 예언을 필요로 한다. 이는 새 예언은 인간이 사는 한 계속 이어질 것이라는 사실을 알려준다. 결국 예언은 항상 기존의 예언을 재해석하고 보완하는 형태로 제시된다. 이는 예언이 정확하고 신빙성이 있다는 점을 강조하는 형태로 세상에 나타나기 때문이며, 새 예언의 정확성을 높이려는 의도적 방편이기도하다.

예언은 결코 빗나가거나 틀리는 법이 없다. 단지 잘못 해석되었을 뿐이다. 왜냐하면 예언의 시간은 늘 '미래'에 있기 때문이다. 따라서 예언을 믿는 것은 아직 오지 않은 미래를 미리 '현재적 시점'에서 사는 일이다. 예언은 언젠가는 실현될 시점까지 계속해서 수정되고 보완되기 마련이다. 결국 예언이 실현될 시기는 언제나 연기되고 미루어진다. 나아가 예언은 흔히 기존의 예언들을 반복하거나 재해석하는 형태로 제시되기도 한다.

조선시대를 대표하는 예언서는 『정감록鄭鑑錄』이다. 그러나 일제강점기를 거쳐 한국전쟁의 위기를 겪은 후에도 급변하는 세계정세의 난맥상과 새로운 정치체계의 전개, 경제적 상황의 급변, 사회질서의 변동, 자연생태계의 변화 등에 적극적으로 대응하는 차원에서 새로운 형태의 예언서인 『격암유록格庵遺錄』이 1970년대 말에서 1980년대 초부터 사람들의 입에 널리 회자되기 시작했다. 현대에 이르러서도 「원효결서元曉訣書」, 「율곡비결栗谷秘訣」, 「송하비결松下秘訣」 등등 새로운 비결과 예언서가 계속 등장하여 사람들의 귀를 솔깃하게 만들며 흥미를 유발시켰다. 앞으로도 예언은 어떠한 형태로든지 계속 이어질 것이며, 또 다른 예언서와 비결들이 등장할 것이다. 왜냐하면 기본적으로 예언은 '시대의 산물'이기 때문이다. 인간을 둘러싼 시간과 환경의 변화에 따라 예언은 끊임없이 요구되고 나타날 것이다. 새로운 예언은 항상 기존의 예언들에 힘입어 조금씩 그 모습을 바꾸어가면서 출현하리라.

『격암유록』은 『정감록』이 없었더라면 결단코 이 세상에 출현할 수 없었을 것이다. 『정감록』의 내용을 기초로 하여 『격암유록』이 형성되었다. 그리고 『격암유록』은 1970년에 급성장한 한국기독교계 신종교 단체에서 '만들어진' 예언서로 보인다.

흔히 예언은 어려운 파자破字나 신비한 용어로 신성시神聖視된 형태로 나타나 일반인의 접근을 허락하지 않는다. 결국 예언은 항상 다양한 해석에 '열려진' 상태로 남아있다. 빠져나갈 구멍은 늘 마련되어 있기 마련이다. 그럼에도 불구하고 예언은 '분석'이 가능한 문서임은 틀

림없다. 이러한 관점에서 이 책은 서술된다.

　예언은 신비한 '믿음'의 영역에 있는 일종의 신념체계다. 따라서 예언은 그를 믿는 사람에게는 '진실'이고, 그렇지 않은 사람에게는 판단의 영역을 벗어나 있는 나와는 관련이 없는 '거짓'에 불과하다. 따라서 예언에 지나치게 매달리는 일은 어리석고, 도외시하기만 하는 태도도 바람직하지 않다. 예언과 예언서에 대한 보다 객관적인 이해가 필요한 이유다. 이 책이 예언에 대한 일반인의 인식을 제고提高하는데 조금이나마 도움이 되었으면 한다.

　이 책을 쓰는데 귀중한 자료를 선뜻 제공해주신 김병현 회장님과 조용한 집필실을 마련해주신 무지개슈퍼의 박순임 여사께 감사드린다. 그리고 늘 못난 아들을 염려하시는 어머님께 이 책을 바친다.

2021년 5월 어느 날
대덕산 기슭 아래 백산초당白山草堂에서
필자 쓰다.

차례

머리말

———

"앞날을 미리 알 수 있다."는 예언서는 인류 역사상 어느 시대 어느 곳에서도 있어왔다. 예언은 호사가들에 의해 항상 이야기되고 유포되었으며, 일반인의 호기심을 자극하여 심심풀이식의 담론으로 제기되어 많은 관심을 끌어왔다. 우리나라의 대표적인 예언서는 『정감록鄭鑑錄』이다. 『정감록』이라는 책 이름은 한국인이라면 누구나 한번은 들었을 정도로 익숙하다. 그런데 『정감록』은 기본적으로 조선시대朝鮮時代를 배경으로 출현한 예언서로 왕조시대를 지나 현대로 접어들면서부터는 그 가치가 감소하고 의의가 저평가될 수밖에 없다. 시대의 산물은 그 시대가 지나가면 스스로 사라지는 과정을 겪기 마련이다.

필자는 『정감록』에 대한 개설서로 『정감록』(살림출판사, 2005)을 간행하였으며, 『정감록』의 출현과정과 의의에 대해 사료를 통해 자세하게 분석한 『조선의 예언사상』상, 하(북코리아, 2016)을 저술했고, 『정감록』의 비결들이 어떻게 활용되었는지를 알아본 『일제강점기의 예언사상』(북코리아, 2019)을 출판하기도 했다. 그리고 충남대학교 충청문화연구소에서 발간하는 『충청문화연구』 20집(2018)에 「정감록 출현의 역사적 과정과 의의」를, 22집(2019)에 「남조선南朝鮮신앙의 성립과 전개」를, 23집(2020)에 「정감록신앙의역사적 전개와 의의」라는 논문을 발표한 바 있다. 조선시대의 대표적인 예언서인 '새 시대를 꿈꾸는 민중들의 예언서'인 『정감록』에 관심이 있는 독자들은 위에서 언급한 책과 논문을 참고하기 바란다.

현대로 가까워오면서 『정감록』의 자취가 점차 사라져가기 시작했는데, 잊혀질만하면 항상 『정감록』의 그림자는 여전히 우리들 곁에 잔영을 남겼다. 그러다가 1980년대 초반부터 느닷없이 임진왜란이 일어나기 직전까지 살았던 역사적 인물인 남사고南師古가 지었다고 전하는 『격암유록格庵遺錄』이라는 예언서가 역사의 무대에 등장했다. 『격암유록』에는 남한과 북한의 통일, 대규모 전염병의 발생, 성인의 출현과 구원과정, 종교의 통일과 한민족의 위상 제고 등등 우리 민족의 앞날에 잠깐 동안의 시련이 있을 것이지만 결국에는 한민족이 세계 역사를 이끌고 주도할 것이라는 장밋빛 전망이 도처에 있는 기쁜 소식으로 가득차 있다고 이야기되었다. 실로 가슴 벅찬 엄청난 예언이었다.

『격암유록』이 많은 사람들의 입에 널리 알려지기 시작한 때로부터도 벌써 40여년이 흘렀다. 여전히 세상은 갈등과 대립과 투쟁만이 난무하고 어지러운 채 '새 세상'은 아직도 오지 않았다. 그러나 그럼에도 불구하고 『격암유록』은 여전히 현재진행형으로 유효한 예언서로 많은 사람들에게 인정되고 있다. 때로는 우국충정憂國衷情에 불타는 사람들의 입에서, 때로는 특정 신앙집단의 성소聖所임을 근거하는 비결로서, 어느 때는 특정인이 성인聖人임을 입증하는 비결의 형태로 『격암유록』은 항상 이야기되는 현대 한국의 대표적인 예언서로 유포되고 알려지고 있다. 그렇다면 과연 조선시대를 대표하는 예언서인 『정감록』과 현대의 예언서를 자처하는 『격암유록』 사이에는 어떠한 맥락과 관계가 있을까? 필자의 관심과 분석은 바로 이 질문에서 시작되었다. 단순한 호기심과 예단과 추측에서 벗어나 이제 『정감록』과 『격암유록』에 대한 객관적 이해를 도모하여 그 의미를 알아보도록 하자. 이러한 작업은 다가올 미래를 미리 알 수 있는 황금열쇠로 인식되고 믿어지는 예언이 가지는 역사적, 사회적 위상을 자리매김하고 그 사상적 의미에 대해 탐구하는 일이 될 것이다.

『정감록』은
어떤 책인가?

　　　　　　　　　　　　　　　━

　『정감록』은 조선시대 이래 민간에 널리 유포되어 온 우리나라의 대
표적인 예언서다. 그러나 우리가 흔히『정감록』이라고 말하는 책은 한
권의 책이 아니다. 여러 가지 비결서의 집성이며 이본異本이 많은 것이
특징이다.
　『정감록』은 「감결鑑訣」을 비롯하여 「동국역대기수본궁음양결東國歷
代氣數本宮陰陽訣」, 「역대왕도본궁수歷代王都本宮數」, 「삼한산림비기三韓山林
秘記」, 「무학비결無學秘訣」, 「오백론사五百論史」, 「도선비결道詵秘訣」, 「남
사고비결南師古秘訣」, 「토정가장결土亭家藏訣」, 「서계이선생가장결西溪李
先生家藏訣」, 「정북창비결鄭北窓秘訣」, 「서산대사비결西山大師秘訣」, 「두사
총비결杜師聰秘訣」, 「옥룡자기玉龍子記」, 「삼도봉시三道峰詩」 등의 짧은
비결서 수십 종을 총칭하는 책이다. 따라서『정감록』은 단일한 체제와
일관된 형식을 갖춘 책이 아니라, 여러 다양한 형식의 단편적인 비결
서들이 합쳐진 책이다.
　넓은 의미의『정감록』은 「감결」 등 여러 비결을 망라하는 책이며,
좁은 의미의『정감록』은 「감결」만을 가리킨다는 주장도 있다. 아마도
『정감록』을 편찬한 사람들이 「감결」을 중심으로 삼고 당대에 유포되
던 여러 비결서들을 합쳐서 '정감록'이라는 제목을 붙여서 책을 만들었
던 때문으로 짐작된다. 애초에는 몇 개의 비결서만을 모았던 책이었는

데, 세월이 흐르고 시대적 상황이 바뀌면서 또 다른 비결서들이 더욱 보태져서 이른바 『정감록』이라는 책으로 집대성되었던 것으로 이해해야 할 것이다.

『정감록』에서 가장 중요한 부분인 「감결」은 한류공漢隆公의 둘째아들인 이심李沁과 셋째아들인 이연李淵이 정감鄭鑑과 함께 금강산, 삼각산, 가야산 등지를 유람하면서 나눈 대화록이다. 주로 이심李沁이 묻고, 정감이 대답하는 형식을 취하고 있다. 내용의 핵심은 이씨 조선이 망하고 정씨의 새로운 왕조가 계룡산에서 일어날 것인데, 그 과정에서 발생할 난리를 피해 몸을 보전할 열 곳의 땅을 제시한 것이다.

『정감록』이 언제쯤 편집되었는지는 정확히 알 수 없다. 왜냐하면 『정감록』에 포함되는 비결서가 편찬자에 따라서 현재에도 조금씩 다르기 때문이다. 다만 앞에서 언급되는 단편적 비결서들을 대부분 포함하고 있는 책을 현재적 시점에서 편의상 『정감록』이라고 부르는 것이다.

어쨌든 여러 형태와 경로를 통해 오랫동안 민중들에게 필사본으로 전해지던 비결서를 모아 김용주金用柱가 1923년 3월 19일에 『정감록』을 185면의 국판 활자본으로 간행하였다.[1] 이 책에는 46종의 비결서가 수록되어 있고, 현재 일반적으로 『정감록』에 포함된다고 여겨지는 거의 모두 비결을 포함하고 있다. 따라서 적어도 1923년 무렵에는 『정감록』으로 불리는 비결서가 집대성되었다고 평가할 수 있다.

필사본으로 유포되던 시기에는 참위설讖緯說적인 비결들이 들쑥날쑥하게 이른바 『정감록』에 포함되기도 하고 누락되기도 했을 것이지만, 일단 근대적 인쇄술로 공간公刊이 된 이후에는 이러한 일이 발생할 가능성이 차단되었다. 따라서 1923년 이후에는 비전秘傳되었다는 또 다

---

1   김용주가 규장각 소장본을 중심으로 교열한 『정감록鄭勘錄』이 국립중앙도서관에 분류번호 조선총독부고서부 한韓 고조古朝 19-62로 소장되어 있는데, 185면의 연활자본이다. 김용주가 저작 겸 발행자이며, 한성도서주식회사에서 발행했다. 동아일보 1923년 3월 28일자 신간서평란에 소개되었고, 『개벽』 34호(1923년 4월 1일)에도 「혹세무민의 정감록 발행에 대하여」라는 비판적 기사가 실려 있다.

른 비결서가 일반인에게 공개된다고 하더라도『정감록』이라는 이름은 사용할 수 없었으며 사용하지도 않았다. 다른 독특한 이름을 짓거나 기존의『정감록』에 수록된 비결서의 저자나 주인공이 아닌 다른 인물이 지었다는 설명을 달고 제시되는 것이다.

그런데 현재 전하고 있는『정감록』의 이본異本은 모두 50여 종이나 되며, 내용은 같지만 이름만 다른 것까지 합치면 무려 73종이나 된다.[2] 이는『정감록』이 고정된 형태의 저작이 아니라 민중들에 의해 항상 새롭게 부각되고 해석될 수 있는 동적動的인 성격을 지녔음을 알려준다.[3]

『정감록』은 다양한 형태의 비결을 집성한 민간예언서로서, 주로 이심李沁과 정감鄭鑑의 문답과[4] 조선 말기의 쇠운설衰運說이 주축이 되며 참위설, 풍수지리, 도교사상 등이 혼합되어 있는 책이다. 정확한 원본이 발견되지 않으며 민간에 유포된 각종의 필사본이 있을 따름이다.[5] 책이름도 정감록鄭湛錄, 정감록鄭堪錄, 감론초堪論抄, 석서石書, 조선보감朝鮮寶鑑, 역세요람歷歲要覽, 징비록徵秘錄 등 다양하게 불린다.[6]

『정감록』의 이본이 이처럼 많은 이유는『정감록』이 필사본으로 유통될 당시 집권층에서 사회질서를 어지럽히는 내용이라고 판단하여 이 책을 소지하거나 배포하는 일을 철저하게 금했기 때문이다. 더욱이 인쇄술이 널리 보급되지 못하던 때여서 일일이 손으로 필사하여 여러

---

2 『정감록』의 이본과 각 이본들의 체제와 내용의 차이에 대해서는 무라야마 치준村山智順 저, 김희경 역,『조선의 점복과 예언』(동문선, 1990), 533~537쪽, 안춘근 편,『정감록집성』(아세아문화사, 1981), 4~8쪽, 김수산·이동민 공역저,『정감록』(명문당, 1981), 27~65쪽을 참고하시오.

3 양은용,「풍수지리설과 정감록」,『종교문화연구』19집(2012), 50~51쪽 참고.

4 정감은 포은圃隱 정몽주鄭夢周(1337~1392)의 선조先祖이고, 이심은 조선을 건국한 태조太祖 이성계李成桂(1335~1408)의 선조로 고려시대의 인물이라고 믿어진다. 또 어떤 판본에는 이심이 태조의 7대조라고 밝힌 것도 있지만, 신빙성은 없다. 차천자車天子,「신해新解 정감록鄭鑑錄」,『별건곤』11호(1928년 2월), 2쪽.

5 『정감록』에 수록되어 있는 자료 가운데「비람秘覽 청류당음청록聽流堂陰晴錄」은 1891년에 필사되었다고 명시되어 있다. 안춘근,『정감록집성鄭鑑錄集成』(아세아문화사, 1981), 8쪽.

6 「괴서『정감록』해부」,『삼천리』제9권 제5호(1937년 10월호), 1쪽. 조선총독부 경무국에 근무하던 서촌西村 통역관의 다년간의 연구를 인용하고 있다.『정감록』에는 내각판內閣版, 안동판安東版, 송판송사松板松寫 등의 이본이 있다고 했다.

사람에게 유포되는 과정에서 오자나 탈자가 나오기 마련이었으며, 책의 일부 내용이 누락되거나 삭제되었고 때로는 특별한 이유로 몇 구절이 첨삭되기도 했고 가필되었기 때문이다.[7] 결국 지금까지 전하는 여러 이본들 가운데 어느 것이 진본인지를 확인하는 일은 거의 불가능하다. 책 제목에 '원본' 또는 '진본'이라는 이름이 들어가 있다고 하더라도 그 책을 원본이나 진본으로 간주할 수는 없다. 그런 이름이 들어가 있는 이유는 그 책의 편자가 그 책에 권위를 부여하기 위해 굳이 그런 이름을 붙일 것일 뿐이기 때문이다.

한편 『정감록』의 여러 이본들 가운데 서울대학교 규장각에 소장되어 있는 규장각본 『정감록』이 지질은 근대에 필사된 것이기는 하지만 전체 체제나 내용으로 볼 때 가장 신빙성이 있는 사본으로 보기도 한다.[8] 1923년에 김용주가 공간한 『정감록』도 바로 이 규장각본을 중심으로 삼았기 때문에, 앞으로도 특별한 이유가 없다면 규장각본을 『정감록』이라는 책의 중심으로 이해할 수밖에 없을 것이다.

간단하게 정의한다면 『정감록』은 "우리나라 미래의 국운國運을 예언한 신비하고 해석이 어려운 도참서"이며, 고려조와 조선조의 흥망 및 새로운 정씨 왕조의 출현을 예고하고 있다는 내용적인 공통점이 있다. 그리고 『정감록』은 기본적으로 풍수지리설과 역성혁명易姓革命사상을 바탕으로 조선의 국운을 예언했으며, 지기쇠왕설地氣衰旺說과 동양의 순환사관循環史觀에 기초하고 있다.

『정감록』에 대한 비판

『정감록』은 선조宣祖 때 겪었던 민족사 최대의 위기였던 임진왜란과

---

7 이태희, 『십승지』(도서출판 참나무, 1998), 105쪽.
8 김수산·이동민 공편저, 『정감록』(명문당, 1981), 37~38쪽.

인조仁祖 때 발생했던 병자호란의 참담했던 경험을 일정하게 반영하고 있다. 우리 민족의 생존권이 근본적으로 위협받았던 위기감과 전쟁에 대한 공포가 『정감록』의 곳곳에 배어있다. 죽느냐 사느냐라는 극단적인 갈림길에서 선택을 강요받을 수밖에 없었던 일반 민중들은 군대의 재앙인 병화兵火를 가장 두려워했던 것이다. 『정감록』에서 피난할 곳으로 제시되는 십승지도 기본적으로 외적의 침입과 노략질로부터 안전하게 생명을 보전할 수 있는 장소로 믿어졌다.

물론 『정감록』에는 흉년과 전염병의 발생에 대한 민중들의 두려움도 눈에 띄지만, 당장 생명이 위협받았던 것은 호胡와 왜倭로 대표되는 이민족의 침략 전쟁에 따른 무차별적인 살상과 잔혹한 공격이었다. 따라서 기본적으로 『정감록』은 개인이나 집단의 운명을 알아보는 차원의 예언서가 아니라, 민족 전체의 운명과 국가의 운수를 예언하는 비결서이다. 그러므로 『정감록』을 민족과 국가의 정체성이 기초부터 흔들렸던 암울했던 시대상황에서 절망과 좌절을 딛고 일어나 새로운 앞날을 제시하고 희망을 노래하고자 애썼던 선각자들의 예지가 담긴 '묵시론적黙示錄的 복음서福音書'로 이해해야 할 것이다.

그러나 『정감록』은 다음과 같은 몇 가지 점에서 비판받을 수 있는 약점도 지니고 있다.

첫째, 『정감록』은 현세도피적이고 현실부정적인 예언서로 볼 수 있다. 전반적으로 볼 때 『정감록』은 건설적이고 진취적인 기상이 없으며 은둔적인 경향을 강조하여 소극적인 사상에 치우친 느낌이 있다. 특히 『정감록』은 특정한 시점에 이르러 급박한 종말이 올 것이라는 파멸적인 예언에 집착하여, 사회 전체에 과도한 불안과 긴장을 유발시킬 수 있으며 위기의식을 동반한 한탕주의나 기회주의를 만연시킬 위험을 지니고 있다. 이는 개인이나 집단 또는 국가와 민족의 진로를 정할 때 자기결정권이라는 소중한 권리를 스스로 포기하는 행위로 연결되기 쉽다. 주어진 현실을 적극적으로 타개하려는 노력은 하지도 않은 채 자칫하면 도피하여 은둔하려고만 하는 자세를 보이기 마련이다.

눈앞에 닥칠 말세를 극복하기 위해 십승지十勝地를 찾아들어가자는 『정감록』의 주장은 언뜻 보면 적극적인 대처법이자 현명한 피난방법일 수도 있다. 그러나 이 방법은 개인이나 가족만 살고자 노력하는 이기주의나 소아주의로 비판받을 수 있고, 국가와 민족이 엄청난 재난을 당했는데 이를 도외시하고 나 또는 우리만 피난하려한다는 소극적인 대처법이라고 비판받아야 마땅할 것이다. 이러한 관점에서 『정감록』을 지나치게 신봉하는 사람들은 치열한 현실에서의 삶의 경쟁에 자신이 없거나 생존경쟁에서 낙오된 사람들이라고 폄훼되기도 했다. 현실을 포기하고 불확실한 미래에만 매달리는 『정감록』 신봉자들은 엄연한 현실을 열심히 살아가는 동시대인들의 삶에 대한 의지와 의욕을 저하시키기 때문에 그들로부터 함께 공유할 가치관이 부족한 이단자로 낙인찍힐 위험이 높다.

예언은 자칫하면 지나간 일에 대한 견강부회, 앞날에 대한 공포와 막연한 불안감의 조성, 시간만 지나면 된다는 식의 소극적인 현실 이해, 나만 믿으면 된다는 투의 독선적 경향, 혹세무민하는 대중 선동, 현실 불만과 절망감으로 인한 무기력, 자신과 현실에 대한 통찰력의 결여, 사회참여 의지의 희박화 등등 부정적 형태로 표출되기가 쉽다.

둘째, 『정감록』은 미신과 유언비어의 원천으로 여겨지기도 했다. 일반적으로 예언서는 한결같이 전쟁, 폭동, 가뭄, 홍수, 질병 등 갖가지 천재天災와 지변地變은 물론 인재人災와 변란變亂이 언제, 어디서, 어떻게 일어날 것인지를 예고하고 있다. 더욱이 예언적 비결은 표현 자체가 암시적이고 상징적이기 때문에 "귀에 걸면 귀걸이, 코에 걸면 코걸이" 식으로 때와 장소 그리고 해석자에 따라 전혀 다르게 받아들여질 수 있는 가변성을 지닌다.

결국 은유, 파자, 암시, 상징 등을 이용한 비밀스럽고 자의적인 비결의 표현방식은 지향하는 원래적 의미와는 달리 혹세무민惑世誣民하는 사설邪說로 유포되기도 했었음을 부정할 수 없다. 따라서 『정감록』 등의 비결서는 민심이나 여론을 조작하는 역술적인 유언비어의 원천이되어 사회병리현상으로 지목되기도 했다. 『정감록』은 사회적 불안감을 조성하거나 확대시키려는 의도로 현실을 부정하고 왕조의 교체를주장한 책이라는 비판을 받았다. 이는 부정, 저항, 좌절, 증오의 표출이며, 현실을 도외시하거나 뒤엎으려는 시도이기도 하다. 나아가『정감록』은 성리학이 지배이데올로기였던 조선사회에 강력한 도전이었으며, 역모逆謀를 준비하기 위해 의도적으로 비결을 조작하기도 했다는비판에 직면했다. 결국『정감록』은 당시의 불만에 찬 지식인들이 개인적 좌절감을 위안삼기 위해서 쓰이고 읽혀지거나 궁극적으로는 관직을 얻으려는 정치적 목표를 달성하기 위한 수단으로 사용되기도 했다.나아가 비결서의 내용은 '믿거나 말거나' 식으로 확인이 불가능한 풍문의 근원이 되기도 했으며, 때로는 황당무계한 유언비어流言蜚語의 원천이 되기도 했다. 때때로『정감록』에는 나오지도 않는 구절이나 내용들이 마치 실재하는 것처럼 전해지고 나름대로 해석되기도 했다.

그리고 비결서가 등장하게 된 사회적 배경이나 비결서의 내용이 가지는 사상적 의미는 전혀 고려되지 않은 채, 단순히 특정한 개인이나집단의 길흉화복吉凶禍福을 따지는 일에 지나치게 민감하게 반응하는경향이 있다. 따라서 비결서는 건전하고 합리적인 사고방식의 결여를유발하여 맹목적인 추종을 강요하기 쉬우며, 과학적 판단보다는 미신적 맹신에 가까운 형태로 사회 구성원을 이끌어갈 위험성을 항상 내포하고 있다.

셋째, 『정감록』은 전근대적인 세계관을 반영하고 있는 지난 시대의문화적 전통으로 볼 수 있다. 『정감록』은 전제왕권을 중심으로 한 왕조 중심의 세계관을 반영하고 있다. 특정 성씨의 혈통으로 왕위가 대대로 계승되는 봉건적 왕권을 인정함으로써『정감록』은 근대적 시민사회나 민주주의 체제를 받아들이지 못하거나 이전의 시대상만을 고집하는 듯 보인다. 한 마디로『정감록』이 대상으로 삼고 있는 사회는근대 이전의 중앙집권적 절대 왕권이 지배하던 왕조사회다. 따라서

『정감록』은 신분의 차별과 계급의 구분이 없이 누구에게나 평등한 인권을 강조하는 시민사회가 출현하기 이전 시대의 낡은 유물로서 현대사회에서는 유용하지 않거나 불필요한 사상체계로 비판받을 수 있다. 『정감록』에는 개개인의 개성이나 인격을 보장하거나 특정인의 자유의지나 선택을 존중하는 배려는 보이지 않는다. 독선적이고 결정론적인 입장에서 어떻게 행동해야 하는가를 교조적으로 가르쳐주고 때로는 강요하고 있을 따름이다. 이와 관련하여 『정감록』에는 여성을 비하하는 내용이 간혹 있다. 「감결」의 "궁중의 홀어미가 제 마음대로 전제專制하고"라는 구절과 「삼한산림비기」의 "북쪽 나라의 여자 임금이 와서 평왕平王을 홀리면 고려가 곧 망하리니……"라는 구절과 "왕씨王氏가 망할 때에는 사나운 신하를 견제하기 어렵고, 이씨李氏가 망할 때에는 여알女謁(궁중에서 정사를 어지럽히는 여자)이 가장 위세를 부릴 것이다." 등의 구절에서 이러한 경향이 확인된다. 그리고 『정감록』에는 부자에 대한 경멸감이 묻어 있기도 하다. 「감결」의 "가난한 사람은 살고 부자는 죽을 것이다."라는 구절은 정당한 수단에 의한 부의 축적마저도 질시하고 인정하지 않으려는 태도로 보인다.

넷째, 『정감록』은 특정한 정치적 목적을 지닌 세력이 꾸며내는 선전 도구나 민심 조작의 수단으로 이용될 가능성이 있다. 『정감록』은 통치자나 왕조에 반발하는 세력들이 기존 체제와 질서를 혼란시키거나 파괴할 목적으로 대중 선동의 기제로 기능했던 역사를 가지고 있다. 조선왕조 중기 이후 『정감록』은 전제적專制的인 폭정이 무너지기를 바라거나 새로운 왕조의 발흥을 혁명이나 반란에 의해 합리화시키고자 했던 세력에 의해 정치적 수단으로 이용되기도 했다. 이러한 『정감록』의 기능은 한편으로는 엄격하게 억압되고 통제된 여론체제 속에서 비공식적인 형태로 왕조를 비판하고 지배층에 대한 정신적 각성을 촉구하는 긍정적인 역할도 수행했다. 이는 억압된 민중 심리의 보상기능으로도 볼 수 있고, 중앙정부로부터 소외된 지식인들이 선택 가능했던 거의 유일한 정치적 저항방법이기도 했다. 그러나 『정감록』 등의 비결을 이용하여 특정집단의 정치적 행위를 정당화시키려는 방법은 홍보의 측면에서는 효과가 컸을지 모르지만, 오히려 단편적이거나 비본질적인 면모들이 부각되어 혹세무민하는 결과를 초래할 가능성이 높다. 그리고 『정감록』에는 분파를 반영하고 조장하려는 표현들이 간혹 보이며, 현실을 파괴하고 저항을 부추기는 모략에 이용될 내용이 상당히 있다.

이 밖에도 『정감록』이 기초하는 지형과 위치로 한 왕조의 운세가 결정된다는 일종의 지리결정론地理決定論은 현대 사회의 자연과학적 관점에서 볼 때는 설득력이 약하다. 나아가 『정감록』에서는 내세관을 찾아볼 수 없다. 다만 소극적이고 제한적인 현세적 유토피아론에 머물렀다는 한계를 가지고 있다. 결국 『정감록』은 비체계적이고 주술적인 설화에 의지한 소규모의 비밀결사를 만드는 일에 영향을 주는데 그쳤고, 『정감록』에 근거한 대부분의 역모 추진이 동모자同謀者들의 고발로 실패하고만 근본적 한계를 노출하였다.

한편 『정감록』이 학수고대한 진인眞人은 익명성 때문에 카리스마적 인격이 뚜렷하지 못하여 민중의 새로운 종교운동으로의 발전은 보지 못했다. 진인은 새 세상을 예언하고 새로운 삶을 약속하는 등 메시아로서의 속성을 어느 정도는 지니고 있었지만 신앙운동의 중심이 되기에는 부족했다. 나아가 『정감록』은 이상세계에 대한 설명이나 비전을 구체적으로 제시하지 못하였기 때문에 신앙운동으로 성장하지는 못했다. 다만 막연한 주장이나 이야기에 그쳤으며, 곧 새로운 왕조의 주인공이 출현할 것이라는 정치적 성격의 주장으로 연결되었을 따름이다. 결국 『정감록』적 이상사회론은 새로운 세계관을 제시하는 종교화가 이루어지지 못했으며, 개인의 영달을 추구하려는 정치적 목표를 추구하는 소집단으로서의 한계를 드러냈다.

예언서의 사상사적 의의

인간은 '나'라는 존재에 대한 자의식을 가지면서부터 자기의 생명에 대한 불안감을 갖기 시작했다. 급기야 이러한 개인의 불안감이 결집되어 사회에 대한 막연한 위기의식이 고조되어 결국은 말세라는 의식을 공유하면서 시한부 종말론으로 심화되기도 한다. 이처럼 말세에 대한 예언이나 종말신앙에 너무 심취하게 되면 현재의 삶에 결코 충실할 수 없다. 그래서 사람들은 '비밀스런 기록'을 통해 다가올 미래에 대한 불안감을 나름대로 확신으로 바꾸어 앞날에 기대와 희망을 가지며 위안으로 삼는다.

임진왜란과 병자호란이라는 초유의 침략전쟁을 치르면서 조선의 민중들은 정부에 대한 원망을 고조시켰고 지배계층이었던 사대부들의 무능력을 질타했다. 점차 시간이 흘러갈수록 조선사회는 국정의 문란, 성리학적 지배이념의 몰락, 반목으로 얼룩진 당쟁의 격화, 끊임없는 민란의 발생, 신분 차별의 철폐를 요구하는 민중들의 항쟁, 흉년과 전염병으로 인한 생존의 위협, 갖가지 고질적 병폐의 악순환 등으로 인해 전면적인 변혁이 요청되는 과도기적 이행기에 놓여 있었다. 이러한 엄청난 질곡과 혼란의 틈바구니 속에서 조선의 민중들은 무기력하게 허덕일 수밖에 없었다. 삶과 죽음의 갈림길에 내던져져 위기감에 고뇌하고 절망하던 일부 민중들은 희망을 모색하는 과정에서 새로운 생의 의지를 『정감록』 등의 예언서에서 찾을 수 있었다.

"하늘이 무너져도 솟아날 구멍이 있다."는 속담은 엄청난 절망과 위기의식을 함축적으로 반영하면서도 이를 극복하기 위한 결연한 의지가 나타나 있다. 참담한 시대상황에서 한바탕 꿈이라도 꾸어보고 싶은 심정으로 조선의 민중들은 예언서에 매혹을 느꼈던 것이다. 약간의 독성을 가지고 있는 줄 뻔히 알면서도 뿌리치기 어려운 집요한 매력에 잡을 수밖에 없는 담배나 진통제와도 같이, 『정감록』 등의 비결서는 가시를 품은 장미의 모습으로 민중들에게 다가왔던 것이다. 당시 조선의 민중들은 곧 새로운 왕이 등극하여 새 세상이 지상에 건설될 것이라는 낙관적 희망에 매료되어서야 비로소 그동안 쌓아만 왔던 불안과 불만을 어느 정도나마 해소하고 치유할 수 있었던 것이다.

예언서는 사람들의 막연한 기대감에 힘입어 억압된 사회에서 주체적이고 적극적인 변혁사상으로 작용하기도 한다. 따라서 어떤 형태의 믿음이나 신앙에도 예언은 항상 일정한 영역을 차지하고 있다. 그리고 예언은 늘 초월적이고 근원적인 변화를 모색하여, 세계와 자신의 구원을 갈구하던 민중에게 희망의 등불이 되기도 한다. 곧 신성한 존재의 출현을 통해 이상사회가 건설될 것이라는 믿음을 중심으로 스스로의 의지를 닦아나갔던 것이다. 결국 예언서는 어떤 의미에서는 민중의식의 구심적 역할을 하기도 했다. 나아가 예언서는 시대를 인식하거나 비판하는 잣대가 되기도 했고, 주어진 현실을 부정적으로 보면서 새 이상향을 제시하는 틀을 제공하기도 했다. 단순히 불만을 가지고 현실을 보려는 것이 아니라 비판정신의 토대가 되었던 것이다.

한편 어떤 의미에서 보면 천재적인 사상가 한 사람이 태어나 개진한 사상은 동시대인들의 전반적인 생각과는 동떨어진 것이거나 다를 수 있다. 독창적 사상가 개인이 한 시대의 흐름을 주도하고 지배할 수도 있을 터이지만, 그가 살았던 사회의 기저에 도도히 흐르는 민중 전체의 생각과 사상도 엄연히 존재하는 것이다. 바로 이러한 관점에서 특정한 시대를 대변하는 절대 다수의 공통된 견해와 믿음을 '민중사상'이라고 부를 수 있을 것이다.

『정감록』은 개인의 사상체계를 보여주는 저서가 아니라 조선시대의 수많은 백성들이 공유하고 함께 만들어낸 민중사상을 집약한 책이다. 특히 『정감록』은 조선시대 민중들이 가졌던 세계관과 역사관을 고스란히 알 수 있는 중요한 책이며, 민중들이 믿고 의지했던 예언서이자 민중의 경전이기도 하다. 따라서 『정감록』은 조선시대의 사회와 민중을 이해하고 연구하는 일에 필수불가결한 자료집이다. 관찬사서나 개인 사상가들의 저서에는 도외시되거나 매우 미미하게 다루어졌던 민중사상의 보고로서 『정감록』의 가치는 재평가되고 존중되어야 할 것이다.

그런데 『정감록』은 변화하는 정세와 상황에 민감하게 대응할 수 있는 일정한 처방을 제시한 측면은 있지만, 민족적 통합의 구심점으로는 한계가 있었으며 곤란한 점도 있었다. 사람들은 세상이 어수선할수록 흔히 신비세계로 몰입하여 회피하려는 경향이 있다. 난세 때마다 각종 예언서나 점술서가 유행하여 오래도록 생명력을 가지고 광범위한 영향력을 행사해 왔던 것이 역사적 사실이자 그 증거다. 일부 사람들은 천문(점성술), 지리(풍수), 인사(복서卜筮)를 통해 앞일을 미리 내다볼 수 있다고 믿었던 것이다. 불확실한 미래에 대해 나름대로 해답을 얻고자 노력했던 사람들에게, 그리고 어찌할 수 없는 상황에 비관만 하던 민중들에게, 예언이 담긴 비결서는 활로活路와 마음의 평정을 주기도 했다. 이것이 바로 『정감록』이 민중들의 사랑을 받고 탐독되었던 결정적인 이유 가운데 하나다.

무엇보다 『정감록』은 조선왕조가 망하더라도 이 땅의 민중들을 이끌고 지켜줄 정씨鄭氏 진인眞人에 의해 열릴 새 시대를 예언했다. 그토록 오랫동안 『정감록』이 전승되고 믿어진 가장 중요한 이유는 민중들에게 좌절이 아니라 희망을, 멸망이 아니라 재건을, 포기가 아니라 기대를, 죽임이 아니라 살림을, 주검이 아니라 생명을 제시하고 있기 때문이다. 이씨李氏 왕조가 망하더라도 다시 정씨 왕조가 이 땅에 세워질 것이고, 정씨 다음에도 조씨趙氏와 범씨范氏 등이 계속 일어나 새 나라를 세워 민족과 국가를 구원해줄 것이라는 벅찬 희망을 민중들에게 심어주었던 것이다. 더욱이 『정감록』은 우리 민족의 지속적 발전에 대한 확고한 신념을 잘 표현하고 있다.

예언서는 민중의 마음을 보여주는 거울이다. 민중의 심리를 대변하고 반영하는 예언서는 늘 민중의 사랑을 받아왔고 그만큼 생명력도 길다. 그리고 예언서는 시대적 상황이 바뀌면 항상 새로운 해석과 설명을 통해 민중의 욕구를 충족시켜 왔다. 그리고 기본적으로 예언서는 체계적이고 구체적인 서술은 없고, 알쏭달쏭한 표현만 단편적으로 제시할 뿐이다. 결국 예언서는 항상 비밀스러운 문화코드로 남아있다.

민중은 공포와 절망에 떨면서도 예언 가운데 희망의 빛과 씨앗을 몰래 감추어두었다. 그러므로 예언서는 민중의 입장에서 국가와 민족의 장래를 염려했던 흔적이 남아있는 다소 거칠지만 진실한 역사서이기도 하다. 나아가 예언서는 전혀 기댈 곳조차 없었던 민중의 바람을 소중하게 담았던 투박하지만 세월의 때가 묻은 귀중한 그릇이다. 그리고 예언서는 시대의 절망과 어둠과 질곡을 이겨내려는 민중의 고통스럽지만 환희에 찬 몸짓이기도 하다. 또한 예언서는 휘몰아치는 광풍에도 결코 굴복할 수 없었으며, 그 모짐과 고통을 애써 이겨내고 살아야만 했던 이 땅에 살았던 수많은 민초民草들의 서글픈 진혼곡이자 희망을 노래한 행진곡이기도 하다. 한 마디로 말하면 『정감록』은 새 시대에 거는 민중의 기대가 집약된 책이다. 그리고 『정감록』은 거센 폭풍우를 뚫고 모진 추위를 견디며, 다가올 봄날의 따사로움을 기대하며 적었던 민중들의 복음서였다.

그런데 『정감록』을 제대로 이해하기 위해서는 예언을 둘러싼 민중의 사회심리를 먼저 알아야 할 것이다. 비록 염세적인 사회상을 반영하기도 했지만 『정감록』이 지향하는 궁극적인 목표는 도덕적 이상사회의 도래에 대한 강력한 희망을 민중들의 가슴에 심어주는 것이었다. 또한 『정감록』은 출현한 배경인 조선사회를 지탱하던 지배이데올로기였던 성리학性理學을 꺾기 위해 민중들이 만든 대항이데올로기의 하나로도 이해할 수 있다. 임진왜란과 병자호란을 겪은 후 사회의 모든 질서와 가치관이 처절하게 무너지는 위기상황에서 민중계층을 대변하는 소수의 소외된 지식인들이 중심이 되어 생산되고 민중들의 손에 의해 보충되고 널리 보급되었다고 추정되는 『정감록』은 한국사상사에 있어서 민중사상의 큰 결실 가운데 하나이며 민중적 비결신앙의 대표작이다.

학문적 연마과정을 제대로 거치지도 않았을 다수의 민중들이 힘을 합쳐 민족의 수난과 굴욕을 극복하기 위한 사상적 대안으로서 『정감록』

을 제시했던 것이다. 양반계층을 대변하는 권위와 권세를 지녔고 학식이 많은 지식인들이 아무런 대안을 제시하지도 못한 채 음풍농월吟風弄月이나 지적知的 유희遊戲에 몰두하고 있었을 때, 민중들은 손에 손을 잡고 새로운 왕국을 향한 꿈을 키워나갔고 민족의 영광과 번성을 은밀하지만 힘차게 외쳤던 것이다. 이러한 사실은 조선왕조가 막을 내리고 일제강점기라는 민족사 최대의 수난기에서도 찬란히 빛을 발했다. 정감록신앙은 조국과 민족의 해방을 열망하고 고취시키는데 앞장섰던 것이다. 『정감록』으로 대표되는 한국적 민중사상의 결실인 비결신앙은 한국 신종교의 후천後天 세계라는 교리적 개념과 결부되어 일제의 침략에 대항하고 저항할 강력한 정신적 원동력을 제공했다. 곧 이 나라 이 민족을 이끌 새로운 지도자가 출현하여 일본제국주의의 총독정부를 대신하여 새로운 국가가 이 땅 위에 건설될 것이라는 믿음은, 종교적 형태와 민간신앙의 형태로 제시되어 당시 한국사회에서 일제의 지배논리에 정면으로 대항한 민중의 사상체계였다.

망국의 한과 식민지적 상황을 타개하기 위하여 조만간 새 왕조가 건설되고 새로운 천자天子가 등극登極할 것이라는 예언은, 정신적 구심점을 상실하고 헤매던 민중들이 놓치기 싫은 강렬한 유혹이자 선택 가능한 거의 유일했던 정치적 대안으로 작용했던 것이다. 이러한 민중들의 새 세상에 대한 애타는 갈망은 곧 솔깃한 예언과 그 해석에 대한 지대한 관심으로 나타났으며, 그러한 예언을 믿고 전하는 일은 곧 나라와 겨레의 해방운동과도 연관된다고 믿어졌다.

민족해방운동을 위해 폭력적인 방법이나 외교적 방법을 동원하거나 국외로 나가 망명투쟁을 과감히 벌일 수 없었던 당시 수많은 민중들은 일제에 의해 강탈된 나라를 되찾겠다는 일념을 진인출현설眞人出現說과 같은 예언을 믿음으로써 해소할 수 있었을 것이다. 실제로 민족해방운동을 체계적이고 역동적으로 수행해 나갈 역량이 부족하거나 적절한 방법을 찾지 못했던 당시 민중들에게 진인眞人의 존재와 새로운 왕조의 건설이라는 '기쁜 소식'은 나라를 되찾는 일에 자발적으로 참여할 수 있는 거의 유일한 기회였다. 진인眞人이 곧 나타나 새 왕조를 열 것이라는 복음福音은 당시 실의에 빠져 있던 대다수의 민중들에게 타오르는 활력과 희망을 불어넣어 주었을 것이다. 이처럼 예언은 당대의 집단 구성원이 가지는 의지와 희망이 구체적으로 표출되는 사회적 언어형식이며, 시대적 상황과도 밀접하게 연관되어 해석된다. 따라서 특수한 시점에 따라서 예언은 엄청난 사회적 영향력을 행사하기도 한다. 결국 『정감록』의 진인출현설眞人出現說은 근세 이후 동학혁명, 의병투쟁, 3.1 만세운동 등이 차례로 실패한 이후에도 우리나라의 민중이 가져본 민족의 해방을 위한 사상적 대응책이었으며, 고통과 질곡이 없는 새 세상이 이 땅 위에 곧 이루어지리라는 간절한 바람이었으며, 스스로의 힘으로 직접 만들고 함께 참여할 수 있는 이상세계를 향한 믿음이었다. 이처럼 마땅한 정치적 책략이나 경제적 수단이 없었던 일제강점기의 한국 민중은 우리 민족에 의해 '새 세상'이 세워진다는 강렬한 믿음을 통해 해방을 향한 의지와 투쟁을 키워나갔던 것이다. 따라서 일제는 『정감록』으로 대표되는 한국 민중의 정신적 구심점을 분쇄하고 새 세상을 꿈꾸는 민중들의 믿음을 미신이나 사기행각으로 규정하고 하루 속히 없애야 할 타도대상으로 설정할 수밖에 없었다.

일제강점기에 헛된 예언이나 섣부른 미신으로 치부되었던 우리 민중들의 정신적 투쟁은 칼과 총 등 현실적인 무기를 손에 들 수 없었던 힘없던 민중들의 치열한 민족해방운동으로도 이해할 수 있을 것이다. 당시 무기력했던 민중들이 선택할 수 있었던 유일한 정신적 차원의 해방운동이 바로 우리 민족만의 새 왕조가 건설된다는 믿음을 갖는 일이었으며, 실제로 그러한 주장을 하던 신종교 교단에 참여한 사람이 상당히 많았다. 왜냐하면 일제강점기의 한국 신종교 교단들이 한결같게 약속하고 강조했던 일이 일제에의 항복이나 굴복이 아니라 우리 민족의 힘으로 건설할 새로운 왕조의 출현이었기 때문이다. 결국 『정감록』을 활용한 한국 신종교 교단들은 단순한 현실도피적인 예언이 아니라 식민지 지배체제에 대한 하나의 사상적 대안으로서 조선 민족에 의해 건설될 새 왕조를 제시했던 것이다.

또 하나 분명하게 알아야 할 점은『정감록』은 개인이나 집단의 미래를 예언한 책이 아니라 국가와 민족의 흥망에 대한 예언을 집대성한 책이라는 것이다. 그러므로『정감록』은 민족 전체의 운명을 예언한 '민족의 예언서'다. 그러므로 급격한 변혁을 통해 이루어야만 할 이상향으로서 '새 세상'이 설정되었고, 새로운 시대로의 변화를 기다리는 민중들의 갈망이『정감록』에 녹아들어 있다. 미래와 이상과의 만남을 추구하던 민중의 현실에 대한 절망감을 희망으로 대체하여 표출한『정감록』은 변혁적 지향과 이념이 담긴 소중한 책이다. 결론적으로『정감록』은 절망과 질곡의 시대에도 굴하지 않고 영원한 희망을 노래한 비결서秘訣書이자 민간신앙과 민중사상의 거대한 한 맥을 이루어 현재까지도 계속 이어지는 우리 민족 모두의 소중한 예언서로 자리매김할 수 있다.

사대사상事大思想이나 모화사상慕華思想에 빠진 일부 봉건적 지식층의 역사 인식과는 달리『정감록』은 민중들의 역사의식과 세계관을 일정하게 반영하고 있다. 특히『정감록』은 끊임없이 되풀이되는 역성혁명易姓革命을 통해 우리 민족의 생명이 영원불변할 것이라는 신념을 제공한다는 의의가 있다.

한편 예언은 독특한 생명력을 지녀 계속 유효하다고 믿어지며, 시간의 변화와 주어진 조건이 변함에 따라 항상 새롭게 탈바꿈하여 유지되는 특성이 있다. 예언이 잘못된 것이 아니라, 그에 대한 해석이 잘못되었을 뿐이다. 그리고 예언은 그 실현 여부는 별개의 문제로 하더라도 이미 지나간 사건에 대한 '사후약방문死後藥方文' 식의 부연과 첨가는 점점 치밀하게 확대되는 특성을 지닌다. 사건이나 변화가 '이미 지나간 다음'에는 보다 구체적인 표현으로 보강한 예언이 많이 증보되거나 보충 설명된다.

또 예언은 이상론과 종말론, 구원관과 말세관, 살림과 죽임, 희망과 절망 등의 극단적인 갈등과 대립 구조를 동시에 지닌 '이율배반적인 양면성'을 가지고 있다. 따라서 예언을 어느 한쪽으로 치우쳐서 받아들이거나 이해하려는 시도는, 예언의 이러한 본질을 제대로 파악하지 못하는 태도다. 예언은 항상 현실을 중심으로 이해되는 성향이 있으며, '지금 이 순간'에도 실현과정에 있다고 믿어진다. 아직 이루어지지 않았지만 언젠가는 실현될 것이라고 믿어지는 것이 바로 예언이다. 나아가 예언은 주어진 현실에 대해 만족하지 못하는 사람들에게 긍정적이든 부정적이든 일종의 '카타르시스'로서 작용하는 동시에 현실을 바꾸어 보려는 '원동력'으로 작용하기도 한다.

예언이 긍정적으로 작용할 경우에는 '희망찬 미래에의 실현 의지'를 고무시키는 경향이 있다. 뿐만 아니라 설령 예언이 현실과 동떨어진 미래에의 환상이라고 할지라도 현재 맞닥뜨리고 있는 현실에 대한 갈등과 심리적 불안감을 극복해 나갈 수 있는 최소한의 기능으로서 '일시적 위안감'은 된다. 그러나 예언이 부정적으로 작용할 경우에는 '현실에 대한 불만의 표출'을 유발시키기가 쉽다. 따라서 예언은 주어진 현실에 대한 재평가의 기회를 제공하는 동시에, '현실 개조를 위한 추진력'을 보강시켜주는 역할을 일정하게 한다고 이해해 볼 수 있을 것이다.

흔히 예언을 믿는 사람들은 예언의 긍정적 측면만을 강조하여 다른 사람들을 자신들의 믿음의 영역으로 끌어들이려는 노력을 기울인다. 그러나 이로 인해 사회 전체적으로 볼 때는 독선적 집단화와 상호 대립화 현상이 나타나 분파와 세력경쟁으로 치닫게 된다. 그리하여 예언의 본질과 기능에 대한 객관적 이해가 결여되기 때문에, 결국은 예언의 부정적 측면이 부각되게 된다. 따라서 예언이 긍정적으로 기능하느냐, 부정적으로 기능하느냐는 전적으로 예언을 믿는 사람들의 '의지와 행위'에 달려 있다. 즉 예언이 개인과 사회를 변혁하기 위해서는 믿는 이들의 자각을 통한 윤리적 결단과 합리적인 실천과정이 필요하고 요청되는 것이다.

앞에서 살펴본 것과 같은 예언의 기능적 측면을 고려해 본다면, "'예언을 믿는 사람'에게는 설명이 '불필요'하고, '예언을 믿지 않는 사람'에게는 설명이 '불가능'하다."는 식의 단순논리적인 표현은 예언의 양면적 기능을 잘 이해하지 못한 것으로 생각된다. 예언이 갖는 시간은 항상 '현재'다. 왜냐하면 예언 속에서 과거는 '이미' 없는 것이 아니라 기억과 전승으로 현재에도 남아있는 것이며, 미래는 '아직' 없는 것이 아니라 희망, 기대, 계획으로 현재에도 엄연히 살아있는 것이기 때문이다. 그러므로 '예언이 빗나가거나 틀리는 일은 없다.' 다만 예언은 잘못 전달되거나 잘못 해석되었을 따름이다. 이 말이 매우 이상하게 느껴지거나 역설적인 것으로 들리기도 하겠지만, 그만큼 예언은 '계속'해서 말해지고 유지된다는 점을 강조한 것이다. 왜냐하면 예언이 말해지고 관심을 갖는 시간대는 항상 아직 오지 않은 시간인 '내일'이고, 이러한 예언이 과연 실현되었는지에 대한 확인 역시 아직 오지 않은 '내일'에서나 가능한 일이기 때문이다. 그리고 '오늘'이 계속 이어져 '내일'이 온다 할지라도, 오늘의 시점에서 예언된 내일 날의 변화나 사건은 '그 날'이 오면 그 시점에서 다시 '오늘'이 되어버린다. 즉 '오늘' 말해지는 예언을 믿는다 함은 '유보된 내일'을 '오늘 이 순간'에 '미리' 살아가는 것이라고 이해해야 할 것이다.

예언은 결국은 '믿고 안 믿는' 차원의 물음이기 때문에 믿는 사람에게 있어서는 현재의 매 순간이 바로 예언이 실현되어 가는 과정이며, 예언은 항상 실현되는 사실이다. 반면 믿지 않는 사람에게는 자신과는 관계가 없는 전혀 별개의 특별한 물음이기 때문에, 그들이 예언은 실현되지 않는다고 주장하는 것은 무의미하다. 결국 예언에 대하여 지나치게 확신하거나 전적으로 무시해 버리는 태도는 바람직하지 못하다고 볼 수 있다. 왜냐하면 예언의 실현 문제는 믿는 그 순간에 바로 실현되는 것이며, 믿지 않는 그 순간에 이미 판단의 영역을 벗어나버리는 문제이기 때문이다.

정씨鄭氏 성姓을 가진 진인眞人이 곧 우리 땅에 나타날 것이라는 민중의 오랜 염원은 실현될 그 때까지 앞으로도 계속 가슴 속에 깊이 간직될 것이다. 꿈은 반드시 이루어질 것이다. 꿈을 꾸는 사람이 있고, 그 꿈이 있는 한. 예언은 실현되지 않는 것이 아니다. 다만 그 실현이 미루어지고 연기될 뿐이다. 그리고 진인은 정씨라는 특정한 성씨를 가진 인물로 국한되어 이해되어서는 곤란할 것이다. 다만 정씨라는 인물로 '상징되었다.'고 보아야 할 것이다. 언젠가는 꼭 실현될 것으로 믿어진 민중의 꿈이 단순히 어떤 인물이 등장할 것이라는 주장보다 진일보되어 특정한 성씨를 지닌 인물이 나타날 것이라는 식으로 보다 구체화되었던 것이다. 진리를 깨달은 사람이나 민중을 잘 살고 행복하게 만들어줄 존재라면 누구나 참된 도를 갖춘 인물인 진인이 될 수 있을 것이다. 결국 민중은 성씨와는 관련이 없이 강력한 힘과 권위를 지녔으며 도덕적으로도 완성된 위대한 지도자를 꿈꾸었다. 따라서 진인은 '진리를 체득한 사람'으로서 완벽한 존재이며 인간적인 모든 한계를 초월한 인물이다.

물론 역사적 관점에서 본다면 20세기 초에 와서야 정씨 진인이 정씨라는 특정 성씨의 소유자가 아니라 '바르고 완전하다.'는 의미로 사용되었다고 주장하는 견해가 나타나기 시작했다. 이는 왕조중심의 혈통을 중시하는 사고방식이 근대적 시민사회의 발전과 영향으로 변모된 사실을 반영하는 것으로도 볼 수 있다. 정씨가 아니라 진인에 더욱 강조점을 두는 입장에서 진인출현설이 새롭게 해석되었던 것이다. 흔히 정씨 진인은 '정도령'으로도 불린다. 물론 정도령이라는 용어나 표현은 『정감록』에 보이지 않는다. 여기서 도령은 '양반집 사내아이'를 가리키는 말이다. 양반은 조선시대에 민중을 착취하고 지배하던 계급적 위계에서의 용어가 아니라 도덕적으로 성숙되고 고결한 인격을 지닌 존재를 나타내는 상징적 표현으로 보아야 할 것이다. 그리고 사내아이는 앞으로 훌륭하고 성숙된 인물로 자라날 가능성을 가지고 있는 존재로서 민중의 꿈을 대변하는 새싹을 상징한다.

비록 『정감록』에 신비적이고 주술적인 요소가 상당히 있다는 사실을 전혀 부정할 수는 없지만, 장차 우리나라가 세계의 도덕적, 문화적, 정치적 중심지가 될 것이며 우리 민족이 세계의 정신문명을 지도하는 종주국이 될 것이라는 겨레의 희망을 담고 있다는 점이 간과되어서는 안 될 것이다. 『정감록』은 인류가 앞으로 크게 밝은 세상을 맞이하게 될 것이며, 이러한 세계사의 변화를 주도할 참되고 올바른 지도자인 진인이 우리나라에서 나올 것이라는 '기쁜 소식'을 전하는 복음서福音書다. 따라서 『정감록』은 비관적인 종말론을 강조한 책이 아니라 새 시대 창업의 명분과 미래에 대한 희망을 제시한 예언서로서의 가치가 있다. 따라서 『정감록』의 주인공 '진인 정씨'는 우리 민족사가 영원히 희구하는 희망이자 그 희망을 구체화해 줄 인물에 대한 대명사로 이해해야 할 것이다. 어떤 성씨를 지닌 인물이든 그 해석의 의미는 시대의 요청에 따라 달라질 수 있을 것이다.

　『정감록』이 현실의 불안과 욕망을 일시적으로 해소하기 위한 마취제로 기능하거나 사회에 대한 욕구불만을 잠정적으로 풀기 위한 단편적 수단으로 이용될 수도 있다. 그러나 예언이나 비결이 현세의 절망적 상황을 잠시라도 잊기 위한 정신적 아편으로만 작용한다면 이를 믿는 개인이나 집단의 삶은 갈수록 무기력하게 될 것이며 사회악이 될 따름이다. 그러므로 가만히 기다리기만 해서 '새 세상'이 오는 것은 결코 아니라는 사실을 명심해야 할 것이다. 예언이나 비결 속에 간직된 꿈과 이상을 실현하기 위해서는 현실적 노력과 각성이 있어야 할 것이며 실제적인 행위와 구체적 실천이 따라야만 한다. 꿈은 단순히 꿈을 꾸기 위해 있지 않다. 꿈은 인간 개개인이 주어진 열악한 조건과 정해진 한계를 벗어나기 위한 창조적 열정을 행동으로 옮길 때 비로소 실현될 것이다.

　네덜란드의 유명한 철학자 스피노자(B. Spinoza, 1632~1677)가 말했던 "비록 내일 지구의 종말이 온다 할지라도, 나는 오늘 한 그루의 사과나무를 심겠다."는 경구警句처럼, 인간은 언제 어디에서라도 '사과'라는 한 줄기 희망을 버리지 말 것이며 나무를 '심는' 실천을 해야 할 것이다. 누구라도 진인眞人은 될 수 있으며, 그렇게 될 가능성은 모든 이에게 열려 있다. 민중이 원하는 진인의 조건에 부합된다면 아니 부합될 수 있다면, 누구나 진인이 될 수 있고 되어야 한다. 그렇지만 민중은 분열된 다수이기 때문에 결집된 구심점으로서의 한 사람을 원하는 것 뿐이다.

민중의 꿈이 집약된 인물인 진인眞人, 그는 민중의 꿈을 먹고 자란다. 그리고 그 꿈이 완성될 수 있을 때 비로소 지상에 출현할 것이다. 따라서 민중이 원하는 위대한 지도자인 진인은 언젠가는 이 땅에 나타날 수밖에 없다. 민중이 꿈을 꾸고 진인을 원하는 간절한 소망을 가지고 있는 한. 그리고 이 모든 일은 진인 혼자서는 결코 할 수 없다. 진인을 따르는 다수의 민중이 있어야 가능할 것이다. 진인을 꿈꾸는 사람도 민중이며, 진인의 꿈을 완성시키는 것도 민중의 힘이 있어야 가능하기 때문이다. 이러한 '미완의 꿈꾸기'는 현실사회의 상황이 어려울수록 더욱 강력하게 유지될 것으로 전망된다. 그리고 민중은 이러한 꿈꾸기를 결코 포기하지 않을 것도 명백하다. 그 꿈이 이루어질 때까지.

흔히 사람들은 부와 쾌락, 명예와 권력을 추구하기 위해 살아간다. 그러나 이러한 일상생활의 공허함에서 벗어나 인간이 진정으로 원하는 가치있는 일은 과연 무엇인가를 고민하고 그를 향해 바람직하게 나아가는 창조적 소수에 의해 인류의 역사는 진보를 거듭해 왔다. 인류가 그토록 오랫동안 바랐던 평화와 행복을 실현시키기 위해서는, 갈등과 분산과 분열을 넘어서 화해와 협력과 일치를 통해 각자가 맡은 바 사명을 수행할 책임이 있다. 그래야만 다가올 미래의 이상을 향한 인류의 꿈꾸기가 역사 발전의 원동력으로 작용할 것이다. 천문天文과 지리地理를 통달한다 하더라도 인사人事가 뒷받침되지 않는다면 이상의 실현은 헛된 망상과 탁상공론에 그칠 것이다. 예언은 인간 행위의 좌표를 가리키며 그 출발점과 지향할 바를 제시해 줄 따름이다.

이제 『정감록』이라는 예언과 비결의 자료창고를 열어 그 속에서 나와 우리가 나아가야 할 목표를 찾아보는 일이 요청되는 때다. 예언이나 비결은 고정불변의 형태로 제시되지 않는다. 항상 새롭게 해석될 가능성으로 열려져 있다. 그리고 예언은 '미리 말함'이라는 말뜻에서 나타나는 것처럼 과거완료형으로 설명되는 것이 아니라 늘 현재진행형으로 나타난다. 따라서 미래완료적 상황이 오지 않는 한 예언은 조금씩 그 모습과 해석을 달리해서 계속해서 우리들 앞에 나타날 것이다. 예언의 내용을 믿고 믿지 않고는 여전히 개인의 자유와 선택의 몫으로 남겨져 있지만, 새로운 세상을 향한 동경은 인류가 생명이 지속되는 한 끊임없이 먹어야 할 정신적 양식이다. 완벽한 이상사회에 대한 민중의 열망은 우리가 발을 디디고 살고 있는 바로 이 땅이라는 현실에서 실현될 그 때까지 영원히 식지 않을 것이다. 민중의 가슴에 숨겨져 있는 이상향을 향해 타오르는 용광로는 진인출현설, 비결신앙, 후천개벽신앙 등등 다양한 모양의 불꽃으로 새 세상이 이루어질 그 순간까지 계속해서 활활 타오를 것이다. 이제 그 불꽃은 개개인의 꿈에 그치는 것이 아니라 온 겨레의 꿈으로 승화되어야 할 것이다. 바로 이러한 맥락에서 『정감록』은 '지상천국건설'이라는 상상의 세계로 우리를 초대하고 있다. 상상력은 미래를 현실화시키는 정신적 동력이며, 현실을 살기 위한 구체적 힘이다. 꿈은 이루어질 것이다. 그 꿈을 현실에서 이루고자 노력하는 사람들에 의해서…

예언서는 개인의 역량으로는 도저히 이룰 수 없는 이상향을 가슴에 품고, 그 실현에 대한 막연한 기대에 설레면서 꾸었던 결코 깨어나고 싶지 않은 한바탕 달콤한 꿈이었을지도 모른다. 기본적으로 예언은 간절히 바라던 대망大望인 이상사회가 이룩될 때까지 모든 이의 원망願望이 결집된 영원한 꿈이자 언제나 식을 줄 모르는 동경憧憬으로 작용하였다. 역사의 무대에, 오랫동안 민중들이 기다리던 진인眞人은 오지 않았다. 그러나 그를 기다리는 민중들의 기다림은 단 한 걸음도 멈출 줄 모르고 영원히 계속되어 왔다. 어쩌면 앞으로도 진인은 이 세상에 나타나지 않을 수도 있다. 그럼에도 불구하고 진인은 그를 꿈꾸는 사람들의 가슴에 여전히 살아있다. 구원자나 메시아의 모습으로서 진인眞人은 여전히 부족하고 못나고 궁색하며 소외되고 결핍된 사람들에게 완전한 세상을 만들어 이상향을 건설할 완벽한 존재로 계속 믿겨질 것이다. 그리고 진인은 언젠가는 이 땅에 출현하여 고통받는 민중을 희망의 새 세상으로 이끌 주인공으로서 수많은 사람들의 바람과 꿈에 기대어 그 생명력의 원천을 공급받는다.

인간의 자유의지에 따른 선택에 의해 예언은 받아들여지거나 무시된다. 이 두 갈래 길을 선택하는 권리는 어디까지나 개개인에게 있다. 문제는 어느 길을 선택하느냐이다. 불완전하고 나약하며 결점이 많은 존재임에도 불구하고, 우리는 자신들의 미래에 대해 긍정적으로 보려 하기도 한다. 이는 스스로를 개선하려는 의지가 동반되어야 가능한 일이다. 비극적 종말을 상정하는 경우에도 밝은 희망의 메시지가 항상 조금씩은 들어있다.

인간은 신神의 명령이나 주어진 운명대로 사는 존재가 아니다. 인간의 주인은 바로 인간이다. 인간은 본인의 의지대로 자신의 미래를 예상하고 개척해 나갈 수 있고, 또 스스로의 선택에 의해 자신의 운명과 직접 부딪쳐 어려움을 극복해나갈 수 있을 것이다. 비록 그 과정이 느리고 고통스러울지라도 인간의 길을 묵묵히 걸어가는 데에 삶의 가능성과 희망이 있고, 인간의 위대성과 존엄성이 있다. 실패와 절망 속에서도 희망의 끈을 놓치지 않으려는 인간의 의지와 노력은 변혁을 꿈꾸며 이상理想을 향해 내달렸던 인물들로 대변된다. 우리 사회는 아주 짧은 시기에 너무도 많은 역사적 변동과 사건을 견뎌내야 했다. 민족의 수난사를 겪으면서 우리 민족은 가치관의 혼란과 파행이 숱한 오해와 갈등을 일으키기도 했고, 소통되지 않는 집단들 사이의 단절을 초래하기도 했다. 그럼에도 불구하고 시대의 질곡과 한계에 맞서 부당한 체제와 권위에 끊임없이 도전하고 저항하는 인물과 그들의 사상은 면면히 이어져왔다. 예언서를 이해하는 일은 세상의 변혁을 꿈꾸며 이상을 향해 내달렸던 저항적 지식인들의 피와 땀을 이해하는 일이기도하다. 따라서 예언서의 본질과 그 의의를 제대로 이해하기 위해서는 가치와 이상을 더불어 맞추어갈 수 있는 합리성과 상식이 필요하고 요구된다. 거부하거나 기피해서 해결될 수 없는 현상이라면 우리가 고민해야 할 일은 그로 인한 후유증과 상처를 최대한 줄이는 방법이다.

행복한 미래에 대한 환상을 품은 채 불행한 오늘을 참고 견디는 일은, 결코 칭송받을 수도 없고 권장되어서도 안 될 것이다. 사람이 스스로의 능력과 시간을 자신을 위해 사용할 줄 모르고 스스로를 돌보는 노력을 게을리 해서는 안 된다. 예언이 추구하는 이상은 어떤 의미에서 볼 때는 삶의 올바른 길을 제시하는 일이기도하다. 그러나 미래에 저당 잡힌 삶은 흔히 주어진 현실을 무시하는 경향이 있다. 앞질러 미리 걱정하고 근심하는 어리석음은 불확실한 오지 않은 미래에 대한 공포와 불안에서 연유한다. 어쩌면 예언은 생生에 대한 미련과 애착이 빚어낸 이기적인 소망일지도 모른다. 그리고 예언은 누구도 미리 알고 경험할 수 없는 세계와 개개인의 의지로는 어쩔 수 없는 일을 미리 말해주기도 한다. 어쨌든 우리는 미래 없이 '오늘'을 아낌없이 살아야 한다. 우리는 결국 내일이 아닌 오늘을 살아간다. 내일도 곧 오늘이 된다. 흔히 현재진행형으로 약속되는 예언은 언젠가는 실현될 것이라고 이야기되고 믿어진다. 그렇지만 현재의 지속이 다가올 미래다. 위태로운 현재와 불안한 미래가 두려워 오늘을 열심히 살아가는 일을 기피하는 사고방식과 생활양식은 지양되어야 할 것이다. 따라서 미래를 미리 걱정하고 두려움에 떠는 일보다는 지금 있는 이 자리에서 있는 힘껏 살아가는 일이 요청된다.

우리가 간절히 원하는 그 무엇이 예언의 옷을 입고 오늘날의 우리에게 나타난다는 점을 명심해야 하겠다. 때로는 찬란한 전복과 변혁을 위해 혁명을 시도하는 일이 예언의 모습으로 나타나고, 넓고 새로운 세계를 향한 갈망과 열정이 예언의 형태로 주어지며, 주어진 당대의 현실과 역사에 치열하고 열렬하게 도전한 역사가 바로 예언의 참 모습일 것이다. 예언은 그를 믿는 사람들만의 '찻잔 속의 태풍'에 머물거나 '그들만의 리그'에 불과할지도 모른다. 그리고 예언이나 예언을 믿는 사람들의 현실을 애써 무시하려는 태도는 일견 모순적이기도 하다. 나아가 예언은 논리의 빈곤과 열정의 과잉이라는 전근대적 에너지의 표출로 보이기도 한다. 그럼에도 불구하고 예언은 오지 않은 미래에 대한 민중들의 기대와 열망이 집약된 성약聖約으로 제시되었다. 따라서 예언에 대한 보다 객관적인 이해와 분석이 필요하다. 예언에 숨어있는 민중들의 소망을 찾아내고 이를 이룰 수 있는 방법을 모색하는 일은 다가오는 미래를 준비하는 바람직한 자세일 것이다. 예언을 애써 무시하거나 도외시해서는 안 될 것이다. 예언은 언제나 주어질 것이고, 그 해석을 통한 행위는 어디까지나 받아들이는 인간의 몫으로 남아있기 때문이다. 결국 예언의 본질과 의미를 올바르게 이해하고 해석하는 일은 바람직한 미래학未來學의 기초를 쌓아가는 작업이기도하다.

격암유록
格菴遺錄

———

『격암유록格菴遺錄』은 조선 중기의 대풍수가이자 예언가로 믿어지는 격암格菴 남사고南師古(1509~1571)가 지은 예언서로 전한다. 이 책에서 분석대상으로 삼는 『격암유록』은 국립도서관 소장도서번호 고古 1496-4 다. 이 책은 1944년의 필사본으로 충남 서산에 있는 도원정사桃源精舍에서 필사한 것으로 기록되어 있다. 이 책의 마지막 장에는 "갑신甲申(1944년, 필자 주) 4월 병신丙申 서산군瑞山郡 지곡면地谷面 도성리桃星里 전성후인全城后人 이도은李桃隱 복사複寫"라고 적혀 있다. 그런데 이 책이 국립도서관에 등록된 일자는 1977년 6월 7일이다. 『격암유록』은 천기天機에 관한 책이라 하여 간행되지 않고 비밀리에 보관되다가, 1945년 광복光復 이후 남사고가 예언한 말세末世가 이르렀다고 생각한 자손들에 의해 비로소 세상에 공개되었다고 전한다.

그런데 정확한 필사연대를 알 수 없는 「초창결蕉蒼訣」에 다음과 같은 내용이 보인다.

> 問曰, 願聞救荒之策. 日荒歲保命之方, 運疾癈死之方, 詳在格菴遺錄, 何難之有?
> "원컨대 흉년을 벗어날 계책을 듣고자 합니다."라고 물었다. 답하기를 "흉년이 든 해에 목숨을 보전할 방책과 폐질에 죽을 운을 벗어날 방책

은 격암유록에 상세히 적혀 있으니, 무슨 어려움이 있겠는가?"라 했다.[9]

日治世之地, 三六也. 亂世之地, 二四也. 皆載遺錄矣.
치세의 땅은 열여덟 곳이다. 난세의 땅은 여덟 곳이다. 모두 유록遺錄에
실려 있다.[10]

『격암유록』 내지 『유록』이라는 예언서의 이름은 상당히 오래전부터
알려졌던 사실이 확인되는 대목이다. 비록 정확한 필사연대를 밝힐 수
는 없지만 적어도 「초창결」이라는 필사본 비결서에 『격암유록』이라는
책이름이 분명히 언급된 것이다. 따라서 『격암유록』은 예언이나 비결
에 관심을 가지는 사람들 사이에서는 풍수지리에 뛰어났던 신비한 인
물인 격암 남사고가 직접 후세에 남긴 예언서라고 믿기 시작했었음을
알 수 있다. 그러나 『격암유록』은 결코 『정감록』보다 먼저 세상에 출
현할 수는 없다. 왜냐하면 현전하는 『정감록』에 「남사고비결南師古秘訣」,
「남경암산수십승보길지지南敬菴山水十勝保吉之地」, 「남격암십승지론南格
菴十勝地論」 등의 짧은 비결서가 포함되어 있기 때문이다. 만일 『격암
유록』이라는 단독의 예언서가 온전한 형태로 전승되었다면 "남사고南
師古"라는 이름이 명시된 비결서가 따로 전해지지는 않았을 것이다. 그
리고 『정감록』에 실린 비결들은 현전하는 『격암유록』의 내용과는 전
혀 관련이 없다.

『정감록』이라는 책이름이 역사의 무대에 등장한 것은 영조英祖 15년
(1739) 6월의 일이다. 어쨌든 『격암유록』은 『정감록』보다 훨씬 후대에
야 등장이 가능한 예언서라는 사실을 분명하다. 그리고 현전하는 『격
암유록』이 "1945년 이후에야 자손들에 의해 공개되었다."는 전언과 함
께 실제로 세상에 알려진 때는 1977년 6월 국립도서관에 기증된 시기

---

9   「초창결」, 『정감록』(한성도서주식회사, 1923), 안춘근, 『정감록집성』(아세아문화사, 1973), 165면
10 「초창결」, 『정감록』(한성도서주식회사, 1923), 안춘근, 『정감록집성』(아세아문화사, 1973), 174면

다. 이러한 역사적 사실을 부인하고, 남사고가 살았던 4백 여 년 전에 이미 완성된 형태의 『격암유록』이 있었다고 주장하는 사람은 그들만의 '믿음'을 표출한 것에 불과하다. 이는 『격암유록』이 오래되고 확실한 예언서라는 신비한 사실을 강조하려는 사람들의 신앙과 추정을 드러낼 뿐이다.

『격암유록』의 체제와 구성

『격암유록』은 「남사고비결南師古秘訣」, 「세론시世論視」, 「계룡론鷄龍論」, 「래패여언육십재來貝予言六十才」, 「말운론末運論」, 「성산심로聖山尋路」, 「사답칠두寺畓七斗」, 「생초지락生初之樂」, 「석정수石井水」, 「생초지락生初之樂」, 「새賽 삼오三五」, 「새賽 사일四一」, 「새賽 사삼四三」, 「새賽 사사四四」, 「라마단이羅馬單二」, 「라마羅馬 일一 이십삼조二十三條」, 「가전哥前」, 「무용출세지장無用出世智將」, 「새賽 육오六五」, 「궁을론弓乙論」, 「도하지道下止」, 「은비가隱秘歌」, 「농궁가弄弓歌」, 「가사요歌辭謠」, 「조소가嘲笑歌」, 「말운가末運歌」, 「극락가極樂歌」, 「정각가精覺歌」, 「길지가吉地歌」, 「궁궁가弓弓歌」, 「을을가乙乙歌」, 「전전가田田歌」, 「반사유가盤四乳歌」, 「십승가十勝歌」, 「해인가海印歌」, 「양백가兩白歌」, 「삼풍가三豊歌」, 「칠두가七斗歌」, 「석정가石井歌」, 「십성가十姓歌」, 「삼팔가三八歌」, 「해운개가海運開歌」, 「백석가白石歌」, 「격암가사格菴歌辭」, 「궁을도가弓乙圖歌」, 「계룡가鷄龍歌」, 「사답가寺畓歌」, 「계명성鷄鳴聲」, 「가사총론歌辭總論」, 「출장론出將論」, 「십승론十勝論」, 「양백론兩白論」, 「삼풍론三豊論」, 「계룡론鷄龍論」, 「송가전松家田」, 「승운론勝運論」, 「도부신인桃符神人」, 「성운론聖運論」, 「말초가末初歌」, 「말중운末中運」, 「갑을가甲乙歌」 등 총 60개의 비결서로 구성되어 있다. 순한문본 비결과 한글 토씨가 곁들인 가사가 섞여 있다. 『격암유록』은 총 분량 116면의 필사본이다. 1923년에 발행된 김용주본 『정감록』이 『격암유록』보다 약 2.5배 정도 분량이 많다. 필사본보다 연활자본에 수록된 글자가 훨씬 많기 때문이다.

『격암유록』의 저작시기 추정

이제 현재 전하는 『격암유록』이 과연 언제쯤 작성된 문건인지를 추정해 보기로 하자.

첫째, 『격암유록』에는 『정감록』에 등장하는 "정씨鄭氏 진인眞人"을 부정하고 보다 광범위한 성씨姓氏로 진인을 규정하고 있다. 따라서 적어도 『격암유록』은 『정감록』보다 후대에 작성되었을 가능성이 매우 높다. 『격암유록』의 「농궁가弄弓歌」에 정도사正道士, 정도령正道令 등의 표현이 나오며, 「송가전松家田」에도 정도령正道令이 남해도南海島에서 건너와서 하늘의 큰 명을 받아 자하도紫霞島에 정좌定座하여 진심으로 수도한다는 내용이 있다.

그리고 「승운론勝運論」에는 "구세진주救世眞主 정씨출현鄭氏出現 부지 不知런가?", "해도진인海島眞人 정도인鄭道仁과 자하진주紫霞眞主 정홍도鄭紅桃는 금목합운金木合運 동서東西로서 지상선국地上仙國 창건創建이라", "천생유성天生有姓 인간무명人間無名 정씨鄭氏로만 볼 수 있나?"는 내용이 있어서 이른바 정씨진인설鄭氏眞人說을 부정하기도 한다. 나아가 「성운론聖運論」에서 "…감로여우甘露如雨 보혜대사寶惠大師 정도령正道靈이 비출飛出하야…"라는 내용이 있고, 「말중론末中論」에도 정도령正道靈이라는 표현이 사용되었다. 즉 『정감록』에서 강조하듯이 정씨鄭氏만이 진인이 될 수 있는 것이 아니라, 어떤 성씨를 가지고 있더라도 진인이라면 상관없다는 주장이다. 『격암유록』에 따르면 바른(정正) 도를 행하는 사람이면 누구나 진인이 될 가능성이 열려 있는 것이다.

둘째, 『격암유록』에는 철학哲學, 과학科學, 서학西學 등 근대 이후에 사용된 한자조합어가 상당히 많이 보인다. 철학은 영어 philosophy,

독어와 불어 philosophie, 라틴어 philosophia의 한역어漢譯語로 우주의 근본적 원리를 연구하는 학學이다. 원래 뜻은 지知(희랍어 sophid)와 사랑한다는 희랍어 philos의 합성어이다. 그리고 과학은 천지간의 현상을 개괄하고 부분적으로 계통을 세워 논증하는 학學으로, 연구 분야에 따라 자연과학과 정신과학으로 나뉘고, 연구방법에 따라 설명과학과 규범과학으로 나뉜다. 이처럼 『대한화사전大漢和辭典』의 철학과 과학의 설명부분에는 그 용례가 없이 다만 개념적 설명만 적혀있다. 즉 철학과 과학이라는 용어는 애초에 한자문화권에서는 근대 이전에는 찾아볼 수 없던 용어였다. 그렇다면 과연 언제부터 철학과 과학이라는 용어가 사용되었을까?

과학과 철학이라는 용어가 사용된 시기는 우리나라에 있어서 상당히 후대의 일이다. 19세기 후반에야 만들어진 신조어新造語다. 이와 관련하여 과학과 철학은 일본어계 한자어라는 연구 성과가 있다. 박영섭은 『개화기 국어어휘자료집』(1992)에서 과학과 철학이라는 용어가 일본어계통에서 유입된 한자어임을 명백히 밝히고 있다. 나아가 그는 「국어 한자어의 기원적 계보연구 - 현용 한자어를 중심으로」(1986)에서 설립 5년째인 이화학당에서 1892년에 과학과목 등이 강의되었다고 적고 나서, 특히 1886년 9월에 세워진 우리나라 최초의 관립학교인 육영공원育英公院을 통해 이들 새로운 학문들이 당시 사회에 많은 영향을 끼쳤다고 보았다. 박영섭은 이와 같은 근대식 교육기관을 통해 서구의 근대문화가 우리나라에 차츰 소개되었고, 학교교육을 통한 개화의 기운이 우리나라를 점차 변화시켜나갔을 것이라고 주장한다. 우리나라는 오랜 쇄국정책으로 외국과 통상이 없다가 1876년의 강화도조약에 근거한 일본에 의해 거의 강제로 개화開化되었기 때문에, 근대의 한자 조합어는 거의 대부분 일본에서 조어造語된 한자어를 받아들였다.

이외에도 『격암유록』에 보이는 공산共産, 원자原子, 도로道路, 건설建設, 작업作業, 사업事業, 목욕탕沐浴湯, 정거장停車場, 반도半島, 발행發行, 도매금都賣金, 피난차避難車, 승리勝利, 계획計劃, 살인강도殺人强盜 등이

근대 이후 사용된 일본식 한자조합어다.[11]

셋째, 『격암유록』에는 그리스도교적인 용어가 자주 사용되는데, 「말운론末運論」에 "불도대사보혜인佛道大師保惠印"이라는 내용과 「가사요歌詞謠」에 보이는 "도교통솔보혜도사道教統率保惠師", "보혜사성해인출保惠師聖海印出, 상제도덕강선인上帝道德降仙人."등이 대표적이다. 특히 「십승가十勝歌」의 "…팔만대장경 안의 보혜대사普惠大師는 미륵불의 십승이요, 의상조사의 삼매해인과 정도령의 십승이요. 해외도덕海外道德인 보혜대사保惠大師는 상제가 재림하시는 십승이니, 유불선 및 그와는 다른 이치, 결국은 다시 합쳐진 십승이라. 팔만경내보혜대사八萬經內普惠大師, 미륵불지십승彌勒佛之十勝이요, 의상조사삼매해인義相祖師三昧海印, 정도령지십승鄭道令之十勝이요, 해외도덕보혜지사海外道德保惠之師, 상제재림십승上帝再臨十勝이니, 유불선이언지설儒佛仙異言之說, 말복합리십승未復合理十勝이라. …"라는 부분에는 재림이라는 그리스도교적인 용어가 등장한다.

이러한 『격암유록』의 기록은 기독교 교리체계에 나오는 보혜사성령을 연상시키는 구절인데, 바이블의 내용을 『성경전서 - 표준새번역』(1993)을 통해 살펴보자.

「요한복음」14장 16절; 내가 아버지께 구하겠다. 그러면 아버지께서 다른 보혜사를 너희에게 보내셔서, 영원히 너희와 함께 있게 하실 것이다.

「요한복음」14장 17절; 그 분은 진리의 영이시다. 세상은 그 분을 보지도 못하고 알지도 못하므로, 그 분을 맞아들일 수가 없다. 그러나 너희는 그 분을 안다. 그것은 그 분이 너희와 함께 계시고, 또 너희 안에 계시기 때문이다.

---

11 김하원, 『위대한 가짜예언서 격암유록』(도서출판 만다라, 1995), 54쪽.

「요한복음」 14장 26절; 그러나 보혜사, 곧 아버지께서 내 이름으로 보내실 성령께서, 너희에게 모든 것을 가르쳐 주시고, 또 내가 너희에게 말한 모든 것을 생각나게 하실 것이다.

중국 대륙에 개신교改新敎가 처음으로 전해진 것은 가경嘉慶 12년 (1807) 런던회會 전교사인 모리슨 로버트Morrison Robert에 의해서였다. 그리고 『신약성서新約聖書』가 최초로 한역漢譯된 때는 1823년이었으며, 당시 말레이시아에서 전 21권으로 출판되었다. 최초의 한역신약성서漢譯新約聖書는 인용하지 못했지만, 현재 중국에서 사용되는 『신구약전서新舊約全書』의 해당 부분을 살펴보면 "보혜사保惠師(혹작或作, 훈위사訓慰師)"라고 기록되어 있다. "보혜사"는 원래 '돕는 자'라는 뜻의 "παρακλετοσ 파라클레토스"라는 희랍어의 한역어漢譯語다.

우리나라에서는 1790년대에 최창현이 필사한 『셩경직ᄒᆡ광익』, 1860년대에 목판본으로 간행된 필자 미상의 『텬쥬셩교공과』, 로쓰, 이응찬, 백홍준 등이 번역한 『예수셩교누가복음전서』(1882), 『예수셩교요안ᄂᆡ복음』(1883), 이수정이 번역한 『신약마가젼복음셔언ᄒᆡ』(1884), 로쓰, 이응찬, 백홍준 등이 번역한 『예수셩교젼셔』(1887) 등이 있다. 이 가운데 흔히 '로쓰역'으로 불리는 『예수셩교젼셔』(1887)는 최초로 신약 전체를 완전히 국역한 번역성서이다.

「요한복음」에 보혜사라는 언급이 나오므로, 1887년에 간행된 성서에서 처음 사용되었을 것이다. 그러나 『예수셩교젼셔』는 순한글본이므로 보혜사에 대한 한문역어는 확인할 수 없었다. 『예수셩교젼셔』 「요안ᄂᆡ데십사쟝」에는 보혜사에 대해 "은위ᄒᆞᄂᆞ쟈" 또는 "안위ᄒᆞᄂᆞ쟈"라고 뜻을 풀이하여 번역했다.

순한문본 『신약전서新約全書』(1890)에는 다음과 같이 기록되어 있다.

부필별이보혜사사이父必別以保惠師賜爾, 사기영해이거使其永偕爾居.

－「약한복음約翰福音」 14장 16절

유보혜사惟保惠師, 즉성신卽聖神 -「약한복음」14장 26절

보혜사保惠師 -「약한복음」16장 7절

순한문본 『신약전서新約全書』(1903)에서도 위의 인용문과 똑같이 적혀 있으며, 한문본 『신약전서新約全書, 찬송가讚頌歌 합부合部』(1914)와 국한문본 『신약전서』(1922)에도 똑같이 기록하고 있다.

이러한 맥락에서 김하원은 『위대한 가짜 예언서 격암유록』(1995)에서 『격암유록』에 보이는 새賽, 라마단羅馬簞, 가전哥前 등의 장章 이름이 한문성서에서 「이사야서」를 「이새야서以賽亞書」로, 「로마서」를 「라마서羅馬書」로, 「고린도전서」를 「가림다전서哥林多前書」로 표기했던 일에 근거하고 있다는 사실을 밝혔다.[12] 즉 『격암유록』의 해당 내용이 바이블의 제목과 내용을 교묘하게 한역漢譯했음이 밝혀졌다.

또한 『격암유록』의 저작 년대를 상당히 후대로 끌어내릴 수 있다는 필자의 견해를 뒷받침해주는 다음과 같은 주장도 있다.

『격암유록』은 한말韓末이나 왜정시倭政時에 민족의 미래를 지향하는 지
사志士들에 의해 남사고南師古의 이름을 가탁假託하여 기록, 전래되어 온
것으로 추측된다. 『격암유록』에 수록된 내용은 대부분이 『정감록』의
문구를 인용 혹은 가감, 가필함으로써 전래되어 오던 『정감록』을 필자
가 종합해보려 했던 의도가 엿보인다. 그러나 이것은 최근의 위작僞作
일 우려가 있기 때문에   - 정다운, 『정감록원본해설』(1986)

따라서 『격암유록』은 최소한 역사적 실존인물인 격암 남사고가 지은 책이 아님이 분명하다.

---

12 김하원, 『위대한 가짜예언서 격암유록』(도서출판 만다라, 1995), 56~63쪽.

근대의 정치적 사건과 관련된 기록들

현전하는 『격암유록』에는 다음과 같이 재미있는 정치적 사건들과 관련이 있다고 믿어지는 기록들이 있다.

서조여금徐曺呂金, 비운애국非運愛國 -「세론시」

"서재필徐載弼(1864~1951), 조만식曺晩植(1883~1950), 여운형呂運亨(1886~1947), 김구金九(1876~1949) 같은 분들이 나라의 비운非運일 때 애국했다"는 뜻이다. 『격암유록』에서는 성姓은 있으나 이름은 없다. 이에 대해 "우리 민족이 비운이고, 광복 전후일 때 유명한 사람으로 생각되는 성씨는 누구라고 해야 하겠는가?"라고 해석한다. [13]

이십구일주자지인二十九日走者之人 -「세론시」

위의 구절을 "이십구일二十九日은 음력으로는 소월小月이고, 이것을 달리는 사람의 주走와 합치면 조趙가 되니, 이는 조병옥趙炳玉(1894~ 1960) 선생을 말한다. 자유당 이승만李承晩(1875~1965) 대통령 집권시 장면張勉(1899~1966)과 조병옥이 부통령과 대통령으로 출마하여 자중지란을 일으킬 것을 『격암유록』에서는 적고 있고, 지나간 사실을 되돌아볼 때 조병옥씨 말고는 누구이겠는가?"라고 해석하였다. [14]

두미출전난세영웅頭尾出田亂世英雄, 불면항사不免項事, 천운내하天運奈何?
-「세론시」

---

13 신유승 해독, 『격암유록』 제1권(세종출판공사, 1987), 46쪽.
14 신유승 해독, 『격암유록』 제1권(세종출판공사, 1987), 46쪽.

위의 인용문을 "머리와 꼬리가 나온 전田은 신申이니 신익희申翼熙 (1894~1956), 조병옥 같은 난세의 영웅도 죽음을 면할 수 없었던 것은 천운인데 어찌 하겠는가?"라고 해석하였다.[15]

목인비거후대인木人飛去後待人, 산조비래후대인山鳥飛來後待人 -「세론시」

"목인木人은 박朴을 말하고, 이는 박정희朴正熙(1917~1979) 대통령을 뜻하며, 조鳥는 새 추隹와 같은 뜻이니 산山과 합치면 최崔가 되는데 최규하崔圭夏(1919~2006) 대통령을 말함이다."라고 풀이한다.[16]

정전하시용사상론停戰何時龍蛇相論, 황양용사지월黃羊用事之月 -「말운론」

위의 구절을 "정전停戰은 언제인가? 1952년 임진년壬辰年과 1953년 계사년癸巳年에 서로 의논하여 양羊은 미未이니 황양黃羊은 기미己未이고 휴전에 쓰는 달이니 1953년 7월에 휴전협정 조인을 했다."고 풀이하기도 한다.[17]

저구분쟁심일통선동지시하시猪狗分爭心一通先動之時何時, 백호사살지전무신지발대위야白虎射殺之前無神之發大謂也. -「말운론」

위의 구절을 "산돼지는 돼지 해亥를 말하고, 구狗는 술戌이니 1946년 병술년丙戌年과 1947년 정해년丁亥年에 대한민국 정부가 수립되기 직전의 과도기 때의 남북 정치적 상황과 서로 다투는 마음이 한결같이 그대로 통하여 먼저 움직여 6.25동란이 일어난 때가 언제인가? 백白은

15 신유승 해독, 『격암유록』 제1권(세종출판공사, 1987), 46쪽.
16 신유승 해독, 『격암유록』 제1권(세종출판공사, 1987), 48쪽.
17 신유승 해독, 『격암유록』 제1권(세종출판공사, 1987), 70쪽.

경신庚辛 금金의 색色인데 호虎의 인寅과 결합하여 경인년庚寅年(1950)이
되며, 동족을 총으로 쏘아 죽이는 잔학한 행위가 전례없이 하느님의
노여움을 발생시킴이 큼을 말함이도다."라고 풀이하기도 한다.[18]

> 우왈又日, 말세지운末世之運, 장성조가張姓趙哥, 출마자중지란出馬自衆之亂,
> 경염신추庚炎辛秋, 괴변층생怪變層生, 역옥연만의逆獄延蔓矣. -「은비가」

위의 구절을 "말세의 운은 장씨 성을 가진 사람과 조씨 성을 가진
사람이 출마를 했는데, 자신들은 부정선거에 대한 무력함과 병마와 싸
우는 자중지란과 뭇 사람과의 혼란 때문에 꿈이 좌절되고, 1960년 여
름과 1961년 가을에 걸쳐서 괴상한 변고가 지휘계층에서 발생하여 즉
5.16 군사혁명이 일어나서 부정부패하고 비행을 일삼는 자들을 투옥
하는 일이 만연하도다."라고 풀이하기도 한다.[19] 여기서 장씨는 장면張
勉, 조씨는 조병옥趙炳玉을 가리킨다고 해석한다.

> 장조이성자중란張趙二姓自中亂에 경진신사庚辰辛巳 전傳했으니, 차후지사
> 此後之事, 역옥만연逆獄蔓延, 경전궐기선발慶全蹶起先發되어 마산풍우자남
> 래馬山風雨自南來로 웅담어룡종차거熊潭魚龍從此去라. -「말초가」

위의 구절을 "장면張勉과 조병옥趙炳玉씨가 신파와 구파로 나뉘어 다
투는 자중지란에 경진년(1960) 신사월(음력 3월과 4월)에 전했으니, 이 다
음의 일은 하극상과 투옥시키는 일이 만연했고, 경상도와 전라도의 궐
기가 선발되어 마산의 풍우가 남쪽에서 올라오는 고로 대통령의 자리
가 바뀌고 평민이 그 자리를 계승하여 이승만 대통령은 이때에 물러나
는 것이다."라고 풀이한다.[20]

---

18 신유승 해독, 『격암유록』 제1권(세종출판공사, 1987), 71쪽.
19 신유승 해독, 『격암유록』 제1권(세종출판공사, 1987), 113~114쪽.

천간지지天干地支, 사구자축四九子丑 아니던가? 사구진사혁신四九辰巳革新
으로 삼군봉화성우적三軍烽火城遇賊을 군정착난중구감제軍政錯難衆口鉗制,
구시화문멸신부口是禍門滅身斧라. -「말초가」

위의 구절을 "천간지지는 사구四九(경신庚申) 자축子丑 아니던가? 신축
년(1961) 임진월과 계사월에 혁명으로 삼군이 봉홧불을 들어 서울에서
부정부패한 도적을 만나는 대로 몰아내고 처단하며, 군정軍政이 잘못하
여 국민을 곤란하게 만든 것은 뭇사람의 입을 항쇄로 채우듯이 제재하
여 언론의 자유를 구속하기를 입은 화를 부르는 문이요, 혀는 몸을 멸
하는 도끼다."라고 풀이한다. [21]

이운논즉二運論則, 적혈천리이년간赤血千里二年間 -「은비가」

이 구절을 "근세에 붉은 피가 천리 또는 삼천리강토에 물든 것처럼
동족상잔의 대전란을 2년간 가까이 치른 것은 6.25사변 말고는 없지
않은가?"라고 풀이한다. [22]

일선성태삼팔격一鮮成胎三八隔에 좌우상망한심사左右相望寒心事요.

-「삼팔가」

"하나의 조선이 이룬 징조는 삼팔선三八線으로 격리되었음에 좌익과
우익으로 갈라져서 서로 원망하니 한심한 일이다."라고 풀이한다. [23]

20 신유승 해독, 『격암유록』 제1권(세종출판공사, 1987), 218쪽.
21 신유승 해독, 『격암유록』 제1권(세종출판공사, 1987), 218~219쪽.
22 신유승 해독, 『격암유록』 제1권(세종출판공사, 1987), 121쪽.
23 신유승 해독, 『격암유록』 제1권(세종출판공사, 1987), 160~161쪽.

양호우인분발하兩虎牛人奮發下, 파쇄삼팔역사시破碎三八役事時에 용사상투

패룡하음龍蛇相鬪敗龍下吟 -「삼팔가」

　위의 구절을 "양호兩虎는 남한과 북한을 말하며, 우인牛人은 주朱(빨갱이 공산당)이고, 전쟁을 광분해서 도발하고 남하南下하여 삼팔선三八線을 깨뜨린 전쟁인 6.25사변 때에 용龍(남한)과 사蛇(북한)가 서로 싸워 남북통일에 실패한 용은 아래쪽에서 동족상잔同族相殘과 이산가족의 아픔으로 신음한다."라고 풀이한다.[24]

　　이남이북시하언以南以北是何言고, 로미상쟁필유흔露米相爭必有欣을

　　　　　　　　　　　　　　　　　　　　　　　　-「격암가사」

　이 구절을 "이남 이북 하는 이것이 도대체 무슨 말인고? 소련과 미국이 서로 싸우니 반드시 있을 것은 기쁨은커녕 오히려 도끼斤로 남북을 삼팔동방三八東方의 거목巨木이 되지 못하게 찍어 쓰러뜨려서 모자라게 하는 것을 어찌 원통하지 않으리요?"라고 해석한다.[25]

　　절부지이공산발동節不知而共產發動 -「격암가사」

　이 구절을 "철부지 공산 빨갱이가 발동한다."고 해석한다.[26]

　　벌리지부천운伐李之斧天運으로 역천자逆天者는 갈 길 없다. -「말중운」

　위 구절을 "오얏나무를 베는 도끼(이승만李承晩, 1875~1965) 대통령과 국

24　신유승 해독, 『격암유록』 제1권(세종출판공사, 1987), 161쪽.
25　신유승 해독, 『격암유록』 제1권(세종출판공사, 1987), 164쪽.
26　신유승 해독, 『격암유록』 제1권(세종출판공사, 1987), 164쪽.

민을 도탄塗炭 속에 몰아넣은 이기붕李起鵬(1896~1960)도 천운으로, 하늘을 거역하는 자는 갈 길 없다. 그래서 이기붕 일가족은 집단으로 권총자살했다."라고 해석한다.[27]

---

27 신유승 해독, 『격암유록』 제1권(세종출판공사, 1987), 220쪽.

『격암유록』의
주요 내용과
용어

해인

海印

해인海印은 불경佛經 『화엄경華嚴經』에서 유래한 용어다. 우리나라에서 해인은 신라시대 의상대사義湘大師(625~702)가 『화엄경』의 핵심을 한눈에 볼 수 있도록 만든 해인도海印圖에 처음 등장하였다. 이후 경남 합천에 해인사가 세워지고, 조선시대에는 임진왜란 이후 저술된 『임진록壬辰錄』에서 해인이 신비한 물건으로 언급되었다. 대원군과 관련된 설화에도 해인이 등장한 이래 조선 후기에는 해인에 대한 신비한 이야기가 다양하게 전승되기 시작했다. 이후 증산교의 해인신앙과 개태사 김광영 보살과 야산 이달의 해인신앙 등을 거쳐 오랜 세월 동안 해인은 세상을 구원할 보물로 믿겨져 왔다.[1]

조선시대를 대표하는 예언서인 『정감록』에는 해인이라는 용어가 한 번도 등장하지 않는다. 무슨 일이든지 마음먹은 대로 행할 수 있다는 무소불능無所不能의 신비한 보물인 해인이 『정감록』에는 나타나지 않는다. 그런데 현대의 예언서라고 규정할 수 있는 『격암유록』에는 해인이라는 용어가 빈번하게 등장한다.

『격암유록』에 나오는 해인과 관련된 기록은 다음과 같다.

---

1 해인에 대한 자세한 내용은 김탁, 『한국의 보물, 해인』(북코리아, 2009)을 참고하시오.

渡도海해移이山산海해印인理리
바다를 건너고 산을 옮길 수 있는 해인의 이치 ―「남사고비결」

위 구절은 해인이 가진 능력을 표현한 내용이다. 넓고 넓은 바다를 쉽게 건널 수 있고, 엄청난 높이의 큰 산도 가볍게 옮기게 할 수 있는 능력을 지닌 물건이 바로 해인이라고 주장한다. 해인의 무한한 능력을 강조한 것이다. 이와 관련하여 해인을 "무궁한 조화를 일으킬 수 있는 천신天神의 절대적 힘과 무한한 생명에너지"라고 주장하기도 한다.[2]

海해印인海해印인何하海해印인, 見견不부知지而이火화雨우露로. 化화字자化화字자何하化화印인, 無무窮궁造조化화是시海해印인.
해인, 해인이라는 것은 무엇인가? 보고도 알지 못하는 화우로火雨露이다. 화자化字, 화자라는 것은 무슨 인印인가? 무궁한 조화가 바로 해인이다.
―「남사고비결」

이 구절도 해인이 가진 무한한 능력을 찬양하는 내용이다. 특기할 만한 것은 전설로 전하는 해인을 화火, 우雨, 로露 세 개의 인印으로 세분하여 설명하는 부분이다. 불, 비, 이슬 세 개의 인印이 바로 해인이라는 주장이다. 인간이 창조할 수 있는 불과 하늘에서 내리는 자연현상인 비와 이슬의 조화가[3] 해인의 본질이라는 것이다. 이에 대한 더 이상의 자세한 설명은 부연하지 않아서 그 실체에 대한 보다 심도 있는 파악은 하지 못한다. 그렇지만 결국 무궁한 조화를 부릴 수 있는 신비한 물건 내지 보물이 해인이라고 강조한다.

---

2   심광대사, 『땡땡땡』(창조출판사, 2000), 73쪽.
3   훗날 해인이 절대적 구원자나 진인이 설교할 때 내리는 은혜로운 이슬성신이라는 주장이 있기도 하다.

海해印인用용使사是시眞진人인
해인을 부리는 자가 바로 진인이다. —「남사고비결」

　이 구절은 진인출세설과 관련하여 중요한 부분이다. 『정감록』은 진인眞人이 남쪽 혹은 남쪽 조선에서 출현할 것이라는 주장이 핵심이다. 그런데 위 구절에서 알 수 있듯이 『격암유록』은 진인이 해인을 가지고 출현할 것이라고 주장한다. 즉 『격암유록』은 진인이라는 구원의 절대자가 가지고 나올 성스러운 보물이 바로 해인이라고 강조한다.
　따라서 이야기의 서술구조로 볼 때 『격암유록』이 『정감록』 보다 훨씬 후대에 형성된 기록이라는 점이 확인된다. 어쨌든 이제 진인이라는 증거로 그가 해인이라는 보물을 가지고 있는가의 여부가 절대적인 판단의 근거가 된다. 해인을 가지고 나타나야만 진인임이 증명되는 것이다. 진인이 만들어갈 새로운 세상이 해인의 무궁한 조화력에 의해 비로소 가능하다고 강조된다.

吸흡海해印인無무不불通통知지
해인을 마시면 알지 못할 것이 없다. —「말운론」

　위의 구절 역시 해인의 무궁무진한 조화의 힘을 강조한 부분이다. 해인이라는 성스러운 보물이나 그 조화를 마시는 행위에 따라 이 세상 모든 것을 남김없이 알 수 있다는 주장이다. 여기서 마신다는 표현은 해인을 부리는 행위를 대표적으로 표현한 것으로 보인다. 한편 이 구절을 "불로장생하는 해인을 마셔서 달통하지 않은 것이 없고 모르는 것이 없다."라고 해석하기도 한다.[4]

海해印인天천授수得득

4　신유승 해독, 『격암유록』 제2권(세종출판공사, 1987), 171쪽.

해인을 하늘에서 주어 얻었다. ―「말운론」

해인은 근본적으로 '하늘'이라는 신비의 영역에서 선물처럼 진인에게 주어지는 것이라는 주장이다. 여기서 하늘은 절대적이고 영원무궁한 권력을 상징하며, 영적 세계까지 포함하는 종교적 세계이다. 그런데 오랜 세월동안 민간에 전해지는 설화에서 해인은 바다 속에 있다고 믿어지는 용왕국龍王國에서 최고의 통치자인 용왕이 그 나라를 다스릴 때 사용하는 신비한 보물로 전한다. 하늘이나 바다나 모두 인간이 사는 일상적이고 속된 세계를 벗어나 있는 초월적이고 성스러운 존재가 다스린다고 믿어지는 신비의 영역이다. 결국 해인은 일상적인 물건이 아니라 신비한 보물이라고 전해지고 믿어진다.

天천地지海해印인誰수何하說설, 佛불道도大대師사保보惠혜印인
천지의 해인을 누가 이야기하는가? 불도대사의 보혜인이다. ―「말운론」

위 구절에서 해인은 천지를 다스릴 수 있는 보물이라고 강조되며, 해인의 기원이 불교佛教에 있음이 밝혀진다. 불교를 대표하는 존재인 불도대사佛道大師가 가진 보혜인保惠印이 바로 해인이라고 설명된다. 여기서 보혜인은 특별한 의미가 없이 사용된 서술어로 보인다.

해인이 애초에 『화엄경華嚴經』을 설할 때 부처님께서 드신 해인삼매海印三昧의 경지를 설명하기 위한 용어라는 점을 고려해 볼 때, 해인이 불교적 용어라는 사실은 명백하다. 이후 『화엄경』이 전해진 여러 지역과 나라를 통틀어 오직 우리나라에서만 해인은 용왕국을 다스리는 보물로 믿어지고, 장차 후천개벽 때 사람들을 살릴 수 있는 성물聖物로 믿어져 왔다.

天천地지人인三삼, 火화印인雨우印인露로印인, 三삼豊풍三삼印인
천지인의 삼재三才에 비견하여 화인火印과 우인雨印과 로인露印인 삼풍三豊

해인海印이다. ―「말운론」

　이 세상을 설명하기 위한 동양적 사고방식인 삼재三才사상에 빗대어 해인이 화인, 우인, 로인의 세 개의 인印으로 이루어져 있다고 설명된다. 이는 『격암유록』에만 보이는 독특한 설명방식이다. 그리고 이 세 개의 인印은 곧 삼풍해인三豐海印이라고 주장된다. 즉 화인, 우인, 로인이 바로 세 개의 풍豐이라고 주장한다. 『격암유록』에서는 해인이 세 개로 나누어져 설명되며, 이는 곧 삼풍三豐이라고 강조하는 것이다.

　　海해印인覺각桑상田전碧벽海해
　　해인이 뽕나무 밭을 푸른 바다로 바꿈을 깨달으라. ―「말운론」

　위의 구절도 해인의 무한한 능력을 강조하는 내용이다. 오랜 세월이 지나면 뽕나무 밭도 바다로 변한다는 고사성어를 사용하여 세상의 근본적인 변화도 해인의 조화로 가능하다는 주장이다. 해인의 무한한 능력과 가능성을 재차 강조하는 부분이다.

　　海해印인何하能능利리山산海해
　　해인은 어떻게 산을 옮기고 바다를 건널 수 있는가?[5] ―「말운론」

　이 구절도 해인이 산을 옮기고 바다를 건너게 할 수 있는 조화력을 지녔다고 주장하는 내용이다. 앞에서 나온 부분과 동일한 의미이다. 해인을 가지면 못할 일이 없다고 강조한 것이다.

　　千천萬만理리有유海해印인
　　온갖 이치가 있는 해인 ―「말운론」

5　리利는 리移의 오기로 보인다.

이 구절 역시 해인이 모든 이치를 지닌 성스럽고 신비한 보물이라는 주장이다. 해인으로는 어떤 일이든 가능하다고 강조한다.

先선知지海해印인出출人인才재
해인에서 인재가 나옴을 먼저 알라. ―「말운론」

해인에서 인재가 나올 것이라는 위 구절에서 인재는 장차 세상을 구원할 존재인 진인眞人을 가리킨다. 즉 성스럽고 신비한 보물인 해인을 가지고 나올 인물인 진인이 따로 있다고 강조한 부분이다. 단순히 객관적으로 존재하는 보물인 해인이 아니라 곧 해인을 사용하고 그 엄청난 능력으로 세상을 구원할 진인이 나타날 것이라는 점을 거듭 강조한 내용이다.

莫막如여忍인忍인海해印인覺각
참고 참음만 같지 않다. 해인을 깨달으라. ―「말운론」

이 구절도 해인의 이치를 잘 깨달으라는 내용이다. 해인을 깨달으라는 주장에서 원래 불교의 해인삼매海印三昧를 연상시키는 구절이다. 어쨌든 신비한 능력을 지닌 보물인 해인에 대해 자세하게 알아보라는 주장이다.

甘감露로如여雨우海해印인說설, 天천印인地지印인人인印인三삼豊풍海해印인
단 이슬과 같이 내리는 해인의 말씀이요, 천인, 지인, 인인의 삼풍 해인이로다. ―「말운론」

위의 구절을 "오랜 가뭄에 내리는 단비와 같은 해인의 진리에서 말씀하시기를 천인天印, 지인地印, 인인人印의 세 개의 인印이 있으며 삼풍해인三豊海印이라고도 한다."라고 풀이한다.[6] 앞에서 등장한 화인火印,

우인雨印, 로인露印이 삼풍해인이라는 주장과 조금 다르게 이제는 천인天印, 지인地印, 인인人印의 삼풍해인이라고 강조한다. 동양적 세계관인 천지인天地人 삼재三才사상에 근거하여 삼풍해인을 설명한다. 어쨌든 해인이 세 개로 나뉘어져 설명된다는 점이 다시 한 번 확인된다.

火화印인地지印인露로印인化화印인合합一일理리
화인, 지인, 로인, 화인이 합하여 한 이치를 이룬다. ―「말운론」

원래는 화인과 로인과 짝을 이루는 우인이 들어가야 할 부분에 느닷없이 지인이 들어가 있다. 지인은 천인과 인인과 함께 서술되는 용어다. 그리고 화인이라는 새로운 용어가 등장한다. 착오가 있는 듯한 내용인데, 어쨌든 해인海印이 여러 가지로 분류될 수 있다는 점이 확인되며, 이러한 여러 인印들이 모여 해인을 구성하고 있다고 강조한 것이다.

海해印인何하能능利리山산海해
해인으로 산과 바다를 옮기는 일이 어떻게 가능한가? ―「말운론」

해인의 조화로 산과 바다를 쉽게 옮길 수 있다는 점을 거듭 강조한 내용이다. 해인이 있으면 어떠한 어려운 일도 이룰 수 있음을 재차 힘주어 말한 것이다. 해인의 무한한 능력을 산과 바다를 옮기는 일에 비유한 부분이다.

海해印인不불見견之지影영
해인의 그림자도 볼 수 없을 것이다. ―「성산심로」

---

6 신유승 해독, 『격암유록』 제2권(세종출판공사, 1987), 255쪽.

이 구절은 해인을 쉽게 찾을 수 없다는 점을 강조한 것이다. 해인은 일상적이고 속된 세계에 속한 물건이나 보물이 아님을 다시 한 번 주장한다. 신비하고 성스러운 존재나 세계에 속한 해인은 특별한 계기나 사건에 의해서만 이 세상에 나타남을 힘주어 강조한다.

求구天천海해印인, 皆개入입極극樂락.
하늘에서 해인을 구한다면 모두 극락에 들어갈 수 있을 것이다.
―「성산심로」

해인의 능력과 조화에 힘입어 모든 사람들이 극락이라는 이상세계에 들어갈 수 있다는 주장이다. 곧 이상세계의 입장권이 해인의 힘에 달려있다고 강조한 부분이다. 해인이 있으면 영적 구원도 가능하다는 점을 밝혔다.

人인生생秋추收수審심判판日일, 海해印인役역事사能능不불無무
인생을 추수하는 심판일에 해인海印이 역사役事함에 능히 못하는 것이 없을 것이다. ―「석정수」

해인은 사람들의 잘잘못을 가리는 심판일에 없어서는 안 될 성스러운 보물이며, 해인의 조화는 모든 일을 가능하게 할 것이라는 주장이다. 해인의 무한한 능력을 다시 한 번 강조하는 내용이다. 심판일, 역사役事라는 기독교적 용어가 특기할 만한데, 원래 불교에서 기원한 해인이라는 용어가 이제는 기독교적 가치관에서도 수용되었다는 점이 확인된다.

海해印인役역使사萬만事사如여意의亨형通통.
해인으로 일을 하면 온갖 일을 뜻대로 이룰 수 있을 것이다. ―「새 육오」

위 구절도 해인의 무궁한 능력과 조화를 강조한 부분이다. 이처럼 『격암유록』 곳곳에는 해인의 강력하고 무한한 힘과 조화를 계속해서 주장하는 내용이 보인다. 이 해인이 결국에는 진인眞人이라는 메시아적 존재에 의해 사용될 것이라는 점은 분명하다. 진인이 해인을 가지고 장차 세상을 구원할 것이라는 메시지가 거듭 강조되는 것이다.

> 先선天천河하圖도, 後후天천洛낙書서, 中중天천海해印인, 理이氣기三삼豊풍 … 三삼豊풍海해印인 亦역一일理리니 海해印인造조化화 無무爲위化화라.
> 선천의 하도, 후천의 낙서, 중천의 해인, 이기의 삼풍 … 삼풍해인은 또한 한 이치이니, 해인의 조화는 굳이 행하지 않더라도 자연스레 이루어지리라. ─「삼풍론三豊論」

전통적인 동양의 역법易法은 선천의 하도와 후천의 낙서로 대변된다. 그런데 역법과는 상관없는 중천의 해인이 설명된다. 해인은 역易과는 관계없는 무한한 능력을 지닌 신비로운 보물이다. 그런데 뜬금없이 중천中天이라는 용어가 해인과 연계되어 언급된다. 이기理氣도 애초에 『정감록』에 나오는 삼풍三豊이라는 용어와 연관되어 설명되지만, 왜 그러한 연관이 가능한지에 대한 근거가 미약하다. 이어지는 구절은 삼풍해인이 한 가지 이치이며, 해인의 조화는 자연히 이루어질 것이라는 주장이다. 해인의 조화와 힘에 의해 모든 일이 인위적인 간섭이나 강제가 아니라 순리대로 자연스럽게 전개될 것이라는 점을 강조한 것이다.

> 海해印인役역使사, 萬만事사如여意의亨형通통.
> 해인海印으로 일을 하면 만사가 뜻과 같이 형통하리라. ─「새 육오」

해인을 부리거나 사용하면 모든 일이 마음먹은 대로 이루어질 것을 다시 한 번 강조한 부분이다. 해인의 무한한 능력을 찬미하는 내용이다.

三삼印인之지中중海해印인之지水수
삼인三印 가운데 해인의 물은 ─「궁을론」

세 개의 인은 앞부분에 나온 것처럼 화인火印, 우인雨印, 로인露印이
나 천인天印, 지인地印, 인인人印으로 설명될 수 있다. 그리고 "해인의
물"이라는 표현은 아마도 해인을 "바다의 도장"으로 풀이한 데서 근거
한 것으로 보인다. 해인이 전래되는 설화에서 바다 속 신비한 세계인
용궁이나 용왕국의 신비한 보물로 전승되는 점과 일맥상통한다.

海해印인金금尺척天천呼호萬만歲세
해인과 금척으로 하늘이 만세를 부르리라. ─「궁을론」

해인 이외에도 금척金尺이라는 보물이 등장한다. 금척은 조선 태조
가 꿈에 신인神人으로 받았다고 전해지는 보물이다. 해인과 금척과 같
은 보물이 이 세상에 나타나면 모든 사람들이 꿈꿔왔던 이상향이 전개
되리라는 믿음이 반영된 구절이다.

海해印인金금尺척 無무窮궁造조化화 天천呼호萬만歲세.
해인과 금척의 무궁한 조화로 하늘이 만세를 부르리라. ─「궁을도가」

위의 구절도 앞의 구절과 비슷하게 해인과 금척이 무한한 조화를 지
닌 보물로 찬양되며, 이러한 보물이 곧 세상에 나타날 것이라고 주장
한다.

海해印인, 善선者자生생.
해인은 착한 이들을 살린다. ─「은비가」

해인은 착한 사람들을 살리는 능력을 지녔다고 믿어진다. 해인을 통

해 악한 자를 벌하고, 착한 이에게 상을 준다는 생각으로 전개된다. 신상필벌信賞必罰의 원칙 아래 해인이 공과를 판단하는 기준으로 제시될 것이라는 믿음이 반영되었다.

> 海해印인用용事사者자, 天천權권鄭정氏씨也야. 故고曰왈, 弓궁乙을合합德덕眞진人인也야.
> 해인을 용사用事하는 사람은 하늘의 권세를 지닌 정씨이다. 그러므로 궁을의 덕을 합친 진인이다. ―「은비가」

　해인을 가지고 조화를 부리는 존재가 하늘이 정해준 정씨 진인이 될 것이라는 주장이다. 이는 정씨 진인출현설을 반영한 내용이며, 궁을弓乙이 합덕合德한 진인眞人이 바로 해인의 주인이라고 강조한 것이다. 진인이 해인을 부리는 존재로 규정되며, 구체적으로는 정씨 성을 가진 신비한 존재가 바로 그 사람이라는 믿음이다.

> 甘감露로如여雨우海해印인理리
> 단 이슬과 같이 내리는 해인의 이치 ―「은비가」

　해인은 단 이슬처럼 내리는 이치라고 규정한다. 삼인三印 가운데 우인雨印과 로인露印에 대한 설명과 비슷하다. 해인이 이슬비와 같은 형태로 이 세상에 내린다는 표현은 이에 빗대어 구원의 절대자로 믿어지는 사람이 설교할 때 공중에서 뿌려지는 이슬 성신聖神으로도 설명되기도 한다.

> 八팔萬만念염佛불藏장經경中중, 彌미勒륵世세尊존海해印인出출.
> 팔만대장경을 염불하는 가운데 미륵세존의 해인이 나올 것이다.
> ―「은비가」

　위의 구절은 해인이 불교의 경전 구체적으로는 『화엄경華嚴經』에서 유래한 것이라는 점을 명확히 한다. 그리고 해인이 불교의 구세주인 미륵세존 즉 미륵불이 가지고 나올 보물이라고 강조한다. 불교적 구원의 핵심이 바로 해인이라는 점을 밝히고 있다. 미래불인 미륵불이 장차 해인을 가지고 이 세상에 나와 세상을 구할 것이라고 믿는 것이다.

　　海해印인龍용宮궁閑한 日일月월
　　해인의 용궁은 해와 달처럼 한가롭다. —「은비가」

이 구절은 해인이 바다의 보물이므로 용궁과 관련된 것이라는 민간 설화의 전설을 반영한 것으로 보인다. 해와 달처럼 한가롭다는 표현은 해인은 조화력이 해와 달의 운행처럼 어김없이 지속될 것이라는 점을 강조한 것으로 생각된다.

　　眞진人인用용事사海해印인法법.
　　진인이 해인의 법을 용사하신다. —「농궁가」

이 구절은 "진인이 해인을 가지고 출세할 것이다."는 예언의 핵심을 잘 표현한 것이다. 진인이 바로 해인의 주인공이자 해인의 조화를 이 세상에 펼칠 신비한 존재라는 점이 강조되었다. 진인만이 해인의 오묘한 힘과 능력을 사용할 존재라는 사실이 한 번 더 확인된다. 즉 해인을 가지지 못하면 진인으로서의 자격을 상실하는 것이다. 진인은 반드시 해인이라는 보물을 가지고 이 세상에 나타나야 하는 존재다. 따라서 진인은 해인이라는 성스러운 보물을 사용하여 장차 이 세상을 구원할 신비한 인물로 믿어진다.
한편 『격암유록』에는 「해인가海印歌」가 전한다.

　　虹홍霓예七칠色색雲운霧무中중에 甘감露로如여雨우海해印인이라. 火화雨우露로
　　三삼豊풍海해印인이니 極극樂락入입券권 發발行행下하니 化화字자化화字자化화

字_자印_인에 無_무所_소不_불能_능海_해印_인이라.

일곱 빛깔 무지개와 구름과 안개 속에 비와 이슬과 같은 해인이라. 불火, 비雨, 이슬露의 삼풍三豊 해인海印이니, 극락에 들어갈 수 있는 입장권을 발행하니 조화라는 글자가 찍혀 있는 못하는 일이 없는 해인이라.
　　　　　—「해인가」

　위의 구절은 앞에서 나온 바와 같이 비와 이슬과 같은 해인이라는 표현과 함께 화火, 우雨, 로露 삼풍해인을 설명한다. 그리고 해인은 극락으로 가는 입장권과 다름없다는 주장과 함께 조화를 상징하는 해인은 무소불능한 능력을 지닌 보물로 주장된다. 해인을 가지면 못할 일이 없을 것이며, 극락이라는 이상세계에 들어갈 수 있는 증표가 바로 해인이라는 점을 강조하였다.

　　정신精神차려 해인海印알소, 무궁조화 한량 업네. —「격암가사」

　위 구절을 "해인海印이란 무궁무진한 진리眞理로서 못하는 것이 없다는 뜻이다."라고 풀이하기도 한다.[7] 이 역시 해인의 무궁무진한 조화와 능력을 재차 강조하는 내용이다.

　　保_보惠_혜師_사聖_성海_해印_인出_출, 上_상帝_제道_도德_덕降_강仙_선人_인.
　　보혜대사가 성스러운 해인을 가지고 나올 것이요, 상제의 도덕인 신선에게 내릴 것이다. —「가사요」

　보혜대사가 해인을 가지고 나온다는 표현은 불교적 인물로 추정되는 존재가 해인이라는 보물의 주인공이라는 주장이다. 해인이 불교적 보물이라는 점이 다시 한 번 확인되는 구절이다.

───────

[7]　신유승 해독, 『격암유록』 제1권(세종출판공사, 1987), 158쪽.

不불可가思사議의海해印인일세.
불가사의한 해인일세. —「도부신인」

　사람의 생각과 능력으로는 미루어 헤아릴 수 없는 신비한 보물이 해
인이라고 주장한다. 신묘막측한 힘을 지닌 보물이 바로 해인이라는 점
이 또다시 강조되었다. 해인의 조화는 인간의 영역을 벗어난 세계에서
만 짐작될 수 있는 보물이라고 설명된다.

眞진人인用용法법, 海해印인造조化화, 任임意의라네. —「말중운」

　진인이 사용하는 법이 바로 해인의 조화라고 설명되며, 해인은 마음
먹은 대로 모든 일을 행할 수 있다고 주장된다. 진인이 해인을 사용하
는 주체이며, 해인을 가진 존재라는 점이 다시 한 번 강조된다.

神신幕막別별乾건坤곤 海해印인造조化화 낫타난다. —「길지가」

　신神의 막사는 하늘과 땅을 벗어난 신비한 곳에 존재하며, 이곳에 해
인의 조화가 나타날 것이라는 설명이다. 해인은 속되고 일상적인 장소
에 나타나지 않으며, 성스럽고 특별한 장소에 출현할 것이라는 주장이
다. 해인이 이 세상에 나타나면 새로운 이상향이 건설될 것이라는 믿
음이 반영되었다.

義의相상祖조師사三삼昧매海해印인, 鄭정道도令령之지十십勝승이요 —「십승가」

　신라의 의상대사가 해인삼매를 주장하였고, 이는 정도령의 십승이라
고 설명한다. 『화엄경』의 핵심을 파악하여 해인도海印圖를 작성한 의
상대사가 『화엄경』을 설할 때 드신 부처님의 깨달음의 경지인 해인삼
매를 강조했다는 내용이다.[8] 그리고 이 해인삼매는 바로 『정감록』에

등장하는 조선사회를 뒤이어 출현할 정씨 진인의 별칭인 정도령이 가지고 나올 십승十勝이라고 주장한다. 여기서 십승은 보물 또는 구원의 상징이 되는 물건이라는 의미로 사용되었다. 곧 이 세상에 출현할 구세주이자 구원의 절대자인 정도령이 해인이라는 보물을 가지고 나올 것이라고 강조된다. 해인의 연원은 의상대사의 저술인 해인도에서 유래했다는 점이 확실하게 설명된다.

貧빈賤천困곤窮궁無무勢세者자야, 精정神신차려 海해印인알소 ―「격암가사」

위의 구절은 가난하고 비천하며 곤궁하고 세력이 없는 사람들은 해인에 대해 잘 알아두라는 말이다. 힘없고 낮은 사람들이 권세를 가지고 고귀한 존재로 변할 수 있는 방법이 해인의 조화에 달려있다는 주장이다. 이 세상의 부귀와 지위도 해인의 힘에 의해 가질 수 있다는 점이 강조되었다.

人인人인合합力력一일心심合합이면 原원子자不불如여海해印인이라. … 七칠十십二이才재海해印인金금尺척無무窮궁造조化화, 天천呼호萬만歲세.
―「궁을도가」

사람들이 힘을 합쳐 한 마음이 되면 원자폭탄과 같이 이 세상을 멸망하게 만드는 물건도 해인만 못할 것이라는 주장이다. 그리고 엄청난 능력을 지닌 해인과 금척과 같은 보물의 무궁한 조화가 나타나면 하늘이 만세를 부를 것이라고 강조한다. 한 마디로 해인의 무한한 힘을 다시 한 번 강조한 부분이다.

한편 해인을 "성인이 말세에 마귀를 없애고 믿는 자들을 영생불사하게 하는 것"이라고 설명하는 사람도 있다.[9] 해인을 기독교적 표현으로

---

8 이 부분은 김탁, 『한국의 보물, 해인』(북코리아, 2009)을 참조하시오.

설명한 것인데, 해인이 원래 불교적 용어라는 사실을 간과한 해석으로 보인다. 그렇지만 결국은 해인이 가진 신비한 능력을 강조하는 점에서는 이러한 해석도 가능하다고 본다.

水_수火_화昇_승降_강 變_변化_화數_수로, 以_이小_소成_성大_대 海_해印_인化_화라.
―「가사총론」

이 구절도 해인의 조화로 어떠한 일도 가능하다는 사실을 강조한 부분이다. 수승화강水昇火降은 도교적 수련을 설명할 때 사용되는 용어다. 처음에는 작고 미약한 것으로 출발하지만 결국에는 크고 강한 것을 이루는 일이 해인의 조화에 의해 이루어질 것이라고 주장한다.

天_천下_하理_이氣_기變_변運_운法_법이 海_해印_인造_조化_화 다 잇다네.   ―「가사총론」

천하의 이치와 기운이 변화되고 운용되는 법이 해인의 조화에 모두 포함되어 있다는 주장이다. 이 역시 해인의 무궁무진한 힘과 능력을 재차 강조하는 내용이다.

當_당服_복奄_엄麻_마 常_상誦_송呪_주로 萬_만怪_괴皆_개消_소 海_해印_인일세.
―「가사총론」

마땅히 엄마를 찾아 항상 주문을 읽으면 온갖 괴이한 질병이 모두 낫게 되는 것이 해인의 조화라는 설명이다. 해인이 주문을 읽는 행위로도 주장되는 것이다. 많은 병을 남김없이 치료할 수 있는 조화가 해인에 들어있다는 점을 강조한다.

---

9   김하원, 『위대한 가짜예언서 격암유록』(도서출판 만다라, 1995), 54쪽.

無무道도大대病병 걸린 者자들 不불死사海해印인 나왓다네. —「가사총론」

위의 구절도 큰 병에 걸린 사람들이 죽지 않게 할 수 있는 힘과 능력이 해인에 있다는 주장이다. 이제 해인은 단순히 여러 질병을 고치는 물건이나 조화가 아니라 불사不死에 이르게 할 수 있는 신비한 보물로 믿어진다. 역시 해인의 무한한 능력을 강조한 내용이다.

海해印인造조化화 不불覺각하고, 鷄계龍룡白백石석 되단 말가? —「가사총론」

위의 구절은 해인의 조화를 깨닫지 못하면 "계룡산의 돌이 희게 변하는" 세상이 올 수 없다는 주장이다. 계룡산의 돌이 하얗게 바뀌는 것은 곧 새로운 세상이 이 세상에 전개될 것이라는 믿음을 상징적으로 서술한 것이다. 진인이 출현하는 시기가 도래하면 계룡산의 돌이 희게 바뀔 것이라는 『정감록』에 나오는 예언을 기초로 해인의 조화가 크다는 점을 강조한 부분이다.

天천下하理이氣기 變변運운法법이, 海해印인造조化화 되엇다네.
　　—「가사총론」

하늘과 땅의 온갖 이치와 기운이 변화하고 운용되는 법칙이 바로 해인의 조화에 있다는 주장이다. 이러한 표현은 앞에서 살펴본 내용에서도 나온다. 해인이 지닌 엄청난 조화력이 또다시 강조되었다.

雷뇌震진電전閃섬 海해印인造조化화 天천地지混혼沌돈 무서워라. —「출장론」

이 구절도 역시 해인의 조화를 강조하는 부분이다. 뇌성벽력과 번개와 같은 엄청난 힘을 지닌 해인이 조화를 부리면 천지도 어지러워질 정도로 무섭다는 설명이다. 해인의 조화력은 천지의 근본적 변화도 가능하게 할 것이라는 주장이다.

> 弓궁字자海해印인 降항魔마之지道도, 弓궁乙을之지間간 十십勝승地지를, 諸제
> 山산之지中중 넘나들며, 不불求구山산中중 찾지 말고 —「십승론」

『정감록』에서부터 신비한 글자로 전하는 궁弓자가 해인과 연결되었
다. 해인의 조화에는 온갖 마귀를 항복시키는 길이 있다고 강조한다.
뒷부분에 이어지는 구절은 해인과는 관련이 없는 구절로 보인다. 궁을
弓乙의 사이에서 십승지를 찾지 말며, 산속에서 십승지를 구하지 말라
는 경고이다. 해인이 세상을 악으로 물들이는 악마나 마귀와 같은 존
재들을 모두 굴복시키는 보물이라는 점이 재차 강조된다.

> 先선天천河하圖도 後후天천洛낙書서, 中중天천海해印인 理이氣기三삼豊풍, 三삼
> 天천極극樂락 傳전한 法법이, 兩양白백弓궁乙을 十십勝승理리로 —「삼풍론」

선천을 하도, 후천을 낙서, 중천을 해인에 배당하였다. 이러한 표현
은 앞에서도 나왔다. 특별한 근거가 없이 주장되는 내용이며, 선천, 후
천, 중천의 삼천三天의 이상세계가 전한 법이 양백兩白, 궁을弓乙, 십승
十勝의 이치와 관련이 있다는 것이다.

> 三삼豊풍海해印인 亦역一일理리니, 海해印인造조化화 無무爲위化화라.
> —「삼풍론」

삼풍과 해인을 연관시켰으며, 이 둘이 모두 한 가지 이치라고 주장
한다. 그리고 해인의 조화는 무위이화無爲而化로 자연스레 이루어질 것
이라고 강조한다. 이는 해인의 조화력이 무궁무진하며 특별한 인위적
힘에 의해서가 아니라 천지의 운행과 같이 자연히 이루어지는 것이라
는 점을 힘주어 말한 것이다.

海해印인三삼豊풍 亞아米미打타亞아, 佛불道도昌창威위 이 아닌가?
―「송가전」

역시 해인과 삼풍을 연관시켜 설명하고 있으며, 아미타불阿彌陀佛이라는 부처의 이름을 비슷한 글자로 표현하였다. 해인삼풍이 등장하면 서방 정토에 있다고 믿어지는 아미타불의 불도佛道가 창성하게 될 것이라는 주장이다.

萬만病병回회春춘 海해印인大대師사, 病병入입骨골髓수 無무道도者자를, 不불死사永영生생 시키려고, 河하洛락理이奇기 海해印인妙묘法법 ―「송가전」

온갖 질병이 완치되고 늙음을 청춘으로 되돌릴 수 있는 능력이 해인의 조화이며, 해인을 사용하면 병이 골수에 든 무도한 사람도 죽지 않고 영생할 수 있다고 한다. 이러한 해인의 오묘한 법은 하도와 낙서의 기묘한 이치에 비견된다. 질병을 고치고 젊음을 되찾고 죽지 않는 영원한 생명을 유지시켜 줄 수 있는 조화가 해인에 있다는 주장이다.

海해印인三삼豊풍 不불覺각하고, 十십勝승弓궁乙을 獲획得득하야 ―「송가전」

이 역시 해인과 삼풍을 한데 묶어 설명하고 있다. 해인삼풍의 이치를 깨닫지 못하면 이 세상을 새 세상으로 변화시키는 일이 불가능함을 강조하고 있다. 그리고 해인과 십승, 궁을을 연관시켜 설명한다. 해인을 십승과 궁을이라는 신비한 용어와 관련시켜 무한한 조화력을 지닌 물건이라고 강조한다.

一일心심修수道도 眞진正정者자는, 海해印인仙선藥약 바더 살소. 無무所소不불能능 海해印인化화로, 利이出출渡도海해 變변天천地지를, 先선後후中중天천 海해印인仙선法법 ―「송가전」

해인을 '신선의 약'에 비유했다. 한 마음으로 수도하는 진정한 사람은 해인의 조화에 힘입어 구원받을 수 있다고 주장한다. 그리고 못하는 바가 없는 해인의 조화로 넓고 넓은 바다를 건널 수 있고, 하늘과 땅을 변화시키는 일이 가능하다고 강조한다. 한 마디로 해인의 조화가 무궁함을 힘주어 말한 구절이다. 나아가 선천, 후천, 중천을 설명하면서 해인을 선법仙法에 견주었다.

> 石석白백海해印인 天천權권으로, 天천下하消소蕩탕 降항魔마世세를, 世세人인 嘲조笑소 譏기弄롱이나, 最최後후勝승利리 弓궁弓궁일세. ─「도부신인」

(계룡산의) 돌을 하얗게 변화시킬 수 있는 해인이라는 하늘의 권세로 천하를 소탕하고 온갖 마귀를 항복시킬 수 있는 세상을 만들 수 있다고 주장한다. 그러나 세상 사람들은 이를 알지 못하고 조소하거나 기롱하지만 최후의 승리는 궁궁弓弓에 있을 것이라고 강조한다. 이 또한 해인의 무한한 조화의 힘을 강조한 표현이며, 해인에 대해 사람들이 모를 것이라는 말이다. 해인과 궁궁을 연관시켜 설명한 점이 특기할 만하다.

> 倒도山산移이海해 海해印인用용事사, 任임意의用용之지 往왕來래하며
> ─「도부신인」

산을 거꾸러뜨리고 바다를 건널 수 있는 일이 해인의 힘으로 가능하며, 해인은 마음먹은 대로 모든 일을 행할 수 있다고 주장한다. 해인의 무한한 조화력을 강조한 표현이다.

> 死사者자回회春춘 更갱生생하니, 不불可가思사議의 海해印인일세.
> ─「도부신인」

이미 죽은 자도 회춘시켜 다시 살아나게 할 수 있는 것이 불가사의

한 해인의 조화에 있다는 주장이다. 죽음을 삶으로 극적인 변화를 가져올 수 있는 해인의 힘을 찬양하고 있다.

石석白백海해印인 天천權권으로 天천下하消소蕩탕 … 眞진人인用용法법 海해印인造조化화 任임意의라네. ―「말중운」

　(계룡산의) 돌을 희게 변화시킬 수 있는 해인이라는 하늘의 권세로 천하를 소탕할 수 있으며, 진인이 사용하는 법인 해인의 조화는 임의로 사용됨을 강조한다. 이 세상이 전혀 새로운 이상세계로 변한다는 증거의 하나로 계룡산의 돌이 하얗게 변한다는 전언이 해인의 조화력에 의해 가능할 것이라는 주장이며, 해인은 진인眞人이 사용하는 법이라는 점이 또다시 강조되었다.
　한편 『격암유록』의 해설자들은 해인海印을 "이슬같은 하나님의 은혜의 능력"이라고 주장하기도 했다.[10] 즉 해인은 속되고 일상적인 물건이 아니라 성스럽고 특별한 보물이라는 점이 강조되었으며, 『격암유록』의 일부 해설자들은 해인을 기독교적인 신격의 표현인 '하나님'과 관련된 것으로 주장한다. '하늘'과 관련된 것으로 이슬처럼 내리는 해인은 '하나님'의 은혜의 능력이라는 것이다. 이 세상이나 이 땅을 벗어난 신비의 영역에 속한 해인을 강조한다.
　『격암유록』에 해인은 총 67번 등장하는 용어다. 『격암유록』에 가장 많이 등장하는 용어인 십승十勝이 모두 89번 등장한다는 점을 고려해볼 때, 해인은 두 번째로 자주 나오는 용어다. 그런데 십승이라는 용어는 이미 『정감록』에 많이 등장하는 용어인데 반해 해인은 기존의 대표적인 예언서인 『정감록』에 한 번도 나오지 않는 『격암유록』에만 나오는 용어다. 즉 조선시대를 대표하는 예언서인 『정감록』에 나오지 않는 독특한 용어인 해인이 『격암유록』에 유달리 많이 등장한다.

---

10 김은태 편저, 『정도령正道令』(해인출판사, 1988), 38쪽.

물론 해인은 불교의 『화엄경華嚴經』이 우리나라에 유입된 이래 특히 신라시대 의상대사가 해인도를 작성하면서 사용된 용어이다. 이후 해인은 신라 말기에 창건된 해인사海印寺와 관련하여 한국불교에 토착화되었으며, 오랜 세월을 거쳐 임진왜란의 정신적 극복을 강조한 『임진록』의 한 이본인 『흑룡일기』에서는 사명대사가 사용하는 신비한 보물로 등장되었다.

그리고 설화에서는 용궁 또는 용왕국을 다스리는 용왕이 사용한다는 보물로 전승되었으며, 증산 강일순은 해인을 후천개벽이 있을 때 사용할 보물로 제자들에게 이야기했고, 일제강점기에도 해인을 가지고 있다는 주장을 한 사람들이 여럿 있었다. 결국 애초에 불교적 용어였던 해인은 한국종교의 독창적 용어로 정착되었다. 이러한 오랜 역사를 통해 해인은 마침내 현대 한국 기독교의 예언서로 추정되는 『격암유록』에서 세상을 구원할 신비한 보물로 정착되었다.

『정감록』은 "진인이 곧 출현할 것이다."는 예언이 기본구조를 이루고 있는 예언서다. 그런데 『격암유록』은 "진인이 곧 해인을 가지고 출현할 것이다."는 예언이 기조를 이루고 있는 예언서다. 따라서 이야기의 구조를 분석해 볼 때 『격암유록』은 기존에 있던 『정감록』의 골자를 빌려 후대에 이루어진 예언서로 보인다.

『격암유록』에서 비로소 해인은 진인이 사용할 성스러운 보물로 규정되었고, 이러한 예언은 진인의 상징이 바로 해인이라는 점을 분명히 했다. 이에 따라 해인은 진인과 결코 분리될 수 없는 물건으로 인식되었다. 즉 진인이라는 사실을 증명하기 위해서는 그가 해인을 가지고 있느냐 그렇지 않느냐의 여부에 따라 결정되는 것이다. 오랜 세월을 거쳐 한국의 보물로 인식되어왔던 해인은 『격암유록』에서는 진인의 상징이 되었다.

십승
十勝

『격암유록』에 가장 많이 등장하는 용어는 십승이다. 따라서 십승에 대한 다양한 이해와 믿음을 살펴보는 일은 『격암유록』을 평가하는데 있어서 필수적이다. 『격암유록』에 나오는 십승과 관련된 구절들을 상세히 살펴보자.

> 吉길星성照조臨림眞진十십勝승 … 九구宮궁加가一일十십勝승理리
> 길한 별이 비치는 곳이 참 십승이다. … 구궁九宮에 하나를 더하면 십승의 이치이다. ―「남사고비결」

상서로운 기운을 띠는 별이 비치는 곳이 바로 진정한 십승이라고 주장하며, 나아가 동양적 공간이해의 한 방법이자 운명을 점치는 방법으로까지 발전된 구궁九宮에 '하나'를 더하면 십승十勝이 된다고 주장한다. '하나'가 무엇인지는 분명하게 밝히지 않는다. 다만 숫자 구九와 일一을 합치면 십十이 된다는 식의 설명이다. 이러한 맥락에서 "구九에 일一을 더하면 십十이 되며, 이는 십승진리를 뜻한다."라고 풀이하기도 한다.[1] 그리고 "십승은 상제, 생명수, 무극, 성인, 음과 양이 합한 수를

---

1 신유승 해독, 『격암유록』 제1권(세종출판공사, 1987), 36쪽.

상징한다."라는 주장도 있다.[2]

『격암유록』에서 십승은 특별한 명사를 서술하는 형용사적 용법이 아니라 명사로 이해되고 믿어진다는 점이 특기할 만하다. 이는 『격암유록』에 일관되게 나타나는 이해방식으로 이전의 예언서인 『정감록』에 나오는 십승이라는 용어를 이해하는 방법과는 확연하게 차이가 나는 부분이다.

> 十십勝승十십勝승何하十십勝승, 勝승利리臺대上상眞진十십勝승
> 십승, 십승이라는 것은 무엇인가? 승리대 위의 참 십승이다.
> ―「남사고비결」

위 구절을 "십승은 완전한 승리를 뜻한다."라고 풀이한다.[3] 여기서 승리에 대해서는 별다른 부연이나 설명이 없다. 일반적으로 승리란 겨루거나 싸워서 이긴다는 뜻이다. 결국 승리는 적대감을 가진 특별한 존재가 전제되는 용어인데, 더 이상의 설명이 전혀 없으므로 사전적 의미로만 풀이할 수밖에 없다. 그리고 승리대라는 용어는 『격암유록』 이전에는 발견할 수 없는 독특한 표현이며 용어다.[4] 어쨌든 승리 또는 승리대가 십승과 연관되어 설명된다.

한편 진십승眞+勝은 가십승假+勝을 전제로 하는 용어다. 십승이 참 십승과 거짓 십승으로 양분되어 설명될 수 있다는 견해다. 참과 거짓을 나누는 기준이 제시되지 않으므로 이 역시 더 이상의 분석은 할 수 없다. 다만 십승이 명사적 용법으로 이해된다는 점이 또 한 번 밝혀졌으며, 참 십승과 거짓 십승으로 대분될 수도 있음이 확인된다.

---

2 이완교, 『주역과 격암유록』(도서출판 아름다운 사람들, 2008), 13쪽.
3 신유승 해독, 『격암유록』 제2권(세종출판공사, 1987), 35쪽.
4 조희성(1931~2004)이 1981년 경기도 부천시에서 '영생교 하나님의 성회 승리제단勝利祭壇'이라는 이름으로 창설한 한국 기독교계 신종교단이 있다. 아마도 『격암유록』에 나오는 승리대라는 용어를 차용하여 교단의 이름으로 사용한 듯하다.

牛_우鳴_명十_십勝_승尋_심吉_길地_지

소가 우는 십승에서 길한 땅을 찾으라. ―「남사고비결」

"소가 우는 땅"은 『정감록』에 나오는 이른바 조선국운삼절론朝鮮國運三絶論에 등장하는 용어다. 조선의 국운이 세 번 끊어지는 위기를 맞이하게 될 것이라는 이야기의 마지막 세 번째 위기상황에서 구원을 얻을 수 있는 곳으로 "소 울음소리가 들리는 땅"이 제시된다. 『격암유록』에서는 소가 우는 곳인 십승이 바로 구원을 얻을 수 있는 상서로운 땅이라고 주장된다. 이 구절에 나오는 십승은 『정감록』에 등장하는 십승지十勝地와 거의 같은 의미로 사용되었다. 즉 십승이 종교적 개념의 명사적 의미로 사용된 것이 아니라 구체적인 장소인 "땅"으로 이해되었다. 이는 이어지는 부분의 길지吉地에서도 확인된다.

十_십勝_승兩_양白_백知_지口_구人_인

십승 양백에서 구인口人을 알라. ―「남사고비결」

위 구절에서 십승은 양백과 연관되어 설명된다. 그런데 구인口人의 용례나 의미는 알 수 없다. 굳이 파자로 설명한다면 수四자로 보이지만, 앞 구절과의 연관성이나 맥락이 닿지 않는다. 『정감록』에도 자주 등장하는 십승과 양백이라는 용어가 위 구절에서 관련이 있는 용어로 설명된다는 점이 특기할 만하다.

十_십勝_승十_십處_처論_론

십승십처론 ―「남사고비결」

이 구절은 십승이 특별한 명사적 용법으로 사용되지 않고, 이어지는 십처十處와 연관되어 "열 곳의 장소"로 해석될 수 있다. 『정감록』에 나오는 십승지와 비슷한 용법으로 사용되었다.

天천理리十십勝승弓궁弓궁地지
천리 십승 궁궁지 ─「남사고비결」

　하늘의 이치인 십승이 바로 궁궁弓弓의 땅이라는 해석이 가능하다.
하늘의 이치인 천리天理가 십승과 연관되어 설명된다는 점이 특기할
만하다. 그런데 이어지는 구절이 궁궁의 땅이라는 점에서 '이치'와 '땅'
이 선뜻 곧바로 연관되거나 이해할 수 없다. 앞부분은 십승이 이치라
는 명사적 개념으로 해석되었지만, 뒷부분은 구체적인 어떤 장소를 뜻
하기 때문이다.
　궁궁弓弓은 『정감록』에도 언급되는 용어다. 그러나 궁궁지弓弓地라는
용어는 보이지 않는다. 하지만 『정감록』의 이재궁궁利在弓弓이라는 구
절을 "이로움이 궁궁의 땅에 있을 것이다."라고 해석될 여지는 있다.
어쨌든 『격암유록』에 나오는 십승이 "하늘의 이치"이자 "신비한 장소"
로 양면적으로 이해될 수 있음이 이 구절을 통해 확인된다.

十십勝승聖성山산聖성地지
십승은 성스러운 산이요, 성스러운 땅이다. ─「세론시」

　위 구절에서 십승은 어떤 장소를 가리키는 용어로 사용되었다. 이는
『정감록』에 나오는 십승지와 같은 의미로 이해된다. 이어지는 구절의
산山과 지地에서 십승이 온갖 재난이나 재앙을 벗어나게 할 수 있는 성
스러운 장소를 가리킨다는 점이 확인된다. 이처럼 『격암유록』에 나오
는 십승이라는 용어는 대부분 어떤 특별한 의미를 지닌 종교적 개념으
로 사용되었지만, 일부 용례에서는 『정감록』의 십승지十勝地의 십승十
勝과 동일한 의미로 피난처나 구원의 땅이라는 의미로도 사용된다.

非비山산十십勝승
산이 아닌 십승이다. ─「세론시」

위 구절에 나오는 『격암유록』의 십승은 『정감록』에 등장하는 십승과는 전혀 다른 이해방식을 보여준다. 십승이 산이나 어떠한 장소를 가리키는 용어가 아니라고 주장하는 것이다. 이전의 『정감록』에 등장하는 십승이 구체적인 장소는 특정한 지역이나 특별한 산의 주위에 있는 지역을 가리키는 용어로 사용되었지만, 『격암유록』의 십승은 산山이 아니라고 강조하는 것이다. 이러한 주장에 힘입어 『격암유록』은 『정감록』의 십승과는 전혀 다른 십승에 대한 이해와 믿음을 주장한다.

世세願원十십勝승, 聖성山산聖성地지 ―「세론시」

위의 십승十勝을 "세상에서 간절히 소원하는 천당, 극락, 선경이 바로 십승－100퍼센트 이기는 자, 진짜 이스라엘, 임마누엘이다."라고 풀이하기도 한다.[5] 십승을 기독교적 개념으로 해석한 것이다. 물론 십승이 천당, 이스라엘, 임마누엘이라는 주장에 대한 근거는 전혀 제시되지 않는다. 그런데 원래의 뜻풀이는 "세상이 원하는 십승은 성스러운 산과 땅이다."이다. 기독교적인 해석이 가능할 여지가 없는 구절이다. 물론 이 구절에 대한 어떠한 해석도 가능하지만, 원래적 의미의 풀이가 더 적당할 듯하다.

어쨌든 이 구절은 앞에서 나온 "십승은 산이 아니다."는 구절과는 전혀 다른 입장을 유지한다. 이처럼 『격암유록』에 등장하는 십승에 대해 원래의 『정감록』적인 해석과 일치하는 부분도 있고, 그렇지 못한 구절도 있다. 십승에 대한 상반되는 주장이 『격암유록』에 나온다는 점이 확인된다.

勿물思사十십處처十십勝승地지. 獨독利리在재弓궁弓궁間간.
열 곳의 십승지를 생각하지 말라. 이로움은 오직 궁궁 사이에 있다.
―「말운론」

---

5 신유승 해독, 『격암유록』 제2권(세종출판공사, 1987), 83쪽.

위의 인용문에서 십승지+勝地라는 용어가 『격암유록』에 나온다는 점이 확인된다. 『격암유록』에서 십승지라는 용어는 이 부분에서 한 번 나오고, 「말운론」의 뒷부분에도 나와 모두 여섯 번 등장하고, 「은비가」에도 한 번 나오며, 「정각가」에도 한 번 나오고, 「궁을도가」에 두 번 나온다. 십승+勝과 지地가 합쳐져서 "열 곳의 빼어난 땅"이라는 원래 『정감록』에 등장하는 용례와 같은 뜻으로 사용되었다. 십승지를 설명하는 십처+處도 "열 곳의 장소"를 뜻하므로 이어지는 십승지와 관련하여 "열 군데의 구체적인 장소"를 의미한다. 따라서 이 부분에 등장하는 십승은 명사적 용법이 아니라 지地를 서술하고 설명하는 형용사적 용법으로 사용되었다.

그런데 『격암유록』은 『정감록』에 나오는 십승지를 부정한다. "열 군데의 장소"를 뜻하는 십승지를 생각하지 말라고 강조한다. 『격암유록』은 "이로움이 오직 궁궁弓弓의 사이에 있다."고 주장하여 궁궁弓弓이라는 신비한 글자로 대변되는 것에서 십승을 구하라고 주장한다. 한편 『격암유록』에는 십승과 비슷한 십처+處라는 용어도 간혹 보인다.

> 南남北북相상望망, 可가憐련寒한心심. 地지卽즉十십處처吉길地지, 誰수福복謂위地지?
> 남과 북이 서로 바라보니 가련하고 한심하도다. 땅으로 말하자면 열 곳의 길한 장소가 있으니, 그 누가 복된 땅이라 말하는가? ─「세론시」

위 구절을 "국토가 남북으로 분단하여 서로 바라보면서 철천지원수처럼 대하니 가련하고 한심한 일이다. 땅 가운데 열 곳이 길한 곳이라고 누가 그랬으며 그곳에 복이 있다고 말한 땅인가? 『정감록』 같은 사악한 책에 씌어 있는 소리이니 전부 허무맹랑하다. 오직 단합된 마음과 진심眞心, 일심一心 뿐이다."라고 풀이하기도 한다.[6]

---

6 신유승 해독, 『격암유록』 제2권(세종출판공사, 1987), 90쪽.

뒷부분의 해석은 해설자의 추가적이고 자의적이 덧붙임일 뿐이다. 여기서 십처＋處는 십승＋勝과 동일한 의미로 사용되었다. 십처가 바로 십승이자 복지福地인 것이다. 십처가 "열 곳의 장소"를 뜻하는 것이 명확하므로 마음, 진심, 일심 등의 정신적 개념으로 이해하는 것은 곤란하다. 십승이라는 용어가 나오지 않지만 앞에서 십승과 십처가 동시에 언급된 구절이 있고, 해석상의 맥락에서 이 부분에 나오는 십처는 십승과 같은 뜻으로 사용되었음을 알 수 있다. 즉 십처는『정감록』에 나오는 십승지와 같은 의미로 사용되었음이 확인된다.

나아가 다음과 같이 십처＋處가 사용된 예도 보인다.

> 此차運운時시, 鄭정堪감豫예言언十십處처地지理리之지上상大대吉길地지, 十십處처
> 以이外외小소吉길方방方방谷곡谷곡結결定정地지.
> 이 운을 맞이하면 정감이 예언한 열 곳의 지리상 큰 길한 땅이 있으며,
> 열 곳의 땅 이외에도 조금 길한 곳이 방방곡곡에 결정되어 있다.
> ―「말운론」

"열 군데의 지리상의 크고 길한 땅"이라는 의미로 십처＋處가 사용되었는데, 이는『정감록』에 나오는 십승지＋勝地와 똑같은 뜻으로 사용되었다. 이처럼『격암유록』에서는『정감록』에 등장하는 십승지라는 의미로 십처＋處라는 용어를 사용하였다. 결국『격암유록』은『정감록』의 십승지와 같은 뜻으로 십처를 사용했으며,『정감록』에 보이는 십승지와 다른 의미로 특별한 뜻과 개념을 지닌 용어로는 십승을 단독으로 사용하였음이 확인된다.

십처와 관련하여 "지리십처地理＋處는 지상의 속된 곳이나 마귀가 홀리는 사이비 종교집단 또는 진짜 하느님의 진리와 일치하지 않는 곳이다."라고 풀이하기도 한다.[7]

---

7   신유승 해독,『격암유록』제1권(세종출판공사, 1987), 159쪽.

天천擇택弓궁弓궁十십勝승地지, 利이在재弓궁弓궁十십勝승村촌.　不불利리山산
不불近근不불聽청.
　　하늘이 선택한 궁궁은 십승지이고, 이로움이 궁궁 십승촌에 있다.　산은
　　이롭지 않으니 가까이하지도 말고 듣지도 말라.　―「말운론」

　　십승지를 궁궁弓弓과 연관시켜 설명하며, 『정감록』에 나오는 "이로움
이 궁궁에 있다."는 구절을 십승촌과 관련짓는다.　궁궁이 바로 십승지이
자 십승촌이라는 주장이다.　궁궁이 전혀 낯선 것이나 장소가 아니라 바
로 십승지라는 견해이다.　그러면서도 『격암유록』의 이어지는 문장에서
"산은 이롭지 않다."고 주장하여, 십승지가 곧 특정한 산이나 땅을 의미
하지는 않는다고 강조한다.　다소 모순되는 듯 보이고, 애매모호한 표현
이다.　어쨌든 『정감록』의 오랜 숙제이자 신비의 영역으로 남아있던 궁
궁이 십승지 또는 십승촌과 관련된다고 강조한 점이 특기할 만하다.

　　天천民민十십勝승地지 … 盜도賊적不불入입安안心심之지地지, 出출死사入입生생.
　　하늘 백성의 십승지이다.　… 도적이 안심하는 땅에는 들어올 수 없으니,
　　(이곳을) 나오면 죽을 것이고 들어가면 살 것이다.　―「말운론」

　　"하늘 백성"은 하늘이 선택한 백성이라는 의미이다.　하늘이 택한 백
성이 사는 곳이 바로 십승지라는 주장이다.　이 구절에서 십승지는 구
원의 땅으로 표현된다.　하늘을 믿고 마음을 안정시키는 사람들이 사는
곳에는 도적이 들어올 수 없다고 부연 설명된다.　이 십승지를 벗어나
면 죽을 것이고, 들어가면 생명을 얻을 것이라고 강조된다.　여기서 십
승지는 애초에 『정감록』에 나오는 십승지와 동일한 뜻으로 사용되었
다.　십승지는 "열 군데의 구원의 장소"로 묘사되는 것이다.

　　十십勝승何하處처耶야? 虛허中중有유實실.　―「말운론」

위 구절을 "십승은 어느 곳인가? 허虛한 가운데 실實이 있는 것이다."라고 해석하면서 "이 세상의 지명地名이 아니고 진리를 찾는 진실한 마음속에 있다."고 풀이하기도 한다.[8] 허와 실이 의미하는 바가 정확히 어떤 것인지에 대한 더 이상의 설명이 없으므로 단정짓기는 어렵지만, 땅이름이 아니라 진리를 추구하는 마음이라는 해석이나 해설은 좀 낯설다. 왜냐하면 앞부분의 "십승이 어떤 곳이냐?"라는 부분에 나오는 처處가 "특정한 땅이나 장소"를 가리키기 때문이다. 어쨌든 『격암유록』에 나오는 십승十勝이 『정감록』에 등장하는 십승지와는 다르다는 해석과 주장이 많이 있다는 사실이 확인되는 대목이다.

　　　道도道도教교教교合합十십勝승 ―「말운론」

이 구절을 "도道라는 도道, 종교宗教라는 종교들은 모두 통합하여 완전한 십승진리를 이룬다."라고 해석하기도 한다.[9] 여기서도 십승은 "이세상의 모든 도道와 교教를 통합한 진리"라는 명사적 의미로 풀이된다. 이처럼 『격암유록』에 나오는 십승은 이전의 『정감록』에 등장하는 십승지와는 다르게 어떤 장소나 땅을 의미하지 않고, 종교적인 개념화가 이루어진 명사적 용법으로 사용되었다.

　　　勿물思사十십處처十십勝승地지, 獨독利이在재弓궁弓궁間간. ―「말운론」

위의 구절을 "아무쪼록 혹세무민하는 지리상의 열 곳 십승지를 절대로 생각하지 말라. 오로지 형통하고 이로움이 있고 순리로운 곳은 궁궁의 사이 즉 백십승白十勝은 마음속에 있다."라고 풀이하기도 한다.[10]

8　신유승 해독, 『격암유록』 제1권(세종출판공사, 1987), 72쪽.
9　신유승 해독, 『격암유록』 제2권(세종출판공사, 1987), 168쪽.
10　신유승 해독, 『격암유록』 제2권(세종출판공사, 1987), 151쪽.

십처와 십승지가 합쳐서 "열 군데의 장소"라는 의미로 사용되었다. 이는 원래 『정감록』에 나오는 십승지와 동일한 뜻으로 사용된 것이다. 그런데 『격암유록』은 이러한 지리상의 십승지를 생각하지 말고 거기에 집착하지 말라고 강조한다. 이어지는 문장처럼 십승지가 "오직 이로움이 궁궁의 사이에 있다."와 관련되어 십승지가 바로 궁궁의 사이라고 주장한다. 이러한 주장은 이미 앞부분에도 나온 적이 있는 내용이다. 이 부분의 전체적 뜻은 십승지가 지리적 장소를 가리키는 용어가 아니라 특별한 의미를 지닌 궁궁弓弓이라는 신비의 영역과 연관지을 수 있다는 것이다.

非비山산非비野야十십勝승論론 —「말운론」

위 구절을 "산도 아니고 들도 아니며 바로 진실하고 조상의 얼과 뿌리를 찾고 알고자 하는 진심眞心이며, 의백심백衣白心白의 십승十勝을 논하는 것임을 알라."라고 해석하는 사람도 있다.[11]

그러나 원래적 뜻풀이는 "산도 아니고 들도 아닌 십승을 논하라."는 것이다. 산과 들에서 십승을 찾는 일은 『정감록』적 사고방식이나 이해다. 그런데 『격암유록』은 산이나 들이 아닌 곳에서 십승을 찾고 논하라고 주장한다. 이러한 주장에 힘입어 『격암유록』에 대한 일부 해설자들은 십승을 "마음", "진심" 등의 정신적 개념이라고 풀이하기도 한다. 그렇지만 이러한 해설을 자의적이며 객관적이지 못하다는 비판을 받을 수밖에 없다. 어쨌든 여기서도 『격암유록』에 보이는 십승이 『정감록』의 십승과는 다르게 해석된다는 사실이 확인된다.

十십處처十십勝승非비別별地지, 莫막吉길於어弓궁弓궁村촌.
열 곳의 십승지가 특별한 땅이 아니요, 궁궁촌보다 길한 곳이 아니다.
—「말운론」

---

11 신유승 해독, 『격암유록』 제2권(세종출판공사, 1987), 181쪽.

이 구절을 "십처가 십승이라고 떠드는데 사실은 별난 곳도 아니고 길한 곳도 아니며, 오히려 폭살지暴殺地이다. 매우 길한 곳은 궁궁촌에 있다."라고 해석하기도 한다.[12] 이러한 해석은 『격암유록』의 십승이 『정감록』의 십승지와는 전혀 관계가 없는 개념이나 장소라는 주장이다.

그런데 위 구절은 십처와 십승이 합쳐져서 『정감록』에 나오는 십승지와 같은 의미로 사용되었다. 이는 "특별한 땅"을 뜻하는 별지別地와 연관되어 어떤 장소를 가리키는 용법으로 사용되었다는 점에서 확인된다. 이어지는 구절에서 앞부분에서 십승과 연관되어 설명되던 궁궁弓弓에 촌村이라는 단어가 덧붙여졌다. 궁궁촌은 "궁궁의 촌락" 또는 "궁궁의 사이에 있는 마을" 등으로 해석할 수 있다. 따라서 십승과 연관된 궁궁촌은 특정한 장소를 가리키는 용어로 사용되었음을 알 수 있다. 궁궁이 어떤 장소를 뜻한다는 사실이 확인된다. 궁궁이 신비하고 특별한 의미를 지닌 용어이지만 궁궁촌이라는 용어가 가능하다는 점에서 궁궁도 구체적 장소나 땅을 가리키는 용어로 확인되었다.

十십勝승何하處처耶야? 虛허中중有유實실, 牛우性성和화氣기有유人인處처謂위也야.

십승은 어떠한 곳인가? 빈 듯한 가운데 가득 찬 것이니, 소의 성질이 온화하고 사람이 사는 곳을 가리킨다. ―「말운론」

위의 인용문에서 십승이 어떠한 장소를 가리키는 것이냐는 말이 나온다. 따라서 십승이 "구체적인 장소"를 뜻하는 용어라는 사실이 드러난다. 이어지는 문장에서 십승은 "빈 것 같지만 가득 찬 곳이며, 소의 성질이 온화한 장소이며, 사람이 사는 곳"이라고 규정한다.

허중유실虛中有實은 겉으로 보기에는 허술한 듯이 보이지만 실제로는 알참이 있는 장소로 설명된다. 그리고 "소의 성질이 온화한 곳"은 우성

---

12 신유승 해독, 『격암유록』 제2권(세종출판공사, 1987), 203쪽.

재야牛性在野와 관련이 있는 용어로 보이는데, 조선국운삼절론에서 최후의 위기상황에서 제시되는 피난처避難處 내지 구원처救援處다. 그리고 "사람이 사는 곳"이라는 표현에서 십승은 신비한 개념이나 용어로만 이해되는 것이 아니라 실제 사람이 거주하는 장소라는 의미로 사용되었음이 확인된다. 이처럼 『격암유록』에서 십승은 종교적 개념이나 용어로만 재해석되는 것이 아니라, 때때로 『정감록』의 십승과 동일한 의미로 "사람들이 살 수 있는 어떤 장소"라는 뜻으로도 사용되었음을 알 수 있다.

> 人인心심變변化화十십勝승論론
> 사람의 마음이 변화하는 십승론 ―「말운론」

위의 구절은 십승이 "사람 마음의 변화"와 관련된다고 주장한다. 여기서 십승은 사람들이 사는 구체적인 장소를 의미하는 용어가 아니라 인심人心이 변화하는 것과 관련된다고 믿어지며, 논論이라는 글자가 덧붙여짐으로써 다양한 논쟁거리가 될 수 있는 어떤 철학적이고 종교적인 개념으로 설명된다. 십승론의 전개와 해석에 따라 인심의 변화가 파악되고 이해될 수 있다는 점을 강조한 것이다.

> 十십處처十십勝승十십字자處처.
> 십처 십승은 십자처다. ―「말운론」

인용문에서 십처와 십승이 결합되어 사용되었다. 그리고 십자처十字處라는 새로운 용어도 등장한다. "열 곳의 장소"와 십승이 십자처라는 주장이다. 십자처는 "십자十字 모양의 장소"를 뜻하거나 기독교적 의미로 십자가가 있는 장소를 가리킨다. 십자가가 있는 장소는 기독교적 정신이나 신앙이 있는 지역으로 확대해석할 수도 있는 용어다. 어쨌든 십처와 십승이 기독교적 의미가 있는 어떠한 장소와 연관될 수 있는 구절이다.

> 聖_성壽_수何_하短_단十_십勝_승說_설?
> 성스러운 수명은 어찌 그리 짧은 십승설인가? —「말운론」

인용문의 성수聖壽가 어떤 의미인지는 명확하지 않다. 단지 십승설+勝說이라는 용어에서 십승에 대한 다양한 설명이 가능하다는 점만 확인된다. 십승에 대한 여러 가지 각기 다른 주장과 이해가 가능하다는 말이다. 이러한 주장과 같이 『격암유록』에서 십승은 어떤 경우에는 『정감록』에 나오는 십승지+勝地의 십승+勝과 같은 의미로 "열 곳의 빼어난"이라고 해석이 가능하며, 또 다른 경우에는 특별한 명사적 의미를 지닌 종교적 용어로 사용되기도 했다.

> 吉_길運_운十_십勝_승何_하地_지, 南_남朝_조鮮_선四_사面_면如_여是_시.
> 길한 운수의 십승은 어떤 땅인가? 남조선의 사면四面이 이와 같다.
> —「말운론」

위의 구절을 "무한히 길한 천운이 있는 십승은 어느 곳에 있는가? 그곳은 바로 남조선이며, 사면이 똑같고 어느 쪽으로 보더라도 똑같은 밭 전田이며, 그것은 영생불사하는 십승진리를 포함하고 있는데, 여기가 곧 심전心田, 심지心地이다."라고 해석하기도 한다.[13] 뒷부분은 자의적인 해석일 따름이다.

인용문에서 십승은 이어지는 지地와 관련하여 특정한 장소를 뜻하는 용어로 사용되었다. 『정감록』에 등장하는 십승지의 십승과 같은 뜻으로 쓰인 것이다. 상서로운 기운의 십승의 땅이 바로 남조선南朝鮮이라는 주장이다. 여기서 남조선은 『정감록』에는 등장하지 않는 『격암유록』에

---

13 신유승 해독, 『격암유록』 제2권(세종출판공사, 1987), 204쪽.

만 보이는 용어다. 남조선은 이른바 남조선신앙과 관련되는 용어로, "남쪽 조선에서 진인이 곧 출현할 것이다."는 믿음을 집약한 것이다.

남조선신앙은 『정감록』의 전체적인 부분에 걸쳐 제시되는 중심적 예언인 "진인이 남쪽 조선에서 출세할 것이다."는 내용과 연관된다. 하지만 정작 『정감록』에는 남조선이라는 조합어는 보이지 않는다. 이후 세월이 흘러 『격암유록』에서 비로소 『정감록』의 남조선신앙을 한마디로 집약시킨 남조선이라는 용어가 등장한 것이다.

十십處처十십勝승無무用용, 十십勝승不불現현出출, 但단在재弓궁弓궁乙을乙을間간.
십처십승은 쓸데가 없고, 십승은 나타나지 않으며, 다만 궁궁을을 사이에 있다. ―「말운론」

위 구절을 "십처+處가 십승+勝이라는 소리는 아무 쓸모없는 허황된 헛소리이며, 그렇게 저만 잘 살겠다고 도망갈 수 있는 십승은 절대로 나타나지 않는다. 다만 그곳은 궁궁을을弓弓乙乙 사이에만 있다."라고 해석하기도 한다.[14]

『정감록』에 나오는 십승과 같은 의미로 십승이라는 용어가 사용되었다. 열 군데의 피난처 내지 구원처를 뜻하는 십처십승은 아무 소용이 없으며, 사람들이 알 수 있는 식으로 나타나지 않는다는 주장이다. 다만 십승은 궁궁을을의 사이에 있다고 강조하여, 여전히 십승을 어떤 신비한 개념과 연관시키고 있다.

天천擇택弓궁弓궁十십勝승地지, 利이在재弓궁弓궁十십勝승村촌.
하늘이 선택한 궁궁 십승지요, 이로움이 궁궁 십승촌에 있다. ―「말운론」

인용문에 십승지十勝地와 십승촌十勝村이라는 용어가 보인다. 십승촌

---

14 신유승 해독, 『격암유록』 제2권(세종출판공사, 1987), 207쪽.

은 이 부분에만 보이는 용어다. 십승이 장소나 땅을 뜻하는 지地와 마을이나 촌락을 뜻하는 촌村과 함께 쓰여 "열 군데의 뛰어난"이라는 의미로 사용되었다. 『정감록』의 십승과 동일한 의미로 사용된 것이다. 그렇지만 이 부분에서 십승지나 십승촌이 궁궁弓弓이라는 용어와 연관되어 있으며, "하늘"과 "이로움"이라는 설명에 힘입어 무언가 신비한 존재나 장소와 관련되었으며 궁극적 구원을 가늠할 용어와도 관련되었다.

　　天천民민十십勝승地지
　　하늘 백성이 사는 십승지 　－「말운론」

　여기서도 십승지라는 용어가 사용되었다. 『정감록』의 십승지와 같은 의미로 사용되었음을 알 수 있다. "하늘 백성"은 "하늘에 사는 백성" 또는 "하늘이 선택한 백성"이라는 의미다. 십승지는 지상이나 속된 영역에 속한 장소가 아니라 천상이나 성스러운 영역에 속한 장소라는 사실이 다시 한 번 강조되었다.

　　自자古고十십勝승弓궁乙을理리.
　　예부터 십승은 궁을의 이치다. 　－「말운론」

　인용문에서 십승은 궁을이라는 신비한 용어나 개념과 관련된 '이치'로 설명된다. 『정감록』의 십승과는 전혀 다른 의미로 사용되었다. 『정감록』에 등장하는 십승의 원래적 의미와는 상관없이 새롭고 독창적인 종교적 재해석이 시도된 것이다. 십승이 특별한 장소를 가리키는 단순한 서술적 용어가 아니라 어떤 신비한 것과 관련된 이치 또는 법칙이라고 강조된다.

　그런데 "예로부터" 십승이 이치라는 주장은 어폐語弊가 있다. 애초에 십승지十勝地라는 용어는 조선 헌종 2년(1836) 11월에 발생한 남공언南

公廖사건에 처음 나온다.[15] 19세기 중엽부터 십승이라는 용어는 이어지는 지地를 서술하고 설명하는 용어였다. 십승은 원래 "열 군데의 빼어난" 혹은 "열 곳의 뛰어난"이라는 의미로 사용되었다. 『격암유록』에서는 십승의 원래적 뜻과 의미를 무시한 채 무언가 특별한 종교적인 개념화를 시도한 것이다.

利이在재田전田전十십勝승化화.
이로움이 전전田田에 있으니, 십승으로 변하리라. ―「말운론」

앞에서 살펴본 바에 따르면 십승은 궁궁弓弓이나 궁을弓乙과 관련되는 용어였다. 그런데 이제 십승은 "이로움이 전전田田에 있다."는 말과도 관련된다. "이로움이 궁궁에 있다."는 말과 함께 이제 십승은 "이로움이 전전에 있다."는 말과도 연관되어 설명된다. 궁궁과 전전은 원래 『정감록』에 나오는 용어다. 앞으로 닥칠 위기상황을 벗어나기 위한 신비한 장소나 용어로 믿어지는 궁궁과 전전이 십승과도 관련되어 나타난다는 점이 특기할 만하다.

雙쌍弓궁何하事사十십勝승出출?
쌍궁에서 무슨 일로 십승이 나오는가? ―「말운론」

위 인용문의 쌍궁雙弓은 궁궁弓弓과 같은 용어다. 이 궁궁에서 무슨 까닭으로 십승이 나오는가라는 말이다. 앞에서 살펴본 바와 같이 십승이 궁궁弓弓과 연관되는 용어임은 이미 밝혀졌다. 여기서는 거의 같은 의미로 궁궁에서 십승이 나올 것이라는 점을 다시 한 번 강조한 것이다.

十십勝승覺각理리, 一일字자縱종橫횡.

---

15 이에 대해서는 김탁, 『조선의 예언사상』 하(북코리아, 2016)를 참고하시오.

십승의 진리는 일자一字를 가로와 세로로 합친 것이다. ―「성산심로」

　십승을 깨친 이치가 일자종횡一字縱橫이라는 주장이다. 여기서도 십
승은 이치와 연관되어 설명된다. 『정감록』에서와 같이 특정한 장소를
가리키는 것이 아니라 십승이 개념화되었다. 일자一字를 가로와 세로
로 합치면 십자十字가 나온다. 즉 십승의 진리가 바로 십자라는 점을
강조하였다. 한편 십자를 "음양의 주인인 상제, 미륵불, 정도령을 상징
하는 기호"라는 주장도 있다.[16]
　십자十字는 동양문화권에서는 애초에 특정한 모양을 가리키는 용어
나 숫자로만 이해되었다. 서양의 기독교 문화가 동양으로 유입된 이후
에야 비로소 십자는 기독교문화의 상징으로도 받아들여졌다. 이러한
해석에 힘입어 일부 『격암유록』 해설자들은 십승을 기독교 교리나 상
징과 관련하여 풀이하기도 한다. 『정감록』의 십승을 『격암유록』에서
는 기독교적 십자와 연관지어 설명하기 시작한 것이다.

　　十십勝승居거人인, 入입於어永영樂락, 萬만無무一일失실.
　　십승에 거주하는 사람은 영원한 극락에 들어감에 하나라도 실패하지 않
　　을 것이다. ―「성산심로」

　위 인용문에서 거居는 "(그곳에) 산다."는 뜻이다. 따라서 십승과 관
련된 특정한 장소나 십승지에 사는 사람은 영원한 즐거움을 얻을 수
있다는 주장이다. 영락永樂에 "들어간다."는 표현이 가능한 것으로 볼
때 영락을 "영원한 극락"으로 해석해도 무방할 것이다. 어쨌든 십승과
관련된 장소에 사는 일은 영원한 극락세계로 가는 일과 동일하게 받아
들여진다.

16　심광대사, 『땡땡땡』(창조출판사, 2000), 71쪽.

利$_이$在$_재$十$_십$勝$_승$.

이로움이 십승에 있다. —「생초지락」

앞에서 살펴본 바와 같이 "이로움이 궁궁弓弓에 있다." 또는 "이로움이 전전田田에 있다."는 주장을 넘어서 이제는 "이로움이 십승十勝에 있다."고 직설적으로 강조된다. 십승이 "이로움"이라는 "절체절명의 위기 상황을 벗어날 어떤 개념이나 장소"라는 주장이다.

> 求$_구$地$_지$十$_십$勝$_승$異$_이$端$_단$之$_지$說$_설$. 求$_구$地$_지$弓$_궁$弓$_궁$一$_일$人$_인$不$_부$得$_득$, 求$_구$靈$_령$弓$_궁$弓$_궁$人$_인$, 如$_여$反$_반$掌$_장$.
> 땅에서 십승을 구하는 것은 이단의 주장이다. 땅에서 궁궁 한 사람을 구해도 얻지 못하나, 영적으로 궁궁인을 구하면 손을 뒤집듯 쉬우리라. —「성산심로」

위의 구절을 "지상의 어떤 특정한 지명이 십승처이니 찾고 구하라는 것은 이단적인 말인데, 지명 십승처를 구하여도 서로 등을 돌려서 한 사람도 얻지 못했으나 진실과 진심 그리고 영적으로 진십승처眞十勝處를 구하는 사람은 손바닥을 뒤집는 것처럼 쉽게 뜻을 이룰 수 있다."고 해석하기도 한다.[17]

"땅에서 십승을 구하는 것은 이단의 주장이다."라는 입장이므로 『정감록』에 등장하는 십승지를 찾아서는 안 된다고 강조한다. 여기서 『격암유록』에 나오는 십승이 『정감록』에 나오는 십승과는 전혀 다른 개념이나 용어로 사용되었음이 다시 한 번 확인된다.

궁궁弓弓이 '사람 인人'과 관련되어 설명되고, 궁궁인弓弓人이라는 용어가 나온다는 점이 특기할 만하다. 궁궁인은 "궁궁의 이치를 깨달은 사람" 또는 "궁궁과 관련된 사람"이라는 의미로 사용된 듯하다.

---

17 신유승 해독, 『격암유록』 제1권(세종출판공사, 1987), 73쪽.

그리고 위의 인용문에서는 지地와 영靈이 대비되는 개념으로 등장한다. 땅에서는 궁궁인을 얻지 못하지만, 영적으로는 궁궁인을 구하기 쉬울 것이라는 주장이다. 흔히 땅은 '하늘 천天'과 대비되는 개념이자 용어이다. 따라서 인용문에 나오는 영靈은 땅과 구별되는 정신적인 개념이나 하늘과 관련된 용어다. 전체적인 맥락은 십승을 땅에서 구하는 일은 허망한 일이며 부질없는 것이며, 정신적인 차원에서 궁궁弓弓과 관련된 십승을 찾으라는 주장이다.

十십勝승覺각理리, 一일字자縱종橫횡.
십승의 이치를 깨달으려면 일자一字를 종횡으로 배열하라. ―「성산심로」

이 구절은 앞에서 살펴본 "십승의 진리는 일자一字를 가로와 세로로 합친 것이다."는 구절과 일맥상통하는 부분이다. 십승의 이치가 십자十字에 있다는 주장이다.

一일字자縱종橫횡十십勝승運운, 鷄계龍룡出출世세伽가倻야知지
일자一字를 종횡縱橫한 십승의 운수요, 계룡이 세상에 나타나는 가야의 앎 ―「갑을가」

십자十字가 십승의 운이라는 주장이다. 역시 앞에서 나온 "일자一字를 가로와 세로로 합한 것이 십승의 이치이다."라는 주장과 상통한다. 이어지는 구절의 "계룡출세"는 "진인이 곧 계룡산에서 출세할 것이다."는 이른바 계룡산 정씨 진인출세설과 관련된 내용으로 보이지만, "가야의 앎"은 정확히 어떤 뜻인지 알 수 없다. 아마도 계룡산에 정씨 왕조가 세워진 이후에 가야산에 조씨 왕조가 건설될 것이라는 『정감록』의 왕조교체설과 관련된 내용으로 추정된다.

『격암유록』에는 「십승가十勝歌」와 「십승론十勝論」이 전한다. 십승이 노래되고, 십승이 별도의 논論으로까지 따로 서술되었다.

八_팔萬_만經_경內_내 普_보惠_혜大_대師_사 彌_미勒_륵佛_불之_지十_십勝_승이요, 義_의相_상
祖_조師_사 三_삼昧_매海_해印_인 鄭_정道_도令_령之_지十_십勝_승이요, 海_해外_외道_도德_덕
保_보惠_혜之_지師_사 上_상帝_제再_재臨_림十_십勝_승이니 ―「십승가」

「십승가」에 "미륵불彌勒佛의 십승", "정도령鄭道令의 십승", "상제재림
上帝再臨하는 십승" 등의 용어가 보인다. 여기서 십승은 명확히 명사적
용법으로 사용되었다. 미륵불, 정도령, 상제 등의 초월적이고 신비한 존
재가 십승과 관련이 있다고 강조된다. 십승이 그들이 사용하는 조화력
이나 신비한 물건을 상징하는 용어로 사용되었음을 알 수 있다. 이처럼
『격암유록』의 십승은『정감록』의 십승과는 용법을 전혀 달리 한다. 십
승 자체가 중요한 용어로 사용되었고, 명사적 의미로 사용되었다.

불교와 연관하여 팔만경八萬經 안의 보혜대사普惠大師가 미륵불의 십
승과 관련되어 서술되었다. 부처님의 설법을 남김없이 기록했다는 팔
만대장경八萬大藏經에 보혜대사가 있으며, 그의 행적과 법문이 미륵불
이 가지고 나올 십승과 관계된다고 주장한다.

그리고 의상조사義相祖師의 삼매해인三昧海印은 정도령의 십승과 연관
되어 서술된다. 의상조사는 신라 말의 유명한 승려인 의상義相(625~702)
을 가리킨다. 그가 지은『화엄경』의 핵심을 노래하고 도상圖相으로 그
린 법계도法界圖 또는 해인도海印圖가 전한다. 『화엄경』은 부처님이 해
인삼매의 경지에 들어 설한 법문으로 전한다. 따라서 의상조사가『화
엄경』의 핵심적 진리를 뽑아 도상으로 작성한 해인도에도 해인삼매라
는 용어가 보인다. 그런데『격암유록』에서는 이러한 역사적 맥락과는
상관없이 갑작스레 조선시대의 진인출현설과 관련된 정도령과 관련짓
는다. 그 이유에 대해서는 더 이상의 설명이 없어서 논지를 전개시킬
수 없지만, 의상대사가 작성한 해인도에 보이는 해인삼매가 이제는 정
도령의 십승과 관련된다는 점만 확인된다.

나아가 해외도덕海外道德 보혜지사保惠之師는 상제上帝가 재림再臨하는
십승과 연관되어 서술된다. 해외도덕이란 국외의 도덕이 높은 사람을

가리킨다. 나라 밖에 있는 인물인 보혜사는 기독교의 『성경聖經』에 나오는 보혜사성령을 가리키는 용어로 보인다. 왜냐하면 이어지는 "상제가 재림한다."는 구절과 상관되기 때문이다. 동양문화권에서는 하늘의 절대적 존재인 상제上帝가 재림한다는 표현은 없다. 재림再臨 자체가 기독교 문화권의 용어다.

한편 십승十勝을 일심一心, 진심眞心, 선심善心이라고 주장하기도 한다.[18] 이러한 해설에 따르면 십승은 정신적 차원과 관련된 심리상태를 뜻한다. 요컨대 십승이 단순한 서술적 의미의 용어로 사용되는 것이 아니라 마음이라는 의미를 지닌 명사라는 주장이다. 이러한 주장이 가능하고 맞는 것인지는 알 수 없지만, 『격암유록』에서 십승이 명사로 사용되었다는 사실은 확인가능하다.

> 弓궁乙을山산水수十십勝승坮대, 千천萬만星성辰진一일時시會회, 四사象상八팔卦괘白백十십勝승.
> 궁을산수弓乙山水는 십승대十勝坮요, 많고 많은 별들이 한꺼번에 모이고, 사상四象과 팔괘八卦는 백십승白十勝이다. ―「농궁가」

이 구절을 "궁궁을을弓弓乙乙로써 금수강산 한국 땅에 십승연화대十勝蓮花坮를 이루고 천만억조千萬億兆 모든 별들의 영靈과 정기精氣가 빛으로 일시에 자하도紫霞島 남조선南朝鮮에 모이게 되면 백색白色이 되고, 사상과 팔괘를 이루니 우주 만물 법칙을 주역周易의 원리로 풀어서 백십승白十勝을 이룬다는 뜻이다."라고 해석하기도 한다.[19]

사상四象은 태양太陽, 소양少陽, 태음太陰, 소음少陰이며, 팔괘八卦는 중국 상고시대에 복희씨伏羲氏가 지었다는 건乾, 태兌, 이離, 진震, 손巽, 감坎, 간艮, 곤坤의 여덟 가지의 괘卦를 가리킨다. 동양문화권의 음양론陰

---

18 신유승 해독, 『격암유록』 제1권(세종출판공사, 1987), 186쪽.
19 신유승 해독, 『격암유록』 제1권(세종출판공사, 1987), 131쪽.

陽論에 나오는 네 가지 상징과 역학易學에서 자연계와 인간계의 본질을 인식하고 설명하는 기호체계인 팔괘가 십승이라는 용어와 연관되어 서술된다. 왜 그런지에 대한 설명은 없다. 따라서 더 이상의 분석은 불가능하다. 다만 동양문화권의 근본원리와 기호체계가 십승과 관련되어 서술됨으로써 십승은 무언가 근본적이고 본질적인 것과 관련된다고 믿어졌음을 알 수 있다.

그런데 위의 인용문에 나오는 백십승白+勝은 이와 대비되는 흑십승黑+勝을 전제로 한 용어이다. 물론 여러 가지 빛깔의 십승도 상정이 가능하지만, 흰 것과 극단적으로 대비되는 검은 것이 먼저 전제된다. 십승이 흑과 백으로 양분되면서 이에 대한 여러 다양한 해석이 가능하다.

어떤 사람은 "하느님의 참 진리 백십자白+字 십승+勝과 거짓 신神과 마귀를 숭배하는 흑십승黑+勝이 있다."라고 주장하기도 한다.[20] 그리고 흑십자를 마귀, 백십자를 하느님이라고 주장하기까지 한다.[21] 백십승은 하느님, 진리와 연관되는 긍정적인 용어로, 흑십승은 마귀, 거짓과 연관되는 부정적인 용어로 해석되는 것이다. 여기서도 십승은 그 어떠한 해석에도 열려있지만, 그 적실 여부는 확인하기 어렵다. 다만 십승이 명확하게 명사적 용법으로 사용되었다는 점이 다시 한 번 확인된다.

> 十십勝승之지人인, 三삼豊풍之지穀곡, 三삼年년恒항食식, 不불飢기長장生생.
> 십승의 사람은 삼풍의 곡식을 3년 동안 항상 먹어 굶주리지 않고 오래 산다. —「새 육오」

위 인용문에서 십승은 사람과 연관되어 서술된다. "십승의 사람" 또는 "십승을 얻은 인물"로 해석이 가능하다. 이러한 십승인은 삼풍의 곡

---

20 신유승 해독, 『격암유록』 제1권(세종출판공사, 1987), 159쪽.
21 신유승 해독, 『격암유록』 제2권(세종출판공사, 1987), 11쪽.

식을 먹어 불로장생한다고 주장된다. 여기서 삼풍의 곡식은 사람이 장생할 수 있는 근원적인 곡물로 풀이된다. 이 삼풍의 곡식을 먹어 오래사는 사람이 바로 십승인이다. 십승은 삼풍과 깊이 연관되는 용어로사용되었고, 이제는 십승이 사람과 관련되어 서술되었다는 점이 특기할 만하다.

> 外외有유八팔卦괘九구宮궁裡리, 內내有유十십勝승兩양白백理리.
> 밖으로는 팔괘와 구궁의 안이 있고, 안으로는 십승과 양백의 이치가 있다. ㅡ「농궁가」

위의 구절을 "바깥으로는 여덟 개의 괘가 있고 중앙에 있는 궁宮을 구궁九宮이라 하며, 하도낙서河圖洛書의 안에는 십승양백十勝兩白의 진리가 있다."라고 해석하기도 한다.[22] 여기서 안과 밖이 무슨 의미인지는 명확하지 않지만, 십승과 양백이 이치라고 설명된다. 십승이 이치와 연관되어 특별한 의미를 지닌 명사적 용법으로 사용되었다.

> 天천坡파弓궁弓궁 道도下하處처가, 十십勝승福복地지 아니든가? 此차外외十십勝승 찾지 말고, 雙쌍弓궁之지間간 차질세라. 九구宮궁八팔卦괘 十십勝승之지理리, 河하洛락靈영人인 生생子자女녀를 ㅡ「가사총론」

인용문에서 십승은 복지福地와 연관되어 서술됨으로써 『정감록』의 십승과 같은 의미로 사용되었다. 즉 십승이 "열 군데의 특정한"이라는 뜻으로 쓰인 것이다. 그런데 이어지는 구절에서 이 십승의 복된 땅을 외십승外十勝 즉 "겉으로 보이는 십승"이라고 규정하고, 찾지 말라고 강조한다. 대신 "궁궁의 사이"를 찾으라고 주장하며, 구궁과 팔괘와 관련된 것이 십승의 이치라고 강조한다. 복지와 관련해서는 『정감록』적인

---

22 신유승 해독, 『격암유록』 제1권(세종출판공사, 1987), 134쪽.

십승이, 이치理와 관련해서는 명사적 의미의 십승이 사용되었다.

十십勝승物물品품海해外외出출을 ─「가사총론」

십승이 물품이라는 용어와 관련해서 서술되었다. "십승이라는 물품" 또는 "십승과 관련된 물품"이라는 뜻이다. 이 십승의 물품이 해외에 나간다는 이어지는 표현에서 역시 십승이 『정감록』에 등장하는 십승과 달리 명사적 용법으로 사용되었음을 알 수 있다.

十십勝승道도靈령出출世세하니 天천下하是시非비紛분紛분이라. … 十勝變이 ─「도부신인」

위의 구절을 "성인인 십승도령이 세상에 나오니 천하에 시비가 일어나고 시끄럽다."라고 해석하기도 한다.[23] 십승이 도령道靈이라는 용어와 결부되어 사용되었다. 여기서 도령道靈은 아마도 "양반집 사내아이"를 의미하는 도령道令의 오기誤記로 보인다. 십승의 도령이 세상에 나오니 온 세상에 그의 존재가치를 옳으니 그르니 다투는 일이 빈번하게 일어날 것이라는 내용이다. 십승의 진리를 가진 존재가 등장하니 천하에 시비가 일어날 것이며, 이 십승의 다양한 변화가 있을 것이라는 주장이다.

不불死사永영生생出출於어十십勝승.
죽지 않고 영원히 사는 삶이 십승에서 나오리라. ─「계룡론」

이제 십승은 불사의 영생이 나오는 근원 또는 그러한 진리를 가리키는 용어로 사용된다. 십승이 영생의 원천으로 믿어지는 것이다. 따라

---

23 신유승 해독, 『격암유록』 제1권(세종출판공사, 1987), 196쪽.

서 여기서도 십승은 『정감록』의 십승과 다르게 명사적 용법으로 사용되었음을 알 수 있다.

十십勝승百백祖조十십孫손好호運운矣의.
십승은 백 명의 조상 아래 열 명의 자손이 살아남는 좋은 운수이다.
—「계룡론」

인용문에서 십승은 운運과 관련되어 운수, 운세로 설명된다. 많은 조상 가운데 극히 일부의 자손만 살아남는 어려운 기회라는 점이 강조되었다. 역시 십승은 명사적 용법으로 사용되었다.

弓궁乙을兩양白백十십勝승出출.
궁을과 양백에서 십승이 나오리라. —「계룡론」

궁을과 양백이라는 신비한 개념 또는 장소에서 십승이 나올 것이라는 주장이다. 궁을과 양백도 설명되지 않았는데, 여기서 다시 십승이 출현하리라는 말이다. 역시 십승이 명사적 의미로 사용되었다는 점만 확인가능하다.

不불離리榮영冠관居거之지十십勝승. 永영遠원安안心심.
영광스러운 관을 쓰고 계시는 십승을 떠나지 말라. (이곳이) 영원히 안심한 장소이다. —「라마단이」

"산다.", "떠난다."는 표현에서 십승은 아마도 특정한 장소를 가리키는 의미로 사용되었음을 알 수 있다. "영광스런 관"이 무엇을 뜻하는지는 알기 어렵다. 어쨌든 십승은 영원히 안심할 수 있는 장소라는 뜻으로 사용되었다. 여기서는 『정감록』의 십승과 거의 같은 의미로 십승이 사용되었다.

聖성之지出출世세三삼有유, 辰진巳사入입於어十십勝승.
성인이 세상에 나오는 데에는 세 가지가 있고, 진사辰巳에 십승에 들어간다. —「무용출세지장」

성인이 이 세상에 출현하는 데에는 세 가지의 조건이나 방법이 있는데, 진년辰年과 사년巳年에 십승으로 들어갈 것이라는 주장이다. 이른바 "세 가지의 조건 또는 방법"이 무엇인지는 명확하지 않다. 그리고 진년과 사년에 (성인이) 십승에 들어간다는 주장도 무슨 의미인지 알 수 없다.

다만 이 인용문에서 십승은 명사적 의미로만 사용된 것이 아니라 특정한 장소를 가리키는 용어로도 사용되었다는 점만 확인된다. 십승이 명사적 용법으로도 사용되었지만 동시에 원래 『정감록』에 나오는 십승과 같은 뜻으로 사용된 것이다. "들어간다."는 표현으로 유추할 수 있는 내용이다.

五오口구之지間간, 出출於어十십勝승.
다섯 개의 입 사이에서 십승이 나온다. —「궁을론」

"다섯 개의 입"이 무엇을 가리키는 용어인지는 확실하지 않다. 굳이 추정하자면 전田자를 가리키는 것이 아닌가 한다. 각각의 구口 네 개와 전체를 포괄하는 구口 하나로 이루어진 글자이기 때문이다. 어쨌든 "다섯 개의 입"의 사이에서 십승이 나온다고 주장한다. 여기서도 십승이 어떤 의미를 지닌 명사적 용법으로 사용되었음이 확인된다.

十십勝승兩양白백世세人인覺각
십승 양백을 세상 사람들이 깨달으면 —「은비가」

위의 인용문에서 십승은 양백과 함께 거론된다. 이러한 서술방식은 앞에서도 한 번 나왔다. 십승과 양백을 세상 사람들이 깨닫는 무언가로 표현한다. 역시 십승이 명사적 용법으로 사용되었다.

> 田_전中_중十_십勝_승我_아生_생者_자.
> 밭 가운데 십승은 나를 살리는 것이다. ―「은비가」

십승이 전田에서 나온다고 주장하며, "나를 살리는 것"이라고 표현된다. 십승이 신비한 글자인 전田과 관련되어 거론된다는 점이 특기할 만하고, 명사적 용법으로 사용되었음이 확인된다.

> 弓_궁弓_궁乙_을乙_을我_아中_중入_입, 隱_은然_연十_십勝_승安_안心_심處_처.
> 궁궁을을에 내가 들어가면 은연중에 십승의 안심하는 곳이다. ―「은비가」

궁궁을을에 내가 들어간다는 표현에서 궁궁을을이 사람이 들어갈 수 있는 어떤 장소를 가리키는 용어로 사용되었음을 알 수 있다. 이 궁궁을을이 바로 십승의 안심처라는 주장이다. 십승이 처處라는 장소를 가리키는 용어와 함께 언급되었으므로, 십승이 특정한 장소를 뜻하는 용어로 사용되었다. 십승이 특별한 종교적 의미를 지닌 명사적 용법만이 아니라 "사람이 들어갈 수 있는 어떤 장소"라는 뜻으로도 사용되었음이 확인된다. 이러한 십승의 용법은 『정감록』의 십승지十勝地를 축약하여 사용된 것으로 짐작된다.

> 十_십勝_승中_중地_지朴_박活_활處_처.
> 십승의 중심지로서 박씨가 (중생을) 살리는 곳이다. ―「은비가」

십승이 땅을 뜻하는 지地와 장소를 가리키는 처處와 함께 쓰였다. 십승이 십승지를 가리키는 의미로 사용되었음이 확인된다. 이제 십승은 박씨라는 특별한 존재가 사람들을 살리는 장소와도 연관된다. 여기서 박씨는 창생을 구원하는 진인眞人을 뜻하는 존재로 보인다. 진인이 정씨鄭氏라는 특정 성씨만이 아니라 박씨朴氏로도 출현할 수 있다는 주장이다.

> 一일理리貫관通통三삼妙묘之지十십勝승.
> 하나의 이치로 관통되는 세 개의 오묘한 십승이다. —「은비가」

십승이 이치이며, 세 가지 묘한 십승으로 나누어볼 수 있다는 주장이다. 십승이 어떤 법칙이나 이론과 관련된 명사로 사용되었고, 십승 자체가 세 가지로 분류된다는 입장이다. 이 인용문의 십승은 『정감록』에 나오는 십승과 다르게 독특한 명사적 용법으로 사용되었다.

> 眞진人인居거住주之지地지也야. 故고曰왈十십勝승也야.
> 진인이 거주하는 땅이다. 그러므로 십승이라고 한다. —「은비가」

십승은 "진인이 사는 땅"이라는 의미로 사용되었다. 『정감록』의 십승은 재해, 전쟁, 기근의 삼재三災를 피할 수 있는 피난처 내지 구원처라는 뜻으로 사용되었다. 그런데 위의 인용문에서 십승은 단순한 피난지가 아니라 이제 이 세상을 구원할 존재인 "진인이 사는 땅"으로 주장된다. 여기서 십승은 지地와 연관되므로 십승지十勝地가 축약된 용어로볼 수 있다. 어쨌든 십승이 바로 진인이 거주하는 공간이라고 의미가확대해석 되었음이 확인된다.

> 平평沙사三삼里리十십勝승吉길地지.
> 평사 3리의 십승 길한 땅이다. —「길지가」

"평사 3리"가 정확히 어떤 뜻인지는 명확하지 않다. 다만 평평한 모래언덕이 펼쳐진 3리 가량의 땅이라는 의미로 사용된 것으로 보인다.

어쨌든 이러한 땅이 바로 "십승의 길한 땅"이라고 주장한다. 여기서 "십승길지十勝吉地"는 『정감록』의 십승지十勝地와 동일한 의미로 사용되었다.

> 朴박固고鄕향處처處처瑞서色색也야. 是시亦역十십勝승地지矣의.
> 박씨의 한결같은 고향인데 곳곳이 상서로운 색을 띤다. 이 역시 십승지이다. —「은비가」

이처럼 「말운론」 이외에 「은비가」에도 십승지라는 용어가 등장한다. 이 십승지는 "박씨의 한결같은 고향땅"이라고 주장된다. 십승지가 특정한 장소를 가리키는 용어로 사용되었음이 처처處處라는 용어와 연관된다는 점에서 확인된다.

박씨가 다시 한 번 특별한 존재를 가리키는 용어로 사용되었다. 『정감록』에서는 이씨李氏의 조선왕조朝鮮王朝를 대신하여 새로 정씨鄭氏 왕조王朝가 세워질 것이라고 주장했는데, 『격암유록』에서는 정씨 이외에 박씨를 이른바 진인眞人으로 상정하고 있는 것이다. 어쨌든 이 박씨의 고향이 상서로운 빛깔을 띨 것이며, 그곳이 바로 십승지라고 주장한다. 앞에서 살펴본 "십승지가 바로 진인이 사는 땅"이라는 주장과 일맥상통한다.

> 十십勝승之지地지 避피亂난處처로 —「말중운」

이처럼 『격암유록』에도 십승지十勝地와 거의 같은 의미인 십승지지十勝之地라는 용어가 등장한다는 점이 특기할 만하다. 이 십승의 땅은 피난처로 제시되므로, 『정감록』의 십승지와 같은 뜻으로 사용되었다. 『정감록』에서는 십승지가 "열 곳의 뛰어난 땅"이라는 의미로 열 군데의 승지勝地가 열거되어 있는데 반해, 『격암유록』에서는 단지 "십승의 땅"이라는 의미로 해석된다. 『정감록』에서 십승十勝이 지地를 서술하는

용어로 사용되었지만, 『격암유록』에서는 십승이 명사적 의미로 풀이
된다.

> 天천藏장地지秘비十십勝승地지, 出출死사入입生생弓궁乙을村촌.
> 하늘이 감추고 땅이 숨긴 십승지는 (이곳을) 나오면 죽고 들어가면 사는
> 궁을촌이다. ―「정각가」

위 구절에 나오는 십승지는 특정 지역을 가리키는 용어로 해석할 수
있다. "하늘이 감추고 땅이 숨긴다."는 표현에서 십승지는 인간이 쉽사
리 찾을 수 없는 장소임을 알 수 있다. 그리고 십승지는 "(그곳을) 나
오면 죽고, (그곳에) 들어가면 살 수 있는" 특별한 장소이다. 생사를
판단할 수 있는 궁극적 선택이 십승지에 들어가느냐 그렇지 못하냐에
달려 있다는 주장이다.

나아가 십승지가 곧 궁을촌弓乙村으로도 불린다고 강조한다. 조선왕
조 후반부터 사람들이 구원처로 찾아왔던 궁을촌이 십승지를 가리킨
다는 것이다. 궁을이 무엇인지를 알고 싶어하는 많은 사람들에게 『격
암유록』은 십승지가 바로 궁을촌이라고 알려준다. 위 인용문의 십승지
는 『정감록』의 십승지와 같은 의미로 사용되었다. 한편 『격암유록』에
나오는 이상사회를 지상선국地上仙國(천년성千年城)이라고 표현한 사람도
있다.[24]

> 天천藏장地지秘비 十십勝승地지를 道도人인 外외는 못찾으리.
> ―「궁을도가」

앞에서 살펴본 것과 마찬가지로 하늘과 땅이 숨긴 신비로운 십승지

---

24 조성기趙聖紀 주해註解, 『한국저명대전집 1 격암유록, 삼역대경, 대순전경』, 태종출판사, 1977,
7쪽.

는 도인道人이라는 특별한 존재가 아니면 찾기 어렵다고 강조한다. 십승지는 도인이라야 비로소 찾을 수 있는 성스러운 장소라는 점이 확인된다.

> 十십勝승地지를 알랴거든, 一일字자從종橫횡 찾자보소. 億억兆조蒼창生생 건지랴고, 十십勝승方방舟주 豫예備비하여 ―「궁을도가」

십승지를 알려면 십자十字를 찾으라고 주장한다. 십승지가 기독교적 상징인 십자와 상관이 있다는 말이다. 그리고 십승지는 수많은 창생들을 구원하는 십승방주十勝方舟로도 표현된다. 방주方舟라는 용어 역시 "노아의 방주"에서 유래한 기독교적 용어이다. 십승지가 『정감록』에서 주장하듯이 "열 군데의 장소"만을 뜻하지 않고, 창생을 살릴 수 있는 "성스러운 배"로 표현된 것이다. 여기서 십승지가 전통적인 해석에 따르지 않고 기독교적 상징과 표현으로까지 확대해석 되었다는 점이 확인된다.

> 非비山산非비野야十십勝승處처라. ―「출장론」

십승이 십처十處라는 용어 뿐만 아니라 십승처十勝處라는 용어로도 사용되었다. 이 십승처는 곧 십승지十勝地와 동일한 뜻이다. 산도 아니고 들도 아닌 곳에서 십승처를 찾으라는 주장이다. 여기서 십승처가 특정한 장소나 땅을 가리키는 용어가 아니라 무언가 특별한 의미와 연관된 개념으로도 사용되었음이 확인된다. 산이나 들은 사람이 사는 땅과 연관된 곳이지만, 십승처는 신비한 개념이나 의미와 관련된 특별한 지점을 가리키기 때문이다.

> 庶서濟제蒼창生생十십勝승일세.
> 뭇 창생을 구제하는 십승일세. ―「격암가사」

인용문의 서庶는 광廣의 오기로 보인다. 어쨌든 어떤 글자를 사용해도 거의 비슷한 해석이 가능한데, 사람들을 살리고 구원하는 것이 바로 십승이라는 주장이다. 단순히 『정감록』에 나오는 열 군데의 피난처를 가리키는 것이 아니라 특별한 의미를 지닌 명사적 용법으로 십승이 사용되었다.

三삼年년不불雨우 不불耕경地지에, 無무穀곡大대豊풍 十십勝승일세.
—「격암가사」

삼년 동안의 오랜 가뭄이 든 불모의 경작지에도 큰 풍년이 들게 할 수 있는 힘이 십승에 있다는 주장이다. 십승의 능력을 강조한 부분인데, 이 역시 단순히 열 군데의 장소를 가리키는 것이 아니라 특별한 명사적 용법으로 십승이 사용되었다.

世세界계十십勝승 朝조鮮선인데, 조선인이 왜 못 가노. … 平평安안方방이 朝조鮮선인데 —「격암가사」

세계를 구원하는 십승이 조선에 있는데, 조선 사람이 왜 갈 수 없는가라는 대목이다. 명확한 의미는 와 닿지 않지만 조선이 중심이 되어 십승의 힘이 발휘될 것이라는 주장이다. 평화롭고 안락한 방향이 바로 조선이라고 강조된다.

中중入입十십勝승 急급히 가자. 多다會회仙선中중 때가 온다. —「격암가사」

십승 또는 십승지에 중간에 들어가면 살 수 있으니, 그곳에 급히 가자는 주장이다. 이 십승에 많은 신선들이 모이는 때가 올 것이라고 한다. 십승이 명사적 용법 또는 형용사적 서술용법 두 가지 의미로 사용되었다.

雲운霧무屛병風풍 가리우고, 雲운梯제玉옥京경 往왕來래하니, 是시曰왈仙선
境경十십勝승인가? —「격암가사」

구름과 안개가 병풍처럼 가려진 천상의 옥경에 오르는 계단을 오가
니 이것이 선경仙境인 십승이라는 주장이다. 십승이 천국의 수도에 비
유되었고, 신선들이 사는 세계로 묘사되었다. 십승이 매우 좋은 곳이
라는 사실을 강조한 내용이다.

十십勝승之지人인 簡개簡개得득生생, 天천理리十십勝승 傳전했으니, 九구宮궁
八팔卦괘 十십勝승大대王왕, 聖성神신人인士사 眞진人인으로 —「십승론」

"십승의 사람" 또는 "십승에 들어간 사람"이[25] 모두 삶을 얻어 하늘의
이치인 십승을 전했으니, 구궁과 팔괘의 십승대왕十勝大王이 성신聖神이
자 성인聖人인 진인眞人이라는 주장이다. 십승인, 십승대왕이라는 표현
에서 십승이 특별한 의미를 지닌 명사적 용법으로 사용되었음을 알 수
있다. 십승을 가진 사람이 바로 성인이자 진인이라고 강조한다.

漢한都도之지末말 蒙몽昧매之지輩배, 若약入입于우此차十십勝승이면, 一일無무
保보命명之지地지라.
한양에 도읍하던 시기의 말년에 몽매한 무리들이 만약 이러한 십승지에
들어간다면 한 사람도 살아남지 못하는 땅이 되리라. —「십승론」

위 구절은 지리적인 십승지를 찾아들어가지 말라는 섬뜩한 경고이
다. "(십승에) 들어간다.", "목숨을 보전하는 땅" 등의 표현에서 십승이
십승지라는 뜻으로 사용되었음을 알 수 있다. 조선시대 말기에 많은

---

25 묵시록의 천년세계와 천년선경이 한국 땅에서 이루어지며, 말세성인末世聖人(진인眞人)인 영부
인靈符人 즉 십승인十勝人 곧 이긴 자도 우리나라에서 나타날 것을 증거했다고 주장했다.

사람들이 십승지를 찾아다니는 우매한 행동을 했지만 이들은 결코 목숨을 구하지 못할 것이라는 주장이다. 즉 지리적 십승지를 찾지 말고, 정신적 차원의 십승지를 구하라는 입장이다.

兩_양白_백弓_궁乙_을十_십勝_승理_리로 ―「삼풍론」

양백과 궁을을 십승과 연관시켜 하나의 이치로 본 점이 독특하다. "십승의 이치"라는 표현에서 십승이 명사적 용법으로 사용되었음이 확인된다. 양백과 궁을이라는 신비한 용어가 십승과 관련된다는 입장이다.

十_십勝_승大_대王_왕 우리 聖_성主_주, 兩_양白_백聖_성人_인 나오시고 ―「성운론」

"십승대왕"이라는 표현은 앞에서도 한 번 나왔다. 십승을 가진 대왕 또는 십승의 힘과 능력을 가진 대왕이라는 해석이 가능하다. 이 십승대왕이 바로 우리를 구원할 성스러운 주인님이며, 양백의 성인이라는 주장이다.

一_일字_자縱_종橫_횡十_십勝_승運_운 ―「갑을가」

일자一字를 종횡으로 겹쳐보면 십자十字가 나온다. 십자가 바로 십승의 운수라는 주장이다. 십승의 운수를 얻으려면 십자에 주목하라고 강조한다. 이와 관련하여 "십승은 십자 승리자 그리스도와 그의 성전 천국성전의 상징적 표현이다."라는 주장도 있다.[26] 어쨌든 십자가 바로 기독교의 상징인 십자와 연관되어 해석될 가능성을 열어두고 있다. 『격암유록』의 많은 해설자들이 기독교적 입장에서 『격암유록』의 글귀들을 풀이하는 까닭이 여기에 있다.

---

26 유성만, 『신 격암유록』(도서출판 한솜미디어, 2004), 237쪽.

四_사八_팔四_사乙_을 雙_쌍弓_궁之_지中_중, 白_백十_십勝_승之_지出_출現_현하고, 落_낙盤_반
四_사乳_유 黃_황入_입腹_복而_이, 雙_쌍乙_을之_지中_중黑_흑十_십勝_승을, 天_천理_리弓_궁弓_궁
地_지理_리十_십處_처, 皆_개曰_왈十_십勝_승 傳_전햇으니 ─「가사총론」

백십승과 흑십승이라는 대비되는 용어가 나오는 점이 특기할 만하다. 이처럼 흑과 백으로 대비되는 두 가지 십승이 존재한다고 주장한다. 이 흑과 백을 각각 마귀와 신에 비유하는 해설도 있다. 쌍궁 즉 궁궁弓弓에서 백십승이 출현하고, 낙반사유와 쌍에서 흑십승이 나온다고 강조한다. 이와 관련하여 궁궁弓弓은 백십승을 뜻하고, 백십승은 성인聖人과 생명수를 뜻한다는 주장도 있다.[27]

그리고 하늘의 이치인 궁궁과 지리상의 십처 즉 십승지가 모두 십승이라고 부연해서 설명한다. 십승이 흑과 백으로 나뉜다는 주장이 특기할 만하다. 또 하늘의 이치와 관련된 십승 뿐만 아니라 지리와 관련된 십승으로도 나뉘어 설명된다는 사실도 특기할 만하다.

陰_음鬼_귀十_십은 黑_흑十_십字_자요, 陽_양神_신十_십은 白_백十_십勝_승을, 陰_음陽_양分_분解_해 모르고서 十_십勝_승仙_선道_도도 찾을쏘냐? ─「도부신인」

음귀陰鬼 즉 귀신과 관련된 십十은 흑십자黑十字이고, 양신陽神과 연관된 십十은 백십승白十勝이라고 주장한다. 귀신 또는 마귀와 관련된 흑십자 내지 흑십승과 선한 신과 관련된 백십자 내지 백십승으로 양분되어 설명한다는 점이 특기할 만하다. 이러한 구분법을 모르고서는 십승의 선도仙道를 찾을 수 없다고 강조한다.

地_지理_리十_십處_처 不_불入_입하라. 殺_살我_아者_자가 十_십勝_승일세. ─「십승론」

---

27 이완교, 『주역과 격암유록』(도서출판 아름다운 사람들, 2008), 13쪽.

지리상의 열 군데의 승지勝地에 들어가지 말라는 경고이다. 이러한 지리적 십승지에 들어가면 죽음을 면치 못할 것이라고 주장한다. 여기서 십승은 십승지와 같은 뜻으로 사용되었다. 『정감록』에 나오는 십승지를 부정하고, 『격암유록』의 십승을 찾으라고 강조한 부분이다.

智지異리德덕裕유 非비吉길地지라. 智지者자豈개入입 傳전해있고, 鷄계龍룡俗속離리 非비吉길地지라. 切절忌기公공州주 鷄계龍룡일세. ―「계룡론」

지리산과 덕유산 등의 명산名山은 길한 땅이 아니라고 주장한다. 지각이 있는 사람들이 어찌 그러한 곳에 들어가라고 말을 전했느냐고 비판한다. 나아가 계룡산이나 속리산도 길한 땅이 아니라고 주장한다. 공주가 예부터 길한 땅으로 알려져 왔지만 절대 꺼려야할 것이 바로 계룡산이라고 강조한다. 한 마디로 지리산, 덕유산, 계룡산, 속리산, 공주 등 『정감록』에 나왔던 십승지를 찾지 말라는 주장이다. 지리적 십승지가 아니라 종교적 개념인 십승을 찾으라고 강조한 부분이다.

十십勝승道도靈령 出출世세하니, 天천下하是시非비 紛분紛분이라.
―「도부신인」

위 인용문의 도령道靈은 "양반집 사내아이"를 뜻하는 도령道令의 오기로 보인다. 새로 이 세상을 구하기 위해 나타날 구원자는 청춘과 젊음의 상징인 도령으로 올 것이라는 입장에서 이러한 용어가 사용되었다. 십승도령이라는 표현에서 십승이 도령이라는 인격체와 결합된 점이 특기할 만하다.

이 십승도령이라는 존재가 이 세상에 나오면 천하에 시비가 분분할 것이라는 주장이다. 십승도령이 구원의 절대자가 맞는지 아닌지에 대한 여러 의견이 속출할 것이라는 말이다. 십승도령은 진인眞人과 거의 비슷한 뜻으로 사용되었다.

十십勝승大대王왕 우리 聖성主주, 兩양白백聖성人인 나오시고, 彌미勒륵世세
尊존 三삼神신大대王왕, 三삼豊풍道도師사 出출現현하고, 西서氣기東동來래 白백
虎호運운에, 靑청林림道도士사 나오시고 ―「성운론」

인용문의 앞부분은 위에서 다룬 내용이다. 십승대왕과 함께 미륵세
존, 삼신대왕, 삼풍도사 등의 신비한 존재도 이 세상에 나타날 것이라
고 주장한다. 불교적 구원자인 미륵세존과 전통적 민간의 삼신과 『정
감록』에 나오는 삼풍을 신비적으로 인격화한 존재인 삼풍도사가 동시
에 나타나리라는 입장이다. 그리고 서양의 기운이 동양으로 오는 백호
白虎의 운을 맞아 청림도사라는 도교적 신격도 이 세상에 나오리라고
주장한다.

弓궁乙을田전田전 道도下하止지가, 分분明명無무疑의 十십勝승일세. ―「말중운」

궁을弓乙과 전전田田이라는 신비한 개념이 있는 곳에 머무르라는 것
이 바로 분명하고 의심없는 십승이라고 주장한다. 궁을과 전전은 『정
감록』에 나오는 용어이다. 그 명확한 의미는 알려지지 않은 채 지금껏
전해지는 용어다. 어쨌든 십승이 궁을과 전전과 연관되어 설명된다는
점이 특기할 만하다.
원래 십승+勝이라는 용어는 십승지+勝地라는 용어로 처음 역사에
등장한다. 십승지는 조선 헌종 2년(1836) 11월에 발생한 남공언南公彦사
건에 처음 나오며, 이후 『정감록』에 자주 나온다. 『정감록』에 등장하
는 십승에 대한 사용례는 다음과 같다.

保보身신之지地지, 莫막踰유十십勝승.
몸을 보전하는 땅으로 십승만 한 곳이 없다. [28]

---

28 「징비록」, 『정감록』(한성도서주식회사, 1923), 안춘근, 『정감록집성』(아세아문화사, 1973), 487면

인용문에 이어서 풍기, 안동, 개령, 가야, 단양, 영춘, 공주, 진천, 봉화, 풍천, 태백 등의 실제 지명이 열거되어 있다. 십승지는 "열 군데의 뛰어난 곳" 또는 "열 곳의 빼어난 땅"이라는 의미로 해석된다. 따라서 십승은 지地(땅, 장소)를 서술하는 "열 군데의 손꼽히는" 또는 "열 곳의 빼어난"이라는 뜻으로 사용된다. 실제로 실재하는 열 곳의 지명이 구체적으로 언급된다는 점에서 이러한 사실은 다시 한 번 확인된다. 즉 『정감록』의 십승은 『격암유록』의 대부분의 십승을 언급한 내용처럼 명사적 용법으로 사용되지 않는다.

> 入입十십勝승地지者자, 可가免면.
> 십승지로 들어가는 자라야 (홍수, 전쟁, 기근, 전염병 등의 각종 재난으로부터) 피할 수 있을 것이다.[29]

『정감록』에서 십승이 단독으로 특별한 의미를 지닌 용어로 사용되는 경우는 거의 없다. 위의 인용문에서 보듯이 십승지라는 용어, 즉 땅을 서술하는 형용사적 용법으로 사용된다. 구체적 지명이 굳이 언급되지 않더라도 특정한 지역과 장소를 가리키는 용어로 십승이 사용되었다.

> 若약有유知지覺각者자, 必필入입十십勝승, 貧빈者자生생, 富부者자死사.
> 만약 지각이 있는 자라면 반드시 십승지로 들어가야 하리니, 가난한 자는 살 것이고, 부자는 죽을 것이다.[30]

위의 인용문에 나오는 십승은 십승지를 축약한 용어이다. "들어간다."는 표현에서 알 수 있듯이 십승은 곧 십승지를 가리킨다. 지혜가 있는 사람은 필히 십승지로 들어가야만 살 수 있을 것이라고 강조한

---

29 「징비록」, 『정감록』(한성도서주식회사, 1923), 안춘근, 『정감록집성』(아세아문화사, 1973), 487면
30 「징비록」, 『정감록』(한성도서주식회사, 1923), 안춘근, 『정감록집성』(아세아문화사, 1973), 487면

다. 십승이 명사적 용법으로 사용된 것이 아니다.

> 當_당此_차之_지時_시, 雖_수行_행乞_걸而_이入_입十_십勝_승可_가也_야.
> 이와 같은 때를 당하면 비록 걸식할지라도 십승으로 들어가야 살 수 있을 것이다.[31]

위 인용문에 나오는 십승은 곧 십승지를 가리킨다. "들어간다."는 표현에서 십승이 십승지를 뜻하는 용어임을 알 수 있다.

> 十_십勝_승之_지地_지
> 십승의 땅[32]

『정감록』에는 십승지 이외에 십승지지十勝之地라는 용어도 사용된다. 십승지와 십승지지는 모두 같은 뜻으로 "열 군데의 뛰어난 땅"이라는 의미이다.

> 十_십勝_승, 則_즉土_토地_지穰_양厚_후, 百_백穀_곡無_무害_해.
> 십승은 곧 토지가 풍족하고 두터우며, 백 가지 곡식을 심어도 해를 입지 않을 것이다.[33]

위의 인용문에 나오는 십승도 십승지와 같은 뜻으로 사용되었다. 십승지는 토지가 풍요로우며 갖가지 곡식을 심어도 해를 입지 않는 땅이다.

> 保_보存_존之_지地_지, 莫_막如_여十_십勝_승.

---

31 「징비록」, 『정감록』(한성도서주식회사, 1923), 안춘근, 『정감록집성』(아세아문화사, 1973), 490면
32 「징비록」, 『정감록』(한성도서주식회사, 1923), 안춘근, 『정감록집성』(아세아문화사, 1973), 491면
33 「징비록」, 『정감록』(한성도서주식회사, 1923), 안춘근, 『정감록집성』(아세아문화사, 1973), 493면

보존할만한 땅으로 십승만한 것이 없으리라.[34]

"보존할만한 땅"이 바로 십승지이다. 십승이 명사적 용법으로 사용되지 않았다. 십승은 지地(땅)를 서술하는 용법으로 사용된다. 십승은 구체적으로 존재하는 열 군데의 선택받은 땅을 가리킨다.

當당此차之지時시, 藏장身신之지地지, 只지錄록十십勝승地지.
이와 같은 때를 당하면 몸을 숨길만한 땅으로 다만 십승지를 기록할 따름이다.[35]

이처럼 위급한 지경을 맞아 몸을 피할 만한 땅으로는 십승지 밖에 없다는 주장이다. 『정감록』에는 실제로 열 군데의 구체적 지명이 언급된다.

當당其기時시, 保보身신圖도命명之지地지, 有유十십勝승地지.
그 때를 당하면 몸을 보전하고 목숨을 도모하는 땅으로 십승지가 있다.[36]

위의 인용문 이하에 풍기, 화산, 보은, 운봉, 풍천, 공주, 영월, 무주, 부안, 협천 등의 지명이 열거되어 있다. 십승지가 앞에서 살펴본 것과는 조금 다르게 열거되었다. 열 군데가 선택되어 언급되는 과정에서 약간의 다름은 있지만, "열 군데의 뛰어난 땅"으로 언급된다는 점은 동일하다.

---

34 「운기구책」, 『정감록』(한성도서주식회사, 1923), 안춘근, 『정감록집성』(아세아문화사, 1973), 498면.

35 「운기구책」, 『정감록』(한성도서주식회사, 1923), 안춘근, 『정감록집성』(아세아문화사, 1973), 499면.

36 「운기구책」, 『정감록』(한성도서주식회사, 1923), 안춘근, 『정감록집성』(아세아문화사, 1973), 503면.

惟유入입於어十십勝승者자, 庶서免면.
(구년 동안의 병화兵火로부터) 십승지로 들어가는 자만이 많이 살아날 것이다. [37]

위 인용문에 나오는 십승도 십승지의 축약된 용어이다. 십승지에 들어가야만 전쟁과 질병 등의 각종 재난으로부터 피할 수 있다고 주장한다. 이처럼 『정감록』에는 십승이라는 용어가 단독으로 사용되는 경우도 있지만, 모두 십승지와 같은 의미로 쓰였다.

有유知지覺각者자, 若약入입十십勝승.
지각이 있는 자가 만일 십승으로 들어가려 하면[38]

『정감록』에 열 군데의 특별한 장소로 구체적인 지명이 나열된다는 점에서 위 인용문에 나오는 십승도 십승지와 동일한 의미로 사용되었다. "십승(지)에 들어간다."고 표현되는 점에서 이러한 점이 확인된다.

居거此차十십勝승, 凶흉年년不불入입, 兵병火화不불侵침.
이곳 십승에 머무르면 흉년이 들지 않고 전쟁도 침범하지 못하리라. [39]

"십승에 산다."는 표현에서 알 수 있듯이 인용문의 십승도 십승지를 가리키는 용어다. 십승지에 들어가 산다면 흉년과 전쟁에서 무사히 목숨을 보전할 수 있다는 주장이다.

---

37 「운기구책」, 『정감록』(한성도서주식회사, 1923), 안춘근, 『정감록집성』(아세아문화사, 1973), 504면.
38 「운기구책」, 『정감록』(한성도서주식회사, 1923), 안춘근, 『정감록집성』(아세아문화사, 1973), 505면.
39 「운기구책」, 『정감록』(한성도서주식회사, 1923), 안춘근, 『정감록집성』(아세아문화사, 1973), 506면.

十십勝승之지地지, 皆개非비平평場장垣원疆강也야.
십승의 땅은 모두 평평한 곳이나 담이 쳐진 곳이 아니다.[40]

위의 인용문에서 십승지는 "평평하거나 담이 쳐진 곳"이 아니라고
주장한다. 십승이 명사적 의미로 사용된 것이 아니라 이어지는 지地를
서술하는 용법으로 사용되었다. 그리고 구체적으로 십승지의 모습에
대한 설명도 덧붙여져 있다. 『격암유록』에 나오는 십승이 명사적 용법
으로 사용되어 이치, 진리 등의 의미로 풀이되는 것과는 전혀 다르게
『정감록』의 십승은 모두 지地를 서술하는 용법으로 사용된다.

十십勝승 … 十십勝승地지 中중最최可가居거也야.
십승 … 십승지 가운데 가장 머무를 만한 곳이다.[41]

십승지 가운데도 가장 우선적으로 머무를 만한 장소가 있다고 주장
된다. 구체적인 장소가 언급되지는 않았지만, 역시 십승이 십승지를
축약한 용어로 사용되었음이 확인된다.

人인民민保보命명之지地지, 抄초有유十십勝승之지地지.
백성들이 목숨을 보존하는 땅으로는 십승지가 있다.[42]

십승지는 "백성들이 목숨을 보존하는 땅"이다. 그리고 이어지는 구
절에 풍기, 화소, 보은, 운봉, 충계, 소백, 태백, 무주, 부안, 협천 등의

---

40 「운기구책」, 『정감록』(한성도서주식회사, 1923), 안춘근, 『정감록집성』(아세아문화사, 1973),
    507면.
41 「운기구책」, 『정감록』(한성도서주식회사, 1923), 안춘근, 『정감록집성』(아세아문화사, 1973),
    508면.
42 「요람역세」, 『정감록』(한성도서주식회사, 1923), 안춘근, 『정감록집성』(아세아문화사, 1973),
    525면.

지명이 열거되어 있다. 앞에서 나온 십승지의 구체적 지명이 언급되는 부분들과 선택된 지명이 조금 차이가 난다. 이처럼 『정감록』에 나오는 십승지는 실재하는 구체적인 열 군데의 장소를 가리킨다. 십승 자체가 특별한 명사적 용법으로 사용되지 않았으며, 십승이 종교적 개념으로 재해석되지도 않는다. 『정감록』의 십승은 말 그대로 지地를 서술하는 "열 군데의 뛰어난"이라는 뜻으로 사용된다.

有유智지者자, 先선入입十십勝승.
지각이 있는 자는 먼저 십승으로 들어가리라.[43]

이러한 주장은 앞에서도 나왔다. 지혜가 있는 사람이라면 십승지로 피난하라는 주장이다. 여기서 나오는 십승도 구체적인 지명인 십승지를 가리키는 용어이다.

十십勝승之지地지, 尤우好호人인民민避피亂난之지地지.
십승의 땅은 백성들이 난리를 피할 수 있는 매우 좋은 곳이다.[44]

십승지가 "사람들이 피난하는 땅"으로 규정된다. 십승지는 어떤 추상적인 개념이 아니라 이 세상 구체적으로는 우리나라에 실재하는 어떤 장소를 가리키는 용어다. 십승지는 곧 피난처요 난세에 있어서 구원의 땅으로 믿어졌다.

六유月월飛비霜상, 十십勝승可가免면. 十십年년兵병, 十십勝승可가免면.
유월에 내리는 서리도 십승에서는 면할 수 있고, 십년의 전쟁도 십승에

---

43 「요람역세」, 『정감록』(한성도서주식회사, 1923), 안춘근, 『정감록집성』(아세아문화사, 1973), 528면.
44 「요람역세」, 『정감록』(한성도서주식회사, 1923), 안춘근, 『정감록집성』(아세아문화사, 1973), 531면.

서는 가히 벗어날 수 있을 것이다.[45]

서리와 같은 자연재해로부터도 안전할 수 있고, 오랜 전쟁도 피할 수 있는 곳이 바로 십승으로 표현되는 십승지이다. 이처럼 『정감록』에 나오는 십승은 곧 십승지와 같은 용어이며, 동일한 의미로 사용되었다. 서리, 가뭄, 홍수 등의 각종 자연재해 뿐만 아니라 인간의 탐욕으로 빚어진 전쟁과 같은 난리에도 무사히 목숨을 유지할 수 있는 구원처로 실재하는 열 군데의 십승지가 제시되는 것이다.

　有유智지覺각者자, 先선入입十십勝승.
　지각이 있는 자는 먼저 십승으로 들어갈 것이다.[46]

지혜로운 사람은 먼저 십승지로 들어가리라는 말인데, 이러한 주장은 앞에서도 나왔다. 여기서 십승은 지地가 생략된 십승지이다. 왜냐하면 『정감록』의 여러 곳에서 십승지의 구체적인 실재하는 지명들이 열거되어 있기 때문이다.

　明명哲철保보身신地지, 匪비十십勝승. 死사中중救구生생, 莫막如여弓궁弓궁. 弓궁弓궁兩양間간, 不불下하十십勝승.
　총명하여 자기 몸을 보전하는 땅은 십승이 아니다. 죽음 가운데 삶을 구하는 데는 궁궁만한 것이 없다. 궁궁의 사이는 십승의 아래에 있지 않다.[47]

궁궁弓弓의 사이가 십승보다 낫다는 주장이다. 여기서 궁궁이 가리

45　「요람역세」, 『정감록』(한성도서주식회사, 1923), 안춘근, 『정감록집성』(아세아문화사, 1973), 531면.
46　「요람역세」, 『정감록』(한성도서주식회사, 1923), 안춘근, 『정감록집성』(아세아문화사, 1973), 531면.
47　「동차결」, 『정감록』(한성도서주식회사, 1923), 안춘근, 『정감록집성』(아세아문화사, 1973), 549면

키는 정확한 의미는 알 수 없다. 다만 "궁궁의 사이"가 십승과 연관되어 서술된다는 점이 특기할 만하다. 십승이 곧 십승지를 가리키는 용어라는 점은 위의 인용문에서도 확인된다.

能능保보萬만人인, 十십勝승. ⋯ 利이在재十십勝승之지地지也야.
능히 만 명을 살리는 곳이 십승이다. ⋯ 이로움이 십승의 땅에 있다.[48]

수많은 사람을 살릴 수 있는 곳이 바로 십승지이며, "이로움이 십승지에 있다."라는 구절에서 이로움은 "사람을 구원하는"이라는 의미로 사용되었다. 역시 이 인용문에 나오는 십승도 십승지의 축약어이다.

十십勝승之지地지, 口구員원弓궁弓궁. ⋯ 此차卽즉十십勝승之지地지. 人인民민塗도炭탄, 莫막知지十십勝승.
십승의 땅은 입이 궁궁에 둥글다. ⋯ 이곳이 바로 십승지이다. 백성들이 도탄에 빠져 십승을 알 수 없구나.[49]

십승이 궁궁弓弓과 연관되어 설명된다는 점이 다시 한 번 확인된다. 십승지는 일반 백성들이 쉽게 알 수 있는 곳이 아니라고 주장된다. 십승지에 들어가 재해와 난리를 피하는 일이 어려움을 강조하는 대목이다.

十십勝승之지地지 ⋯ 十십勝승
십승의 땅 ⋯ 십승[50]

위의 인용문에서도 십승지가 바로 십승이라는 점이 밝혀져 있다. 이

---

48 「동차결」, 『정감록』(한성도서주식회사, 1923), 안춘근, 『정감록집성』(아세아문화사, 1973), 550면.
49 「동차결」, 『정감록』(한성도서주식회사, 1923), 안춘근, 『정감록집성』(아세아문화사, 1973), 561면.
50 「동차결」, 『정감록』(한성도서주식회사, 1923), 안춘근, 『정감록집성』(아세아문화사, 1973), 564면.

처럼 『정감록』에 나오는 십승은 단독으로 사용되어도 모두 십승지의 축약어라는 사실이 확인된다.

保보身신之지地지有유十십處처.
몸을 보전하는 땅으로 열 곳의 장소가 있다.[51]

십승지라는 구체적 용어는 나오지 않지만, "몸을 보전하는 열 곳의 땅"이 언급된다. 그리고 이어지는 구절에 풍기, 안동, 개령, 가야, 단춘, 공주, 진목, 봉화, 운봉, 태백 등이 열거되어 있다. 몸을 온전히 할 수 있는 열 군데의 장소는 십승지와 같은 뜻이다. 십승지라는 용어만 나오지 않았지만, 실제로는 십승지와 동일한 의미로 언급되었으며 실재하는 열 군데의 구체적 지명이 언급된다.

九구年년之지水수, 十십二이年년兵병火화, 何하人인避피之지乎호? 入입於어十십勝승地지者자, 觀관其기時시而이生생. … 若약知지覺각則즉, 先선入입十십勝승.
9년의 홍수와 12년의 전쟁에 어떤 사람이 이를 피할 것인가? 십승지에 들어가는 자만이 그 시기를 보고 살아날 수 있을 것이다. … 만일 지각이 있은즉 먼저 십승으로 들어가라.[52]

홍수와 전쟁으로부터 피난하여 살 수 있는 방법은 십승지에 들어가는 것이다. 지혜로운 사람은 먼저 십승지에 들어갈 것이라는 주장이다. 여기서도 십승은 십승지의 축약어로 사용되었음이 확인된다. 여러 가지 재난을 피할 수 있는 유일한 방법은 바로 십승지를 찾아들어가는 것이다.

---

51 「감결」, 『정감록』(한성도서주식회사, 1923), 안춘근, 『정감록집성』(아세아문화사, 1973), 568면.
52 「감결」, 『정감록』(한성도서주식회사, 1923), 안춘근, 『정감록집성』(아세아문화사, 1973), 568면.

한편 『정감록』에는 「남경암산수십승보길지지南敬菴山水十勝保吉之地」라는 비결이 전한다.[53] 여기에 풍기, 화산, 보은, 예천, 공주, 무주, 부안, 가야산, 금오산, 덕유산 등의 장소가 거론된다. 경암 남사고南師古가 주장한 열 군데의 풍경이 뛰어난 목숨을 보전할만한 길한 땅이 언급된다. 이제 십승지는 경암 남사고라는 조선 중기의 유명한 풍수가가 주장한 열 곳의 땅으로 주장된다. 십승지의 기원이 매우 오래 되었음을 강조하고, 유명한 인물이 선택한 길지이므로 피난처로서의 자격이 충분하다고 주장되는 것이다.

不불可가盡진載재, 只지錄록十십勝승.
남김없이 실을 수 없으니 다만 십승만 기록할 따름이다.[54]

피난처 내지 구원처로 제시되는 승지勝地는 많이 있지만, 그 대표적인 열 군데만을 골라서 제시한다는 주장이다. 십승지만이 아니라 더 많은 승지가 언급되고 주장될 수 있는 근거가 여기에 있다.

蒼창生생指지示시十십勝승
창생이 십승을 가리킨다.[55]

많은 사람들이 십승을 주장하고 따른다는 말이다. 십승은 몸을 피하고 목숨을 보전할 수 있는 길한 땅으로 사람들에게 받아들여졌고, 이를 믿는 사람들이 많았고, 이러한 풍속이 오랜 세월에 걸쳐 전해졌음

---

53 「남경암산수십승보길지지」, 『정감록』(한성도서주식회사, 1923), 안춘근, 『정감록집성』(아세아문화사, 1973), 581면.
54 「남경암산수십승보길지지」, 『정감록』(한성도서주식회사, 1923), 안춘근, 『정감록집성』(아세아문화사, 1973), 582면.
55 「토정가장결」, 『정감록』(한성도서주식회사, 1923), 안춘근, 『정감록집성』(아세아문화사, 1973), 594면.

이 밝혀졌다.

> 沁심曰왈, 願원問문避피身신之지地지, 鄭정曰왈, 有유十십處처.
> 이심이 "원컨대 몸을 피할 땅을 묻습니다."라고 말하니, 정감이 "열 군데
> 가 있습니다."라 했다.[56]

『정감록』의 주요한 등장인물인 정감과 이심의 문답 내용이다. "몸을
피신할 수 있는 땅"인 열 군데는 곧 십승지이다. 이어지는 구절에 풍
기, 안동, 개령, 가야, 단양, 공주, 진목, 무풍, 예천, 태백 등이 열거되
어 있다. 역시 앞에서 나온 십승지의 구체적 지명과는 다소의 차이는
있지만, "열 곳의 빼어난 땅"을 나열하였다. 십승지의 구체적인 실재
지명이 언급되고 주장되었다는 점이 특기할 만하다. 정감鄭鑑이라는
『정감록』에 나오는 예언의 주인공이 십승지를 선택하여 알려주었다는
점에서 십승지에 대한 신빙성이 더욱 강조되었다.

> 若약有유知지者자, 入입午오十십勝승之지地지. … 十십勝승之지地지, 尤욱好호
> 避피身신之지地지. … 有유知지者자, 時시去거十십勝승之지地지.
> 만일 앎이 있는 자는 십승의 땅으로 들어갈 것이다. … 십승의 땅은 몸
> 을 피하기에 특히 좋은 땅이다. … 앎이 있는 자는 그때를 당하면 십승
> 의 땅으로 갈 것이다.[57]

지혜로운 사람은 십승지로 들어갈 것이며, 십승지는 피신처이며, 지
각이 있는 자는 때가 되면 십승지로 갈 것이라는 주장이 이미 앞에서
도 자주 나온 표현이다. 역시 십승지는 피신하는 땅으로 규정되며, 지
각과 지혜가 있는 사람만이 알 수 있다는 주장이다.

---

56 「비지론」, 『정감록』(한성도서주식회사, 1923), 안춘근, 『정감록집성』(아세아문화사, 1973), 609면
57 「비지론」, 『정감록』(한성도서주식회사, 1923), 안춘근, 『정감록집성』(아세아문화사, 1973), 610면

避피兵병保보身신之지地지, 往왕往왕有유之지, 而이只지說설十십勝승地지.

전쟁을 피하고 몸을 보전할 땅으로 왕왕 십승지를 말할 따름이다.[58]

　전쟁이 일어나 병사들을 피해 목숨을 보전할 수 있는 땅이 바로 십
승지라는 주장이다. 전쟁을 피해 삶을 도모할 수 있는 곳으로 십승지
가 언급된다. 이어지는 구절에 풍기, 화산, 속리산, 운봉, 예천, 공주,
영월, 무주, 부안, 가야산 등이 열거되어 있다. 역시 앞에서 언급된 십
승지의 지명과 일부 차이가 나지만, 열 군데의 실재하는 지명이 언급
되었다. 이처럼 『정감록』에는 십승지가 구체적으로 열거된다. 따라서
『정감록』에 나오는 십승은 지地를 서술하는 용법으로 사용되었으며,
독자적으로 사용될 경우에도 뒤에 지地를 생략한 십승지와 동일한 용
어임이 다시 한 번 확인된다.

　한편 「감인록鑑寅錄」에도 십승지十勝地가 거론되는데, 풍기, 화산, 보
은, 운봉, 예천, 공주, 영월, 무주, 부안, 성주 등이 열거되어 있다.[59]
역시 십승지가 구체적인 지명으로 비결서에 등장한다.

　『정감록』에는 「남경암산수십승보길지지南敬菴山水十勝保吉之地」라는 비
결서가 포함되어 있다. 여기에는 승지勝地에 대한 다음과 같은 특기할
만한 기록이 보인다.

　南남敬경菴암 … 過과禮예州주見견大대小소白백, 下하馬마拜배曰왈, 十십二이
勝승地지也야.

　남경암이 … 예주를 지나 태백산과 소백산을 보더니 말에서 내려 절을
　올리며 말하기를 "12승지이다."라 했다.[60]

58　「남격암십승지론」, 『정감록』(한성도서주식회사, 1923), 안춘근, 『정감록집성』(아세아문화사,
　　1973), 616면.
59　「감인록」, 『정감록』(한성도서주식회사, 1923), 안춘근, 『정감록집성』(아세아문화사, 1973),
　　626~627면.
60　「남사고비결」, 『정감록』(한성도서주식회사, 1923), 안춘근, 『정감록집성』(아세아문화사, 1973),

십승+勝 이외에 "열 두 곳의 빼어난 땅"이란 의미의 십이승지+二勝地라는 용어가 사용되었다. 승지의 앞에 나오는 단순히 십+과 십이+二는 숫자를 나타내는 용어로 사용되었다. 따라서 굳이 십승만 있는 것이 아니라 십이승지나 기타 다른 숫자도 승지라는 단어 앞에 사용될 수 있는 가능성이 있다는 사실이 확인된다.

따라서 『격암유록』에 나오는 십승이 특별한 의미를 지닌 명사적 용법으로 사용된다는 주장이 가능하기 위해서는 위의 인용문에 나오는 십이승지에 대해서도 설명하여야 할 것이다. 『정감록』에 십이승지라는 용례가 나오는 것은 승지勝地 즉 "빼어난 땅"이나 "뛰어난 땅"의 숫자를 헤아리는데 사용되었다는 사실이 확인된다.

십승+勝에서 중요한 것은 십+이라는 숫자가 아니라 뒤에 나오는 승지勝地이다. 『격암유록』의 주장처럼 십+이 기독교의 상징으로 해석되는 일은 원래 『정감록』에서는 단 한 번도 보이지 않는다. 『정감록』에서 십이승지의 십이승+二勝이 특별한 명사적 용법으로 사용되지 않는다는 사실에서 이러한 해석이 옳다는 점이 확인된다.

그리고 『격암유록』에 나오는 백십승白+勝과 흑십승黑+勝이라는 용어는 십승을 명사로 보기 때문에 가능한 용법이다. 『정감록』에 나오는 십승은 십승지의 축약어이며, 같은 뜻과 용법으로 사용되었다. 십승이 명사적 용법으로 사용되지 않는 것이다. 결국 『정감록』의 숫자를 나타내는 십+과 다르게 『격암유록』에서는 십승 자체를 무언가 특별한 의미를 지닌 명사로 본 것이다. 『정감록』에 나오는 십승(지)를 『격암유록』에서는 종교적으로 재해석하여 새로운 의미를 부여하여 기독교적 개념으로 해석하였다.

한편 『정감록』에도 "십승의 사람+勝之人"이라는 표현이 있다. 그 전문은 다음과 같다.

580면.

十_십勝_승之_지人_인, 皆_개箇_개得_득生_생.

십승의 사람은 모두 살 수 있을 것이다. [61]

그러나 이러한 표현은 『격암유록』에서 보이듯이 십승을 종교적으로 개념화한 인간을 가리키는 용어가 아니라 문맥상 "십승지로 들어가는 사람"이라고 해석해야 할 것이다. 『정감록』에서 십승은 단 한 번도 명사적 용법으로 사용되지 않는다. 십승이 단독으로 사용되더라도 십승지와 똑같은 맥락에서 사용되었다.

殺_살我_아者_자, 十_십勝_승其_기深_심山_산窮_궁谷_곡. 活_활我_아者_자, 荒_황野_야一_일片_편之_지地_지.

나를 죽이는 것은 십승의 깊은 산과 막힌 계곡이다. 나를 살리는 것은 거친 들판의 한 조각 땅이다. [62]

십승지가 깊은 산 속이나 벽지와 오지에 있는 계곡에 있지만, 그곳에 가면 오히려 목숨을 보전하기 어렵다고 주장한다. 오히려 거친 황야에 있는 조그마한 땅이 목숨을 살릴 수 있다고 강조한다. 십승지에 들어가면 살 수 있다는 기존의 주장과는 반대되는 입장이다. 십승지를 찾는 일에만 몰두하지 말고, 버려진 땅에 있는 작은 장소라도 소홀히 하지 말고 찾아가라는 주장이다. 십승지만 살 수 있는 땅이라고 지나치게 믿는 일을 경계한다.

「초창결蕉蒼訣」에 다음과 같은 내용이 있다.

問_문曰_왈, 古_고訣_결云_운有_유十_십勝_승果_과保_보家_가乎_호? 曰_왈十_십勝_승者_자, 但_단看_간水_수源_원無_무豊_풍凶_흉, 人_인民_민安_안隱_은也_야. 雖_수勝_승地_지有_유適_적合_합處_처

---

61 「징비록」, 『정감록』(한성도서주식회사, 1923), 안춘근, 『정감록집성』(아세아문화사, 1973), 490면
62 「동차결」, 『정감록』(한성도서주식회사, 1923), 안춘근, 『정감록집성』(아세아문화사, 1973), 549면

矣의. 擇택其기十십勝승居거住주, 而이若약安안隱은保보家가, 則즉世세無무保보之지人인耳이. 有유何하其기理리乎호? 避피亂난之지本본, 道도在재其기心심也야. 善선者자生생, 惡악者자死사也야.

"옛 비결에 '십승이란 것이 있어서 집안을 보존한다.'라 했으니 무엇인가?"라고 물었다. 답하기를 "십승이란 것은 단지 물의 근원을 찾아 풍년과 흉년이 없는 것이니, 백성들이 평안히 은거하는 것이다. 비록 승지가 있더라도 적합한 곳이 있는 법이다. 십승을 택하여 거주하면서 만약 평안히 은거하여 집안을 보존한다면 곧 세상에 보존하는 사람이 없다는 것이다. 이것은 어찌된 이치인가? 난리를 피하는 근본과 도는 그 마음에 있다. 착한 자는 살 것이고, 악한 자는 죽을 것이다."라 했다.[63]

위의 인용문에서 십승은 "백성들이 평안히 은거하는 것"이라고 규정된다. 물론 십승지에 들어가 사는 일을 의미한다. 십승지를 선택하여 그곳에 은거하는 일도 그 근본은 사람의 마음이 착한가 악한가에 달려 있다고 주장한다. 십승지에 피난하는 일이 사람 심성의 선악에 따라 결정된다고 강조한다.

『정감록』에는 십승 또는 십승지라는 용어가 많이 보인다. 김용주본 『정감록』(1923)에는 구체적으로 열 군데의 승지勝地가 실재하는 지명으로 기록된 부분이 모두 8번 나온다. 단순한 승지가 아니라 "완전한 수" 또는 "꽉 차서 완벽한 수"를 뜻하는 십十을 강조하여 그렇게 기록한 것이다.

십이승지十二勝地라는 표현도 『정감록』에 한 번 등장하는데, 여러 곳의 승지가 표현 가능함을 알 수 있다. 완전하고 완벽한 숫자인 십十이 "열 군데"를 의미하여, 십승지라는 용어가 탄생한 것이다. 따라서 『정감록』에 나오는 십승은 곧 십승지의 축약어이다. 십승만 따로 떼어내 사용되지 않았으며, 십승에 특별한 의미가 부여되지 않는다.

---

[63] 「초창결」, 『정감록』(한성도서주식회사, 1923), 안춘근, 『정감록집성』(아세아문화사, 1973), 174면

이에 반해 『격암유록』에서는 십승이라는 용어가 특별한 명사적 의미를 지닌 용어로 사용된다. 물론 『격암유록』에도 십승지라는 용어가 모두 10번 나온다. 그렇지만 『격암유록』에서 십승이 따로 사용될 때에는 무언가 특별한 뜻을 지닌 명사적 용법으로 사용된다.

특히 십승의 이치, 하늘 이치인 십승, 궁궁십승弓弓＋勝, 도道와 교敎가 합친 십승, 십승양백＋勝兩白, 구궁九宮과 관련된 십승, 궁을弓乙의 이치와 관련된 십승, 쌍궁雙弓과 연관된 십승 등의 표현에서 십승이 명사적 용법으로 사용되었다. 그리고 십승을 궁궁弓弓의 사이 또는 궁궁을 을弓弓乙乙의 사이에서 찾으라는 표현에서도 십승이 명사적 용법으로 사용되었음이 확인된다.

나아가 『격암유록』에서는 진십승眞＋勝과 가십승假＋勝, 백십승白＋勝과 흑십승黑＋勝 등의 표현이 있다. 이 역시 십승이 『정감록』의 용법과는 전혀 다른 의미로 사용되었다는 사실을 알려준다. 특히 백십승白＋勝은 쌍궁雙弓의 사이에 양신십陽神＋과 연관되고, 흑십승은 쌍을雙乙의 사이에 음귀십陰鬼＋과 연관된다는 표현에서 십승이 흑과 백으로 나누어 설명되며, 특별히 대립되는 개념으로 설명된다는 점이 다시 한 번 확인된다.

그리고 『격암유록』에는 십승촌＋勝村, 십승론＋勝論, 십승설＋勝說, 십승각리＋勝覺理, 십승운＋勝運, 십승대＋勝垈, 십승인＋勝人, 십승방주＋勝方舟, 십승대왕＋勝大王, 십승도령＋勝道靈 등의 용어가 나온다. 십승이 명사로 사용된 것이다. 『정감록』의 십승이 단순히 "열 군데의 빼어난"을 뜻하는 서술적 용어라는 사실과 비교해 볼 때 매우 특기할 만하다.

그럼에도 불구하고 『격암유록』에서 십승지라는 용어가 모두 10번 사용되며, 십처＋處 또는 십승십처＋勝＋處, 십승길지＋勝吉地, 십승성산성지＋勝聖山聖地라는 용어도 보인다. 이러한 경우에는 『정감록』에 나오는 십승지와 같은 뜻으로 사용되었다.

이 외에도 『격암유록』에는 사상팔괘四象八卦, 구궁팔괘九宮八卦, 양백궁을兩白弓乙 등이 십승의 이치와 연관되어 서술된다.

또한 『격암유록』에는 진인眞人이 거주하는 곳이 바로 십승十勝이라고 주장한다. 나아가 미륵불의 십승, 정도령의 십승, 상제가 재림하는 십승 등의 표현이 나온다. 이는 진인 또는 메시아가 십승과 관련되어 서술된 것이다.

　한편 『격암유록』에는 궁궁십승지弓弓十勝地, 궁궁십승촌弓弓十勝村이라는 표현이 등장하여 십승이 구원의 장소로 묘사되기도 한다. 또 "이로움이 전전田田에 있다.", "궁을전전弓乙田田이 십승이다."라고 서술하여 전래하는 비결과 관련하여 십승이 표현되기도 한다.

　그리고 『격암유록』에 "불사영생不死永生이 십승에서 나온다."고 주장하여 종교적 구원이 십승 때문에 가능하다고 강조한다. 결론적으로 『격암유록』은 "일자一字를 종횡縱橫한 것이 십승十勝의 운運이다."라고 주장하여, 십자十字가 바로 십승十勝과 관련되어 있다고 결론짓는다. 이는 십승을 기독교적 맥락에서 종교적으로 재해석한 것이다. 『정감록』에서 십승이 단순히 "열 군데의 빼어난"을 뜻하는 용어였던 것에 반해 『격암유록』은 십승을 기독교의 상징인 십자와 관련된 명사적 개념으로 사용하였다.

낙반고사유와 궁궁

落盤孤四乳 弓弓

『격암유록』에는 낙반사유落盤四乳라는 용어가 나온다.

精정脫탈其기右우米미盤반字자, 落낙盤반四사乳유十십重중山산.
정精자에서 그 오른쪽을 탈락시키면 미米가 있는 소반이 나오는데, 낙반
사유에서 십十자가 나온다. —「남사고비결」

중산重山은 산山을 아래와 위로 결합시킨 것으로 '출出'자를 형상화한
것이다. 따라서 중산은 '나올 출出'의 파자이다. 여기서 주장하는 것은
미米자 가운데에서 십十자가 나온다고 강조하며, 낙반사유도 "소반에서
네 개의 젖이 떨어진다."는 뜻풀이가 바로 십十자라고 풀이한다. 소반
의 네 귀퉁이를 제거하면 가운데에 십자十字 모양의 형상이 나타난다
고 주장하는 것이다.
　이와 관련하여 위의 구절을 "정精자에서 그 오른편을 탈락시키면 미
米자가 되는데 십十자가 속에 들어있고, 소반에서 글자가 있는데, 사유
四乳, 옛날 소반상의 모서리에 모양을 좋게 하느라고 깎은 부분을 탈락
하면 십十자가 나온다. 이중으로 된 산山은 출出이다."라고 해석하기도
한다.[1] 요컨대 낙반사유가 곧 십자十字를 의미한다는 주장이다. 여기에
나오는 십자는 기독교의 상징으로 해석되기도 한다.

落낙盤반四사乳유十십字자理리.
낙반사유는 십자의 이치이다. ―「남사고비결」

　위의 구절도 "옛날 소반을 만들 때 모양을 좋게 하느라고 네 귀퉁이에 젖꼭지처럼 만든 것이 있는데, 이것이 모두 떨어지면 십자가 되는 이치이다."라고 해석한다.[2] 앞에서 살펴본 구절과 거의 동일한 내용이다.

世세人인尋심覺각落낙盤반四사乳유, 四사口구之지田전.
세상 사람들이 낙반사유를 찾아 깨달으면, 곧 네 입이 있는 밭이다.
　　　　　　　　　　　　　　　　　　　　　―「말운론」

　위의 구절을 "세상 사람들아, 그곳을 찾고 찾으며 진리를 깨달아라. 그곳은 밥상에서 네 모퉁이가 떨어져 나가면 생기는 모양인데, 사구四口가 있는 전田이며 그 속의 십十 즉 십승진리이다."라고 해석하기도 한다.[3] 전田의 모양이 '입 구口'가 네 개 합쳐진 것과 같으므로 전田의 가운데에 있는 십자十字를 뜻한다고 풀이하는 것이다. 역시 낙반사유와 전田이 모두 십자十字를 의미한다는 주장이다. 여기서 십자十字를 글자 그대로 기독교의 상징으로 해석하기도 한다.

落낙盤반四사乳유弓궁乙을理리.
소반에 네 개의 젖을 떨어뜨린 것이 궁을의 이치이다. ―「생초지락」

　위의 구절을 "밥상에서 네 모퉁이가 떨어져 나가면 십자十字가 나온다."고 해석하기도 한다.[4] 앞에서 낙반사유를 십자로 본 것과 달리 이

1　신유승 해독, 『격암유록』 제1권(세종출판공사, 1987), 35쪽.
2　신유승 해독, 『격암유록』 제2권(세종출판공사, 1987), 12쪽.
3　신유승 해독, 『격암유록』 제2권(세종출판공사, 1987), 207~208쪽.

구절에서는 낙반사유를 "궁을의 이치"라고 풀이한다. 물론 궁弓자와 을乙자를 서로 합치면 가운데에 십자 모양이 나온다고 주장하기도 한다. 어쨌든 이제 낙반사유는 십자와 궁을의 이치라는 주장이 제기되었다.

> 然연則즉精정脫탈其기右우, 落낙盤반四사乳유. 利이在재十십勝승.
> 그런즉 정精자에서 그 오른쪽을 벗겨내니 소반에서 네 개의 젖을 떼어낸 것이다. 이로움이 십승에 있다. ―「생초지락」

정精자에서 오른쪽을 제거하면 미米자가 된다. '쌀 미米'자에서 네 개의 꼭지를 벗기면 가운데에 십자十字가 남는다. 그리고 소반에서 네 귀통이를 떨어뜨리면 역시 가운데에 십자 모양이 남는다. 이러한 파자破字 풀이를 통해 낙반사유가 십자를 뜻하며, 나아가 십十과 관련된 십승十勝을 강조하여 여기에 이로움이 있다고 주장한다.

> 精정脫탈其기右우, 米미盤반之지圖도, 落낙盤반高고四사乳유, 出출於어十십勝승.
> 정精자에서 오른쪽을 탈락시키면 미米자 형태의 소반이 그려지는데, 소반에 높은 네 개의 젖을 떨어뜨린 것이 십승에서 나온다. ―「궁을론」

앞에서 살펴본 것처럼 정精의 오른쪽을 벗긴 것에서 미반米盤이 나오고, 여기에서 높이 솟은 네 개의 귀통이를 제거하면 십자十字 모양이 나타난다는 주장이다. 나아가 십승에서 십자가 나온다고도 강조한다. 여러 가지 파자를 사용하여 십자十字를 거듭 주장한 내용이다.

> 精정脫탈其기右우昔석盤반理리, 落낙盤반四사乳유十십勝승出출.
> 정精자에서 그 오른쪽을 탈락시키면 옛 반석의 이치인데, 소반에서 네 개의 젖을 떨어뜨린 것이 십승에서 나온다. ―「은비가」

---

4   신유승 해독, 『격암유록』 제2권(세종출판공사, 1987), 342쪽.

앞에서 살펴본 것과 대동소이한 구절이다. 따로 덧붙일 말이 필요없다. 역시 '정精'자를 파자하면 '미米자'가 나온다는 주장이며, 소반에서 네 귀퉁이를 제거하면 가운데에 십자 모양이 나온다는 내용이다. 이 십자 모양이 십승에서 나온다는 점을 다시 한 번 강조한다.

『격암유록』에는 「반사유가盤四乳歌」가 있다. 소반과 네 귀퉁이를 노래한 것이다. 이처럼 『격암유록』은 소반과 네 귀퉁이를 뜻하는 용어에 특별한 관심을 가지고 있는데, 파자풀이에서 나오는 십자十字에 의미를 두는 것이다.

落낙盤반中중乳유, 弓궁弓궁乙을乙을解해知지下하, 避피亂난處처요, 落낙盤반四사乳유十십字자요.
소반 가운데 젖이 떨어지고, 궁궁을을을 풀어서 알면 피난처요, 소반에서 네 개의 젖이 떨어지면 십자十字가 된다. —「반사유가」

소반에서 네 귀퉁이를 제거하면 십자가 나오고, 이는 곧 궁궁을을을 가리킨다고 주장한다. 궁궁을을도 '궁弓'자와 '을乙'자를 서로 겹치면 가운데에 십자 모양이 나옴을 의미한다. 이 궁궁을을의 이치를 알면 곧 피난처를 찾는 일과 같다고 강조한다. 이어지는 구절도 역시 소반에서 네 개의 젖을 떼어내면 십자가 나온다는 사실을 힘주어 말한 것이다.

米미字자之지形형, 背배盤반之지理리, 四사角각虛허虧휴亦역十십字자요, 米미形형四사點점落낙盤반下하야, 世세人인苦고待대十십勝승이라.
미米자의 모양은 소반을 등진 이치요, 네 모서리가 비고 이지러지면 역시 십자十字요, 미米의 형태에서 네 개의 점이 소반에서 떨어지면 세상 사람들이 고대하던 십승이라. —「반사유가」

'미米'자의 모양이 엎어진 소반과 같고, 여기서 네 개의 모서리를 없애면 십자가 나오며, '미米'자에서 네 개의 점을 없애면 세인이 기다리

던 십승이라는 주장이다. 한결같이 십자十字를 강조한 내용이다. 십자
와 십승을 연관시켜 해석한 점이 특기할 만하다.

위의 구절을 "십十을 물형物形으로 보이기 위해서 옛날 소반을 이용
했으며, 네 모퉁이의 장식 모양인 사유四乳가 떨어져 없는 모양은 백십
승白十勝을 나타내고, 미자米字는 소반을 뒤집으면 나타나는 모양인데,
네 점이 떨어지면 역시 고대하던 십승十勝이라는 뜻이다."라고 풀이하
기도 한다.[5] 갑자기 백십승이라는 용어가 나오는데, 이는 뒷부분에 언
급되는 흑십승黑十勝과 대비되는 개념으로 사용하였다.

> 鄭정堪감預예言언에 元원文문中중에 利이在재田전田전, 弓궁弓궁乙을乙을, 落낙
> 盤반四사乳유 알었던가? 可가解해하니 十십勝승道도靈령, 畵화牛우顧고溪계
> 道도下하止지를 奄엄宅택曲곡阜부 傳전했지만 ─「말중운」

정감鄭堪은 『정감록』에 등장하는 정감鄭鑑을 지칭하며, 원문元文은
원문原文의 오기이다. 어쨌든 『정감록』에 나오는 정감이 예언한 내용
에 있는 "이로움이 전전田田에 있다."와 "궁궁을을" 그리고 "낙반사유"
라는 말을 풀이할 수 있다고 주장한다. 십승도령이 소를 그리고 계곡
을 돌아본 곳에 도道가 머무를 것이며, "엄택곡부"라는 비결을 전했지
만, 대부분의 사람들은 이를 해석해내지 못할 것이라고 강조한다. 결
국은 이러한 비결이 가리키는 것이 십자十字라는 주장이다.

> 落낙盤반四사乳유 黃황入입腹복而이 雙쌍乙을之지中중黑흑十십勝승을 天천理리
> 弓궁弓궁 地지理리十십處처 皆개曰왈十십勝승 傳전했으니 ─「가사총론」

낙반사유는 누른빛이 뱃속에 들어가는 것과 같고,[6] 두 개의 '을乙'자

---

5 신유승 해독, 『격암유록』 제1권(세종출판공사, 1987), 157쪽.
6 무슨 의미인지 명확하지 않지만, 글자대로 풀이해 보았다.

를 겹치면 가운데에 십자 모양이 나오는데 이는 흑십승黑十勝이라고 한다. 하늘의 이치는 궁궁弓弓이요, 땅의 이치는 열 군데의 장소에 있는데, 둘 다 십승이라는 사실을 전했다는 내용이다. 흑십승에 대한 더 이상의 설명은 없다. 다만 흑십승과 대비되는 백십승을 전제로 한 용어라는 사실만 확인된다. 그리고 "땅의 이치인 열 군데"라는 말은 『정감록』에 나오는 십승지를 연상시킨다. 하늘과 땅의 이치가 모두 십승이라고 강조한 부분이다.

> 精정脫탈其기右우, 米미盤반之지圖도. 落낙盤반高고四사乳유, 出출於어十십字자.
> 정精자에서 그 오른쪽을 탈락시키면 미米자가 나오는 그림이다. 소반에서 높은 네 개의 젖을 떨어뜨린 것이 십자十字에서 나온다. ―「궁을론」

'정精'자의 오른쪽을 제거하면 '미米'자가 나오고, 소반에서 높이 솟은 네 귀퉁이를 없애면 십자가 된다고 해석된다. 역시 앞부분에서 나온 내용과 대동소이하다. 글자 모양과 파자를 풀이하여 십자가 된다는 점을 거듭 강조한다.

그런데 "낙반사유"라는 용어는 이미 『정감록』에 다음과 같이 보이던 것이다.

> 靑청龍룡, 利이在재弓궁弓궁. 弓궁弓궁者자, 落낙盤반高고四사乳유也야.
> 갑진년에는 이로움이 궁궁에 있을 것이다. 궁궁이란 것은 낙반고사유이다.[7]

"갑진년을 당하면 궁궁에서 살 곳을 찾으라."는 비결풀이인데, 궁궁이 바로 "소반에서 높이 솟은 네 젖을 떨어뜨리라."는 말이다. 궁궁이라는 신비한 글자에 대해 다시 한 번 풀이하여 낙반고사유라고 설명한다.

---

7 「징비록」, 『정감록』(한성도서주식회사, 1923), 안춘근, 『정감록집성』(아세아문화사, 1973), 489면

弓궁弓궁者자, 落낙盤반高고下하四사乳유, 注주卽즉米미字자也야. 昔석盤반物물
形형如여丹단字자十십字자.
궁궁이란 것은 떨어진 소반이 높고 그 아래 네 개의 젖이 있는 것이니
주석하면 쌀 미米자이다. 옛적에 소반의 생긴 모양이 단丹자와 십十자와
같기 때문이다.[8]

　궁궁에 대한 설명이 앞에서 살펴본 것과 미묘하게 다르다. '하下'자
가 추가된 것이다. 이에 따르면 앞부분을 "떨어진 소반"으로 풀이하고,
뒷부분을 "네 개의 젖이 아래에 있다."라고 풀이할 수 있다. 전체적인
의미는 비슷하다고 볼 수 있다. 그런데 낙반사유 내지 낙반고사유가
바로 '미米'자라고 주장한다. 예전에 소반의 생김새가 '단丹'자와 '십十'
자와 같아서 그렇게 풀이했다고 강조한다.
　소반의 모양이 왜 '단丹'자와 같은지는 알 수 없다. 소반이 '십十'자
모양이라는 주장은 아마도 소반의 네 귀퉁이가 약간 높이 솟아있고 가
운데 부분이 낮은 것을 형상화한 것으로 짐작된다. 이에 따르면 앞부
분의 고하高下는 하고下高로 바꾸어야 의미가 통한다. 어쨌든 낙반사유
가 십자를 의미한다는 점은 분명하다.

弓궁弓궁者자, 花화盤반莏고四사起기也야.
궁궁이란 것은 꽃 소반에 산수국이 네 곳에 피어난 것이다.[9]

　위의 구절은 앞부분에서 살펴본 낙반사유와는 조금 다른 내용이다.
궁궁을 풀이하면서 "꽃 소반에 산수국이 네 곳으로 피어난 것이다."라
고 주장한다. 소반의 모양을 설명한 부분으로 짐작되는데, 역시 소반

8　「동차결」, 『정감록』(한성도서주식회사, 1923), 안춘근, 『정감록집성』(아세아문화사, 1973), 561면.
9　「경주이선생가장결」, 『정감록』(한성도서주식회사, 1923), 안춘근, 『정감록집성』(아세아문화사,
　　1973), 587면.

의 네 귀퉁이가 조금 높이 솟은 모양을 가리킨 것이다.

> 弓_궁弓_궁者_자, 落_낙盤_반孤_고四_사乳_유也_야.
> 궁궁이란 것은 소반에 외로운 네 개의 젖이 떨어진 것이다.[10]

역시 궁궁을 설명하면서 소반의 모양을 언급했다. 앞에서 나온 '고高'
자 대신 '고孤'자를 사용했다. 소반의 모양을 가리켜 "외로운 네 개의
젖이 떨어졌다."고 표현했다. 다소 시적인 표현으로 짐작되는데, 전체
적인 의미는 비슷하다.

그리고 필사연대를 정확히 알 수 없는 「유산결遊山訣」에도 낙반사유
落盤四乳라는 용어가 다음과 같이 언급된다.

> 人_인口_구有_유土_토, 落_낙盤_반四_사乳_유. 非_비賢_현人_인不_부傳_전.
> 사람의 입에 토土가 있으니, 소반에 네 개의 젖이 떨어진 것이다. 현명한
> 사람이 아니면 전하지 않는다.[11]

『정감록』의 많은 이본들 가운데 하나인 「유산결」에 나오는 내용으
로 낙반사유에 대해 조금 상세히 설명하고 있다. "사람의 입에 토土가
있다."는 부분은 특별한 의미를 지닌 비결로 보이는데, 정확한 뜻은 알
기 어렵다. 낙반사유의 비밀은 현인賢人이 아니면 전하지 않는다는 점
에서 신비함을 강조한다.

또 정확한 필사연대를 알 수 없는 「이본정감록異本鄭鑑錄」에 다음과
같은 내용이 있다.

---

10 「토정가장결」, 『정감록』(한성도서주식회사, 1923), 안춘근, 『정감록집성』(아세아문화사, 1973),
   594면.
11 「유산결」, 「윤고산여유겸암문답尹高山與柳謙菴問答」, 『정감록』(한성도서주식회사, 1923), 안춘근,
   『정감록집성』(아세아문화사, 1973), 74면.

弓궁弓궁之지理리, 在재於어高고四사口구. 高고四사口구之지理리, 在재於어落낙
盤반孤고乳유.
궁궁의 이치는 고사구高四口에 있다. 고사구의 이치는 낙반고유落盤孤乳에
있다.[12]

　궁궁이 낙반사유 내지 낙반고유에 있다는 주장의 사이에 고사구高四
口라는 구절이 추가되었다. 고사구는 의미가 명확하지 않다. "네 개의
입이 높다." 또는 "네 개의 높은 입"이라고 풀이할 수 있지만, 무슨 뜻
인지 알기 어렵다.
　이 구절의 핵심은 "궁궁의 이치가 낙반고유落盤孤乳에 있다."는 것이
다. 앞에서 나온 낙반고사유落盤孤四乳의 줄임말로 짐작된다. 역시 "소
반에서 외로운 젖이 떨어진 것이다."라는 풀이가 가능하다. 소반의 생
김새를 설명한 부분이다.
　정확한 필사연대를 알 수 없는 「토정결土亭訣」에 다음과 같은 내용
도 보인다.

　　弓궁弓궁乙을乙을者자,　落낙盤반孤고四사乳유也야.
　궁궁을을이란 것은 반에 외로운 네 개의 젖이 떨어진 것이다.[13]

　이제 궁궁弓弓 뿐만 아니라 궁궁을을弓弓乙乙도 낙반고사유라는 주장
이다. 궁궁이 곧 궁궁을을이라는 말이다. 궁궁을을이라는 비결이 곧
"소반에 외로운 네 개의 젖이 떨어진 것"이라는 점을 다시 한 번 강조
한다.
　정확한 필사연대를 알 수 없는 「초창결蕉蒼訣」에 포함된 「서계결언

12　「이본정감록」, 『정감록』(한성도서주식회사, 1923), 안춘근, 『정감록집성』(아세아문화사, 1973),
　　105면.
13　「토정결」, 『정감록』(한성도서주식회사, 1923), 안춘근, 『정감록집성』(아세아문화사, 1973),
　　185~186면.

西溪訣言」에 다음과 같은 구절이 있다.

落낙盤반孤고四사乳유者자, 性성在재坤곤也야, 利이在재田전字자也야.
소반에 외로운 네 개의 젖이 떨어진 것은 성품이 곤坤에 있으니, 이로움이 전田자에 있다는 것이다.[14]

낙반고사유에 대한 좀 더 추가적인 설명이 있다. 그런데 "성품이 곤坤에 있다."는 구절의 정확한 의미는 짐작하기 어렵다. 비슷한 표현으로 우성재야牛性在野가 있다는 사실만 지적한다. 그리고 "이로움이 전田에 있다."는 구절은 "이로움이 전전田田에 있다."는 것과 같은 의미이다. 전田 또는 전전田田이라는 비밀스러운 글자가 낙반고사유와 연관되어 설명된다는 점이 특기할 만하다.

역시 정확한 필사연대를 알기 어려운 「진험震驗」에 다음과 같은 구절이 있다.

所소謂위弓궁弓궁者자, 落낙盤반苽고四사乳유也야.
이른바 궁궁弓弓이란 것은 소반에 산수국과 네 개의 젖이 떨어진 것이다.[15]

앞부분에서 나온 내용과 거의 비슷한 표현이다. 산수국과 네 개의 젖이 동등한 입장에서 나열된 점이 다를 뿐이다. 속뜻은 같은 의미로 풀이할 수 있다. 궁궁이 "소반에서 네 개의 젖이 떨어진 것이다."는 말과 같이 사용되었다.

한편 정확한 필사연대를 알 수 없는 「이본정감록異本鄭鑑錄」에 다음과 같은 내용이 있다.

---

14 「서계결언」, 「초창결」, 『정감록』(한성도서주식회사, 1923), 안춘근, 『정감록집성』(아세아문화사, 1973), 191면.

15 「진험」, 『정감록』(한성도서주식회사, 1923), 안춘근, 『정감록집성』(아세아문화사, 1973), 206면.

弓궁弓궁之지理리, 在재於어高고四사口구. 高고四사口구之지理리, 在재於어落낙
盤반孤고乳유.
궁궁의 이치는 고사구高四口에 있다. 고사구의 이치는 낙반고유落盤孤乳에
있다.[16]

고사구高四口라는 표현이 나오는 점이 특기할 만하다. "낙반고사유"
라는 점에서는 거의 동일한 의미로 사용되었다.

『정감록』에는 낙반사유落盤四乳, 낙반고사유落盤高四乳, 낙반고사유落
盤孤四乳, 낙반고사유落盤苽四乳 등의 비슷한 구절이 여러 번 등장한다.
그리고 이 구절은 궁궁弓弓 또는 궁궁을을弓弓乙乙과 연관되어 설명되
며, 때로는 "이로움이 전전田田에 있다."는 말과도 관련되어 나온다.
『정감록』에 자주 등장하는 알기 어려운 낙반사유 내지 낙반고사유라
는 구절이 『격암유록』에 다시 등장하고, 『격암유록』에서는 이 구절을
특히 십자十字와 관련짓는다는 점이 특기할 만하다.

이제 『격암유록』에 나오는 궁궁弓弓과 관련된 기록들을 살펴보도록
하자.

弓궁弓궁地지萬만無무一일失실.
궁궁의 땅은 하나도 버릴 것이 없다. ―「남사고비결」

우선 궁궁이 지地와 연관되어 서술된다는 점이 특기할 만하다. 기본
적으로 궁궁은 특정한 땅을 가리킨다는 뜻이다. 이러한 궁궁의 땅은
하나도 쓸모없는 데가 없는 꼭 필요한 곳이라는 주장이다.

世세人인不부知지雙쌍弓궁理리.

---

16 「이본정감록」, 『정감록』(한성도서주식회사, 1923), 안춘근, 『정감록집성』(아세아문화사, 1973),
105면.

세상 사람들이 쌍궁의 이치를 알지 못한다. —「남사고비결」

세인들이 쌍궁 즉 궁궁의 이치를 쉽게 알지 못할 것이라고 주장한다. 그만큼 궁궁의 이치를 아는 일이 매우 어려움을 강조하고 있다. 일반인들이 알지 못하는 궁궁의 이치는 과연 무엇일까? 『격암유록』의 나머지 기록들을 살펴보면서 그 비밀의 영역으로 들어가 보자.

兩양弓궁雙쌍乙을 —「남사고비결」

양궁兩弓도 쌍궁雙弓과 마찬가지로 궁궁弓弓을 뜻한다. 이 궁궁과 쌍을雙乙 즉 을을乙乙과 병립되어 서술된다. 궁궁을을弓弓乙乙도 비결서에 등장하는 신비한 용어이다.

弓궁弓궁三삼豊풍白백兩양有유人인處처 —「세론시」

위의 인용문의 백양白兩은 양백兩白의 오기로 보인다. 궁궁과 삼풍 그리고 양백이 "사람들이 사는 특정한 장소"를 가리키는 용어로 사용되었다는 점이 특기할 만하다. 실제로 『정감록』에는 삼풍과 양백이 특정한 지명을 가리키는 용어로 사용되었다. 이러한 예에 기대어 『격암유록』에서도 삼풍, 양백, 궁궁 등이 사람이 사는 일정한 장소를 가리키는 용어로 사용되었음을 알 수 있다.

牛우聲성弓궁弓궁 —「세론시」

소가 우는 소리가 바로 궁궁이라는 주장이다. 소 울음 소리가 들리는 곳이 바로 궁궁의 땅이라는 의미이기도 하다. 이러한 표현은 비결서에 등장하는 우성재야牛性在野라는 구절을 연상시킨다. 소가 우는 곳을 찾아가면 살 수 있을 것이라는 점을 강조한 것이다.

世세願원十십勝승, 聖성山산聖성地지, 嗟차我아後후生생, 勿물離리此차間간, 弓궁弓궁之지間간.
세상에서 원하는 십승은 성스러운 산과 땅인데, 안타깝구나! 후손들아! 궁궁의 사이를 떠나지 말라. ─「세론시」

성스러운 산과 땅은 실제로 사람들이 살 수 있는 신비하고 특정한 장소를 의미한다. 일반인의 입장에서는 쉽게 찾을 수 없는 땅이지만 지각이 열린 사람들은 찾아갈 수 있는 장소이다. 이곳은 바로 "궁궁의 사이"인데, 이곳을 떠나지 말라고 주장한다. 궁궁의 사이를 벗어나면 재앙을 당할 수 있다는 말이다. 여기서도 "궁궁의 사이"는 비밀스럽고 알기 어려운 글자가 아니라 사람이 사는 구체적인 땅을 가리킨다.

弓궁弓궁矢시口구 ─「세론시」

궁궁에 시구矢口라는 접미어를 붙였다. 시구는 '지知'의 파자다. 궁궁을 잘 알고 그 이치를 깨달으라는 말이다.

弓궁弓궁之지朴박也야. ─「세론시」

위의 구절에서 궁궁이 박朴이라는 특정한 성씨와 연관되었다. 궁궁이라는 피난처 내지 구원처가 박씨라는 성을 가진 인물과 관련된다는 주장이다. 이는 뒷부분에서 살펴볼 박씨 진인출현설과 관련이 있는 구절로 보인다. 박씨 성을 가진 진인을 따르는 일이 곧 궁궁의 비밀을 찾는 일과 동일시되는 것이다.

弓궁弓궁之지間간, 生생旺왕勝승地지, 非비山산非비野야.
궁궁의 사이에 생기가 왕성한 빼어난 땅이 있는데, 산도 아니요 들도 아니다. ─「말운론」

위의 구절에서 "궁궁의 사이"가 승지勝地 즉 "빼어난 땅"이라는 사실이 확인된다. "궁궁의 사이"가 특별한 오의奧義를 지닌 비밀스런 글자나 뜻을 가진 글자가 아니라 실제로 사람들이 살 수 있는 구체적인 장소를 가리킨다. 이러한 "궁궁의 사이"는 땅의 생김새가 완전한 산도 아니요, 들도 아닌 어떤 장소이다. 산과 들이 아닌 어떤 장소가 바로 "궁궁의 사이"라는 주장이다. 이런 곳은 계곡도 될 수 있고, 산비탈이 이어진 구릉이 될 수도 있다.

十십處처十십勝승地지, 獨독利리在재弓궁弓궁間간.
열 곳의 십승지는 오로지 이로움이 궁궁의 사이에 있다. ―「말운론」

열 군데의 빼어난 장소가 "이로움은 궁궁의 사이에 있다."는 구절과 연관된다. 십승지가 대부분 "궁궁의 사이"에 있다는 주장과도 같다.

甘감露로如여雨우雙상弓궁印인, 雙쌍弓궁何하事사十십勝승出출?
단 이슬과 같은 비가 쌍궁의 인印이니, 쌍궁은 무슨 일로 십승에서 나오는가? ―「말운론」

쌍궁雙弓 즉 궁궁弓弓이 '도장 인印'이라는 글자와 연관되어 서술된다. 이 쌍궁인은 감로와 같은 비로 비유된다. 달디 단 이슬처럼 내리는 비가 궁궁弓弓의 인印이라는 주장이다. 그리고 궁궁이 십승十勝에서 나온다고 강조한다. 궁궁과 십승이 연관되는 구절이다.

弓궁弓궁乙을乙을避피亂난國국 ―「말운론」

이 구절을 "궁궁을을 십승지인 우리나라가 피난국이다."라고 해석하기도 한다.[17] 어쨌든 궁궁을을이라는 비결을 풀이하면 그곳이 바로 피난국이라고 주장한다. 비결을 잘 해석하는 나라가 난리를 피할 수 있을 것이라는 말이다.

仙선源원種종桃도弓궁弓궁裡리 —「말운론」

이 구절을 "천도복숭아를 먹으면 영생불사永生不死하는데, 그 복숭아
를 심어서 열매가 맺히면 따먹고 사람이 신선이 되는 근원을 알 수 있는
것이 바로 궁궁 속에 있다."고 풀이하기도 한다.[18] 영생불사하는 비결이
궁궁 속에 있다는 주장이다. 궁궁의 비밀을 풀면 비로소 영원히 삶을 영
위할 수 있다는 말이다. 이 구절의 궁궁은 특정한 장소를 가리키는 용어
가 아니라 무언가 비밀스런 내용을 포함한 용어로 사용되었다.

甚심難난甚심難난弓궁弓궁地지 —「말운론」

"궁궁의 땅"을 찾아가는 일이 매우 어렵다는 점을 강조한 대목이다.
이 구절에서 궁궁은 '땅 지地'와 연관되어 사람이 살 수 있는 특정한
지역을 가리킨다.

柿시獨독出출世세, 人인心심卽즉天천心심. 規규於어十십勝승弓궁弓궁之지間간.
감나무가 홀로 세상에 나오니, 사람의 마음이 곧 하늘의 마음이다. 궁궁
의 사이는 십승에서 찾으라. —「말운론」

위 구절을 "감나무 성인이 혼자서 세상에 나오셔서 인심을 천심으로
교화시키려고 할 때 우리 중생들은 십승궁궁十勝弓弓의 사이에서 하느
님의 말씀을 법처럼 지키기만 하면 행복하다."라고 해석하기도 한다.[19]

---

17 신유승 해독, 『격암유록』 제2권(세종출판공사, 1987), 145쪽.
18 신유승 해독, 『격암유록』 제2권(세종출판공사, 1987), 183~184쪽.
19 신유승 해독, 『격암유록』 제2권(세종출판공사, 1987), 211쪽.

또 한 번 십승과 "궁궁의 사이"가 연관되어 설명된다. 이 구절의 감나무를 "감나무 성인"으로 해석하는 근거는 밝히지 않아 불명확하다. 출세出世라는 이어지는 용어에서 감나무를 인격체로 상정한 듯하다.

天천擇택弓궁弓궁十십勝승地지, 利이在재弓구弓궁十십勝승村촌.
하늘이 선택한 궁궁 십승지요, 이로움이 궁궁에 있으니 십승촌이로다.
―「말운론」

궁궁이 십승지와 연관되어 하늘이 선택한 곳이라고 설명된다. 그리고 "이로움이 궁궁에 있다."는 비결도 "십승의 마을"을 찾는 일과 관련된다고 주장한다. 궁궁이 곧 십승지라는 점이 다시 한 번 강조되는 대목이다.

弓궁弓궁勝승地지, 求구民민方방舟주.
궁궁승지는 백성을 구하는 방주이다. ―「성산심로」

역시 궁궁이 승지勝地와 연관되었다. 궁궁이 바로 빼어난 땅을 가리키는 용어라는 사실이 확인된다. 어쨌든 이러한 궁궁의 승지가 사람들을 구원하는 방주方舟라고 주장한다. 궁궁의 승지가 세상 사람들의 귀중한 생명을 구원하는 배로 상징되었다.

保보命명者자, 弓궁弓궁人인去거處처.
목숨을 보전하는 것은 궁궁인弓弓人이 가는 장소이다. ―「성산심로」

사람의 목숨을 보전하는 일은 궁궁을 깨달은 사람이 찾아가는 곳에 달려있다는 주장이다. 삶을 도모하려면 궁궁의 이치를 깨달아 특정한 장소로 들어가라는 말이다. 궁궁이 '사람 인人'과 연관되어 서술되었다는 점이 특기할 만하다. 여기서 궁궁인은 "궁궁의 이치를 깨달은 사람"이라는 뜻으로 사용되었다.

弓궁弓궁不불和화, 向향面면東동西서, 背배弓궁之지間간, 出출於어十십勝승.
궁궁이 불화하여 얼굴을 맞대듯이 동쪽과 서쪽을 향하면, 궁弓이 등을
돌린 사이가 십승에서 나온다. ―「궁을론」

궁弓자와 궁弓자를 등을 맞대 배열하면 그 사이에 십자十字 모양이
나온다. 이 십자 모양이 십승에서 나온다는 주장이다. 역시 궁궁과 십
승이 연관되어 서술되었다. 글자를 배열하여 특별한 모양이 나온다는
설명이다.

弓궁弓궁相상和화, 向향面면對대坐좌, 滿만弓궁之지間간, 出출於어神신工공.
궁궁이 서로 화합하여 얼굴을 맞대듯이 서로 자리 잡으면, 꽉 찬 궁弓의
사이가 신공神工에서 나온다. ―「궁을론」

위 구절을 "궁과 궁이 서로 화합하여 얼굴을 향하고 마주앉으면 가
득 찬 궁弓의 사이에서 신묘한 공工이 나온다."라고 풀이하기도 한다.[20]
이 부분도 궁弓자와 궁弓자를 서로 마주보게 배열하면 그 가운데에 십
자 모양이 나온다는 점을 설명한 것이다. 십자 모양이 신공神工에서 나
온다는 말의 정확한 의미는 통하지 않는다. 다만 신묘한 능력에서 십
자 모양이 나온다는 점을 강조한 듯하다.
한편 『격암유록』에는 「궁궁가弓弓歌」가 전한다.

世세人인難난知지弓궁弓궁인가? 弓궁弓궁矢시口구生생이라네. 兩양弓궁不불
和화背배弓궁이요, 雙쌍弓궁相상和화彎만弓궁이라. 利이在재弓궁弓궁 秘비文
문인가? 四사弓궁之지間간 神신工공夫부라.
세상 사람들이 알기 어려운 것이 궁궁인가? 궁궁을 알면 산다네. 두 개
의 궁이 불화하면 배궁背弓이요, 두 개의 궁이 서로 화합하면 만궁彎弓이

20 신유승 해독, 『격암유록』 제1권(세종출판공사, 1987), 92쪽.

라. 이로움이 궁궁弓弓에 있다는 것은 비밀스런 글인가? 네 개의 궁弓 사이에 신神 공부라네. ―「궁궁가」

시구矢口는 지知의 파자이고, 배궁背弓은 궁弓 두 개가 서로 등을 돌린 아亞자를 형상화한 것이고, 만궁彎弓은 두 개의 궁弓을 서로 마주보게 한 모양을 형상화한 것이다. 둘 다 가운데에 십자+字 모양이 나온다. 궁궁의 이치를 알아야만 살 수 있다는 점을 강조한 대목이다. 그리고 글자 모양을 설명하여 그 가운데 나오는 십자+字를 깨달으라는 주장이다. 네 개의 궁을 그려보면 역시 가운데에 큰 십자 모양이 나온다.

　　天천理리弓궁弓궁十십勝승이니 ―「십성가」

하늘의 이치가 바로 궁궁의 십승이라고 주장한다. 여기서는 십승이 지地와 관련되어 서술되지 않았다. 십승이 명사적 용법으로 사용된 것이다. 어쨌든 궁궁과 십승이 다시 한 번 연관되어 서술되었으며, 곧 하늘과 관련된 이치라는 점이 강조되었다.
　그리고 궁궁弓弓과 같은 의미인 양궁兩弓과 쌍궁雙弓이라는 용어도 『격암유록』에 보인다.

　　最최好호兩양弓궁木목人인으로 ―「도부신인」

가장 좋은 궁궁이 박씨로 올 것이라는 주장이다. 이 역시 박씨 진인 출현설과 관련된 구절로 보인다. 궁궁의 비밀을 풀 수 있는 인물로서 박씨가 상정되는 것이다.

　　欲욕識식雙쌍弓궁 ―「남사고비결」

『격암유록』에는 궁궁弓弓과 같은 뜻인 양궁兩弓과 함께 쌍궁雙弓이라는 용어도 사용되었다. 위의 구절은 "궁궁의 이치를 알고자 한다면"이라고 풀이할 수 있다.

> 雙_쌍弓_궁天_천坡_파乙_을乙_을地_지.
> 쌍궁雙弓은 하늘 고개인 을을지乙乙地이다. —「은비가」

위의 구절에서 쌍궁 즉 궁궁은 "하늘 고개인 을을지乙乙地이다."라고 주장된다. 천파天坡는 하늘 고개로 풀이할 수 있는데, 정확한 의미는 알기 어렵다. 어쨌든 궁궁이 이제는 을을지乙乙地라는 어떤 지역을 가리키는 용어와 연관되어 설명된다.

> 弓_궁弓_궁之_지生_생 傳_전했다네. —「가사총론」

위 구절은 "궁궁을 찾아 살 수 있는 방법을 전했다네."라고 풀이할 수 있다. 궁궁이 사는 방법 또는 살 수 있는 법을 의미한다.

> 一_일心_심修_수道_도弓_궁弓_궁人_인들 十_십字_자陰_음陽_양 判_판端_단하소.
> —「도부신인」

한 마음으로 도를 닦는 궁궁인弓弓人들은 모름지기 십자十字와 음양陰陽의 이치를 잘 판단하라는 주장이다. 궁궁인은 궁궁의 이치를 찾고자 하는 사람들을 가리킨다. 십자와 음양을 잘 판단하라는 말은 구체적인 언급이 없어서 더 이상의 논의는 힘들다. 하지만 십자가 상징하는 기독교의 진리를 찾고, 음양이 상징하는 동양의 철학체계를 잘 연구하라는 의미인 듯하다.

> 青_청龍_룡之_지歲_세, 利_이在_재弓_궁弓_궁. —「말중운」

"청룡靑龍의 해" 즉 갑진년甲辰年에는 이로움이 궁궁에 있다고 주장한다. 이처럼 특정한 간지干支를 먼저 제시하고 이어지는 문장이 서술되는 방식은 『정감록』에 자주 등장하는 표현방식이다. 여기서 이로움은 살 수 있는 방법 또는 난리를 벗어나는 방법을 뜻한다. 재난을 당해 이를 벗어나 살기 위해서는 궁궁을 깨달으라는 주장이다.

姓성負부合합之지弓궁弓궁人인 ―「세론시」

위의 구절을 "사람의 성씨로서 이 세상에 태어나서 천상천하의 모든 것을 떠맡고 신인합일神人合─한 궁궁弓弓 신인神人이다."라고 풀이하기도 한다.[21] 한마디로 궁궁인弓弓人이 특정한 성씨를 가지고 이 세상에 태어날 것이라는 주장이다. 세상을 구원할 인물로 상징되는 궁궁인弓弓人이 이 땅에 나타날 때 구체적인 어떤 성씨를 가지고 탄생할 것이라는 점을 강조한 대목이다.

弓궁弓궁合합德덕 末말世세聖성
궁궁을 합친 덕이신 말세의 성군 ―「은비가」

궁궁弓弓을 합한 덕을 가진 인물이 곧 말세를 구원하실 성군聖君이라는 주장이다. 궁궁의 이치를 깨달은 인물이 말세의 성군으로 신격화되었다. 그만큼 궁궁의 이치를 알고 그 덕을 갖춘 인물을 손꼽아 기다리고 세밀하게 찾아보라는 이야기다.

兩양弓궁間간生생不불如여修수道도正정已이.
궁弓과 궁弓 사이에 생겨난 것은 도를 올바르게 닦는 일만 같지 않다.
―「은비가」

---

21 신유승 해독, 『격암유록』 제2권(세종출판공사, 1987), 66쪽.

"궁궁의 사이"에서 생겨나는 것이 도를 올바르게 닦는 일과 같다는 뜻이다. 궁궁의 사이를 추구하고 찾는 일이 수도修道에 비유되었다. 바르게 도를 닦아야 비로소 궁궁의 사이를 찾을 수 있다고 강조한 대목이다.

武무陵릉桃도源원弓궁弓궁地지
무릉도원인 궁궁의 땅 ─「은비가」

궁궁이 지地와 연관되어 특별하고 특정한 땅으로 풀이된다. 이러한 궁궁의 땅은 곧 인류가 그토록 바라던 이상향인 무릉도원이라는 주장이다. 궁궁지를 찾는 일은 이상향을 찾는 일과 동일시된다.

兩양弓궁之지弓궁 ─「농궁가」

위 구절은 양궁兩弓 즉 궁궁弓弓의 궁弓이라는 풀이가 가능하다. 궁궁에 언급되는 궁弓을 재차 강조한 대목이다. 한편 "궁弓은 마귀를 퇴치시키는 무기로써 위력을 발휘하고, 궁궁弓弓으로써 을을乙乙과 함께 십승진리十勝眞理가 되어 중생을 구제하는 천상天上의 영물靈物이다."라고 풀이하기도 한다.[22] 궁弓에 대해 다소 장황하고 신비한 풀이를 했다. 궁弓 자체가 "하늘의 신령스러운 물건"으로 풀이된 것이다. 실제 이러한 해석도 가능하다는 점에서 궁弓 내지 궁궁弓弓이 갖는 신비적 개념화가 가능하다는 점이 확인된다.

弓궁弓궁雙쌍弓궁左좌右우背배弓궁之지間간 ─「은비가」

궁궁, 쌍궁과 함께 '궁弓'자를 좌우로 배열하거나 등을 맞대게 한 사이에는 십자十字 모양이 나온다는 사실을 다시 한 번 강조한 대목이다.

---

22 신유승 해독, 『격암유록』 제1권(세종출판공사, 1987), 122쪽.

글자 모양으로 특정한 글자가 나온다는 주장인데, 역시 기독교의 상징인 십자+字가 궁 또는 궁궁과 관련된다는 주장이다.

大대慈자大대悲비 弓궁弓궁人인 —「생초지락」

이제 궁궁인弓弓人이 대자대비大慈大悲 즉 넓고 커서 끝이 없는 자비를 가진 인물로까지 언급된다. 대자대비는 불교에서 특히 관세음보살이 중생을 사랑하고 불쌍히 여기는 마음을 가리키는 말이다. 궁궁의 사람 또는 궁궁의 이치를 깨달은 사람은 급기야 대자대비한 마음을 지닌 신격으로까지 격상되었다. 궁궁이라는 개념이 매우 신비화되고, 신격화되었다는 점이 확인된다.

弓궁弓궁矢시口구誰수知지守수 —「생초지락」

시구矢口는 지知의 파자이다. 앞부분은 "궁궁을 알면"이라는 풀이가 가능하지만, 뒷부분의 수지수誰知守는 의미가 통하지 않는다.

萬만壑학千천峰봉弓궁弓궁士사
많은 골짜기와 봉우리처럼 수많은 궁궁의 선비들 —「생초지락」

이제 궁궁이 인人 뿐만 아니라 '선비 사士'와도 연관되어 서술된다. 많고 많은 궁궁의 선비들이라는 해석이 가능하다. 궁궁을 찾는 사람들이 유가의 선비에 비유되었다.

如여今금未미覺각弓궁弓궁去거, 何하時시更갱待대又우逢봉春춘?
이와 같은 때에 궁궁弓弓이 가는 곳을 깨닫지 못하니, 어느 때에 또 봄을 맞이함을 다시 기다릴 텐가? —「생초지락」

궁궁 또는 궁궁인弓弓人이 가는 곳을 깨닫지 못하면 다시 오는 봄을 맞이할 수 없다는 말이다. 여기서 봄은 이상향 또는 이상사회를 가리키는 용어로 보인다. 새로 오는 봄을 맞이하려면 궁궁의 이치를 잘 알아 깨달으라는 주장이다.

　　人인去거弓궁弓궁我아來래矢시矢시 ―「생초지락」

위의 구절을 "인간들이 가는 것이 거리낌 없이 활활弓弓하고자 하는데, 내(하느님)가 오는 것이 살살矢矢한다."라고 풀이하기도 한다.[23] 무슨 뜻인지 통하지 않는다. 궁弓과 시矢의 음音을 풀이한 것이다. 이러한 해석이 가능한지는 모르겠으나 궁궁弓弓이라는 용어가 들어갔다는 사실 이외에는 밝혀진 것이 더 이상 없다.

　　出출判판掀흔天천有유勢세弓궁弓궁去거, 屈굴無무勢세矢시矢시來래.
　　―「생초지락」

위의 구절을 "성인이 출현하여 선악을 심판할 때 사악한 흑십자 무리들은 어찌나 교만하고 기고만장하든지 하늘을 번쩍 들어 올릴 만큼 세력이 있고 활활 가는데, 하느님은 겸손하고 소박하여 굽히고 기세가 없는 듯 살살 오신다."라고 풀이하기도 한다.[24] 역시 궁궁弓弓과 시시矢矢의 음音을 소리나는대로 풀이하여 억지 해석하고 있다. 무슨 뜻인지 확실하지 않는 구절이다.

　　弓궁弓궁十십勝승桃도源원地지.
　　궁궁 십승의 도화낙원이다. ―「새 사삼」

23　신유승 해독, 『격암유록』 제3권(세종출판공사, 1987), 43쪽.
24　신유승 해독, 『격암유록』 제3권(세종출판공사, 1987), 43쪽.

앞에서 나온 "무릉도원이 궁궁지弓弓地다."라는 구절과 대동소이하다. 여기서는 궁궁과 십승이 나열되어 서술된다. 궁궁과 십승이 모두 도화낙원과 같은 이상향이라는 주장이다.

弓궁弓궁聖성地지無무害해喪상.
궁궁弓弓의 성스러운 땅은 해를 입거나 손상당하지 않을 것이다.
―「새 육오」

"궁궁의 성스러운 땅"이라는 표현에서 궁궁이 다시 한 번 땅과 연관되어 서술된다. 이러한 궁궁의 땅은 외부로부터 침해를 당하거나 상해를 입지 않을 것이라는 주장이다. 궁궁이 피난처이자 구원처를 가리키는 용어임이 또다시 확인된다.

弓궁弓궁不불和화向향面면東동西서, 背배弓궁之지間간出출於어十십勝승.
궁궁이 불화한 듯 동서로 얼굴을 향하고, 궁弓이 등을 진 사이에서 십승이 나온다. ―「궁을론」

위의 구절 역시 궁弓자와 궁弓자를 등을 돌린 듯이 배열하면 가운데에 십자十字 모양이 나온다는 점을 강조한 대목이다. 배궁背弓도 똑같은 설명이다. 다만 이 십자 모양에서 십승十勝이 나온다는 부분이 추가되었다. 결국 궁궁弓弓의 비밀은 십자十字에 있으며, 여기서 십승도 나올 것이라는 주장이다. 한 마디로 궁궁이 바로 기독교의 상징인 십자를 의미한다고 강조한 대목이다.

道도者자, 弓궁弓궁之지道도, 無무文문之지通통也야.
도道란 궁궁弓弓의 도道이며 글이 없이 통하는 것이다. ―「도하지」

이 구절에서는 동양철학에 있어서 궁극적이고 이상적인 개념인 도道

가 바로 "궁궁의 도"라고 주장하며, 이 궁궁의 도를 깨닫는 데는 글공부가 필요가 없이 자연스레 알 수 있다고 강조한다. 인위적이고 작위적인 방법으로는 궁궁의 도를 깨칠 수 없다는 사실을 강조한 부분이다.

> 弓궁弓궁之지道도, 儒유佛불仙선合합一일之지道도, 天천下하之지倧종也야.
> 궁궁의 도는 유불선을 합일한 도이며, 천하의 으뜸이다. ─「도하지」

급기야 궁궁의 도는 유교, 불교, 도교의 진리를 모두 합친 도이며, 천하에 으뜸가는 도라고 주장한다. 궁궁의 이치를 아는 것이 바로 궁극의 종교와 진리의 핵심이라는 점을 강조한 대목이다. 그만큼 궁궁에 대한 신비화가 시도되었다.

> 訣결云운, 利이在재弓궁弓궁乙을乙을田전田전. 是시天천坡파之지三삼人인一일夕석.
> 비결에 이르기를 "이로움이 궁궁, 을을, 전전에 있다."고 한다. 이는 하늘 고개의 삼인일석이다. ─「도하지」

인용문에 나오는 삼인일석三人一夕은 '닦을 수修'의 파자이다. "이로움이 궁궁에 있다.", "이로움이 궁궁을을에 있다.", "이로움이 전전田田에 있다." 등의 표현은 『정감록』에 나온다. 이 부분은 그 속뜻을 알기 어렵기 때문에 지금까지 비결 또는 비밀스러운 글자로 전해져 왔다. 그런데 『격암유록』에서는 이를 부연설명하여 "하늘 고개의 수修이다."라고 풀이한다. "하늘 고개"가 무슨 뜻인지 더 심오하게 느껴진다. 다만 삼인인석이라는 글자가 이어지는 것으로 볼 때 무언가 "도나 학문을 닦는 행위"와 관련된다고 짐작할 따름이다.

> 左좌弓궁右우弓궁 弓궁弓궁이요, 臥와立립從종橫횡 乙을乙을이라. 泛범濫람無무味미 弓궁乙을알가? 深심索색有유理리 弓궁乙을이라. 弓궁弓궁理이致치 알랑이면 兩양白백之지理리 心심覺각하소. 先선後후天천地지 統통合합時시에 河하

洛락圖도書서 兩양白백이라. … 大대小소白백之지 兩양白백山산은 天천牛우地지
馬마 兩양白백이요, 弓궁弓궁之지圖도 詳상見견이면 左좌山산右우山산 兩양山산
이니 此차謂위 兩양山산兩양白백이요, 亦역謂위兩양山산雙쌍弓궁이라.
—「궁을도가」

좌측에 궁弓자를 두고, 그 우측에 궁弓자를 배치하면 궁궁弓弓이 되
는데, 그 가운데에 십자十字 모양이 나온다. 그리고 을乙과 을乙을 종횡
으로 눕히고 세우면 역시 그 가운데에 십자 모양이 나온다. 이치를 깊
이 찾아보면 궁을弓乙이 될 것이고, 궁궁弓弓의 이치를 알려면 양백兩白
의 이치를 마음속으로 깨달으라고 주장한다. 궁궁과 을을이 모두 십자
모양을 가리킨다고 강조하며, 궁을과 궁궁의 이치도 본질적으로 같다
고 주장하며 양백의 이치와도 동일시한다.

또 선천과 후천이 통합할 때 동양 역학易學의 근원인 하도河圖와 낙
서洛書가 바로 양백이라고 주장한다. 양백에 대한 새로운 주장이다. 그
리고 태백산과 소백산의 두 백산白山은 하늘과 땅의 이치를[25] 설명하는
양백이고, 궁궁도弓弓圖를 상세히 살펴보면 좌측과 우측의 두 산이 있
으니 이를 양산兩山과 양백이라고 주장한다. 여기서 양백과 궁궁弓弓은
같은 뜻으로 사용되었다.

弓궁弓궁之지間간眞진仙선境경을 左좌右우弓궁間간 彌미勒륵佛불이, 龍용華화
三삼界계出출世세에 —「궁을도가」

궁궁의 사이는 참으로 신선의 세계인데, 좌궁左弓과 우궁右弓의 사이
에서 미륵불이 출현하여 용화세계를 건설할 것이라는 말이다. 궁궁의
사이에서 미륵불이라는 구원의 절대자가 출세하리라는 믿음이 반영되었

---

25 흔히 역학易學에서 하늘은 말에 비유되고, 땅은 소에 비유된다. 그런데 이 구절에서는 거꾸로
배열되어 있다. 의미가 닿지 않는 글귀라고 생각된다.

다. 궁궁의 사이가 특정한 장소를 가리키는 용어가 아니라 특별한 존재 특히 메시아적 존재가 출현할 곳으로 상정된다는 점이 특기할 만하다.

雙쌍弓궁之지理리 覺각心심하소. —「궁을도가」

이 구절은 쌍궁雙弓 즉 궁궁弓弓의 이치를 마음 깊이 깨달으라는 말이다. 궁궁이라는 신비한 용어에 대해 잘 알고 그 이치를 깨닫는 일의 중요성을 강조한 대목이다.

不불老로不불死사 陰음陽양道도理리 雙쌍弓궁雙쌍乙을 造조化화로다. 四사八팔四사乙을²⁶ 雙쌍弓궁之지中중 白백十십勝승之지出출現현하고 —「가사총론」

늙지 않고 죽지도 않는 영원무궁한 삶인 음양의 도리가 궁궁弓弓과 을을乙乙의 조화에서 나온다는 주장이다. 나아가 궁궁 가운데 백십승白十勝이 출현할 것이라고 주장한다. 백십승은 흑십승黑十勝과 대비되는 말로 그를 전제로 한 용어다. 십승의 종류가 백십승과 흑십승으로 나뉘어진다는 사실이 확인되었다. 그리고 백십승이 궁궁의 가운데 또는 궁궁의 사이에서 출현한다고 주장된다. 앞부분에 나오는 구절과 연관시켜보면 불로불사하는 도가 궁궁과 을을의 조화이며, 궁궁의 사이에서 백십승이 나올 것이라고 강조된다.

弓궁不부在재山산, 弓궁不불水수.
궁弓은 산에도 없고, 물에도 없다. —「은비가」

그런데 궁弓은 산과 물에는 없다고 주장된다. 일상적인 시각에서 산이나 물이라는 자연환경에서는 궁弓 또는 궁궁弓弓을 찾지 못할 것이라

---

26 무슨 뜻인지 명확하지 않다.

는 주장이다. 궁이 인간의 눈앞에 펼쳐진 자연에서는 찾기 어려운 신비한 무엇이라고 강조하는 것이다. 지리적인 산이나 강 등에서 궁 또는 궁궁의 이치를 발견할 수 없다는 점을 재확인하고 있다.

武무陵릉桃도源원弓궁弓궁地지.
무릉도원인 궁궁의 땅이다. —「은비가」

그런데 이 구절에서는 지상선경地上仙境의 세계가 바로 "궁궁의 땅"이라고 주장한다. 인간의 눈앞에 펼쳐지고 살아갈 수 있는 구체적인 장소에서 궁궁弓弓을 찾을 수 있다는 말이다. 앞 구절의 주장과는 다소 상반되는 주장이다. 어쨌든 궁궁이 땅과 연관되어 설명되고 있으며, 이 "궁궁의 땅"이 바로 무릉도원인 이상향이라고 강조한다.

弓궁弓궁之지間간背배弓궁理리로 —「승운론」

"궁궁의 사이"가 궁弓을 서로 맞대어 배열한 이치라는 주장이다. 궁弓자 두 개를 서로 등을 마주보게 하면 그 가운데에 십자十字 모양이 나온다. 그토록 강조해왔던 "궁궁의 사이"가 바로 십자 모양이라는 점을 강조한 대목이다.

青청龍룡之지歲세 利이在재弓궁弓궁 白백馬마之지月월 利이在재乙을乙을
　　　　　　—「말중운」

"청룡의 해"는 갑진년甲辰年이고, 백마白馬는 간지干支로 경오庚午에 해당한다. 따라서 위의 구절은 "갑진년에는 이로움이 궁궁弓弓에 있고, 경오월에는 이로움이 을을乙乙에 있다."라고 풀이할 수 있다. 이처럼 특정한 간지를 색깔과 동물의 조합어로 표현하고 그때 어떠어떠한 일이 있을 것이라는 서술방식은 『정감록』에 자주 등장하는 표현방법이

다. "이로움이 궁궁弓弓에 있다."는 말도 『정감록』에 몇 번 나온다. 그런데 "이로움이 을을乙乙에 있다."는 주장은 『격암유록』의 이 구절에 처음 나온다.

이제 궁궁弓弓 또는 양궁兩弓, 쌍궁雙弓 등의 용어가 이미『정감록』에 나온다는 사실을 『정감록』의 구체적인 기록들을 분석하면서 알아보자. 『격암유록』이 나오기 전에 벌써『정감록』에는 궁궁 등의 용어가 많이 사용되었다.

> 凡범人인保보命명之지地지, 不불利리於어山산, 不불利리於어水수, 利이在재兩양弓궁.
> 무릇 사람이 목숨을 보존할 땅은 산에도 이롭지 않고, 물에도 이롭지 않으니, 이로움은 양궁兩弓에 있다.[27]

목숨을 보존할 땅이 바로 양궁兩弓에 있다는 주장이다. 앞부분에서 산山과 수水가 언급되었기 때문에 양궁 즉 궁궁이 무언가 구체적인 지형을 가리키는 용어로 사용되었다고 짐작된다. 산이나 물로 지칭되는 지세地勢가 아니라 구릉이나 계곡 등이 상정될 수 있다. 왜냐하면 특히 지地라는 용어로 의미를 한정하고 있기 때문이다.

> 明명詰철保보身신, 莫막如여弓궁弓궁.
> 총명하게 몸을 보전하는 데에는 궁궁弓弓만한 것이 없다.[28]

몸을 온전하게 보전하는 방법이 궁궁에 있다는 주장이다. 궁궁의 의미가 명확하게 설명되지 않았지만, 지地가 생략되어 "궁궁의 땅"이라는

---

27 「징비록」, 『정감록』(한성도서주식회사, 1923), 안춘근, 『정감록집성』(아세아문화사, 1973), 490면

28 「운기구책」, 『정감록』(한성도서주식회사, 1923), 안춘근, 『정감록집성』(아세아문화사, 1973), 497면.

의미로 사용된 듯하다.

當당此차之지時시, 明명哲철保보身신之지計계, 莫막如여弓궁弓궁之지間간也야.
이와 같은 때를 당하여 총명하게 몸을 보전하는 계책으로 궁궁의 사이만
한 것이 없다.[29]

위기상황을 맞이하여 몸을 보전하는 계책으로는 "궁궁의 사이"만한
것이 없다는 주장이다. 앞에서 나온 주장과 대동소이하다. 여기서도
무언가 사람이 살 수 있는 구체적인 장소라는 의미로 궁궁이 사용된
것으로 보인다.

明명哲철保보身신, 莫막如여弓궁弓궁之지間간.
총명하게 자기 몸을 보전하는 데는 궁궁의 사이만한 것이 없다.[30]

앞에서 살펴본 것과 거의 같은 문장이다. 피난처 내지 구원처로 "궁
궁의 사이"가 제시되고 있다.

保보身신之지計계, 利이在재村촌落락一일片편生생耳이. 溪계邊변保보命명之지
方방, 莫막如여弓궁弓궁之지間간.
몸을 보전하는 계책으로는 이로움이 촌락의 한 조각 땅에 있다. 시냇가
에서 목숨을 보전하는 방법으로는 궁궁의 사이만한 곳이 없다.[31]

"시골의 한 조각 땅"이라는 설명에서 몸을 보전하는 계책 즉 궁궁弓弓

---

29 「이토정비결」, 『정감록』(한성도서주식회사, 1923), 안춘근, 『정감록집성』(아세아문화사, 1973), 600면.
30 「호남소전」, 『정감록』(한성도서주식회사, 1923), 안춘근, 『정감록집성』(아세아문화사, 1973), 624면.
31 「동차결」, 『정감록』(한성도서주식회사, 1923), 안춘근, 『정감록집성』(아세아문화사, 1973), 554면

또는 "궁궁의 사이"가 자그마한 장소를 가리킨다는 점을 알 수 있다. 이어지는 문장에서는 "궁궁의 사이"가 시냇가의 어떤 땅을 지칭하는 듯하다. 요컨대 궁궁 또는 "궁궁의 사이"가 인간이 살 수 있는 특정한 장소를 가리키는 용어로 사용되었음이 확인된다. 또 적어도 『정감록』에서는 궁궁에 대한 개념화나 신비화가 이루어지지 않았음도 확인된다.

> 人인民민避피兵병之지方방, 不불利리山산, 不불利리水수, 利이於어兩양弓궁.
> 백성들이 군사를 피하는 방법은 산에도 불리하고, 물에도 불리하며, 양궁兩弓에 이로움이 있으리라.[32]

사람들이 전쟁의 화를 피하는 방법으로는 산이나 물가에 가서는 안 되고, "궁궁의 사이"를 찾아가라는 주장이다. 여기서도 앞부분에 산山과 수水가 나왔기 때문에 뒷부분의 "궁궁의 사이"도 인간이 살 수 있는 어떤 구체적인 장소를 가리킨다고 볼 수 있다.

> 不불利리於어山산, 不불利리於어水수, 於어弓궁弓궁處처.[33]
> 산에도 불리하고, 물에도 불리하며, 궁궁처弓弓處에 이롭다.[34]

위의 구절에서 궁궁弓弓이 일정한 장소를 뜻하는 처處와 함께 사용되었다. 따라서 궁궁처弓弓處는 궁궁지弓弓地와 동일한 의미이며, 역시 사람이 살 수 있는 특정한 장소를 가리키는 용어로 사용되었음이 확인된다. 산山도 아니고, 수水도 아닌 어떤 지리적 장소가 바로 "궁궁의 땅"이다.

한편 「유산결遊山訣」에도 앞에서 살펴본 것과 비슷한 내용이 보인다.

---

32 「운기구책」, 『정감록』(한성도서주식회사, 1923), 안춘근, 『정감록집성』(아세아문화사, 1973), 498면.

33 리利가 빠진 듯하다.

34 「도선비결」, 『정감록』(한성도서주식회사, 1923), 안춘근, 『정감록집성』(아세아문화사, 1973), 633면.

保보身신之지計계, 不부在재山산, 不부在재水수, 利이在재弓궁弓궁乙을乙을.
몸을 보전하는 계책은 산에도 있지 않고, 물에도 있지 않으며, 이로움이
궁궁을을에 있다. [35]

위기를 맞아 살 수 있는 방법은 산에도 있지 않고, 물에도 있지 않으
며, 다만 궁궁을을弓弓乙乙에 있다는 주장이다. 이제 "이로움이 궁궁을
을에 있다."고 강조된다. 궁궁과 궁궁을을이 거의 같은 의미로 사용되
었다. 여기서도 산이나 물이 등장하므로 이러한 장소가 아닌 다른 장
소를 가리키는 용어로 궁궁을을이 사용되었음이 확인된다.

非비山산非비野야, 乙을乙을弓궁弓궁之지地지.
산도 아니고 들도 아닌 을을궁궁의 땅이다. [36]

이제는 난리를 극복할 수 있는 방법이 산이나 물에 있지 않다는 표현
과 함께 산이나 들에도 구원법이 없다고 주장한다. 피난처 내지 구원처
는 "을을궁궁乙乙弓弓의 땅"에 있다고 강조한다. 물론 여기서 을을궁궁乙
乙弓弓은 궁궁을을弓弓乙乙과 같은 뜻으로 사용되었다. 궁궁을을이 지地
와 연관되어 서술됨으로써 다시 한 번 궁궁을을이 인간이 살 수 있는
구체적이고 특정한 장소를 가리키는 용어라는 사실이 확인된다.

須수行행三삼陟척大대小소弓궁基기, 勤근力력種종穀곡, 必필有유救구助조之지
人인. 十십年년后후復복, 豊풍基기大대小소白백山산下하金금鷄계之지上상.
모름지기 삼척의 크고 작은 궁기弓基로 가서 열심히 힘써 곡식을 심으면
반드시 도와주는 사람이 있으리라. 10년이 지난 후에 풍기의 대백산과

35 「유산결」, 「윤고산여유겸암문답尹高山與柳謙菴問答」, 『정감록』(한성도서주식회사, 1923), 안춘근,
『정감록집성』(아세아문화사, 1973), 74면.
36 「이본정감록」, 『정감록』(한성도서주식회사, 1923), 안춘근, 『정감록집성』(아세아문화사, 1973),
105면.

소백산 아래 금빛 닭의[37] 위에 돌아갈 것이다.[38]

삼척이라는 강원도에 있는 지명地名이 "대궁大弓과 소궁小弓의 두 궁弓의 터"와 연관되어 서술된다. 궁弓이 사람이 사는 땅을 뜻하는 '터 기基'자와 함께 사용되었다. 강원도 삼척에 있는 크고 작은 궁기弓基에 가서 농사짓고 살면 반드시 도와주는 사람이 나타날 것이라는 주장이다.

궁궁지弓弓地와 궁궁처弓弓處의 숨겨진 뜻이 풀리는 순간이다. 여기서 궁기弓基는 궁벽한 땅, 외진 곳 등을 뜻하는 말로 보인다. 그리고 이어지는 문장에서도 경상도에 있는 풍기라는 구체적인 지명이 언급되며 태백산과 소백산 아래 금계포란金鷄抱卵의 형태를 지닌 혈자리 위에 삶의 터전을 잡으라고 강조한다.

> 大대弓궁小소弓궁, 兩양人인太태田전, 種종草초得득毛모, 利이在재田전田전, 此차即즉十십勝승之지地지.
>
> 큰 궁弓과 작은 궁은 두 사람이 넓은 밭에서 풀을 심어 털을 얻는 것이니, 이로움이 전전田田에 있다는 것은 곧 십승의 땅이다.[39]

궁弓에는 큰 궁과 작은 궁이 있다고 한다. 궁궁을 두 개의 궁弓으로 나누어 설명하는 것이다. 그리고 두 사람이 넓은 밭에 풀을 심어 털을 얻는 일과 같다고 주장한다. "털을 얻는다."는 말은 앞부분의 "풀을 심는다."와 관련되는 듯 서술하지만 선뜻 그 의미가 닿지 않는다.

나아가 "이로움이 전전田田에 있다."는 말은 앞부분에 나온 "넓은 밭에 풀을 심는다."는 말과 연관된다. 그리고 이 전전이 바로 "십승의 땅"이라고 주장한다. 너른 밭에 초목을 심는 일이 곧 십승지를 찾는 일이

---

37 아마도 금계포란형金鷄抱卵形의 혈穴 자리 이름을 가리키는 듯하다.
38 「동차결」, 『정감록』(한성도서주식회사, 1923), 안춘근, 『정감록집성』(아세아문화사, 1973), 560면
39 「동차결」, 『정감록』(한성도서주식회사, 1923), 안춘근, 『정감록집성』(아세아문화사, 1973), 561면

라는 점을 강조한 것이다. 산이나 강가에 터를 잡지 말고, 넓은 밭에 곡물을 심으라는 말이다. 그리하면 온갖 재앙이나 재난으로부터 목숨을 부지할 수 있음을 강조한 대목이다.

山산不불利리, 水수不불利리, 利이於어弓궁弓궁.
산에도 불리하고 물에도 불리하고, 궁궁에 이롭다.[40]

산에도 불리하고, 물에도 불리하며, 궁궁에 이롭다고 주장한다. 즉 산이나 물가에 자리잡으면 난리를 피하기 어렵고, 궁궁에 자리잡으면 재앙을 피할 수 있다는 사실을 강조한 대목이다. 앞부분에 산과 물이 언급되었으므로 뒷부분의 궁궁弓弓도 사람이 거주할 수 있는 어떤 장소를 가리키는 용어로 사용되었다고 짐작된다.

欲욕知지弓궁弓궁乙을乙을處처, 只지在재金금鳩구木목兔토邊변.
궁궁을을이 있는 곳을 알고자 하면, 다만 금빛 비둘기와 나무 토끼가 있는 근처에 있음을 알라.[41]

궁궁을을이 사람이 사는 장소를 뜻하는 처處와 연관되었다. 궁궁을을이 사람이 살 수 있는 특정한 땅을 가리키는 용어로 사용되었다. 그런데 이곳이 "금빛 비둘기와 나무 토끼가 있는 근처"라는 이어지는 구절은 도무지 무슨 뜻인지 짐작이 가지 않는다. 금빛 비둘기와 나무 토끼가 어떤 지역의 지형을 가리키는 용어로 사용되었다고 생각해 볼 수 있을 따름이다.

한편 위의 구절과 비슷한 다음과 같은 기록도 있다.

---

40 「도선비결」, 『정감록』(한성도서주식회사, 1923), 안춘근, 『정감록집성』(아세아문화사, 1973), 578~570면.
41 「삼도봉시」, 『정감록』(한성도서주식회사, 1923), 안춘근, 『정감록집성』(아세아문화사, 1973), 588면.

利이在재松송松송, 田전田전, 家가家가. 三삼運운已이去거, 而이利이在재弓궁乙을之지間간. 弓궁弓궁乙을乙을是시何하處처? 須수向향金금鷗구木목兎토邊변.
이로움이 송송松松, 전전田田, 가가家家에 있다. 세 가지 운수가 이미 지나
갔으니, 이로움이 궁을의 사이에 있다. 궁궁을을은 어떤 곳인가? 모름지
기 금빛 갈매기와 나무 토끼 주변을 향하라.[42]

앞부분의 "이로움이 송송松松에 있다.", "이로움이 전전田田에 있다.",
"이로움이 가가家家에 있다."는 표현은 순서가 바뀌었지만 이른바 조선
국운삼절론朝鮮國運三絶論이다. 조선의 국운이 세 번의 위기상황을 맞이
할 것이며, 이때를 당하여 피난할 방법이 세 가지로 제시되는 것이다.
각각 임진왜란, 병자호란, 앞으로 다가올 재난상황 등을 가리키며, 이때
피난처 내지 피난의 방법으로 송송松松, 가가家家, 전전田田이 제시된다.
임진왜란 때는 소나무가 우거진 장소나 '송松'자가 들어있는 지명을
가진 지역을 찾아가거나 '송松'자가 들어간 장수의 보호 아래 몸을 피하
면 무사할 수 있다는 주장이다. 그리고 병자호란 때는 밖으로 피난가
지 말고 집안에 몸을 숨기면 목숨을 보전할 수 있었다고 한다. 또 앞으
로 다가올 세 번째의 위기상황을 맞이하면 전전에 몸을 숨기거나 밭을
갈아 먹고 살면 무사할 수 있다고 주장한다.
이러한 세 번의 운수가 지나가고 나면 이제 "이로움이 궁을弓乙의 사
이에 있다."고 주장한다. 앞에서 살펴본 내용에서는 "이로움이 궁궁弓
弓에 있다."고 주장되었는데, 이제는 "이로움이 궁을의 사이에 있다."고
주장되었다. 이 "궁을의 사이"는 "궁궁을을처弓弓乙乙處"라고 설명된다.
궁궁을을이 처處와 연결되어 사람이 살 수 있는 어떤 구체적인 장소로
이해되는 것이다.
이 궁궁을을처가 "금빛 갈매기와 나무 토끼의 주변"이라고 강조한

---

42 「출무록제」, 『정감록』(한성도서주식회사, 1923), 안춘근, 『정감록집성』(아세아문화사, 1973),
657면.

다. 바로 앞 구절에서는 "금빛 비둘기와 나무 토끼 주변"이라고 설명되었는데, 동물 이름이 약간 차이가 난다. 동물 이름을 사용하여 특정한 지역의 혈명穴名이나 지세地勢를 설명한 것으로 보인다. 그런데 "금빛 비둘기", "금빛 갈매기", "나무 토끼" 등과 관련된 혈명이나 지형 모양은 찾기 어렵다.

한편 「비결집록秘訣輯錄」에 다음과 같은 내용이 있다.

欲욕知지弓궁弓궁乙을乙을處처, 只지在재金금龜구木목兎토變변. 彼피林림此차林림
鳥조不불離리, 弓궁弓궁乙을乙을在재其기中중.
궁궁을을이 있는 곳을 알고자 한다면 다만 금빛 거북과 나무 토끼의 주변에 있다. 저 숲과 이 숲에 새가 떠나지 않으니, 궁궁을을이 그 가운데 있다.[43]

이 구절에서도 궁궁을을이 처處와 연관되어 서술된다. 궁궁을을이 사람이 살 수 있는 특정한 장소나 지역을 가리키는 용어로 사용되었음이 확인된다. 이 궁궁을을이 있는 곳이 바로 "금빛 거북과 나무 토끼가 있는 근처"로 주장된다. 앞에서 살펴본 "금빛 비둘기"와 "금빛 갈매기"가 이제는 "금빛 거북"으로 바뀌었다.

그리고 "새가 떠나지 않는 이 숲과 저 숲의 사이"에 궁궁을을처弓弓乙乙處가 있다고 주장한다. 두 개의 숲이 언급되었으므로 역시 궁궁을을처가 사람이 살 수 있는 장소를 가리키는 용어로 사용되었음이 확인된다.

또 「초창결蕉蒼訣」에 다음과 같은 내용이 보인다.

問문曰왈, 古고訣결云운, 利이在재弓궁弓궁乙을乙을何하乎호? 曰왈大대弓궁也야, 武무弓궁也야, 小소乙을也야, 武무乙을也야. 非비知지者자, 莫막知지也야, 然연

---

43 호세이細井 肇, 「비결집록」, 『정감록』(자유토구사, 1923), 안춘근, 『정감록집성』(아세아문화사, 1973), 835면.

也야. 以이普보通통言언之지, 穴혈下하身신弓궁耳이. 卽즉窮궁居거, 以이弱약爲위本본矣의.

"옛 비결에 '이로움이 궁궁을을에 있다.'고 했는데 무슨 말인가?"라고 물었다. 답하기를 "대궁大弓과 무궁武弓이요, 소을小乙과 무을武乙이다. 이를 알지 못하는 자는 알 수가 없을 듯하다. 보통의 말로 한다면 궁窮이다. 곧 궁벽하게 산다는 것이니, 약한 것으로써 근본을 삼으라는 말이다."라고 답했다.[44]

"옛 비결"을 언급하여 "이로움이 궁궁을을에 있다."는 말의 속뜻을 묻는다. 이에 대해 궁궁弓弓은 대궁大弓과 무궁武弓으로, 을을乙乙은 소을小乙과 무을武乙이라고 답한다. 궁궁과 을을을 각기 두 개의 궁弓과 두 개의 을乙로 나누어 설명한다. 무슨 뜻인지 명확하지 않다.

한편 "궁弓은 신령스런 하늘의 영물靈物로서 마귀와 죽음을 이기는 무궁武弓이다. 을乙은 새이지만 하느님을 상징하는 봉황새로서 지상의 중생들을 하느님과 같은 입신入神의 경지로 이끌어주신다."라고 풀이하기도 한다.[45] 무궁武弓의 무武를 굳이 해석하여 "마귀와 죽음을 이기는"이라는 뜻으로 새겼다. "마귀", "하느님" 등의 표현에서 다소 기독교적인 해석을 시도한 것으로 평가된다. 그러나 자의적인 해석에 불과하다.

나아가 궁궁을을弓弓乙乙을 일반적인 말로 풀어서 설명하면 혈하신궁穴下身弓이라고 주장한다. 혈하신궁은 궁窮의 파자이다. 이어서 궁궁을을을 궁거窮居라고 설명한다. 궁거는 궁벽한 곳에 살거나 외딴 곳에서 가난하게 산다는 뜻이다. 이러한 생활태도를 "약함으로 근본을 삼는다."고 부연해서 설명한다. 즉 궁궁을을의 비밀이 바로 외진 땅에서 가난하게 살면서 약한 것으로써 삶의 근본을 삼는 일이라고 강조하

---

44 「초창결」, 『정감록』(한성도서주식회사, 1923), 안춘근, 『정감록집성』(아세아문화사, 1973), 173면
45 신유승 해독, 『격암유록』 제2권(세종출판공사, 1987), 37쪽.

는 것이다. 어쨌든 『정감록』에서 궁을弓乙 내지 궁궁을을弓弓乙乙의 숨겨진 비밀이 궁거窮居와 이약위본以弱爲本이라고 주장했다는 사실이 밝혀졌다.

궁을과 을을
弓乙 乙乙

앞 절에서 궁궁을을弓弓乙乙에 대해 살펴보았지만, 궁을弓乙과 을을乙乙에 대한 『격암유록』과 『정감록』의 기록들에 대해서도 살펴보도록 하자.

> 弓궁乙을世세白백日일昇승天천.
> 궁을의 세상에 대낮에 (신선이 되어) 하늘로 올라가리라. ―「남사고비결」

"궁을의 세상"이라는 표현이 특기할 만하다. 궁을의 세상이 오면 백일승천하게 될 것이라는 주장이다. 즉 궁을의 세상이라는 이상향이 이루어지면 사람들이 모두 신선이 되리라는 말이다. 궁을세弓乙世가 이상사회 또는 이상향을 뜻하는 용어로 사용되었다.

> 此차運운弓궁乙을世세.
> 이 운수는 궁을의 세상이다. ―「남사고비결」

새롭게 다가올 이상적인 운수가 바로 "궁을의 세상"이라는 주장이다. 앞에서 살펴본 궁을세弓乙世와 같은 의미로 사용되었다. 궁을의 세상이 되면 이 세상이 이상적인 사회로 변할 것이라는 점을 강조하였다.

弓궁乙을弓궁乙을何하弓궁乙을? 天천弓궁地지乙을是시弓궁乙을. 一일陽양一일
陰음亦역弓궁乙을, 紫자霞하仙선人인眞진弓궁乙을.
궁을, 궁을이란 것은 무엇인가? 천궁天弓과 지을地乙이 바로 궁을이다. 한
번 양陽이 되고, 한 번 음陰이 되는 것도 궁을이며, 자하선인이 참 궁을이
다. ─「남사고비결」

궁을弓乙의 비밀에 대해 앞 절에서 살펴본 것과는 조금 다른 표현이
등장한다. 궁弓은 천궁天弓이고, 을乙은 지을地乙이라고 주장한다. 궁은
하늘에 속하고, 을은 땅에 속한다는 말이다. 그리고 일양─陽이 궁弓에
비견되고, 일음─陰이 을乙에 비유된다. 동양의 음양오행론에 입각하여
궁을弓乙을 설명한 것이다. 나아가 신선이 사는 세상에 피어나는 자줏
빛 노을 속에 사는 신선이 바로 '참 궁을'이라고 주장한다. 궁을의 비밀
을 풀이하면 사람이 신선으로 화할 것이라는 말이다.

弓궁乙을合합德덕眞진人인來래.
궁과 을이 덕을 합치면 진인이 올 것이다. ─「계룡론」

궁弓과 을乙이 합덕合德하면 이상향을 이루어줄 것으로 믿어지는 그
토록 기다리던 진인眞人이 이 세상에 출현할 것이라는 주장이다. 궁과
을의 비밀을 풀면 진인이 오리라는 믿음이 반영되었다. 궁을이 진인과
연관되었다는 점이 특기할 만하다.

弓궁乙을兩양白백十십勝승出출.
궁을과 양백에서 십승이 나올 것이다. ─「계룡론」

이제 궁을弓乙, 양백兩白, 십승十勝이 연관되어 서술되었다. 궁을과 양
백에서 십승이 나올 것이라는 주장이다. 여기서 십승은 피난처로서의
십승지十勝地가 아니라 특정한 의미를 지닌 명사로 사용되었다.

弓_궁乙_을聖_성山_산, 無_무祈_소不_불通_통.
궁을의 성스러운 산은 기도하지 않으면 통하지 않으리라.
―「래패여언육십재」

궁을이 성스러운 산과 연관되었다는 점이 특기할 만하다. 궁을이 마치 특정한 신령스러운 산과 관련한 듯 서술되었다. 뒷부분은 인간의 간절한 기도가 없이는 이러한 성스러운 산을 찾을 수 없다는 의미로 해석할 수 있다.

弓_궁弓_궁乙_을乙_을避_피亂_난國_국.
궁궁을을이 피란국이다. ―「말운론」

이제 궁을弓乙 내지 궁궁을을弓弓乙乙이 '나라 국國'과 연관되어 서술되었다. 궁궁을을을 찾는 일이 난리를 피할 수 있는 나라를 가지는 것과 같다는 주장이다. 궁궁을을의 비밀을 풀 수 있다면, 그 일이 곧 난리를 피하는 국가가 되는 지름길이라는 말이다.

自_자古_고十_십勝_승弓_궁乙_을理_리. ―「말운론」

예로부터 십승은 궁을의 이치라는 주장이다. 십승과 궁을의 이치가 연관되어 서술되었다. 십승을 찾으려면 먼저 궁을의 이치를 깨달으라는 뜻이다.

入_입生_생出_출死_사弓_궁乙_을村_촌
들어가면 살고 벗어나면 죽는 궁을촌 ―「말운론」

위의 구절을 "십승 진리 속으로 들어가면 영생하고, 십승에 들어갔더라도 배신하고 뛰어나오면 영원히 죽는다. 그것은 궁궁을을을 연구

하는 촌락인 궁을촌이다."라고 해석하기도 한다.[46]

그런데 앞 구절에 십승이 생략되었다는 이러한 해석은 틀렸다. 십승이 없더라도 궁을촌弓乙村에 들어가면 살고 나오면 죽을 것이라는 해석이 가능하다. 궁을이 사람이 사는 동네를 의미하는 촌村과 연관되어 서술된 점이 특기할 만하다. 궁을이 사람이 살 수 있는 특정한 지역을 가리키는 용어로 사용된 것이다.

弓궁乙을仙선境경種종桃도地지.
궁을의 선경은 복숭아나무를 심은 곳이다. —「말운론」

이제 궁을은 신선이 사는 세계를 뜻하는 선경仙境과 연관되었다. 그리고 신선이 사는 세상은 도화낙원桃花樂園인 복숭아나무가 만발하는 이상향이다. 궁을의 비밀을 풀면 그곳이 바로 신선세계가 이루어지는 땅이라는 주장이다.

柿시之지人인弓궁乙을鄭정. —「말운론」

위 구절을 "성인은 감나무인 신인神人으로서 천궁天弓 지을地乙 천지간의 모든 이치에 달통한 분이며 정鄭이라는 대명사가 있다."라고 해석하기도 한다.[47] 억지로 해석한 것으로 보인다. 의미가 제대로 통하지 않는 구절이다. 다만 궁을弓乙이 특정 인물의 성씨인 정鄭과 연관되어 서술됨으로써 정씨 진인출현설과 관련된 구절로 볼 수 있을 따름이다.

柿시謨모者자生생弓궁乙을裏리. —「말운론」

---

46 신유승 해독, 『격암유록』 제2권(세종출판공사, 1987), 169쪽.
47 신유승 해독, 『격암유록』 제2권(세종출판공사, 1987), 206쪽.

이 구절도 명확한 의미가 통하지 않는다. 굳이 해석하자면 "감나무를 도모하는 자는 궁을 안에서 살 것이다."라는 풀이가 가능할 따름이다. 감나무를 일부 『격암유록』의 해석자들은 "감람나무 성인"을 지칭하는 용어로 풀이한다. 어쨌든 궁을이라는 비밀스런 글자 안에 구원의 삶을 가능하게 하는 무엇인가가 있다는 해석이 가능하다.

> 十십處처十십勝승無무用용, 十십勝승不불現현出출, 但단在재弓궁弓궁乙을乙을間간.
> 열 군데의 십승은 쓸모가 없고, 십승은 드러나지 않고, 다만 궁궁을을의 사이에 있을 따름이다. ─「말운론」

십처와 십승은 십처십승으로 합쳐서 "열 군데의 십승"이라고 해석이 가능하다. 아마도 열 군데의 십승지를 의미하는 듯하다. 지리상의 특정한 열 곳의 피난처로 제시되는 십승지는 (난리를 피하는데 있어서) 아무런 소용도 없다고 주장하며, 십승은 겉으로 드러나는 것이 아니라 단지 궁궁을을의 사이에 있을 뿐이라고 강조한다. 지리적인 지명으로서의 십승지가 중요한 것이 아니라 숨겨진 궁궁을을의 사이에 십승이 나타날 것이라는 말이다. 십승에 감춰진 비밀이 있다고 강조한 대목이다.

> 弓궁乙을圖도用용必필要요矣의. ─「말운론」

"궁을도弓乙圖를 사용하는 것이 필요하다."라고 풀이할 수 있다. 궁을도弓乙圖가 정확히 어떤 의미를 지닌 것인지는 명확하지 않지만, 궁을弓乙을 도상圖上에 그린 것을 의미하는 듯하다. 이처럼 궁을을 그린 것을 사용하는 일이 필요하다고 주장한다.

> 牛우鳴명在재人인弓궁乙을仙선. ─「말운론」

"소가 우는 곳에 사람이 있는데, 궁을선弓乙仙이다."라고 풀이할 수 있다. 궁을弓乙이 '선仙'자와 연관되는 점이 특기할 만하다. 앞부분은 우성재야牛聲在野라는 비결과 연관되는 구절로 보인다. 소 울음 소리가 들리는 곳에 구원의 절대자가 있는데, 그가 곧 궁을의 신선이라는 주장이다.

求구十십弓궁乙을, 延연年년益익壽수.
열 개의 궁을을 구하면 해마다 더욱 오래 살 수 있을 것이다. ㅡ「성산심로」

"열 개의 궁을弓乙"이라는 표현이 나온다. 궁을이 숫자로 셀 수 있는 개념이라는 주장이다. 어쨌든 궁을을 열 개 구하면 장수할 수 있다고 강조한다. 궁을을 구하는 일이 불로장수의 근원이라는 말이다.

多다會회仙선中중弓궁乙을間간.
신선들이 많이 모이는 궁을의 사이이다. ㅡ「생초지락」

궁을의 사이에 신선들이 많이 모인다고 주장한다. 궁을의 사이를 찾는 일은 신선이 되는 일과 연관된다고 강조하는 것이다. 궁을의 사이는 곧 신선이 사는 장소라는 말이다. 궁을의 사이가 신비화되었다.

弓궁乙을兩양白백間간, 圖도書서分분明명造조化화定정.
궁을과 양백의 사이에 도서圖書가 분명하여 조화가 정해질 것이다.
ㅡ「생초지락」

궁을과 양백의 사이에 그림과 글자가 분명히 나타나 조화가 일어날 것이라는 주장이다. 궁을과 양백의 사이에 나타나는 그림과 글자에 대한 설명은 없다. 다만 궁을 또는 궁궁을을을 가로와 세로로 배열하면 그 가운데 십자十字 모양이 나타나는 점을 염두에 둔 주장으로 짐작된다. "조화가 정해진다."는 표현은 "조화가 일어날 것이다."는 말과 같은 의미이다.

落낙盤반四사乳유弓궁乙을理리.
소반에서 네 개의 젖이 떨어진 것이 궁을의 이치이다. ─「생초지락」

이제 "궁을의 이치"가 낙반사유落盤四乳와 연관되어 서술된다. 낙반
사유가 바로 궁을의 이치라는 주장이다. 낙반사유는 소반에서 네 개의
젖을 떨어뜨리면 그 가운데 십자十字 모양이 나온다는 사실을 가리키
는 말이다. 궁을弓乙도 궁弓과 궁弓을 등을 대고 배열하면 그 가운데에
십자十字 모양이 나오고, 을乙과 을乙을 겹치게 나열하면 역시 가운데
에 십자十字 모양이 나온다. 한 마디로 말해 낙반사유와 궁을이 모두
십자十字가 나온다는 점을 강조한 대목이다.

弓궁乙을之지人인諄순諄순敎교化화.
궁을인弓乙人이 친절히 교화하신다. ─「생초지락」

위 구절에서 궁을弓乙에 인人이 연관되면서 "궁을의 사람"이라는 의미
로 사용되었다. 궁을이 인격화되었으며, 뒷부분의 교화敎化라는 말과 관
련되어 더욱 신비로운 존재로 부각되었다. 이제 궁을인弓乙人은 "궁을의
이치를 깨우친 사람" 또는 "궁을을 가진 존재"로 의미가 부여되었다.

弓궁乙을十십勝승 ─「새 사일」

궁을과 십승이 연관되어 서술된다. 궁을이 곧 십승이라는 주장이다.
궁을의 이치를 깨닫는 일은 바로 십승의 이치를 남김없이 아는 일과
같다.

不불老로永영生생從종之지弓궁乙을. 永영無무失실敗패.

늙지 않고 영생하는 궁을을 따르라. 영원히 실패하지 않을 것이다.
　　―「새 삼오」

　불로영생不老永生의 비법이 바로 궁을弓乙을 따르는 일이라고 주장한다. 궁을을 따르면 영원토록 실패하는 일이 없다고도 주장한다. 한 마디로 말해 궁을의 이치를 깨닫는다면 인간은 늙지도 않고 영원한 삶을 영위할 수 있다는 것이다. 궁을의 비밀을 아는 일이 인간들이 그토록 바라왔던 영원불사의 삶을 살 수 있는 일이라는 점을 강조한다.

　　弓궁乙을之지人인, 無무愁수恒항樂락.
　　궁을인弓乙人은 시름이 없이 항상 즐거울 것이다. ―「새 육오」

　앞에서도 궁을이 인人과 결합되어 서술된 적이 있다. 궁을의 삶을 사는 사람 또는 궁을의 이치를 깨달은 사람은 근심과 걱정이 없이 늘 즐거울 것이라는 주장이다.

　　弓궁乙을山산水수十십勝승垈대 ―「농궁가」

　이 구절에서는 궁을弓乙이 산수山水와 연관되어 서술되었고, 십승十勝이 대垈와 연관되어 서술된 점이 특기할 만하다. 아마도 궁을의 지형이 있는 산수가 바로 십승이 있는 높고 평평한 곳이라는 주장인 듯하다. 여기서도 궁을과 십승이 연관되었다.

　　千천變변萬만化화弓궁乙을道도 ―「농궁가」

　궁을의 도道는 많은 변화와 갖은 조화를 부린다고 주장된다. 그만큼 궁을의 도가 무궁무진한 능력과 조화를 가지고 있다고 강조한다. 궁을이 가진 천변만화하는 힘을 더욱 강조한 대목이다.

弓ᄀᆨ乙ᄋᆯ을合합德덕朴박活활人인
궁을이 합덕한 박씨朴氏 활인活人 ―「농궁가」

궁을의 덕을 합친 인물이 바로 박씨朴氏 성姓을 지닌 구원자라는 주장이다. 이는 『격암유록』에 등장하는 박씨 진인출현설의 하나로 보인다. 궁을의 비밀을 풀고 그 조화를 부리는 인물이 박씨 성을 가진 사람으로 출현할 것이라는 점을 강조했다. 여기서 활인活人은 "사람들을 살리는 존재"로 해석할 수 있다.

한편 『격암유록』에는 「궁을론弓乙論」이 전한다. 그리고 궁을을 십十이 만들어지는 과정을 설명한 것이라는 주장도 있다.[48] 궁을이라는 글자를 서로 대칭시키거나 엇갈리게 배치하면 그 가운데 십자十字 모양이 나온다는 점에서 이러한 해석이 가능했다.

또한 『격암유록』에는 「궁을도가弓乙圖歌」가 전한다. 궁을弓乙을 도圖와 연관시켜 궁을을 그린 그림이라는 의미로 사용되었다.

天천下하一일氣기弓ᄀᆨ乙ᄋᆯ을化화
천하의 한 기운인 궁을의 조화 ―「은비가」

여기서 일一은 "최고最高"라는 뜻으로 사용되었다. 천하에 으뜸인 조화가 바로 "궁을의 조화"라는 주장이다. 그만큼 궁을의 조화가 무궁무진하다고 강조한다.

弓ᄀᆨ弓ᄀᆨ乙ᄋᆯ을乙ᄋᆯ을我아中중入입
궁궁을을에 내가 들어가면 ―「은비가」

위 구절을 "궁궁을을弓弓乙乙을 말하며, 이는 백십승白十勝이고, 구원

---

48 신유승 해독, 『격암유록』 제1권(세종출판공사, 1987), 92쪽.

처인 그곳은 일심一心과 진심眞心이다."라고 해석하기도 한다.⁴⁹ 궁을을
어떤 구체적인 장소를 가리키는 용어로 보지 않고, 인간의 순전하고
참된 마음으로 풀이하는 것이다. 그렇지만 "궁궁을을에 내가 들어간
다."는 해석이 가능하므로 이 구절의 궁궁을을은 사람들이 들어가서
살 수 있는 특정한 장소를 가리키는 용어로 사용한 듯하다.

> 銘명心심不불忘망弓궁乙을歌가.
> 궁을가弓乙歌을 잊지 말고 명심하라. ―「은비가」

이 구절에서 궁을弓乙은 가歌와 연계되어 서술된다. 궁을을 찬미하고
찬탄하는 노래가 있다는 주장이다. 어쨌든 이 궁을의 노래를 명심하여
잊지 말라고 강조한다.

> 故고曰왈弓궁乙을合합德덕眞진人인也야.
> 그러므로 궁을이 합덕合德한 진인이다. ―「은비가」

궁을이 합덕한 존재가 바로 진인眞人이라는 주장이다. 진인은 바로
궁을弓乙의 진리 또는 비밀을 간직한 인물이라고 강조한다.

> 紫자霞하島도中중弓궁乙을仙선.
> 자하도 안에 궁을의 신선이 있다. ―「농궁가」

신선이 산다는 신비로운 섬 안에 궁을선弓乙仙도 있다는 주장이다.
궁을이 선仙과 합쳐져 그 자체가 바로 신선이라는 뜻으로 사용되었다.
궁을의 이치를 깨달으면 곧 신선이 된다는 말이다.

---

49 신유승 해독, 『격암유록』 제1권(세종출판공사, 1987), 166쪽.

弓_궁乙_을大_대道_도天_천下_하明_명.
궁을의 큰 도道로써 천하를 밝힌다. ―「농궁가」

　이제 궁을弓乙은 도道와 결합되었다. 궁을의 도道로 천하를 밝게 변화시킬 수 있다는 주장이다. 온 세상을 이상사회로 바꿀 수 있는 힘이 바로 궁을의 도에 있다고 강조한다.

弓_궁乙_을道_도德_덕不_불覺_각之_지人_인
궁을의 도덕을 깨닫지 못한 사람 ―「가사요」

　궁을弓乙이 도덕道德과 연관되어 서술되었다. 궁을은 도道 뿐만 아니라 인간이 행해야 할 선한 덕목인 도덕과도 관련된다. 이러한 궁을의 도덕을 깨닫지 못한 사람들은 난리를 피하거나 위기상황에서 구원받을 수 없다는 점을 강조한 대목이다.

弓_궁乙_을覺_각念_념念_념.
궁을을 깨닫고 생각하라. ―「가사요」

　궁을의 이치를 깨닫고 항상 염두에 두라는 주장이다. 그만큼 궁을의 이치는 무궁무진하며, 쉽사리 알 수 없는 비밀스러운 것이라는 점을 강조했다. 이 궁을의 이치를 알고 늘 생각하는 일이 곧 구원에 이르는 지름길이라는 말이다.

天_천藏_장地_지秘_비十_십勝_승地_지, 出_출死_사入_입生_생弓_궁乙_을村_촌.
하늘이 감추고 땅이 숨긴 십승지요, (이곳을) 나오면 죽고 들어가면 사는 궁을촌이다. ―「정각가」

　궁을이 사람이 살 수 있는 동네나 촌락을 의미하는 촌村과 결합되었다. 하늘과 땅이 감추고 숨긴 곳이 십승지라면, 궁을촌은 사람이 들어가면 살고 그곳을 벗어나면 죽는 장소이다. 여기서 궁을촌은 사람이 살 수 있는 어떤 구체적인 공간을 가리키는 용어로 사용되었다.

欲욕知지 弓궁弓궁乙을乙을處처
궁궁을을이 있는 곳을 알고자 하면 ―「정각가」

궁궁을을弓弓乙乙이 사람이 사는 장소를 뜻하는 처處와 결합되었다. 따라서 궁궁을을처는 궁궁을을이 있는 곳 또는 궁궁을을의 지형이 있는 장소를 가리키는 용어다. 이러한 궁궁을을처를 찾아가야 재난을 피하고 삶을 온전히 보전할 수 있다는 주장이다.

一일心심合합力력 원 家가族족이, 行행住주坐좌臥와 向향天천呼호를, 至지誠성感감天천 되올 때에, 弓궁乙을世세界계 들어가니, 三삼豊풍兩양白백 이곳이요, 非비山산非비野야 十십勝승일세. 天천藏장地지秘비 十십勝승地지를 道도人인 外외는 못찾으리. 三삼神신山산을 찾으려면 ―「궁을도가」

일심을 가진 사람들만이 항상 하늘을 향해 간절한 기도를 올려 궁을세계弓乙世界에 들어갈 수 있다는 주장이다. 궁을이 세계와 결합되었다는 점이 특기할 만하다. 궁을세계는 궁을의 이치가 구현된 이상향이라는 뜻이다. 이 궁을세계는 삼풍과 양백으로도 표현되며, 산도 아니고 들판도 아닌 십승의 땅이라는 점도 강조했다.

그리고 이처럼 하늘과 땅이 감추고 숨긴 신비로운 장소인 십승지는 도를 닦는 사람이 아니면 찾을 수 없을 것이라고 주장한다. 또 이 십승지는 신들이 사는 산이라는 삼신산三神山으로도 불린다고 강조한다. 요컨대 십승지는 일상적인 장소가 아니라 특별한 장소이며, 인간이 사는 세상이 아니라 신선 또는 신들이 사는 이상향이라는 말이다.

此차時시訪방道도僉첨君군子자들 弓궁弓궁乙을乙을何하 不부知지? 左좌弓궁右우
弓궁弓궁弓궁이요, 臥와立립從종橫횡乙을乙을이라. … 弓궁弓궁理이致치 알
람이면 兩양白백之지理리 心심覺각하소. 先선後후天천地지 通통合합時시에
河하洛락書서書서兩양白백이라. —「궁을도가」

   도道를 찾아 헤매는 여러 군자들이 왜 궁궁을을을 모르는가라고 묻는
다. 그 답으로 '궁弓'자를 좌측과 우측에 배열하면 그 가운데 십자十字
모양이 나오고, '을乙'자를 종횡으로 배열하면 역시 그 가운데에 십자十
字 모양이 나온다고 주장한다. 십자十字의 이치를 깨달으라는 말이다.
   또 궁궁弓弓의 이치를 알려면 양백兩白의 이치를 깨달아야 한다고 주
장한다. 그리고 선천과 후천의 천지가 통합할 때 하도河圖와 낙서洛書
가 바로 양백이라고 강조한다. 궁궁의 이치가 양백의 이치와 연관되
고, 양백은 바로 하도와 낙서를 가리킨다는 말이다. 하도와 낙서라는
동양의 역학체계易學體系를 대표하는 도상圖相이 궁궁과 양백이라고 강
조한다. 일반적으로 하도는 선천에 해당하고, 낙서는 후천에 해당한
다. 천지의 변화를 알리는 도상이 바로 궁궁과 양백의 이치라는 점을
강조했다.

   東동西서多다敎교來내合합하소, 弓궁乙을 外외는 不불通통일세. … 保보惠혜
大대師사 계신 곳이 弓궁乙을之지間간 仙선境경일세. —「궁을도가」

   동양과 서양의 다양한 종교들이 함께 합쳐지는 때와 장소가 궁을이
라는 주장이다. 궁을은 이러한 이상향을 대변하는 상징으로 제시된다.
이어지는 구절에서는 보혜대사保惠大師라는 신비한 존재가 있는 장소가
바로 "궁을의 사이에 있는 신선세계"라고 주장한다. "궁을의 사이"가
"신선이 사는 세상"과 연관된다.

   至지誠성感감天천 되올 때에, 弓궁乙을世세界계 들어가니, 三삼豊풍兩양白백

이곳이요, 非_비山_산非_비野_야 十_십勝_승일세. —「궁을도가」

인간이 지극한 정성을 드려 하늘에 기도할 때 비로소 궁을의 세계로 들어갈 수 있고, 그 궁을세계는 바로 삼풍과 양백이라고 주장한다. 그리고 이러한 삼풍과 양백이라는 궁을세계는 산도 아니고 들도 아닌 십승이라고 강조한다. 여기서 십승은 십승지의 축약어로 생각된다. 궁을이 삼풍과 양백 그리고 십승과 연관되어 서술된다는 점이 특기할 만하다.

弓_궁乙_을福_복地_지 一_일處_처인가? 好_호運_운이면 多_다勝_승地_지라. —「가사총론」

여기서는 궁을弓乙이 복지福地와 결합되었다. 궁을이 "복스러운 땅"과 연관된 것이다. 이러한 궁을의 복된 땅은 한 군데가 아니라 좋은 운을 만나면 많은 곳을 발견할 수 있다고 주장한다. 궁을의 복지가 한 곳이 아니라 여러 곳에 있다는 점을 강조했다.

弓_궁乙_을十_십勝_승 易_역經_경法_법이, 死_사中_중求_구生_생[50] 天_천恩_은일세.
 —「출장론」

궁을弓乙이 십승十勝과 직접적으로 결합되었다. 이 궁을십승은 역易을 다룬 경전의 법이며, 이는 죽음을 물리치고 삶을 구하는 하늘이 내린 은혜라는 주장이다. 앞부분에서 궁궁의 이치가 양백이며, 양백이 곧 하도와 낙서라는 역학易學의 기본 도상이라는 점과 관련하여, 이제는 궁을과 십승이 역경법易經法이라고 강조한다. 그리고 궁을십승에 하늘이 내리는 은혜이며 죽음을 벗어나 살 수 있는 방법이 있다고 힘주어 말한다.

---

[50] 원문은 구九이지만 의미상 구求 또는 구救가 맞다.

弓_궁乙_을仙_선人_인 相_상逢_봉하야, 不_불死_사消_소息_식 다시 듯고 ─「도부신인」

궁을의 선인仙人과 결합되어 신선이라는 뜻으로 사용되었다. 이러한 궁을선인弓乙仙人은 죽지 않는 능력을 지닌 존재로 믿어진다. 궁을의 이치를 깨달은 신선과 같은 존재를 만나야 불사不死의 힘을 얻을 수 있다는 주장이다.

이제 을을乙乙 내지 쌍을雙乙이 나오는 기록을 살펴보도록 하자.

雙_쌍乙_을相_상和_화 向_향面_면相_상顧_고, 乙_을乙_을之_지合_합, 出_출於_어凡_범字_자.
두 개의 을乙이 서로 화합하여 얼굴을 향하고 서로 바라보면 을을乙乙의 합에서 범凡자가 나온다. ─「궁을론」

쌍을雙乙은 곧 을을乙乙이다. '을乙'자 두 개가 서로 마주보면, 그 가운데 '범凡'자가 나온다는 주장이다. 그런데 '을乙'자 두 개를 서로 마주보게 하면 그 가운데 십자十字 모양이 나온다. '범凡'자가 나온다는 주장은 틀린 것이다. 착오가 있는 듯하다.

雙_쌍乙_을之_지間_간, 出_출於_어十_십勝_승
쌍을雙乙의 사이에서 십승이 나온다. ─「궁을론」

"을을乙乙의 사이"는 '을乙'자와 '을乙'자를 서로 엇갈리게 마주보게 한다는 뜻이다. 그렇게 을을乙乙을 배열하면 그 가운데 십승十勝이 나온다는 주장이다. 정확하게 말하자면 십자十字 모양이 나온다. 십승이 십자十字를 상징하는 명사로 사용되었다.

이와 관련하여 "불亞 속의 십자十字와 을을乙乙의 만卍자도 십자이다."라고 주장하기도 한다.[51] '불亞'자의 가운데에도 십자十字 모양이 있

---

51 신유승 해독, 『격암유록』 제2권(세종출판공사, 1987), 17쪽.

고, '을乙'자와 '을乙'자를 엇갈리게 배열하면 그 가운데에 십자十字 모양
이 나온다는 의미이다.

> 乙을乙을合합身신向향面면, 左좌右우背배乙을之지間간, 出출於어工공字자.
> 을乙과 을乙이 얼굴을 맞대고 합쳐지고, 좌측에 을乙자를 배치하고 우측
> 에 을乙자를 배열하여 을乙이 서로 등을 돌린 사이에서 '공工'자가 나온
> 다. ―「궁을론」

이 구절을 "을을乙乙이 몸을 합치고 얼굴을 마주 향하여 있다가 좌우
로 등을 돌린 을乙 사이에서 공工자가 나온다."라고 해석하기도 한다.[52]
그런데 '을乙'자와 '을乙'자를 마주보게 합치거나 등을 돌려 배열하면 그
가운데 십자十字 모양이 나온다. 왜 십자十字가 아니라 '공工'자라고 주
장했는지 알 수 없다.

> 乙을乙을四사乙을轉전背배四사方방之지間간 ―「은비가」

위의 구절은 '을乙'자를 겹치게 배열하거나 네 개의 '을乙'자를 사방으
로 배열하거나 하면 그 가운데에 십자十字 모양이 작거나 크게 나온다
는 사실을 지적한 대목이다. 을을乙乙과 사을四乙을 어떤 식으로든 배
열하면 가운데에 모두 십자十字 모양이 나온다.
한편 『격암유록』에는 「을을가乙乙歌」가 전한다.

> 乙을乙을縱종橫횡 十십字자는, 乙을乙을相상和화 凡범元원之지數수, 背배乙을
> 之지間간 工공夫부工공字자. ―「을을가」

위의 구절도 '을乙'자를 가로 세로로 배열하면 가운데에 십자十字 모

52 신유승 해독, 『격암유록』 제1권(세종출판공사, 1987), 93쪽.

양이 나온다는 사실을 알려준다. 그런데 뒷부분에서는 '을乙'자와 '을乙'자를 등을 맞대게 배열하면 그 사이에 '공工'자가 나온다고 주장한다. 십자十字 모양이 나온다고 해야 의미가 통한다.

> 利이在재乙을乙을, 道도通통之지理리. 自자下하達달上상 世세不부知지라.
> 이로움이 을을에 있으니, 도통하는 이치이다. 아래에서부터 위에 이르기까지 세상이 알지 못하리라. ―「을을가」

이제는 "이로움이 을을乙乙에 있다."라고 주장된다. 여기서 이로움은 위기상황을 타개할 비책 내지 구원책이라는 의미로 사용되었다. 그리고 "이로움이 을을乙乙에 있다."는 말이 도를 통하게 하는 이치라고 설명된다. 이러한 비결은 세상의 낮고 높은 사람들 모두 알기 어렵다고 강조한다.

> 白백馬마之지月월, 在이利재乙을乙을. ―「말중운」

백마白馬는 간지干支로 경오庚午를 의미한다. 따라서 위 구절은 "경오의 달에 이로움이 을을乙乙에 있다."고 풀이할 수 있다. 경오월庚午月에 특별한 사건이 일어날 것이며, 이때를 당해 구원의 비법이 을을乙乙에 있다는 주장이다. 역시 을을乙乙은 그 가운데 십자十字 모양이 나온다는 사실을 전제로 한다.

> 入입於어極극樂락乙을乙을矢시口구. ―「세론시」

극락極樂이라는 이상향에 들어가려면 을을乙乙을 알아야 한다는 주장이다. 시구矢口는 지知의 파자이다.

> 乙을乙을何하亦역無무文문通통. ―「말운론」

을을乙乙이 무엇인가를 알려면 문자文字가 없이 통해야 한다는 주장
이다. 글이나 문장에 의지하지 않고 을을乙乙의 비밀을 풀어야 한다는
사실을 강조했다.

保보身신者자, 乙을乙을. ―「말운론」

몸이나 목숨을 보전하는 것이 바로 을을乙乙이라는 주장이다. 을을
의 가치를 강조하는 대목이다.

右우乙을之지間간 十십字자이요, 左좌乙을中중央앙 十십勝승이라. 四사角각虛
허虧휴 十십字자理리에 ―「십성가」

우측에 '을乙'자를 배치하고 마주보게 또 '을乙'자를 배열하면 그 가운
데 십자十字 모양이 나온다. 오른쪽의 '을乙'자 중앙에는 십승十勝이 나
온다고 주장한다. '을乙'자와 '을乙'자를 마주보게 하고 네 귀퉁이를 없
애면 역시 가운데에 십자十字가 나오는 이치라고 강조한다. 요컨대 을
을乙乙을 마주보게 하고, 네 모서리를 없애면 그 가운데에 십자十字 모
양이 나온다는 점을 강조했다.

원래 궁궁을을弓弓乙乙과 궁궁弓弓도 다음과 같이 이른바 『정감록』에
나오는 표현이다.

弓궁弓궁乙을乙을, 十십口구之지家가, 五오口구一일心심. … 以이指지十십勝승
弓궁弓궁乙을乙을.
궁궁을을은 열 개의 입을 가진 집이요, 다섯 입을 가진 한 마음이다. …
십승과 궁궁을을을 가리킨다.[53]

---

53 「동차결」, 『정감록』(한성도서주식회사, 1923), 안춘근, 『정감록집성』(아세아문화사, 1973), 561면

"열 개의 입"과 "다섯 개의 입"이 정확히 무슨 뜻인지는 알 수 없다. 다만 궁궁弓弓과 을을乙乙을 마주보게 하거나 등을 지게 배열하면 그 가운데 십자十字 모양이 나온다는 사실과 관련이 있는 듯하다. 이러한 글자 배열이 가리키는 것이 바로 십승十勝과 궁궁을을弓弓乙乙의 본뜻이라는 주장이다.

아마도 "다섯 개의 입"은 '전田'자를 가리키는 듯하다. 각기 사방에 있는 네 개의 '구口'자와 전체를 아우르는 큰 '구口'자로 표현될 수 있다. 이러한 글자 모양에 주목하면 가운데에 십자十字 모양이 나온다.

> 弓궁弓궁乙을乙을, 大대利리弓궁弓궁, 大대利리田전田전, 利이在재弓궁弓궁乙을乙을.
> 궁궁을을은 궁궁에 크게 이롭고, 전전에 크게 이로우니, 이로움이 궁궁을을에 있다.[54]

동어반복同語反覆이 되었다. 어쨌든 궁궁을을의 비밀을 풀면 "이로움이 궁궁弓弓, 전전田田, 궁궁을을弓弓乙乙에 있다."는 비결의 뜻을 알 수 있을 것이라는 주장이다.

> 有유知지覺각者자, 明명哲철保보身신之지計계, 不불利리山산, 不불利리水수, 在재弓궁弓궁之지間간. 乞걸人인何하以이謂위十십勝승之지地지耶야?
> 지각이 있는 자가 총명하게 자기 몸을 보전하는 계책으로는 산에도 불리하고, 물에도 불리하며, 궁궁의 사이에서 이롭다. 걸인이 어이하여 십승지를 말하는가?[55]

지각이 있는 사람이 몸을 보전하는 훌륭한 계책은 산이나 물에 있지

---

54 「동차결」, 『정감록』(한성도서주식회사, 1923), 안춘근, 『정감록집성』(아세아문화사, 1973), 561면
55 「동차결」, 『정감록』(한성도서주식회사, 1923), 안춘근, 『정감록집성』(아세아문화사, 1973), 564면

않고 궁궁弓弓의 사이에 있다는 주장이다. 그런데도 걸인乞人들은 어째서 십승지十勝地만 찾느냐는 질책이다. 땅에서 십승지를 찾지 말고 "궁궁弓弓의 사이"를 찾으라고 강조한다.

궁을弓乙은 도교에서 영부靈符의 모양을 형상화한 것이다. 동학東學의 본질인 천심天心의 '심心' 자를 표현한 것인데, 영부의 모양이 태극太極 같기도 하고 '궁弓' 자를 나란히 놓은 것과 같기도 하다는 데서 유래한다.

1894년 4월27일, 전주성 함락을 눈앞에 두고 동학혁명운동의 주동자 전봉준全琫準(1855~1895)은 휘하 장수들을 모아놓고 궁을弓乙이란 부적을 불살라 동학농민군들에게 먹이라는 특명을 내렸다. 궁을부弓乙符는 신통력이 있다. 비 오듯 쏟아지는 관군의 총탄과 화살도 무력하게 만드는 게 궁을부다.

삼풍

三豊

이 절에서는 삼풍三豊에 대한 『격암유록』과 『정감록』의 기록들을 알아보도록 하자.

> 欲욕識식蒼창生생安안心심處처, 三삼豊풍兩양白백有유人인處처.
> 창생이 안심할 수 있는 장소를 알고자 하면 삼풍과 양백의 사람이 사는 곳이다. ―「남사고비결」

위 구절을 "창생이 안심할 수 있는 곳을 알고 싶거든 삼풍三豊(화우로火雨露, 불가사의하고 무궁무진한 조화를 일으키며 불로영생하게 함)과 양백兩白(하도와 낙서의 흰 십자) 속의 성인이 있는 곳인데 그것은 바로 진실하고 착한 인간의 마음속이다."라고 해석하기도 한다.[1] 사람이 사는 구체적인 장소를 뜻하는 '처處'자의 의미가 해석되지 않고, 인간의 마음이라는 추상적인 해석만 추구한다. 바른 풀이가 될 수 없다.

이 구절의 핵심은 많은 사람들이 안심하고 살 수 있는 장소가 삼풍三豊과 양백兩白이라는 비결을 풀면 알 수 있는 "사람이 사는 장소"라는 점이다. 여기서 삼풍과 양백은 사람이 살 수 있는 구체적이고 특정한

---

1 신유승 해독, 『격암유록』 제2권(세종출판공사, 1987), 19쪽.

땅을 가리킨다. 삼풍을 화우로火雨露로, 양백을 하도河圖와 낙서洛書로
풀이하기도 한다.

> 三삼豊풍三삼豊풍何하三삼豊풍? 非비山산非비野야是시三삼豊풍. 世세人인不부
> 知지火화雨우露로, 無무穀곡大대豊풍是시三삼豊풍.
> 삼풍, 삼풍이란 무엇인가? 산도 아니요 들도 아닌 것이 삼풍이다. 세상
> 사람들은 화우로火雨露를 모르고, 곡식이 없이 큰 풍년이 드는 것이 바로
> 삼풍이다. ―「남사고비결」

위의 구절을 "산과 들에서 짓는 농사가 아니라 마음의 밭으로 일구
는 농사이다. 화우로는 무궁무진한 능력과 신비한 작용을 일으켜 해인
海印이라고 한다."라고 풀이하기도 한다.[2]

삼풍이 산도 아니고 들판도 아닌 어떤 장소를 가리킨다는 주장이다.
그리고 세상 사람들이 화우로를 알지 못할 것이며, "곡식을 심지 않고
서도 풍년을 맞이하는 것"이 바로 삼풍이라고 강조한다. 여기서 앞부
분에 나오는 삼풍은 구체적인 장소를 가리키는 듯하고, 뒷부분에서의
삼풍은 곡식종자를 심지 않고도 풍년이 되는 이상적인 현상 자체를 가
리킨다. 산과 들이 나오는 구절은 사람이 살 수 있는 특정한 장소를
가리키기 때문이며, 화우로의 조화造化에 의해 풍년을 맞이하는 일이
삼풍이라는 점을 강조했다.

> 非비山산十십勝승, 牛우聲성弓궁弓궁, 三삼豊풍兩양白백有유人인處처.
> 산이 아닌 곳이 십승이요, 소 울음소리가 나는 곳이 궁궁이며, 삼풍과
> 양백은 사람이 사는 장소이다. ―「세론시」

위의 구절을 "산이 구원처가 아니며 십승도 아니다. 소 울음이 나오

---

2   신유승 해독, 『격암유록』 제2권(세종출판공사, 1987), 37쪽.

는 궁궁에서 화우로火雨露 삼풍이 있으며 바로 양백兩白이다. 그곳에 사람이 있으며 바로 성인인 하느님이다."라고 해석하기도 한다.[3]

그런데 문맥상으로 볼 때 이 구절은 특정한 산이 있는 곳이 아닌 어떤 장소에서 십승을 찾으라는 주장이며, 소가 우는 곳이 바로 궁궁의 땅이라는 주장이다. 그리고 삼풍과 양백도 "사람이 살 수 있는 특정한 장소"라는 점을 강조했다.

> 求구人인兩양白백, 求구穀곡三삼豊풍, 世세人인不부知지.
> 양백에서 사람을 구하고, 삼풍에서 곡식을 구하면 세상 사람들은 알지 못하리라. ─「래패여언육십재」

"양백兩白에서 사람 종자를 구하고, 삼풍三豊에서 곡식 종자를 구하라."는 말은 이미 『정감록』에 자주 등장하는 구절이다. 어쨌든 이러한 일은 세상 사람들이 쉽게 알기 어려울 것이라는 점을 강조했다.

> 天천民민擇택地지, 三삼豊풍之지穀곡, 穀곡種종求구於어三삼豊풍也야.
> 하늘의 백성이 땅을 선택하는데, 삼풍의 곡식 종자는 삼풍에서 구할 것이다. ─「말운론」

역시 동어반복同語反覆이 있다. 어쨌든 "하늘 백성"으로 표현된 위기 상황에서 살아남을 수 있는 사람들이 곡식 종자를 삼풍에서 구할 것이라는 주장이다. "곡식 종자를 삼풍에서 구하리라."는 표현도 『정감록』에 나오는 구절이다.

> 天천印인地지印인人인印인, 三삼豊풍海해印인 ─「말운론」

---

3 신유승 해독, 『격암유록』 제2권(세종출판공사, 1987), 73쪽.

천지인天地人 세 개의 인印이 제시되었고, 삼풍三豊의 해인海印과 연관
되어 서술되었다. 삼풍해인三豊海印을 하나의 용어로 본다면, 앞부분의
세 개의 인과 삼三이 관련될 수 있다. 화우로火雨露가 삼풍三豊이라는
주장과 함께 이제는 천지인天地人이 해인이라고 강조하는 대목으로 볼
수 있다.

　　三삼豊풍吸흡者자不불老로死사. —「말운론」

이 구절은 "삼풍三豊을 마시는 사람은 늙지도 않고 죽지도 않을 것이
다."라고 해석할 수 있다. 삼풍이 사람이 살 수 있는 특정한 장소가 아
니라, 사람이 먹고 마실 수 있는 어떤 물질적인 것으로 해석되었다. 삼
풍의 위력이 불로불사不老不死에까지 이른다고 강조한다.

　　兩양白백三삼豊풍何하乎호? —「말운론」

양백兩白과 삼풍三豊이 무엇인가라는 질문이다. 그만큼 양백과 삼풍
이 지닌 오묘한 뜻을 알기가 어렵다는 점을 강조한 대목이다.

　　有유處처謂위之지兩양白백三삼豊풍也야. —「말운론」

위의 구절은 "(사람이 살 수 있는) 장소로 말하자면 양백과 삼풍이
다."라고 해석할 수 있다. 요컨대 양백과 삼풍이 사람이 사는 구체적이
고 특정한 장소를 가리킨다는 주장이다. 이러한 해석은 원래의 『정감
록』에서 주장하는 내용과 같다.

　　三삼豊풍之지穀곡, 善선人인食식料료, 世세人인不불見견.
　　삼풍의 곡식은 선인善人들의 음식과 요리인데, 세상 사람들은 이것을 볼
　　수 없다. —「성산심로」

위 구절에 나오는 "삼풍의 곡식"을 "진심과 일심으로 지은 마음의 영혼 곡식"이라고 해석하기도 한다.[4] 어쨌든 삼풍의 곡식은 선한 사람 즉 착하고 구원받을 자격이 있는 사람들만이 먹을 수 있으며, 일반 사람들은 볼 수조차 없을 것이라고 주장한다. "삼풍의 곡식"이라는 구절에서 삼풍三豊이 특정한 장소를 뜻할 수도 있고, 삼풍이 곡식을 설명하는 특정한 개념으로 풀이할 수도 있다. 해석의 여지가 남는 구절이다.

> 求구弓궁三삼豊풍, 不불飢기長장生생, 求구地지三삼豊풍, 食식者자不불生생.
> 궁弓에서 삼풍을 구하면 굶주리지 않고 오래살 수 있으며, 땅에서 삼풍을 구하면 먹어도 살 수 없을 것이다. ―「성산심로」

위 구절에서는 삼풍을 땅에서 찾지 말고, 궁弓에서 찾으라고 주장한다. 여기서 궁弓은 지地와 대비되는 천天으로 풀이할 수도 있다. 어쨌든 궁弓에서 삼풍을 구하면 굶주리지 않고 장수할 수 있을 것이지만, 땅에서 삼풍을 구하면 이 삼풍을 먹더라도 죽을 것이라는 주장이다. 삼풍이 사람이 먹을 수 있는 어떤 물질로 해석된다.

> 三삼豊풍之지穀곡, 虛허妄망之지說설, 世세人인難난知지. 有유智지者자飽포, 無무智지飢기.
> 삼풍의 곡식은 허망한 이야기와 같아서 세상 사람들이 알기 어렵다. 지각이 있는 자는 배부를 것이고, 지각이 없는 자는 굶주릴 것이다.
> ―「사답칠두」

"삼풍의 곡식"이라는 표현에서 삼풍이 곡식을 설명하는 개념으로 풀이될 수 있다. 이 삼풍의 곡식 자체가 허망한 이야기인 듯하여 일반인은 알기가 매우 어려울 것이라고 주장한다. 그런데 삼풍의 곡식에 대

---

4 신유승 해독, 『격암유록』 제2권(세종출판공사, 1987), 283쪽.

한 앎이 있는 사람은 삼풍의 곡식으로 배를 채울 수 있을 것이며, 그렇지 못한 자는 굶주릴 것이라고 강조한다. 삼풍의 곡식을 찾아 먹는 일의 중요성을 강조한 대목이다.

> 三삼豊풍之지人인, 入입於어仙선境경.
> 삼풍인三豊人은 선경仙境에 들어갈 것이다. ─「새 육오」

앞의 구절과 관련시켜 보면 "삼풍의 사람"은 "삼풍의 곡식을 먹는 자"로 해석할 수 있다. 이러한 사람은 신선세계로 들어갈 자격을 얻는다고 강조한다. 삼풍의 곡식을 먹는 사람만이 구원받을 수 있다는 사실을 거듭 강조한 대목이다.

> 三삼豊풍妙묘理리人인不불信신, 一일日일三삼食식飢기餓아死사. 眞진理리三삼豊풍人인人인覺각, 天천下하萬만民민永영不불飢기.
> 삼풍의 묘리를 (일반) 사람들은 믿지 않으니, 하루에 세 번을 먹어도 굶주려 죽을 것이다. 진리의 삼풍을 사람마다 깨달으면, 천하의 만민이 영원토록 굶주리지 않으리라. ─「은비가」

삼풍三豊의 오묘한 이치를 일반 사람들은 알기가 매우 어려울 것이니, 하루에 세 번 씩 먹더라도 굶어 죽을 것이라고 주장한다. 그렇지만 삼풍의 진리를 사람들이 깨닫기만 하면 온 세상 사람이 모두 영원히 살 수 있을 것이라고 강조한다. 삼풍 또는 삼풍의 곡식이 지닌 비밀스런 이치를 아는 일의 중요성을 다시 한 번 강조한 대목이다.

> 兩양白백三삼豊풍名명勝승地지 ─「은비가」

양백兩白과 삼풍三豊이 "유명하고 빼어난 장소"라고 주장한다. 양백과 삼풍이 사람이 살 수 있는 구체적이고 특정한 땅을 가리키는 용어로 사용된 것이다.

　　兩양白백三삼豊풍有유人인處처
　　양백과 삼풍의 사람이 있는 곳에 ―「은비가」

　위 구절 역시 양백兩白과 삼풍三豊이 사람이 사는 땅이라고 주장한다. 이러한 주장은 『정감록』에 나오는 인식과 같다. 양백과 삼풍이 특정한 개념을 지닌 명사적 용법으로 사용되지 않고, 다만 사람이 거주하는 장소라는 의미로 사용되었다.

　　三삼豊풍妙묘理리人인不불信신.
　　삼풍의 묘한 이치를 사람들이 믿지 않는다. ―「은비가」

　이 구절에서 삼풍은 묘리妙理라는 용어와 연관되어 서술되었다. 이러한 입장에 따르면 삼풍은 "오묘한 이치"와 관련되는 용어다. 즉 삼풍이 사람이 살 수 있는 특정한 장소라는 주장이 아니라 삼풍을 특정한 개념으로 이해하는 것이다. 이 삼풍의 오묘한 이치를 일반 사람들은 쉽게 믿지 않으려 한다고 강조한다.

　　眞진理리三삼豊풍人인人인覺각, 天천下하萬만民민永영不불飢기.
　　진리인 삼풍을 사람마다 깨달으면, 천하의 만민이 영원히 굶주리지 않으리라. ―「은비가」

　이 구절도 삼풍이 진리眞理라는 용어와 관련되어 서술되었다. 따라서 이 구절의 삼풍은 특정한 지역을 가리키는 용어가 아니라 특별한 개념으로 이해된다. 삼풍의 진리를 사람들이 깨닫는다면 온 세상의 많은 사람들이 영원히 굶지 않고 살 수 있다고 강조한다. 삼풍의 오묘하고 엄청난 조화를 주장하고 있다.

永영生생之지物물, 卽즉三삼豊풍之지穀곡也야.
영생하는 물건 즉 삼풍의 곡식이다. ─「은비가」

위의 구절에서 삼풍三豊은 곡식과 연관되어 서술된다. 이 "삼풍의 곡식"은 "영원히 살 수 있게 만드는 어떤 물질 내지 물건"으로 해석된다. 삼풍이 단순한 지역명地域名이 아니라 영생할 수 있게 만드는 물질적인 것으로 풀이된 것이다.

兩양白백三삼豊풍之지間간, 得득生생之지人인
양백과 삼풍의 사이에서 삶을 얻는 사람은 ─「은비가」

"양백兩白과 삼풍의 사이"에서 사람들이 삶을 얻을 수 있다는 주장이다. 여기서 양백과 삼풍은 특정한 지역을 가리키는 용어로 사용된 것일 수도 있고, 특별한 개념으로 이해될 수도 있다. 해석의 여지가 남겨져 있지만, 구원의 삶을 얻을 수 있다는 점에서는 동일하다.

武무弓궁白백石석三삼豊풍理리
무궁武弓인 백석白石과 삼풍의 이치 ─「은비가」

이 구절에서도 삼풍三豊이 이치를 뜻하는 '리理'와 연관되어 서술되었다. 삼풍이 기본적으로 특별한 개념을 지닌 이치라는 주장이다. 앞부분의 무궁武弓과 백석白石은 무슨 의미인지 명확하지 않다.

天천崩붕地지坼탁素소沙사立립, 火화雨우露로三삼豊풍理리.
하늘이 무너지고 땅이 갈라지는데서 흰 모래가 솟아날 것이고, 화우로火雨露 세 개인 삼풍三豊의 이치가 나타나리라. ─「농궁가」

위의 구절을 "하늘이 무너지고 땅이 갈라져도 솟아 일어나는데, 그

것은 화우로火雨露의 해인海印 삼풍진리三豊眞理로써만 가능하다는 뜻이다.”라고 풀이하기도 한다.[5] 이 구절의 소사素沙가 경기도 인천에 있는 지명地名이라는 해석도 가능하다. 어쨌든 극도의 위기상황을 맞아 특정한 지역이 구원의 땅으로 우뚝 솟아날 것이며, 화우로의 삼풍三豊의 이치가 출현할 것이라는 주장이다.

> 大대雨우露로三삼三삼豊풍理리
> 큰 비와 이슬의 삼풍의 이치 ―「농궁가」

이 구절의 ‘대大’자는 『격암유록』의 다른 기록을 살펴볼 때 아마도 ‘화火’자의 오기로 보인다. “화우로 세 개인 삼풍의 이치”라는 표현이 바로 앞 구절에 나오기 때문이다. 역시 삼풍이 ‘이치 리理’자와 연관되어 서술된다는 점이 특기할 만하다.

> 天천降강雨우露로三삼豊풍 … 白백三삼豊풍何하理리意의?
> 하늘이 비와 이슬의 삼풍을 내린다. … 백삼풍白三豊은 무슨 이치인가?
> ―「극락가」

앞 구절에서 삼풍은 “화우로火雨露 세 개”를 가리킨다고 주장하였다. 이 구절도 하늘에서 내려주는 화우로 삼풍이라고 기록해야 옳을 것이다. 그런데 갑자기 백삼풍白三豊이라는 용어가 등장한다. 백삼풍은 이와 대비되는 흑삼풍黑三豊이라는 용어를 전제로 한다. 왜 백삼풍이 나왔는지는 알기 어렵지만 “어떤 이치”와 연관되어 서술된다.

한편 『격암유록』에는 「삼풍가三豊歌」와 「삼풍론三豊論」이 전한다. 「삼풍가」의 전체 내용에 대해 “눈물과 피로 심어서 가꾸어 하느님께 기도하여 추수한 것이 화우로 삼풍인데, 일 년의 농사는 썩은 곡식이

---

5 신유승 해독, 『격암유록』 제1권(세종출판공사, 1987), 135쪽.

라 하루에 세끼를 먹어도 굶어죽으며, 한 달에 아홉 번만 먹어도 굶어 죽기는커녕 영생永生한다는 뜻이다."라고 해석하기도 한다.[6]

　　火화雨우露로印인三삼豊풍이라.　—「삼풍가」

　이 구절에서는 화우로火雨露에 '도장 인印'자가 붙었다. 따라서 화인火印, 우인雨印, 로인露印의 세 개의 인印으로 나누어 볼 수 있다. 이어지는 용어인 삼풍을 서술하는 말이다. 화우로 세 개의 인印이 곧 삼풍三豊이라는 주장이다.

　　穀곡種종求구於어三삼豊풍也야니, 三삼豊풍論론을 또 들으시오, 先선天천河하
　　圖도 後후天천洛낙書서 中중天천海해印인 理리氣기三삼豊풍 三삼天천極극樂락
　　傳전한 法법이 兩양白백弓궁乙을 十십勝승理리로　—「삼풍론」

　"곡식 종자를 삼풍三豊에서 구한다."는 구절을 삼풍론三豊論이라고 주장한다. 그리고 이어지는 구절에서 선천先天을 하도河圖, 후천後天을 낙서洛書, 중천中天을 해인海印에 배당한다. 선천을 하도에 배치하고, 후천을 낙서에 배치하는 일은 전통적인 역법易法에서 익숙한 내용이다. 그런데 갑자기 중천中天을 주장하고, 더욱이 이를 해인海印에 배당하는 일은 낯설다. 『격암유록』에만 보이는 주장이다.

　위 구절의 뒷부분에서는 삼풍이 이기理氣와 연관되어 철학적 개념화를 시도하였다. 그리고 삼천三天의 극락이라는 이상향을 전한 법이 바로 양백兩白과 궁을弓乙의 "십승十勝의 이치"라고 주장한다. 양백, 궁을, 십승을 번갈아 사용하여 해석상 어려움을 더할 뿐이다.

　　天천理리三삼豊풍 알았거든, 地지理리三삼豊풍 알을세라. 三삼豊풍之지理리

6　신유승 해독, 『격암유록』 제1권(세종출판공사, 1987), 158쪽.

豊_풍基_기延_연豊_풍으로, 地_지理_리三_삼豊_풍 傳_전했으니, 三_삼豊_풍論_론에 一_일日_왈豊_풍基_기, 最_최高_고福_복地_지 三_삼豊_풍인가? —「삼풍론」

이 구절에서 삼풍三豊은 "하늘의 이치"와 연관되어 서술된다. 이에 대조되는 "땅의 이치"인 삼풍三豊도 있다고 주장한다. 하늘의 이치인 삼풍과 땅의 이치인 삼풍으로 양분하여 설명하고 있다. 그리고 "땅의 이치인 삼풍"으로 풍기豊基와 연풍延豊이 제시된다. 두 개만 제시된 것이다.

그런데『정감록』에는 풍기와 연풍 이외에 무풍茂豊이 삼풍의 하나로 제시된다.『격암유록』의 이 구절에서는 삼풍 가운데 무풍이 빠진 채 언급되었다. "땅의 이치인 삼풍"이 구전되어 왔는데, 삼풍론에 의하면 삼풍 가운데 첫 번째로 손꼽히는 복지福地가 풍기豊基라고 강조한다.

豊_풍基_기茂_무豊_풍延_연豊_풍으로, 地_지理_리三_삼豊_풍 傳_전했으나, 天_천理_리三_삼豊_풍 出_출世_세로서, 地_지理_리三_삼豊_풍[7] 不_불利_리로다. —「삼풍론」

비로소 풍기, 무풍, 연풍이 "땅의 이치인 삼풍"으로 언급된다.『정감록』의 주장과 같다. 그렇지만 "하늘의 이치인 삼풍"이 곧 이 세상에 나타날 것이며, 그렇게 되면 "땅의 이치인 삼풍"은 이롭지 않을 것이라고 강조한다. "하늘의 이치인 삼풍"이 "땅의 이치인 삼풍"보다 우위에 있다는 주장이다.

兩_양白_백三_삼豊_풍非_비吉_길地_지를, 浪_낭仙_선子_자의 明_명示_시로서, 三_삼豊_풍海_해印_인 亦_역一_일理_리니, 海_해印_인造_조化_화 無_무爲_위化_화라. —「삼풍론」

그런데 이 구절에서는 양백兩白과 삼풍三豊이 "길한 땅"이 아니라고

---

7 원문은 리利로 적혀 있지만, 문맥상 리理로 고쳤다.

주장한다. 양백과 삼풍을 땅에서 찾지 말라는 말이다. 이러한 주장은 낭선자浪仙子라는 신선이 가르쳐준 것이라고 전한다.

그리고 이어지는 구절에 삼풍三豊이 해인海印과 연관되어 서술되었다는 점이 특기할 만하다. 이러한 삼풍해인 역시 한 가지 바른 이치로서 해인의 조화造化는 무위이화無爲而化로 이루어질 것이라고 강조한다.

> 飢아死사境경에 穀곡種종三삼豊풍仙선境경일세. ―「격암가사」

이 구절은 "굶어죽을 지경에 이르러 곡식 종자를 삼풍에서 구하면 신선세계가 되리라."라고 풀이할 수 있다. "곡식 종자를 삼풍에서 구하라."는 비결을 잘 해석하면 곧 이상사회가 실현될 것이라는 점을 강조했다.

> 三삼豊풍之지意의 알랴거든, 三삼神신山산을 먼저 찾소. 三삼神신山산을 찾으려면 祈기天천禱도神신 안코 될까? ―「궁을도가」

삼풍三豊의 숨겨진 뜻을 알기 위해서는 삼신산三神山을 먼저 찾으라는 주장이다. 이 삼신산을 찾기 위해서는 하늘에 기도하고 신에게 빌어야 한다고 강조한다. 하늘과 신이라는 절대적 존재에 비는 행위가 중요하다고 강조한 것이다. 한편 위의 구절에 나오는 삼신산三神山이 특정한 산 이름이 아니라 "삼신산을 찾는다는 것은 우리의 얼과 뿌리, 근원을 찾는다는 의미이다."라고 주장하기도 한다.[8]

> 至지誠성感감天천 되올 때에, 弓궁乙을世세界계 들어가니, 三삼豊풍兩양白백 이곳이요, 非비山산非비野야 十십勝승일세. ―「궁을도가」

---

8 신유승 해독, 『격암유록』 제3권(세종출판공사, 1987), 199쪽.

인간이 지극한 정성을 들여 하늘을 감동시킬 때 비로소 궁을세계弓乙世界에 들어갈 수 있고, 이 궁을세계는 삼풍三豊과 양백兩白으로도 불린다는 주장이다. 그리고 삼풍과 양백은 산도 아니고 들판도 아닌 십승十勝이라고 강조한다. 삼풍과 양백이 비산비야非山非野의 십승지라는 말이다.

> 河하圖도天천弓궁 甘감露로雨우로, 雨우下하三삼貫관 三삼豊풍理리로
> ―「가사총론」

하도河圖를 천궁天弓과 연관하여 서술했다. 흔히 동양의 역학체계에서 하도는 선천先天에, 낙서洛書는 후천後天에 배치된다. 여기서는 하도천궁河圖天弓이 단 이슬과 같이 내려 지상의 세 곳을 관통했으며, 이것이 바로 삼풍의 이치라고 주장한다.

> 蓮연花화垈대上상 千천年년歲세에, 穀곡種종三삼豊풍 알리로다. ―「말중운」

위의 구절에서는 연꽃이 핀 높고 평평한 곳에 천년의 세월이 지난 후에 "곡식 종자를 삼풍에서 구한다."는 비결이 풀릴 것이라고 주장한다. 그만큼 오랜 세월과 정성을 들여야 삼풍의 비밀을 알 수 있을 것이라는 점을 강조했다.

삼풍이라는 용어도 이미 『정감록』에 자주 등장한다. 이제 『정감록』에 나오는 삼풍에 대한 기록들을 살펴보도록 하자.

> 求구穀곡種종於어三삼豊풍.
> 곡식 종자는 삼풍에서 구할 것이다.[9]

---

9 「징비록」, 『정감록』(한성도서주식회사, 1923), 안춘근, 『정감록집성』(아세아문화사, 1973), 487면과 490면. 「운기구책」, 『정감록』(한성도서주식회사, 1923), 안춘근, 『정감록집성』(아세아문화

"곡식 종자는 삼풍에서 구하라."는 비결은 『정감록』에 자주 등장하는 표현이다. "인간 종자는 양백兩白에서 구하라."는 비결과 함께 등장한다. 『정감록』의 삼풍은 인간이 사는 특정한 장소를 뜻하며, 구체적인 지명으로도 언급된다. 『격암유록』의 삼풍이 때때로 특별한 의미를 지닌 개념으로 이해되는 점과는 뚜렷이 구분된다.

『정감록』「운기구책運奇龜策」에는 몸을 피할 피신처避身處로 열 곳의 지명이 나열되어 있는데, 일곱 번째로 거론되는 곳이 삼풍三豊이다. 이외에도 풍기, 부안, 용궁, 가야, 단춘, 공주, 봉화, 용천, 대소백 등이 피신하는 장소로 언급된다.[10] 따라서 「운기구책」에는 삼풍이 특정한 지역을 가리키는 지명地名으로 사용되었음을 알 수 있다.

나아가 삼풍이 특정한 지역을 가리킨다는 결정적 증거가 있는데, 다음과 같다.

求구穀곡種종於어三삼豊풍之지間간. ─豊풍基기, 延연豊풍, 茂무豊풍. ─
곡식 종자는 삼풍의 사이 ─풍기, 연풍, 무풍─ 에서 구할 것이다.[11]

"삼풍三豊의 사이"가 구체적으로 풍기, 연풍, 무풍이라는 세 곳의 장소를 가리킨다고 명확하게 언급된다. 삼풍이 개념화된 명사로 사용되지 않고, 특정한 지명地名을 의미한다. 경상도의 풍기, 충청도의 연풍, 전라도의 무풍이 바로 삼풍이다. 이들 장소에서 곡식 종자를 구해야

사, 1973), 504면. 「요람역세」, 『정감록』(한성도서주식회사, 1923), 안춘근, 『정감록집성』(아세아문화사, 1973), 526면. 「동차결」, 『정감록』(한성도서주식회사, 1923), 안춘근, 『정감록집성』(아세아문화사, 1973), 556면과 561면. 「감결」, 『정감록』(한성도서주식회사, 1923), 안춘근, 『정감록집성』(아세아문화사, 1973), 525면과 568면. 「경주이선생가장결」, 『정감록』(한성도서주식회사, 1923), 안춘근, 『정감록집성』(아세아문화사, 1973), 587면. 「토정가장결」, 『정감록』(한성도서주식회사, 1923), 안춘근, 『정감록집성』(아세아문화사, 1973), 594면.

10 「운기구책」, 『정감록』(한성도서주식회사, 1923), 안춘근, 『정감록집성』(아세아문화사, 1973), 506면.

11 「비지론」, 『정감록』(한성도서주식회사, 1923), 안춘근, 『정감록집성』(아세아문화사, 1973), 609면.

위기상황에서 안전하게 목숨을 보전할 수 있다고 강조한다.

삼풍이 풍기, 연풍, 무풍의 세 지역을 가리키는 용어라는 사실은『격암유록』에서도 한 번 나오는 표현이다. 그러나『격암유록』에 나오는 삼풍三豐이 거의 대부분의 경우에 특별한 의미를 지닌 개념으로 믿어지고 해석된다는 점을 알아야만 할 것이다. 어쨌든 삼풍이 특정한 지역 세 군데를 가리키는 용어로『정감록』에서 먼저 사용되었다는 점이 특기할 만하다.

한편 정확한 필사연대를 알 수 없는「초창결蕉蒼訣」에 다음과 같은 내용이 보인다.

> 問문曰왈, 古고訣결云운, 求구穀곡種종於어三삼豊풍何하也야, 曰왈三삼豊풍何하也야? 曰왈三삼豊풍者자, 卽즉水수豊풍處처也야.
> "고결古訣에 '곡식 종자를 삼풍에서 구한다.'라 했는데, 무슨 뜻이며, 삼풍이란 무엇인가?"라고 물었다. 답하기를 "삼풍이란 곧 수풍水豊이 있는 곳이다."라 했다.[12]

"곡식 종자를 삼풍에서 구할 것이다."라는 비결이 매우 오래전부터 전해져 왔다는 사실이 밝혀졌다. 그리고 이 구절은 삼풍이 과연 무엇을 의미하는지에 대한 물음이 많이 있었다는 점도 알려준다. 삼풍이 세 군데의 구체적인 지명을 가리킨다는 앞선 구절의 경우와는 달리 이 구절에서는 "삼풍三豊은 곧 물이 풍부한 곳이다."라고 주장한다. 사람이 사는 장소를 뜻하는 '처處'라는 글자가 합쳐져서 "물이 풍부한 장소"라고 풀이할 수 있다.

그리고 정확한 필사연대를 알기 어려운「토정결」에 다음과 같은 내용이 있다.

---

12 「초창결」,『정감록』(한성도서주식회사, 1923), 안춘근,『정감록집성』(아세아문화사, 1973), 165면

經경日왈, 九구年년歉겸歲세, 求구穀곡種종於어三삼豐풍.

경經에 이르기를 "9년 동안의 흉년에 곡식 종자를 삼풍에서 구할 것이다."라 했다.[13]

여기서 경經은 비결서나 예언서를 포함한 어떤 기록을 가리키는 용어다. "9년이나 가는 큰 흉년을 맞이하여 곡식 종자를 삼풍三豐에서 구하라."는 내용이다. 앞에서 나온 삼풍과 관련된 표현과 대동소이하다. "9년 동안의 큰 흉년"이라는 다소 구체적인 위기상황에 대한 설명이 덧붙여져 있을 따름이다.

역시 정확한 필사연대를 알 수 없는 「정감이심토론결鄭堪李沁討論訣」에 다음과 같은 내용이 보인다.

穀곡種종求구於어三삼豐풍. 三삼豐풍, 穀곡名명. 一일云운, 淸청風풍租조, 二이云운, 扶부風풍租조, 三삼云운, 延연風풍租조.

곡식 종자를 삼풍에서 구하라. 삼풍은 곡식 이름이다. 첫째는 청풍조요, 둘째는 부풍조요, 셋째는 연풍조다.[14]

위의 구절에서는 삼풍이 곡식의 이름이라고 주장한다. 구체적으로 삼풍이 청풍조, 부풍조, 연풍조라는 곡식을 가리킨다고 강조한다. 앞선 구절에서는 삼풍이 특정 지역을 가리키는 지명이라고 주장했지만, 이 구절에서는 세 가지의 곡식 이름이라고 주장하는 것이다. 이러한 주장은 『정감록』의 이 구절에서만 보이는 것인데, 『격암유록』에는 보이지 않는 견해이다.

그리고 이어지는 문장은 다음과 같다.

---

13 「토정결」, 『정감록』(한성도서주식회사, 1923), 안춘근, 『정감록집성』(아세아문화사, 1973), 185면.

14 「정감이심토론결」, 『정감록』(한성도서주식회사, 1923), 안춘근, 『정감록집성』(아세아문화사, 1973), 188면.

此_차年_년之_지運_운, 非_비此_차租_조不_불熟_숙成_성, 實_실此_차穀_곡三_삼災_재不_불犯_범. 若_약不_불此_차穀_곡, 弓_궁弓_궁爲_위可_가入_입山_산爲_위求_구之_지計_계, 無_무穀_곡年_년. 弓_궁弓_궁則_즉業_업其_기也_야.

이 해의 운수는 이러한 곡식들이 아니면 숙성하지 않을 것이니, 진실로 이 곡식들은 삼재三災를 범하지 않는다. 만약 이들 곡식이 아니면 궁궁弓弓을 옳게 여겨 산으로 들어가 구하는 계책은 이들 곡식이 없는 해이다. 궁궁은 곧 이러한 일을 가리킨다.[15]

앞 구절에서 삼풍이 세 가지 곡식의 이름이라는 주장이 있었다. 이어지는 문장에서 이들 곡식이 잘 익지 않으면 위기를 맞이한 해를 잘 넘기지 못할 것이라고 강조한다. 그리고 이들 세 가지 곡식은 질병, 전쟁, 가뭄 등의 삼재三災를 잘 넘기게 할 수 있다고 주장한다. 또한 이들 세 가지 곡식은 궁궁弓弓의 비밀을 풀 수 있는 방법이며, 삶을 보장할 수 있는 수단이라고 강조한다.

한편 정확한 필사연대를 추정하기 어려운 「초창결蕉蒼訣」에 수록된 「서계결언西溪訣言」에 다음과 같은 내용이 있다.

穀_곡種_종求_구於_어三_삼豊_풍者_자, 午_오未_미申_신, 則_즉種_종尚_상三_삼麥_맥可_가也_야. 곡식 종자를 삼풍에서 구한다는 것은 오미신午未申이니, 곧 종자는 세 가지 종류의 보리를 숭상해야 한다는 의미이다.[16]

위의 구절에서는 삼풍을 오午, 미未, 신申의 세 지지地支라고 주장하며, 동시에 삼풍이 세 가지 '보리 맥麥'을 가리키는 종자의 이름이라고

---

15 「정감이심토론결」, 『정감록』(한성도서주식회사, 1923), 안춘근, 『정감록집성』(아세아문화사, 1973), 188면. 몇 글자가 빠진 듯하다. 의미가 선뜻 알기 어렵다. 현전하는 글자로 억지로 풀이해 보았다.
16 「서계결언」, 「초창결」, 『정감록』(한성도서주식회사, 1923), 안춘근, 『정감록집성』(아세아문화사, 1973), 192면.

강조한다. 여기서 오, 미, 신은 각각 이 지지地支에 해당하는 년도를 가리키는 뜻으로 풀이할 수 있다. 앞선 구절에서 삼풍三豐이 곡식 이름이라고 주장했는데, 이 구절에서는 한 걸음 나아가 보리 종자의 이름이라고 주장한 것이다.

양백

兩白

삼풍三豐과 양백兩白은 거의 대부분의 경우에 함께 등장하는 용어이다. 삼풍과 양백에 대한 중복된 인용을 피하고 논지를 전개하겠다.

兩양白백三삼豐풍眞진理리 ―「남사고비결」

위의 구절은 "양백과 삼풍은 진리이다." 또는 "양백과 삼풍의 진리"라고 풀이할 수 있다. 양백과 삼풍이 『격암유록』에서 특정한 의미와 개념을 지닌 명사로 사용된 것이다.

龍룡龜구河하洛락兩양白백理리 ―「남사고비결」

위의 구절은 중국의 복희씨伏羲氏 때 황하黃河에서 용마龍馬가 지고 나왔다는 하도河圖와 하夏나라의 우왕禹王이 홍수를 다스릴 때 낙수洛水에서 거북의 등에 쓰여 있었다는 낙서洛書를 "양백兩白의 이치"에 연관시켰다. 하도와 낙서를 '두 개의 백白'으로 나누어 본 것이다.

한편 이 구절을 "하도와 낙서 둘 다 가운데에 흰 십자十字 모양이 있어서 양백이라고 부른다. 십十은 우주 만물의 생사유무生死有無의 신비한 순환작용을 한다. 깨끗하고 죽음을 이기고 영생불사하는 진리가 백

십자白十字 속에 있다고 하여 십승진리十勝眞理라고도 한다."라고 해석하기도 한다.[1]

> 兩양白백兩양白백何하兩양白백? 先선後후天천地지是시兩양白백. 河하圖도洛낙
> 書서靈영龜구數수, 心심靈령衣의白백眞진兩양白백.
> 양백, 양백이라 하는데, 양백이라는 것은 과연 무엇인가? 선후천지先後天
> 地가 바로 양백이다. 하도와 낙서의 신령스런 거북의 숫자이며, 심령의
> 옷이 하얀 것이 참 양백이다. ―「남사고비결」

양백兩白이 선천先天의 천지와 후천後天의 천지라고 주장한다. 그리고 양백을 하도와 낙서에 나오는 신령스러운 거북의 숫자에 비유하였다. 하도는 55개의 점으로 이루어진 그림으로 선천을 상징하며, 낙서는 45개의 점으로 이루어진 그림으로 후천을 상징한다. 한 마디로 양백은 하도와 낙서라는 입장이다.

그리고 보다 정확히 표현하면 하도는 용마龍馬가 지고 온 것이므로 용龍이나 마馬가 영구靈龜와 함께 언급되어야 할 것이다. 주역周易의 오묘한 진리에 양백兩白의 비밀이 있다는 주장이다. 그만큼 알기 어려운 것이 양백의 이치라는 점을 거듭 강조한 대목이다. 그런데 뒷부분의 심령의백心靈衣白은 무슨 뜻인지 명확하지 않다. 또한 진양백眞兩白은 가양백假兩白을 전제로 하는 용어인데, 양백이 참과 거짓의 두 종류로 대별할 수 있다는 점만 확인된다.

> 十십勝승兩양白백矢시口구人인 ―「남사고비결」

시구矢口는 지知의 파자이다. 따라서 위의 구절은 "십승과 양백의 이치나 비밀을 아는 사람"이라고 풀이할 수 있다. 십승과 양백이 함께

---

1 신유승 해독, 『격암유록』 제2권(세종출판공사, 1987), 9쪽.

거론된 점이 특기할 만하다.

十십字자無무瑕하, 出출於어兩양白백. 人인種종求구兩양白백.
십자는 허물이 없으니 양백에서 나온다. 인종을 양백에서 구하라.
―「세론시」

양백兩白에서 십자十字가 나온다고 주장한다. 그리고 이 십자는 허물이 없다고 강조한다. 글자의 배열에 따라 십자 모양이 나온다는 주장은 있었지만, 이처럼 아무런 설명이 없이 "양백에서 십자가 나온다."는 주장은 처음이다. 뒷부분의 "인간 종자는 양백에서 구하라."는 표현은 『정감록』에 자주 등장하는 방식이다.

大대小소白백何하爲위? 河하洛락之지數수, 白백字자. ―「세론시」

위의 구절을 "대소백大小白이란 어떻게 하여 된 것인가? 그것은 하도河圖와 낙서洛書의 오묘한 수數로서 중앙에 흰 글자 모양이 있는데, 이것이 바로 백십자白十字이다."라고 해석하기도 한다.[2] 백자白字에다 없는 글자인 십十을 추가하였다.

하도와 낙서를 도상圖相으로 그린 그림의 중앙에 각각 십자十字 모양이 나온다는 사실에 착안하여 이러한 주장이 가능하였다. 양백兩白이 하도와 낙서라고 주장하고, 다시 양백에 대백大白과 소백小白이 있다고 주장한 것이다. 어쨌든 『격암유록』의 해설자들은 하도와 낙서의 가운데에 있는 십자十字 모양에 주목하여 이러한 해석을 하였다.

背배弓궁之지間간兩양白백仙선
궁弓이 등을 돌린 사이에 양백兩白의 신선이 있다. ―「계룡론」

---

2 신유승 해독, 『격암유록』 제2권(세종출판공사, 1987), 66쪽.

위 구절을 "활이 등을 돌린 모양亞의 사이에서 하도河圖와 낙서洛書의 중심에 있는 양백兩白처럼 흰 십자가 되며, 그곳에 신선이 한 분 계시는데 바로 그 분이 하느님이시다."라고 해석하기도 한다.[3]

'궁弓'자 두 개를 등을 돌린 채 배열하면 그 가운데 십자十字 모양이 나온다고 주장한다. 그리고 이 십자 모양에서 "양백의 신선"이 나온다고 강조한다. 양백이 신선과 결합되어 설명된 점이 특기할 만하다.

弓궁乙을兩양白백十십勝승出출 ―「계룡론」

"궁을과 양백에서 십승이 나온다."고 풀이할 수 있는데, 궁을, 양백, 십승이 모두 신비한 비밀을 지닌 글자라는 점에서 새로운 해석이 어렵다. 다만 궁을, 양백, 십승이 비결의 핵심이라는 점은 여기서도 확인된다.

求구人인兩양白백, 求구穀곡三삼豊풍. 世세人인不부知지.
사람은 양백에서 구하고, 곡식은 삼풍에서 구하리라. 세상 사람들은 알지 못하리라. ―「래패여언육십재」

"사람 종자는 양백에서 구하고, 곡식 종자는 삼풍에서 구하라."는 표현은 『정감록』에 자주 등장하는 표현이다. 아무튼 이 비결의 참뜻을 아는 사람은 많지 않을 것이라고 강조한다.

兩양白백三삼豊풍何하乎호? 一일勝승白백豊풍三삼合합一일處처也야. 不불老로不불死사長장仙선之지藥약, 水수昇승之지村촌有유處처, 謂위之지兩양白백三삼豊풍也야.
양백과 삼풍은 어떤 것인가? 일승과 백풍의 셋이 합쳐서 한곳에 모인 것이다. 늙지 않고 죽지 않는 오래 사는 신선의 약이 물 기운이 오르는 마

---

3 신유승 해독, 『격암유록』 제2권(세종출판공사, 1987), 105쪽.

을에 있는 것을 일컬어 양백과 삼풍이라 한다. ―「말운론」

양백과 삼풍이 함께 거론되면서 신비한 의미로 풀이된다. 양백과 삼풍이 "일승一勝과 백풍白豊의 세 개가 합쳐진 곳"이라고 주장하는데, 일승과 백풍의 의미가 분명하지 않다. 나아가 불로불사하는 신선의 약과 물 기운이 오르는 마을을 일러 양백과 삼풍이라고 일컫는다고 강조한다. 양백과 삼풍의 비밀을 풀면 불로불사할 수 있고, 도를 깨치는 사람들이 사는 마을이 될 수 있다는 말이다.

兩양白백眞진人인出출三삼豊풍.
양백의 진인이 삼풍에서 나오신다. ―「말운론」

양백兩白이라는 용어가 진인眞人과 결합되었다. "양백의 이치를 깨달은 참된 존재"라고 풀이할 수 있다. 그런데 이 양백의 진인이 삼풍三豊에서 나온다고 강조한다. 삼풍이 특별한 존재가 출현하는 땅이나 장소를 가리키는 용어로 사용되었다.

先선後후天천地지亞불亞불兩양白백間간 ―「말운론」

선천先天의 천지와 후천後天의 천지가 '불亞'자의 가운데에 있는 십자十字 모양으로 표현되었다. 나아가 이곳이 "양백兩白의 사이"라고 강조한다. 양백이 선천과 후천의 천지를 상징하고, 특히 하도河圖와 낙서洛書로도 표현된다는 점을 거듭 주장한다. 그리고 이 모든 글자의 배열이나 그림의 가운데에 십자十字 모양이 나온다고 강조한다.

背배山산十십勝승兩양白백圖도 ―「말운론」

배산背山의 의미가 분명치 않다. '산山'자를 등을 돌린 채 배열하는 일을 가리키는 듯한데, 정확한 글자 모양이 나오지 않는다. 어쨌든 이 글자 모양이 십승十勝과 연관되며, 이것이 양백도兩白圖라고 주장한다. 양백兩白은 앞에서 살펴본 바와 같이 하도河圖와 낙서洛書로 상징되었다. 따라서 양백을 그림으로 표현한 것을 일러 양백도라고 강조한 대목이다. 양백이 하도와 낙서에 배치된 것 자체가 양백에 상당히 오묘한 이치와 진리가 숨겨져 있다는 점을 힘주어 말한 것이다.

先선後후兩양白백眞진人인出출. —「말운론」

이 구절을 "선천先天 하도河圖와 후천後天 낙서洛書 속에서 둘 다 하얀 십자十字가 나오므로 선후양백先後兩白이라고 한다. 그 속에서 백십승白十勝 해인진리海印眞理를 펼치실 진인眞人 하느님 성인이 나오신다."라고 풀이하기도 한다.[4]

선천과 후천을 상징하는 도상이 바로 하도와 낙서다. 양백兩白이 이 하도와 낙서라는 점을 다시 한 번 강조하고 있으며, 이 양백에서 진인眞人이 출현할 것이라는 주장이다. 『정감록』에서는 "인간 종자를 양백에서 구할 것이다."라고 주장하여, 특정한 지역을 중심으로 절대적 위기상황에도 살아남을 수 있는 인간들이 선택될 것이라고 강조한다. 그런데 『격암유록』의 이 구절에서는 "양백에서 이 세상을 구원할 진인이 출현할 것이다."라고 주장한다.

그리고 이러한 맥락에서 "하도河圖를 태백太白, 낙서洛書를 소백小白"이라고 주장하며, 또 다른 정의로 "마음이 깨끗한 심백心白과 행동이 깨끗한 의백衣白이 양백兩白이다."라는 풀이도 있다.[5]

有유處처謂위之지兩양白백三삼豊풍也야. —「말운론」

---

4 신유승 해독, 『격암유록』 제2권(세종출판공사, 1987), 256쪽.
5 김순열 해독, 『격암유록』 상(도서출판 대산, 2002), 20쪽.

그런데 위의 구절에서는 양백兩白과 삼풍三豊이 "(사람이 사는) 어떤 장소"라고 주장한다. 이러한 주장은 『정감록』의 양백과 삼풍이 특정한 지명地名을 뜻하는 것과 같다.

世세人인難난知지兩양白백之지人인, 天천擇택之지人인. 三삼豊풍之지穀곡, 善선人인食식料료, 世세人인不부見견.
세상 사람들은 양백 속에 있는 사람이 하늘이 선택한 사람인 줄 알기 어렵다. 삼풍의 곡식은 착한 사람의 곡식이니 세상 사람들이 찾기 어렵다. —「성산심로」

양백兩白이 '사람 인人'과 결합되었고, 삼풍三豊이 '곡식 곡穀'과 결합되었다. 양백과 삼풍에 대한 좀 더 구체적인 주장이 시도되었다. 양백에 들어간 혹은 양백의 비밀을 푼 사람은 하늘이 선택한 인간이고, 삼풍의 곡식은 착한 사람들이 먹고 마시는 식료食料인데, 이 두 가지 비밀스런 용어의 참뜻을 알 수 있는 사람이 매우 드물 것이라고 강조하는 대목이다.

誤오求구兩양白백, 負부薪신入입火화.
양백을 잘못 구하면 섶을 지고 불 속으로 들어가는 것과 같다.
—「성산심로」

"양백에서 인간 종자를 구한다."는 비결과 관련시켜 생각하면 양백에서 인간 종자를 잘못 구하면 섶을 지고 불 속으로 들어가는 일 즉 죽는 일과 같다는 주장이다. 양백에서 인간 종자를 잘 구하라는 의미이다.

弓궁乙을兩양白백間간, 圖도書서分분明명造조化화定정.
궁을과 양백의 사이에 도서圖書가 분명하여 조화가 정해질 것이다.
—「생초지락」

궁을弓乙과 양백兩白의 비밀은 하도河圖와 낙서洛書에 있고, 그 가운데 조화가 일어날 것이라는 주장이다. 궁을과 양백을 알기 어려운 하도와 낙서에 비유하고 있는 것이다.

両양白백之지人인, 咏영歌가踏무舞도.
양백인兩白人은 노래를 부르고 춤을 출 것이다. —「새 육오」

"양백兩白의 사람"은 "양백에 들어간 자" 또는 "양백의 이치를 깨달은 사람"으로 풀이할 수 있다. 이러한 "양백의 사람"은 기뻐서 노래 부르고 춤을 추는 자유를 얻을 것이라는 주장이다.

求구人인両양白백, 避피亂난之지本본.
사람을 양백에서 구하는데, 난리를 피하는 근본이다. —「궁을론」

"사람 종자를 양백兩白에서 구하라."는 비결을 풀어서 설명한 것이다. 양백에서 사람 종자를 구하는 일이 난리를 피하는 근본 대책이 될 것이라는 말이다.

両양白백三삼豊풍名명勝승地지
양백과 삼풍의 명승지 —「은비가」

이 구절에서는 양백과 삼풍이 "유명한 빼어난 장소"라는 뜻으로 사용되었다. 양백과 삼풍이 사람이 살 수 있는 구체적인 장소나 땅을 가리킨다고 해석한 것이다. 이러한 입장은 『정감록』의 주장과 같다.

両양白백隱은理리人인不불尋심, 千천祖조一일孫손亞불合합心심. 十십勝승両양白백世세人인覺각, 一일祖조十십孫손女여子자運운.
양백의 숨은 이치를 사람들이 찾지 못하면, 천이나 되는 조상에 겨우 한

자손이 살아나 뜻에 합할 것이다. 십승과 양백을 세상 사람들이 깨달으면, 한 조상에 열 명의 자손이 태어나는 여자의 운이 되리라. —「은비가」

양백兩白의 비밀스런 이치를 잘 깨닫지 못하면 많은 조상 가운데 기껏해야 한 후손만이 살아날 것이고, 십승과 양백의 이치를 잘 깨달으면 10배나 되는 후손이 살아날 수 있을 것이라는 주장이다. 양백의 이치를 깨닫는 일의 중요성을 강조한 대목이다.

兩양白백三삼豊풍有유人인處처, 彌미勒륵出출世세亦역此차地지.
양백과 삼풍의 사람이 있는 곳에 미륵이 출세하시는 곳도 역시 이곳이다. —「은비가」

양백과 삼풍의 이치를 깨달은 사람이 사는 장소에서 미래불未來佛인 미륵불이 출세하실 것이라는 주장이다. 구원의 절대자가 이 땅에 내려오는 장소가 바로 양백과 삼풍의 이치를 아는 사람들이 모여 사는 땅이라는 말이다.

卽즉非비山산非비野야兩양白백之지間간, 卽즉弓궁乙을三삼豊풍之지間간.
곧 산도 아니며 들도 아닌 양백의 사이이며, 곧 궁을과 삼풍의 사이이다. —「은비가」

피난처 내지 구원처는 산도 들도 아닌 "양백兩白의 사이"이며, 이곳이 바로 "궁을弓乙과 삼풍三豊의 사이"라는 주장이다. 양백과 궁을 그리고 삼풍이 동등한 개념으로 설명되었다.

兩양白백三삼豊풍有유人인處처.
양백과 삼풍은 사람이 있는 곳이다. —「은비가」

양백兩白과 삼풍三豊은 사람이 살 수 있는 특정한 땅이나 장소라는 주장이다. 이는 『정감록』의 주장과 일맥상통한다. 양백과 삼풍을 특정한 의미나 개념을 지닌 명사로 보아서는 안 된다는 점을 강조한다.

兩양白백之지間간, 卽즉弓궁乙을三삼豊풍之지間간.
양백의 사이는 곧 궁을과 삼풍의 사이이다. ―「은비가」

"양백의 사이"가 바로 "궁을과 삼풍의 사이"라는 주장이다. 양백, 궁을, 삼풍이 모두 쉽게 해석하기 어려운 비밀스런 글자다. 다만 "사이"라는 표현에서 사람이 살 수 있는 공간을 의미한다고 짐작할 수 있겠다.

天천兩양白백을 알렸으니, 地지兩양白백을 다시 알소. 太태白백聚취起기餓아死사鬼귀요, 小소白백橫횡行행斷단頭두魂혼을 … 地지理리兩양白백無무用용으로 天천理리兩양白백生생이라네. ―「양백론」

양백을 "하늘 양백兩白"과 "땅 양백兩白"으로 양분한다. 그리고 태백에는 굶어죽은 귀신들이 모이고, 소백에는 머리 잘린 혼들이 활보하다고 주장한다. 태백이나 소백은 특정한 지명으로 보인다. 나아가 지리적인 양백은 쓸모가 없고, 하늘의 이치인 양백을 따라야 살 수 있다고 강조한다. 양백이 특정한 지명을 가리킨다는 주장의 의미가 없다고 폄하하는 것이다.

天천地지兩양白백 우리 先生, 人인道도三삼豊풍 化화햇나니, 十십皇황兩양白백 弓궁乙을中중에, 三삼極극三삼豊풍 火화雨우露로로, 兩양白백道도中중 十십坤곤이요, 三삼豊풍道도師사 十십乾건일세. 坤곤三삼絶절과 乾건三삼連련으로, 兩양白백三삼豊풍 傳전햇으니, 無무穀곡大대豊풍으로 年연豊풍字자, 甘감露로如여雨우 三삼豊풍이라. 三삼旬순九구食식 三삼豊풍穀곡을, 弓궁乙을之지中중 차자보세. ―「삼풍론」

하늘에 있는 양백兩白과 땅에 있는 양백兩白에 사는 존재가 인간 세계에 삼풍三豊을 전했다고 주장한다. 그리고 양백에는 십황十皇을 삼풍에는 삼극三極을 덧붙이고, 양백을 궁을弓乙에 결부시키고 삼풍을 화우로火雨露에 견주었다. 또한 양백을 십곤十坤에, 삼풍三豊을 십건十乾에 비유했다.

나아가 주역周易의 곤괘坤卦와 건괘乾卦를 양백과 삼풍에 비유했다. 그리고 곡식을 심지 않고도 큰 풍년을 맞이하는 일이 감로처럼 내리는 삼풍이라고 주장하며, 한 달에 9번만 먹어도 굶주리지 않는 삼풍의 곡식을 궁을弓乙 가운데에서 찾아보자고 강조한다. 양백과 삼풍을 역학易學의 괘卦에 비유했고, 삼풍의 곡식이 지닌 효능을 널리 알리고자 한 대목이다.

兩양白백弓궁乙을十십勝승理리로 ―「삼풍론」

이 구절에서는 양백兩白과 궁을弓乙이 "십승十勝의 이치"와 연관된다. 세 가지 개념이 서로 관련된다는 입장이다.

十십皇황兩양白백 弓궁乙을中중에, 三삼極극三삼乾건 三삼豊풍道도師사, 坤곤三삼絶절化화 乾건三삼連련卦괘, 兩양白백三삼豊풍 아올세라. ―「삼풍론」

십황十皇이라는 접두어를 붙인 양백兩白이 궁을弓乙 가운데에 삼극三極과 삼건三乾으로 나뉘고, 삼풍三豊의 도사道師가 곤괘坤卦와 건괘乾卦로 이루어진 양백과 삼풍을 알아라고 주장한다. 양백과 삼풍이 강조되었고, 이들 용어가 역학易學의 괘卦에 비유된 점이 특기할 만하다.

한편 『격암유록』에는 「양백가兩白歌」와 「양백론兩白論」이 전한다.

利이在재兩양白백.
이로움이 양백에 있다. ―「양백가」

절체절명의 위기상황을 맞이하여 목숨을 보전하는 방법이 양백兩白에 있을 것이라는 주장이다. "이로움이 궁궁弓弓에 있다.", "이로움이 전전田田에 있다." 등의 표현과 함께 이제는 "이로움이 양백兩白에 있다."고 주장되는 것이다. 양백에 대한 해석의 여지는 여전히 남아 있는 상태다.

> 人인種종求구於어兩양白백也야니, 兩양白백理리를 仔자細세알소. 兩양白백之지間간 避피居거之지人인, 箇개箇개得득生생 傳전햇으니, 天천兩양白백을 모르고서, 地지兩양白백을 찻단 말가? 先선後후天천之지兩양白백數수를, 先선後후中중天천 易역理리數수로, 河하洛락聖성人인 誕탄生생하니, 人인間간超초越월靈영人인이라. ―「양백론」

"인간 종자를 양백兩白에서 구한다."는 표현은 『정감록』에 자주 나온다. 『정감록』의 양백은 구체적으로 태백산과 소백산 사이를 가리킨다. 위의 구절에서도 "양백의 사이"에 몸을 피해 사는 사람들은 모두 살 수 있다는 입장이다. 그렇지만 "하늘의 양백兩白"을 모르면 "땅의 양백兩白"을 찾기 어렵다고 강조한다.

그리고 선천과 후천으로 나뉘는 양백의 수數는 역리易理로 풀 수 있을 것이며, 하도河圖와 낙서洛書의 성스러운 인물이 이 땅에 태어나면 보통의 인간을 넘어서는 신령스러운 인간이 될 것이라고 강조한다.

> 衣의白백心심白백 天천心심化화로, 이 도 亦역是시 兩양白백일세. ―「양백론」

'의衣'는 인간의 마음을 감싸는 옷으로 상징되는 '인간의 몸'을 가리킨 듯하다. 따라서 이 구절은 인간의 몸과 마음을 깨끗하게 정화하여 "하늘의 마음"이 되는 일이 바로 양백이라는 해석이 가능하다. 양백이 지명地名이 아니라 사람의 몸과 마음을 깨끗하게 만드는 일이라는 의미로 풀이되었다.

河하洛락天천地지 六육一일水수로, 兩양白백聖성人인 出출世세하야, 十십勝승
大대船선 지어 놓고, 苦고海해 衆중生생⁶ 極극濟제로세. 先선天천河하圖도
右우太태白백과, 後후天천洛낙書서 左좌小소白백數수, 左좌右우山산圖도 弓궁
弓궁之지間간, 白백十십勝승이 隱은潛잠하니, 山산弓궁田전弓궁 田전弓궁山산
弓궁, 兩양白백之지間간 十십勝승일세. ―「양백론」

하도河圖와 낙서洛書의 법칙에 따라 "양백兩白의 성인聖人"이 세상에
출현한다고 주장한다. 양백을 의인화한 것이다. 이러한 주장에는 양백
이 특정한 지역을 가리키는 지명地名이라는 『정감록』의 해석이 들어갈
여지가 없다.

이 "양백의 성인"은 "십승十勝의 큰 배"를 지어 고해苦海에 빠져 허덕
이는 뭇 중생들을 구제할 것이라고 주장한다. 그리고 선천의 하도河圖
는 오른쪽 태백太白을 가리키고, 후천의 낙서洛書는 좌측의 소백小白의
수數를 가리킨다고 주장한다.

또 이 좌측과 우측의 도상圖相과 "궁궁弓弓의 사이"에서 백십승白十勝
이 숨어있으니, 산궁山弓과 전궁田弓의 두 개의 궁弓과 "양백의 사이"에
서 십승十勝이 출현할 것이라고 주장한다. 양백을 역학易學의 개념과
비유하고, 궁궁弓弓을 나누어 설명한다는 점이 특기할 만하다.

先선後후天천地지 兩양白백星성을, 易역理리出출聖성 靈영王왕으로, 兩양白백
十십勝승 傳전햇으니, 人인種종求구於어兩양白백일세. ―「양백론」

이제는 선천과 후천의 천지가 "양백兩白의 별"로 표현된다. 그리고
역易의 이치에서 성인聖人이 출현하고, 이 신령스러운 왕이 양백兩白과
십승十勝의 진리를 전했으니, 인간 종자를 양백에서 구하라고 강조한
다. 양백이 의인화되었다는 점이 주목된다.

---

6 원문에는 중생重生으로 기록되어 있지만, 의미가 통하도록 고쳤다.

天천兩양白백을 알렸으니, 地지兩양白백을 다시 알소. … 地지理리兩양白백
無무用용으로, 天천理리兩양白백 生생이라네. 天천地지合합德덕 兩양白백聖성
人인, 禮예法법更갱定정 先선聖성道도로 —「양백론」

양백兩白을 "하늘 양백"과 "땅 양백"으로 구분한다. 그리고 지리상에
서 양백을 찾는 일은 쓸모가 없고, 하늘의 이치인 양백을 찾아야만 살
수 있을 것이라고 주장한다. 천지의 덕을 합한 양백의 성인聖人이 앞서
태어나신 성인의 도道로 예법을 다시 정할 것이라고 강조한다. 양백이
성인聖人과 결부되면서 의인화된 점이 특기할 만하다. 이러한 입장에
따르면 양백이 지명地名이라는 『정감록』의 주장과는 서로 맞선다.
한편 "하도낙서河圖洛書에 둘 다 중앙에 흰 십자十字가 있어서 양백이
라 하는데, 이것은 오묘한 진리가 있어 중생을 구원한다는 뜻이며, 물
질과 신체의 백白과 정신과 영혼의 백白도 역시 양백兩白이라는 뜻이
다."라는 풀이도 있다.[7]

外외有유八팔卦괘九구宮궁裡리, 內내有유十십勝승兩량白백理리 —「농궁가」

리裡는 리理의 오기로 보인다. "밖으로는 팔괘와 구궁의 이치가 있
고, 안으로는 십승과 양백의 이치가 있다."라고 해석할 수 있다. 십승
과 양백이 서로 연관된다는 점이 다시 한 번 강조되었다.
『정감록』의 양백이 태백산太白山과 소백산小白山이라는 지명地名으로
해석되는데 반해 『격암유록』에서는 하도河圖와 낙서洛書와 연관된 백
자白字로 해석된다. 지명이 아니라 철학적 개념이 포함된 명사로 풀이
된 것이다. 그런데 『격암유록』을 해석한 일부 사람은 양백을 기독교적
상징인 백십자白十字라고 주장한다.

---

7   신유승 해독, 『격암유록』 제1권(세종출판공사, 1987), 158쪽.

眞_진人_인居_거住_주兩_양白_백.

진인은 양백에 거주하신다. ―「극락가」

이 세상을 구원해 줄 존재인 진인眞人이 양백兩白에 산다는 주장이다. 여기서는 양백이 특별한 존재가 사는 장소를 의미한다.

失_실時_시末_말動_동도 부디 마라. 欲_욕入_입兩_양白_백 不_부得_득已_이라.
―「격암가사」

때를 놓쳐 말기에 움직이지 말 것이며, 양백으로 들어가고자 하는 것이 자연스러운 것이라는 주장이다. 말기에 움직이면 죽을 자리를 찾는 일과 같다. 양백에 들어가야 살 수 있다는 점을 강조한 대목이다.

兩_양白_백三_삼豊_풍非_비吉_길地_지를 ―「삼풍론」

이 구절에서는 양백兩白과 삼풍三豊이 이른바 "길한 땅"이 아니라고 주장한다. 즉 양백이나 삼풍이 특정한 지역을 가리키는 용어가 아니라고 강조한다. 『정감록』의 입장과 주장과는 달리 『격암유록』은 양백과 삼풍을 특별한 개념으로 이해한다.

兩_양白_백三_삼豊_풍 十_십勝_승論_론을 … 天_천理_리十_십勝_승 차자 볼가
―「십승론」

양백, 삼풍, 십승이 연관되어 서술된다. 이들 용어가 지닌 비밀을 풀이해야 비로소 "하늘의 이치"인 십승十勝을 찾을 수 있다는 주장이다.

女_여上_상男_남下_하 地_지天_천泰_태로, 兩_양白_백三_삼豊_풍 傳_전햇다네. ―「송가전」

"여자가 위에 있고, 남자가 아래에 있는 형상"은 주역周易의 지천태괘 地天泰卦이다. 이 지천태괘에 양백과 삼풍의 이치가 있다고 주장한다.

양백兩白이라는 용어도 이미 『정감록』에 자주 나오는 용어다. 이제 『정감록』의 양백과 관련된 기록들을 살펴보자.

求구人인種종於어兩양白백. 此차十십處처兵병火화不불入입, 凶흉年년不불入입. 인간 종자는 양백에서 구할 것이다.[8] 이 열 곳에는 전쟁과 흉년이 들어오지 못할 것이다.[9]

인용문의 "이 열 곳"은 이른바 십승지로 거론되는 풍기, 개령, 가야, 단양 등의 열 곳의 피난처다. "인간 종자를 양백兩白에서 구한다."라는 비결과 관련하여 열 군데의 피난처가 제시되었다. 결국 양백은 사람이 사는 특정한 지역이나 장소를 가리키는 용어로 사용되었다.

避피身신之지地지, 莫막如여兩양白백. 몸을 피할만한 땅으로는 양백만한 곳이 없다.[10]

양백兩白이 "몸을 피할만한 땅"으로 명시된다. 따라서 『정감록』에 나오는 양백은 특별한 종교적 개념이 아니라 태백산과 소백산이라는 특정한 지역을 가리키는 명사이다.

求구人인才재於어兩양白백. 인재를 양백에서 구할 것이다.[11]

---

8 이 구절은 「운기구책」, 『정감록』(한성도서주식회사, 1923), 안춘근, 『정감록집성』(아세아문화사, 1973), 507면에도 나온다.
9 「징비록」, 『정감록』(한성도서주식회사, 1923), 안춘근, 『정감록집성』(아세아문화사, 1973), 487면
10 「징비록」, 『정감록』(한성도서주식회사, 1923), 안춘근, 『정감록집성』(아세아문화사, 1973), 489면
11 「징비록」, 『정감록』(한성도서주식회사, 1923), 안춘근, 『정감록집성』(아세아문화사, 1973), 490면

인재人才는 인종人種과 같은 의미로 사용되었다. "인간 종자를 양백에서 구한다."는 비결과 거의 비슷한 표현이다.

尋심人인體체於어兩양白백.
인체를 양백에서 찾을 것이다.[12]

"구한다."는 표현 대신 "찾는다."는 표현이 나오고, 인종 대신 인체人體라는 표현이 보인다. 역시 "인간 종자를 양백에서 구한다."는 비결과 대동소이大同小異하다.

求구人인種종於어兩양白백.
인종을 양백에서 구할 것이다.[13]

특히 『정감록』의 「감결」에 이어지는 문장으로 "차십처此十處, 병화불입兵火不入, 흉년불입凶年不入. 이 열 곳은 전쟁이 들어오지 못하고, 흉년이 들어오지 못하리라."라는 구절이 있다. 앞의 구절에서 몸을 보전할 땅 열 곳 즉 풍기, 안동, 개령, 가야, 단춘 공주, 진목, 봉화, 운봉, 태백 등이 거론되는 점으로 보아 삼풍과 양백은 모두 특정한 열 군데의 구체적 지명을 가리킨 것이다.

求구人인種종於어兩양白백之지間간.
인종을 양백의 사이에서 구할 것이다.[14]

---

12 「요람역세」, 『정감록』(한성도서주식회사, 1923), 안춘근, 『정감록집성』(아세아문화사, 1973), 526면.

13 「동차결」, 『정감록』(한성도서주식회사, 1923), 안춘근, 『정감록집성』(아세아문화사, 1973), 556면과 561면. 「감결」, 『정감록』(한성도서주식회사, 1923), 안춘근, 『정감록집성』(아세아문화사, 1973), 568면. 「경주이선생가장결」, 『정감록』(한성도서주식회사, 1923), 안춘근, 『정감록집성』(아세아문화사, 1973), 587면. 「토정가장결」, 『정감록』(한성도서주식회사, 1923), 안춘근, 『정감록집성』(아세아문화사, 1973), 594면.

양백兩白 대신 좀 더 구체적인 "양백의 사이"라는 표현이 나온다. 이 "양백의 사이"는 "태백산과 소백산의 사이"를 가리키는 용어다.

避피亂난之지方방, 莫막如여兩양白백之지間간.
난리를 피하는 방법으로 양백의 사이만한 곳이 없다.[15]

이제 "피난하는 방법"으로 가장 좋은 것이 "양백兩白의 사이"라고 주장한다. "양백의 사이"가 피난처 혹은 구원처로 제시되는 것이다.

后후人인稍초有유知지覺각者자, 深심藏장子자孫손於어兩양白백之지間간可가也야.
후대 사람으로서 약간의 지각이라도 있는 사람이라면 자손을 양백의 사이에 깊이 숨기는 것이 옳을 것이다.[16]

"양백兩白의 사이"라는 표현에서 양백이 좀 더 지리적 장소를 뜻하는 용어로 사용되었다. 특히 「비지론」의 이어지는 문장이 "차처此處, 병혁불입兵革不入, 흉년부도凶年不到. 이곳은 전쟁이 들어오지 못하고, 흉년이 이르지 못하는 땅이다."라고 기록되어 있다. 따라서 『정감록』에서 양백兩白은 특정한 지역적 장소를 가리키는 용어로 사용되었음을 알수 있다.

有유知지覺각者자, 儲저穀곡待대時시兩양白백之지間간.
지각이 있는 자는 곡식을 쌓아 양백의 사이에서 시간을 기다릴 것이다.[17]

---

14 「운기구책」, 『정감록』(한성도서주식회사, 1923), 안춘근, 『정감록집성』(아세아문화사, 1973), 504면. 「비지론」, 『정감록』(한성도서주식회사, 1923), 안춘근, 『정감록집성』(아세아문화사, 1973), 609면.
15 「운기구책」, 『정감록』(한성도서주식회사, 1923), 안춘근, 『정감록집성』(아세아문화사, 1973), 506면.
16 「비지론」, 『정감록』(한성도서주식회사, 1923), 안춘근, 『정감록집성』(아세아문화사, 1973), 610면.

위의 인용문에서도 "양백의 사이"는 앎이 있는 사람들이 곡식을 저장하고 시간을 기다리면 난리나 재난을 피하는 장소라는 의미로 사용되었다.

> 有유知지覺각欲욕入입兩양白백者자, 拘구於어愚우夫부挽만留류, 而이不불入입多다矣의.
> 지각이 있는 자가 양백으로 들어가려 하면 어리석은 자들이 억지로 만류하여 못 들어가는 사람이 많으리라.[18]

위의 인용문은 양백으로 들어가 재난을 피하는 일이 매우 어렵다는 점을 강조한 대목이다. "들어간다."라는 표현에서 "양백兩白"이 사람들이 들어가서 살 수 있는 구체적인 땅이나 장소를 가리키는 용어로 사용되었다.

> 漢한陽양李이 末말, 世세人인之지避피災재, 不불出출於어他타山산, 乃내最최好호則즉兩양白백之지間간也야.
> 한양 이씨의 말기에 세상 사람들이 재앙을 피하는 데에는 다른 산에서 (피난처가) 나오는 것이 아니라 가장 좋은 곳은 양백의 사이가 될 것이다.[19]

"다른 산이 아니다."라는 표현에서 알 수 있듯이 양백은 특정한 지명이나 산 이름이다.

---

17 「운기구책」, 『정감록』(한성도서주식회사, 1923), 안춘근, 『정감록집성』(아세아문화사, 1973), 507면.
18 「운기구책」, 『정감록』(한성도서주식회사, 1923), 안춘근, 『정감록집성』(아세아문화사, 1973), 507면.
19 「요람역세」, 『정감록』(한성도서주식회사, 1923), 안춘근, 『정감록집성』(아세아문화사, 1973), 527면.

兩양白백可가爲위安안居거.

양백은 가히 편안히 거주할 수 있는 곳이다. [20]

　"양백兩白은 사람들이 편안히 살 수 있는 곳이다."라는 주장에서 알 수 있듯이 양백은 구체적이고 특정한 지역을 가리키는 용어다.

有유知지覺각者자, 深심藏장子자孫손於어兩양白백之지間간.

지각이 있는 자는 자손을 양백의 사이에 깊이 숨길 것이다. [21]

　앎이 있는 사람들은 자손을 "양백의 사이"에 깊숙이 숨길 것이라고 주장한다. 이처럼 양백은 사람이 숨어 살 수 있는 지역이나 장소를 가리키는 용어로 사용되었다.

李이氏씨末말, 人인民민避피身신, 不불利리山산水수, 最최好호者자, 兩양白백之지間간.

이씨 (왕조의) 말기에 백성들이 피신할 곳은 산수山水에 불리하고, 가장 좋은 곳은 양백의 사이이다. [22]

　이씨 왕조의 말기에 이르면 사람들이 피신해야 할 것이라는 주장이며, 이때 피신처로는 산이나 물가는 좋지 않고 가장 좋은 장소는 "양백의 사이"라는 주장이다. 역시 "양백의 사이"은 특정한 지역이나 장소를 가리키는 용어로 사용되었다.

---

[20] 「요람역세」, 『정감록』(한성도서주식회사, 1923), 안춘근, 『정감록집성』(아세아문화사, 1973), 529면.

[21] 「요람역세」, 『정감록』(한성도서주식회사, 1923), 안춘근, 『정감록집성』(아세아문화사, 1973), 531면.

[22] 「요람역세」, 『정감록』(한성도서주식회사, 1923), 안춘근, 『정감록집성』(아세아문화사, 1973), 531면.

한편 「초창결蕉蒼訣」에 다음과 같은 내용이 있다.

問문曰왈, 人인種종求구於어兩양白백何하也야? 曰왈兩양白백指지有유二이焉언, 皆개合합其기時시一일時시也야. 有유角각之지旨지有유用용處처, 卽즉白백二이字자合합也야.

"인종을 양백에서 구한다는 것은 무엇인가?"라고 물었다. 답하기를 "양백은 두 가지가 있음을 가리키는 것이니, 모두 그 때와 일시一時에 부합한 것이다. 뿔이 있다는 뜻은 용처用處가 있다는 것이니, 곧 백白이라는 두 글자가 합한 것이다."라 했다.[23]

양백에 두 가지의 뜻이 있다고 주장하고, 두 가지 모두 그 시기에 부합한다고 답한다. 그리고 갑자기 "뿔이 있다는 뜻"이라는 말을 강조하고, 이것이 '백白'자 두 개를 합한 것이라고 강조한다. 아마도 '백白'자의 글자 모양이 마치 뿔이 솟아난 듯하여 이렇게 주장한 듯하다. 정확한 의미는 알 수 없다.

그리고 「토정결土亭訣」에 다음과 같은 내용이 보인다.

經경曰왈 … 十십二이年년賊적穴혈, 求구人인種종於어兩양白백, 皆개靑청藜려鄭정先선生생云운云운, 當당此차之지時시, 大대利리於어弓궁弓궁乙을乙을.

경經에 이르기를 … "12년 동안의 도둑 소굴에 인종을 양백에서 구할 것이다."라 했으니, 모두 청려靑藜 정鄭 선생이 말한 것이다. 이러한 때를 당하여 궁궁을을에 크게 이로울 것이다.[24]

"도둑 소굴"은 전쟁이 일어나 나라를 빼앗긴 어려운 상황을 표현한

---

23 「초창결」, 『정감록』(한성도서주식회사, 1923), 안춘근, 『정감록집성』(아세아문화사, 1973), 173~174면
24 「토정결」, 『정감록』(한성도서주식회사, 1923), 안춘근, 『정감록집성』(아세아문화사, 1973), 185면

용어로 보인다. 이때에도 "인간 종자를 양백에서 구하라."는 비결이 유용하다는 주장이다. 그런데 인용문에 나오는 "청려 정선생"은 누구인지 알 수 없다. 청려를 호號로 쓰는 정씨鄭氏 성姓을 가진 인물이라는 사실만 확인 가능하다. 마지막 구절에서는 "이로움이 궁궁을을弓弓乙乙에 있을 것이다."는 비결이 다시 한 번 강조된다.

또한 정확한 필사연대를 알 수 없는 「초창결蕉蒼訣」에 포함된 「서계결언西溪訣言」에 다음과 같은 내용이 있다.

> 求구人인種종於어兩양白백者자, 人인之지頭두有유白백. 白백字자之지象상, 愛애髮발可가也야.
>
> 인간 종자를 양백에서 구한다는 것은 사람의 머리에 백白이 있는 것이다. 백白자의 모양은 머리카락을 사랑해야 옳다는 뜻이다.[25]

"인간 종자를 양백兩白에서 구한다."는 비결에 대해 좀 더 자세한 설명을 덧붙인 대목인데, 더욱 혼란스러움만 가져온다. 양백의 글자 모양이 마치 머리카락이 붙어있는 것과 같다는 의미인 듯한데, 무슨 뜻인지 알기 어렵다.

---

25 「서계결언」, 「초창결」, 『정감록』(한성도서주식회사, 1923), 안춘근, 『정감록집성』(아세아문화사, 1973), 192면.

계룡과 계룡석백
───
鷄龍 鷄龍石白

『격암유록』에는 계룡과 계룡석백이라는 용어가 나오는데, 관련기록은 다음과 같다.

　　鷄계龍룡鷄계龍룡何하鷄계龍룡?
　　계룡, 계룡이라 부르는데 무슨 계룡인가? ―「남사고비결」

위 구절에 나오는 계룡을 "계鷄는 동남방東南方이고, 바람 손巽이며, 음목陰木이다. 용龍은 동방東方이고, 우레 진震이며, 양목陽木이다. 세계 만민을 구제하는 성인聖人을 의미한다."라고 해석하기도 한다.[1]

그러나 문장 그대로 풀이하면 계룡은 충청도의 계룡산鷄龍山을 가리키는 용어다. 다만 계룡산이 구원처 내지 피난처로 제시되면서, 계룡 자체에 특별한 의미를 부여하려는 움직임이 이러한 억지스러운 해석을 가능하게 만든 것으로 보인다.

　　紫자霞하仙선中중金금鷄계龍룡.
　　자하선紫霞仙 가운데 금빛 계룡이로다. ―「남사고비결」

───
1　신유승 해독, 『격암유록』 제2권(세종출판공사, 1987), 28쪽.

위의 구절에 나오는 자하紫霞는 신선이 사는 곳을 둘러싼 자줏빛 안개를 의미한다. 따라서 자하는 신선이 사는 세계를 상징하는 용어다. 그러므로 위의 구절은 "신선이 사는 세계 가운데 금빛 계룡이 나타나리라."는 정도의 해석이 가능하다.

그런데 이 구절에 대해 "계룡은 충청도의 계룡산이 아니고 『주역周易』에서 계鷄는 손巽이고 동남東南이며 목木이다. 또한 용龍은 진震이고 정동正東이며 목木이다. 그래서 계룡을 합치면 임林이 되니, 이는 동방성인東方聖人을 뜻한다."라고 억지스럽게 해석하기도 한다.[2]

> 白백石석何하在재? 尋심於어鷄계龍룡. 鷄계龍룡何하在재? 非비山산非비野야.
> 흰 돌이 어디에 있는가? 계룡에서 찾으라. 계룡은 어디에 있는가? 산도 아니요 들도 아니다. ―「세론시」

말세의 위기가 닥치면 "계룡산의 돌이 하얗게 변할 것이다."라는 비결과 관련이 있는 구절이다. 흰 돌은 계룡에서 찾아야 할 것이며, 계룡은 산도 아니고 들판도 아니라는 주장이다.

> 鷄계龍룡創창業업, 曉효星성照조臨림.
> 계룡에서 창업하니, 빛나는 별이 비취는구나. ―「세론시」

계룡에서 나라을 세우면 길한 별이 비칠 것이라는 주장이다. 이른바 계룡산도읍설을 표현한 대목이다. 이씨 왕조가 망하면 그 뒤를 이어서 새로운 왕국이 계룡산을 중심으로 세워질 것이라는 예언을 집약한 표현으로 보인다.

> 鷄계龍룡創창業업始시此차地지, 愚우人인不불尋심.

---

2 신유승 해독, 『격암유록』 제1권(세종출판공사, 1987), 41쪽.

계룡에 창업함은 이 땅에서 시작되리니, 어리석은 사람은 찾을 수 없다.
―「세론시」

위 구절을 "계룡성인의 창업을 시작할 곳은 이 땅(남한)이고, 십승지
인데, 어리석은 사람은 찾을 수 없다."라고 풀이하기도 한다.[3] 계룡산
도읍설의 중심지로서 계룡산이 강조되고, 어리석은 사람들은 절대 찾
을 수 없다고 주장한다.

鷄계龍룡開개國국, 達달於어此차日일.
계룡에서 나라를 여는 일이 이 날에서 생기리라. ―「세론시」

구체적으로 어떤 시기인지는 밝히지 않았고, 다만 "이 날"이라고만
언급된다. 이 구절에 나오는 계룡은 계룡산을 가리킨다. 왜냐하면 이
어지는 구절이 "나라를 새롭게 연다."는 것이므로 계룡산도읍설을 주
장하는 말이기 때문이다.

愚우者자何하辨변入입於어俗속離리, 尋심於어智지異리, 尋심山산鷄계龍룡?
어리석은 자가 어떤 판단을 내려 속리산으로 들어가고, 지리산을 찾아들
고, 계룡산을 찾아가는가? ―「세론시」

위의 구절을 "어리석은 자가 충청도 계룡산이나 속리산을 찾아든다
는 뜻이다."라고 해석하기도 한다.[4] 속리산, 지리산, 계룡산 등지의 명
승지를 찾아나서는 사람들은 새로운 왕조가 어느 곳에 세워질 것인가
를 찾아 헤매기 때문이다.

---

3   신유승 해독, 『격암유록』 제2권(세종출판공사, 1987), 89쪽.
4   신유승 해독, 『격암유록』 제1권(세종출판공사, 1987), 47쪽.

鷄계龍룡山산下하定정都도地지.

계룡산 아래는 도읍으로 정해진 터다. ―「말운론」

계룡산도읍설의 전형적인 구절이다. 계룡산 지역이 새로운 왕조의 도읍지로 정해져 있다는 믿음을 표현한 것이다.

그런데 위의 구절을 "남조선에서 계룡성인鷄龍聖人이 출현하셔서 도읍을 정한다."라고 해석하면서 "계룡산은 선경仙境을 이룬 것을 말하며, 충청도 계룡산이 아니다."라고 주장하기도 한다.[5]

鷄계龍룡何하意의變변天천地지?

계룡은 무슨 의도로 천지를 변화시키는가? ―「말운론」

위 구절을 "계룡은 어떤 뜻인가? 그것은 성인이며 진리이고 천상천하를 오묘하고 무궁무진하게 천변만화시켜서 천지를 극락, 선경, 천당으로 변화시키는 것을 말한다."라고 해석하기도 한다.[6] 이 구절은 계룡산도읍설에 기초하여 새 왕조가 세워지면 세상에 엄청난 변화가 일어날 것이라는 의미로 풀이해야 할 것이다.

鷄계龍룡基기礎초何하之지年년?

계룡에 기초를 세울 때는 어느 해인가? ―「말운론」

이 구절은 계룡산에 새 도읍지를 정할 때가 언제인가라고 풀이해야 할 것이다. 계룡산도읍설이 현실화되는 시기를 기다리는 마음이 드러난 구절로 보인다.

그런데 위의 계룡을 진인眞人으로 해석하여 "진인이 나타날 기초가

---

5   신유승 해독, 『격암유록』 제2권(세종출판공사, 1987), 242쪽.
6   신유승 해독, 『격암유록』 제2권(세종출판공사, 1987), 257쪽.

되는 해는 언제인가?"로 해석하기도 한다.[7]

千천年년大대運운鷄계龍룡國국, 四사時시不불變변永영春춘世세.
천년 동안의 큰 운수가 있을 계룡국이요, 사시四時가 변하지 않는 영원한
봄 세상이로다. ―「농궁가」

"계룡의 나라" 즉 "계룡산에 도읍하는 나라"가 세워지면 천년 동안의
긴 왕조를 유지할 것이고, 사계절이 변하지 않고 영원한 봄날이 이루
어질 것이라는 찬사를 바친다. 한편 위 구절에 나오는 계룡국을 성인
국聖人國으로 풀이하기도 한다.[8]

鷄계龍룡都도邑읍非비山산名명, 誕탄生생靑청林림正정道도士사.
계룡에 도읍을 정한다는 것은 산 이름이 아니고, 청림靑林 정도사正道士가
탄생하는 것이다. ―「농궁가」

충청도에 있는 특정한 산인 계룡산에 도읍을 정하는 것이 아니라
"청림 정도사"라는 신비한 인물이 새롭게 탄생할 것을 예언한 것이라
는 주장이다. 청림 정도사는 바른 도道를 펼칠 존재라는 점만 확인가능
하다.
    한편 이 구절을 "계룡도읍은 산 이름 계룡에 도읍하는 것이 아니라
청림(청靑은 동방東方이고, 손진계룡巽震鷄龍은 양목兩木이다.)에서 탄생하신 바른
도道를 펼칠 정도사鄭道士를 말한다."라고 해석하기도 한다.[9]

鷄계龍룡天천國국建건設설運운, 千천里리萬만里리遠원邦방諸제人인勢세.

―――――――
7   신유승 해독, 『격암유록』 제1권(세종출판공사, 1987), 69쪽.
8   신유승 해독, 『격암유록』 제1권(세종출판공사, 1987), 132쪽.
9   신유승 해독, 『격암유록』 제1권(세종출판공사, 1987), 133쪽.

계룡천국을 건설하는 운이요, 천 리 만 리나 떨어진 먼 곳에서 여러 사
람이 모이리라. ―「말운가」

계룡鷄龍이 천국天國과 결합되었다. 계룡산에 도읍하는 일을 하늘나
라가 이 땅에 세워진다고 표현한 것이다. 계룡산도읍설과 상통하는 대
목이다. 그런데 계룡을 굳이 계룡산으로 보지 않고 특별한 종교적 개
념을 지닌 명사로 해석하는 사람도 있다.
위의 구절을 "계룡천국을 건설한 운세에는 천리만리 먼 나라 여러
곳에서 많은 사람이 몰린다."라고 풀이하기도 한다.[10]
한편 『격암유록』에는 「계룡가鷄龍歌」와 「계룡론鷄龍論」이 전한다.
그런데 "계룡이란 하늘의 뜻을 세상에 펼칠 성인聖人과 그 분의 말씀을
뜻한다."라는 주장이 있다.[11]

天천子자乃내嘉가鷄계龍룡朴박. ―「갑을가」

이 구절을 "천자로서 즉 즐겁고 경사스러운 계룡성인鷄龍聖人 박朴이
다."라고 풀이하기도 한다.[12] 박朴이 특정인을 가리키는 성씨姓氏로 사
용된 점은 분명해 보인다. 아마도 『격암유록』에 나오는 박씨 진인출세
설을 주장하는 근거로 사용한 듯하다.

鷄계龍룡山산上상甲갑乙을閣각, 俗속離리山산上상鷄계龍룡閣각.
계룡산 위에 갑을각이요, 속리산 우에 계룡각이로다. ―「갑을가」

계룡산 정상에 갑을각甲乙閣이 세워지고, 속리산 위에는 계룡각鷄龍閣

---

10 신유승 해독, 『격암유록』 제1권(세종출판공사, 1987), 144쪽.
11 신유승 해독, 『격암유록』 제1권(세종출판공사, 1987), 167쪽.
12 신유승 해독, 『격암유록』 제1권(세종출판공사, 1987), 228쪽.

이 세워질 것이라는 주장이다. 갑을각과 계룡각이 각기 어떤 건물인지는 밝히지 않았다. 이상사회가 건설되면 계룡산과 속리산 등의 명승지에 특별한 건축물도 세워질 것이라는 점만 짐작될 따름이다.

鷄계龍룡山산上상甲갑乙을閣각.
계룡산 위에 갑을각이 세워질 것이다. ―「갑을가」

이 구절은 앞 구절에서 이미 나왔다. 동일한 표현이 계속해서 강조되었다.

鷄계龍룡都도城성尋심璧벽民민.
계룡에 도성이 세워지면 아름다운 백성들이 찾으리라.
―「래패여언육십재」

그런데 위 구절을 "계룡성인의 도성은 보물과 옥玉으로 가득 찬다."라고 풀이하기도 한다.[13] 어쨌든 계룡은 새 왕조의 도읍터로 제시되었고, 그곳에는 착하고 아름다운 사람들이 거주하게 될 것이라는 주장이다.

一일人인鷄계龍룡開개國국起기功공之지臣신
계룡에 나라를 열 한 사람과 공을 세울 신하 ―「무용출세지장」

무언가 글자가 빠진 듯하다. 어쨌든 계룡은 "새로운 나라가 들어설 곳"으로 표현된다. 나라를 세울 중심인물 한 사람과 그를 도와줄 공신功臣이 나타날 것이라는 주장이다.

鷄계龍룡白백石석眞진鷄계龍룡.

---

13 신유승 해독, 『격암유록』 제2권(세종출판공사, 1987), 115쪽.

계룡의 돌이 희게 변하는 것이 참 계룡이다. ―「남사고비결」

  새로운 왕조가 세워질 징조 가운데 하나로 『정감록』은 "계룡산의 돌이 하얗게 변할 것이다."는 비결을 제시한다. 이러한 현상이 일어나는 것이 진정한 계룡이라는 주장이다. 그런데 위의 구절을 "계룡을 합치면 임林이 되니, 이는 동방성인東方聖人을 뜻한다."라고 풀이하기도 한다.[14] 도대체 계룡을 어떻게 합쳐야 '임林'자가 되는지는 밝히지 않는다. 이해하기 힘든 해석이다.

    靑청林림道도士사 鷄계龍룡鄭정氏씨.
    청림도사는 계룡 정씨이다. ―「계룡론」

  『정감록』에서는 조선의 이씨李氏 왕조를 대신하여 새롭게 계룡산에 도읍할 진인眞人의 성씨가 정씨鄭氏라고 주장한다. 이 구절은 이러한 계룡산 정씨 진인출현설을 다시 한 번 강조한 대목이며, 그가 곧 청림도사靑林道士라는 주장이다.

    仙선道도昌창運운은 時시來래故고로, 鷄계龍룡鄭정氏씨 傳전햇다네. ―「계룡론」

  신선神仙의 도道가 창성할 시기가 도래했으므로 계룡산에 도읍을 정할 정씨에게 전했다는 주장이다. 정씨가 신선의 도를 펼칠 것이라는 점을 강조했다.

    訪방道도君군子자 修수道도人인아, 地지鷄계龍룡만 찾단 말가? ―「성운론」

  위의 구절에서는 도道을 구하는 군자君子를 자처하는 수도인修道人들

---

14 신유승 해독, 『격암유록』 제1권(세종출판공사, 1987), 41쪽.

이 땅에서만 계룡鷄龍을 찾아 헤매는 세태를 비판하고 있다. 지계룡地鷄龍은 천계룡天鷄龍을 전제로 하고 이와 대비되는 용어다. 따라서 지계룡이라는 용어 자체가 이제 땅에서만 계룡을 찾지 말라는 입장이다. 지리적인 계룡인 계룡산이 아니라 "하늘의 이치"와 연관된 참된 계룡鷄龍을 찾아 나설 때라고 주장하는 것이다.

한편 『격암유록』에는 「계룡론」이 전한다. 여기에 계룡석백鷄龍石白이라는 용어가 등장한다.

鷄계龍룡石석白백鄭정運운王왕, 鄭정趙조千천年년鄭정鑑감說설, 世세不부知지而이神신人인知지.

계룡석백은 정씨 왕의 운이요, 정씨와 조씨는 천년동안 정감의 설을 누릴 것이니, 세상은 알지 못하나 다만 신인神人만 알 것이다. —「계룡론」

"계룡산의 돌이 하얗게 변할 것이다."는 비결은 정씨 진인출현설을 주장하는 대목이고, 이씨 왕조를 뒤이어 정씨와 조씨가[15] 각기 천년 동안 새 왕조를 누릴 것이라는 『정감록』의 주장이 유효할 것이라는 주장이다. 이러한 세상의 비밀은 일반 사람을 알기 어렵고, 다만 신인神人으로 표현되는 신비하고 특별한 존재들만 알 수 있을 것이라고 덧붙인다. 『정감록』의 진인출현설과 왕조교체설을 대변하는 구절이다.

그런데 이 구절을 "계룡성인의 흰 돌은 마귀와 죽음을 깨뜨리는 진리이고 이것은 곧 무궁武弓이다. 이것을 구사하는 정도령은 천운이 열리면서 드디어 왕중왕王中王으로서 지상에 강림하신다."라고 해석하기도 한다.[16] 『정감록』적인 해석이 아니라 기독교적 해석을 약간 가미한 것이다.

---

15 "後入伽倻, 趙氏千年之地. (산천의 기운이) 가야산으로 들어가니, 조씨가 천년 동안 도읍할 땅이다."「징비록」, 『정감록』(한성도서주식회사, 1923), 안춘근, 『정감록집성』(아세아문화사, 1973), 485면.
16 신유승 해독, 『격암유록』제2권(세종출판공사, 1987), 106쪽.

鷄계龍룡石석白백鄭정道도令령.
계룡석백의 정도령이다. —「계룡론」

원래 『정감록』에는 정도령鄭道令이라는 표현은 나오지 않는다. 정씨鄭氏 진인眞人의 새롭고 활력이 넘치는 모습을 빗대어 후대에 『정감록』의 주인공을 정도령이라고 부르고 믿었던 민중들의 바람이 그렇게 표현된 것 뿐이다. 어쨌든 이 구절은 "계룡산의 돌이 하얗게 변한다."는 비결의 주인공이 바로 정도령이라고 주장한 대목이다.

鷄계龍룡石석白백武무器기故고로 —「계룡론」

위의 구절을 "계룡석백은 하느님이자 바로 진리이며, 마귀를 퇴치하고 늙고 쇠약하고 병들어서 죽는 것을 물리치는 무기이다."라고 해석하기도 한다.[17] 어쨌든 계룡석백을 특별한 위력을 지닌 무기로 보았다.

鷄계龍룡石석白백 武무器기攷고로, 田전末말弓궁者자 田전鎌겸이라.
—「계룡론」

전말궁田末弓이 무슨 뜻인지 알 수 없다. 혹시 "이로움이 전전田田에 있다."와 "이로움이 궁궁弓弓에 있다는 비결과 관련된 듯하다고 짐작할 따름이다. 이 구절은 계룡석백이 무기이기 때문에 전말궁은 "밭을 가는 낫"이라고 억지 해석할 수밖에 없다.

鷄계龍룡石석白백盤반理리.
계룡석백은 소반의 이치이다. —「말운론」

---

17 신유승 해독, 『격암유록』 제1권(세종출판공사, 1987), 188쪽.

이 구절을 "계룡성인鷄龍聖人은 마귀를 깨뜨리는 흰 돌이며, 진리이고, 십승十勝인데, 밥상에서 오묘한 이치를 터득하라."라고 해석하기도 한다.[18] 이러한 해석은 억지스럽다. 다만 "계룡산의 돌이 하얗게 변할 것이다."는 비결과 "소반에서 네 개의 젖을 떨어뜨리라."는 비결이 서로 연관된다는 점을 강조한 대목으로 보인다.

한편 계룡산의 돌이 희게 변한다는 예언과 관련하여 『격암유록』에는 「백석가白石歌」가 전한다.

石석白백何하意의日일中중君군?
돌이 하얗게 된다는 것은 무슨 뜻이며, 일중군日中君은 무엇인가?
—「말운론」

역시 일중군日中君의 의미를 알 수 없다. 이 구절도 계룡석백과 관련이 있다는 것만 짐작할 수 있을 따름이다.

鷄계山산石석白백三삼山산中중.
계산의 흰 돌이 삼산 안에 있도다. —「생초지락」

위의 구절을 "계룡산 하느님의 마귀를 깨뜨리는 흰 돌이 삼신산 속에 있다."라고 해석하기도 한다.[19] 계산석백鷄山石白은 계룡석백鷄龍石白과 유사한 표현이다. 삼산三山도 어떤 산들을 가리키는 용어인지 확실하지 않다.

鷄계山산石석白백黑흑石석皓호.
계산의 흰 돌은 검은 돌이 희게 되는 것이다. —「백석가」

---

18 신유승 해독, 『격암유록』 제2권(세종출판공사, 1987), 252쪽.
19 신유승 해독, 『격암유록』 제2권(세종출판공사, 1987), 335쪽.

계산鷄山의 흰 돌은 원래는 검은 돌이었는데 하얗게 변했다는 의미이다. 계룡석백鷄龍石白과 거의 비슷한 표현이다.

鷄계龍룡白백石석平평砂사間간. ─「은비가」

계룡산의 돌이 하얗게 변하는 일이 평평한 모래 언덕 사이에서 일어날 것이라는 주장이다. 평사平砂가 정확히 어떤 곳을 가리키는지는 명확하지 않다.

鷄계龍룡石석白백非비公공이요, 平평沙사之지間간 眞진公공州주라. … 鷄계石석白백聖성山산地지니 ─「계룡가」

위의 구절은 "계룡산의 돌이 하얗게 변하는 것은 공주公州가 아니요, 평사平沙의 사이가 참 공주이다. … 계룡산의 돌이 하얗게 되는 곳은 성스러운 산이 있는 땅이다."라고 해석할 수 있다.

그런데 이 구절을 "계룡석백은 충청도 공주公州가 아니요 평안하고 맑은 샘물이 흐르는 사이일 뿐만 아니라 하늘이 무너져도 솟아날 곳 즉 십승지인 마음이라야 참 공주이다."라고 풀이하기도 한다.[20]

弓궁弓궁十십勝승眞진人인處처라. 公공州주鷄계龍룡不불避피處처니
궁궁弓弓 십승十勝은 진인眞人이 사는 곳이라. 공주의 계룡산은 피난처가 아니니 ─「계룡가」

위의 구절에서는 진인眞人이 사는 장소가 바로 궁궁弓弓 십승十勝이요, 충청도 계룡산은 피난처가 아니라고 주장했다. 새 왕조의 주인공인 진인眞人이 사는 곳이 궁궁과 십승이라는 신비로운 용어로 설명되

---

20 신유승 해독, 『격암유록』 제3권(세종출판공사, 1987), 206쪽.

고 있고, 공주에 있는 계룡산은 위기상황을 벗어날 수 있는 피난처가
아니라고 주장한다.

> 鷄계龍룡白백石석 平평沙사福복處처, 武무陵릉桃도源원 此차勝승地지가
> ―「가사총론」

계룡산의 돌이 하얗게 변하고, 평사平沙가 복된 땅이 되며, 무릉도원
인 이곳 승지勝地라고 주장한다. 평사平沙는 어떤 지역을 가리키는 용
어인지 알 수 없다.

> 海해印인造조化화 不불覺각하고, 鷄계龍룡白백石석 되단 말가? ―「가사총론」

해인海印의 조화造化를 깨닫지 못하면 계룡산의 돌이 하얗게 되지 않
을 것이라고 주장한다. 해인과 관련하여 계룡석백鷄龍石白이 언급된다
는 점이 특기할 만하다.

> 滿만七칠加가三삼 避피亂란處처로, 鷄계龍룡白백石석 傳전햇으나 ―「송가전」

만칠가삼滿七加三이 무슨 뜻인지는 명확하지 않다. 다만 피난처로 계
룡석백鷄龍石白이 제시되었다.
계룡석백이라는 표현은 이미 『정감록』에 자주 나온다. 이제 『정감
록』의 관련 구절을 살펴보도록 하자.

> 鷄계龍룡石석白백, 草초浦포行행舟주.
> 계룡산의 돌이 하얗게 변할 것이고, 초포에는 배가 다닐 것이다.[21]

---

21 「징비록」, 『정감록』(한성도서주식회사, 1923), 안춘근, 『정감록집성』(아세아문화사, 1973),
486면. 「운기구책」, 『정감록』(한성도서주식회사, 1923), 안춘근, 『정감록집성』(아세아문화사,

위 구절은 『정감록』에 자주 나오는 표현이다. 세상이 크게 변할 징조로 이러한 현상이 일어날 것이라고 예언한 대목이다.

鷄계山산石석白백, 草초浦포行행舟주.
계산의 돌이 하얗게 되고, 초포에 배가 다니리라.[22]

인용문의 계산鷄山은 계룡산鷄龍山을 의미한다. 따라서 이 구절은 앞선 구절과 같은 뜻으로 풀이할 수 있다.

鷄계龍룡石석白백, 平평沙사三삼十십里리.
계룡산의 돌이 희게 변할 것이고, 평평한 모래언덕이 삼십 리나 펼쳐질 것이다.[23]

계룡산의 돌이 하얗게 변할 것이라는 주장은 『정감록』에 자주 등장하는 표현이다. 그리고 "평평한 모래언덕이 삼십 리나 펼쳐질 것이다."는 주장도 『정감록』에 나온다.

鷄계龍룡石석白백.
계룡산의 돌이 하얗게 변하리라.[24]

1973), 502면과 503면과 505면. 「요람역세」, 『정감록』(한성도서주식회사, 1923), 안춘근, 『정감록집성』(아세아문화사, 1973), 530면. "石白鷄龍, 舟行草浦."라는 비슷한 구절도 전한다. 「동차결」, 『정감록』(한성도서주식회사, 1923), 안춘근, 『정감록집성』(아세아문화사, 1973), 554면. "鷄龍石白, 淸浦竹白, 草浦潮生行舟."라는 구절도 있다. 「감결」, 『정감록』(한성도서주식회사, 1923), 안춘근, 『정감록집성』(아세아문화사, 1973), 567면.

22 「요람역세」, 『정감록』(한성도서주식회사, 1923), 안춘근, 『정감록집성』(아세아문화사, 1973), 525면. 이 구절과 같으나 초포주행草浦舟行으로 기록된 곳도 있다. 「비지론」, 『정감록』(한성도서주식회사, 1923), 안춘근, 『정감록집성』(아세아문화사, 1973), 608면.

23 「징비록」, 『정감록』(한성도서주식회사, 1923), 안춘근, 『정감록집성』(아세아문화사, 1973), 488면. 「운기구책」, 『정감록』(한성도서주식회사, 1923), 안춘근, 『정감록집성』(아세아문화사, 1973), 498면.

위 구절도 『정감록』에 자주 나오는 표현이다. 사회의 급격한 변화가 오기 전에 그 징조로서 이러한 현상이 일어날 것을 예언한 대목이다.

沁심日왈, 鄭정氏씨國국都도定정於어何하處처? 堪감曰왈, 鷄계鳴명龍용매규, 此차 乃내其기地지也야.

이심李沁이 묻기를 "정씨가 나라의 도읍을 정하는 곳이 어디인가?"라 하니, 정감鄭堪이 "닭이 울고 용이 울부짖는 곳이 바로 그곳이다."라고 답했다.[25]

이심과 정감의 문답으로 이루어진 위의 문장에서 정씨鄭氏 성姓을 가진 진인眞人이 새로운 왕조의 수도로 정하는 곳이 "닭이 울고 용이 울부짖는 곳"이라고 주장한다. 계룡산鷄龍山이 곧 그곳이라는 주장이다.

鷄계龍룡開개國국.

계룡에 나라를 열 것이다.[26]

이 구절도 진인이 출현하여 새 왕조를 계룡산을 중심으로 세울 것이라는 주장이다. 이처럼 『정감록』에는 정씨 성을 지닌 진인을 나타나 계룡산에 도읍을 정할 것이며, 그 징조로 "계룡산의 돌이 하얗게 변할 것이다."는 이른바 계룡석백鷄龍石白에 대한 주장을 강조한 구절이 많이 보인다.

---

24 「운기구책」, 『정감록』(한성도서주식회사, 1923), 안춘근, 『정감록집성』(아세아문화사, 1973), 497면.

25 「운기구책」, 『정감록』(한성도서주식회사, 1923), 안춘근, 『정감록집성』(아세아문화사, 1973), 507면.

26 「동차결」, 『정감록』(한성도서주식회사, 1923), 안춘근, 『정감록집성』(아세아문화사, 1973), 565면.

정감

鄭堪

『격암유록』에는 정감鄭堪이라는 용어도 아래와 같이 보인다. 정감은 바로 『정감록』의 주인공이다. 따라서 『격암유록』은 『정감록』의 영향을 많이 입은 예언서임이 분명하다.

此차運운時시, 鄭정堪감豫예에言언十십處처, 地지理리之지上상大대吉길地지, 十십處처以이外외小소吉길, 方방方방谷곡谷곡結결定정地지.
이 운運을 맞이하면 정감이 예언한 열 곳의 지리상으로 크게 길한 땅이 있으며, 열 곳의 땅 이외에도 조금 길한 곳이 방방곡곡에 결정되어 있다.
―「말운론」

위의 구절은 정감鄭堪이 예언한 십승지와 그 이외의 길지吉地이 전국 곳곳에 있다는 주장이다. 『정감록』의 십승지를 그대로 받아들이고 있는 대목이다. 물론 『정감록』에는 십승지 이외의 길한 땅이 여러 군데 제시되고 있다. 『격암유록』이 『정감록』의 핵심 주장 가운데 하나인 "정감鄭堪이 예언한 십승지"를 인정하고 수용하고 있다는 사실이 드러난다.

鄭정堪감豫예에言언十십處처地지理리 ―「말운론」

이 구절에서도 정감鄭堪이 예언한 열 군데의 지리적 승지勝地라는 표현이 있다. 역시 『정감록』의 십승지설十勝地說을 인정하고 있는 대목이다.

> 鄭정堪감豫예에 言언有유智지者자生생, 無무智지者자死사, 貧빈者자生생, 富부者자
> 死사, 是시亦역眞진理리矣의.
> 정감이 예언한 것에 앎이 있는 사람은 살 것이고, 앎이 없는 자는 죽을
> 것이며, 가난한 자는 살 것이고, 부자는 죽을 것이니, 이 또한 진리이다.
> —「성산심로」

정감이 예언한 일을 잘 알면 살아날 것이고, 그렇지 않으면 죽음을 면할 수 없을 것이라는 주장이다. 정감의 예언에 대해 알아둘 것을 강조한 대목이다. 따라서 『정감록』에 대해 아는 일이 중요함을 역설하였다. 그리고 "가난한 자는 살 것이고, 부유한 자는 죽을 것이다."는 구절은 『정감록』에도 나온다. 이러한 주장이 진리眞理라고 표현한 대목은 그만큼 『정감록』을 인정하고 있음을 짐작하게 한다.

> 天천文문地지理리 鄭정堪감先선師사, 天천理리論론을 푸러 보세. —「십승론」

정감鄭堪을 선사先師 즉 '앞선 스승'으로 부른다. 이 정감이 주장한 천문과 지리에 대한 일과 천리天理에 대해 밝힌 바를 풀어보자고 주장한다. 이 구절 역시 정감이 주장한 예언서인 『정감록』의 내용을 그대로 인정하고 있는 대목이다.

> 鄭정李이問문答답 三삼秘비文문을 大대綱강 물러 이르리라. —「송가전」

『정감록』의 두 화자話者인 정감鄭堪과 이심李沁의 문답에 나타난 세 가지 비밀스런 문장의 큰 줄거리를 말하겠다는 구절이다. 이는 이른바 조선국운삼절론朝鮮國運三絶論을 가리키는 말이며, 그 핵심인 송松, 가

家, 전田의 세 글자에 대해 이야기하겠다는 대목이다. 조선의 국운이 세 번 끊어지는 위기상황에서 이를 피하기 위해 제시된 세 글자의 비결에 대해 그대로 인정하고 있다는 점을 밝힌 대목이다.

> 鄭정堪감預예言언 元원文문中중에, 利이在재田전田전 弓궁弓궁乙을乙을, 落락
> 盤반四사乳유 알았던가? 可가解해하니 十십勝승道도靈령, 畵화牛우顧고溪계
> 道도下하止지를, 奄엄宅택曲곡阜부 傳전햇지만 ―「말중운」

정감鄭堪이 예언한 바에 따르면 "이로움이 전전田田에 있다.", "이로움이 궁궁을을弓弓乙乙에 있다.", "궁궁은 낙반사유다." 등에 대한 언급이 있다고 설명한다. 이 『정감록』의 비결을 풀이하면 "십승十勝의 도령道靈", "소를 그리고 계곡을 돌아보는 도道 아래에 머물라.", "엄택곡부奄宅曲阜" 등의 구절이 결론으로 도출된다는 주장이다.

이제 『정감록』에 나오는 정감鄭堪과 관련된 기록을 살펴보면 다음과 같다.

鄭정鑑감   정감[1]

『정감록』의 주인공 이름은 정감鄭堪 또는 정감鄭鑑으로 제시된다. 두 인물의 이름이 조금 다르지만, 동일인으로 이해할 수 있다.

그리고 『정감록』의 「감결鑑訣」과 「비지론秘知論」은 정감鄭鑑과 이심李沁이 문답問答하는 내용이다.

(鄭정)鑑감愈유於어司사馬마徽휘諸제葛갈亮량.
정감은 사마휘나 제갈량보다 낫다.[2]

---

1 「동차결」, 『정감록』(한성도서주식회사, 1923), 안춘근, 『정감록집성』(아세아문화사, 1973), 565면
2 「감결」, 『정감록』(한성도서주식회사, 1923), 안춘근, 『정감록집성』(아세아문화사, 1973), 567면

「감결」의 맨 앞부분에 나오는 구절이다. 「감결」의 주인공인 정감鄭鑑의 능력이 중국 후한後漢 말末의 사람을 보는 안목이 뛰어났던 사마휘(?~208)와 초인적인 능력을 지닌 인물로 알려진 제갈량(181~234)보다 한 수 위라고 주장한 구절이다. 그만큼 정감鄭鑑의 예지력叡智力이 매우 뛰어나다는 점을 강조한 대목이다. 따라서 정감鄭鑑이 예언하는 모든 말이 그대로 적중될 것이라고 주장한 것이다.

　　鄭정勘감　　정감[3]
　　鄭정堪감也야.　　정감이다.[4]

『정감록』의 주인공인 정감鄭鑑은 정감鄭勘 또는 정감鄭堪으로 쓰기도 한다. 동일인물로 추정할 수 있다.

3　「비지론」, 『정감록』(한성도서주식회사, 1923), 안춘근, 『정감록집성』(아세아문화사, 1973), 608면. 「정이감여론」, 『정감록』(한성도서주식회사, 1923), 안춘근, 『정감록집성』(아세아문화사, 1973), 618면.

4　「정감문답」, 『정감록』(한성도서주식회사, 1923), 안춘근, 『정감록집성』(아세아문화사, 1973), 636면.

진인
眞人

『격암유록』에도 이 세상을 구원할 인물로 진인眞人에 대해 언급한 구절이 많이 있다. 관련기록들을 살펴보자. 진인은 조선 후기에 발생한 각종 반란사건에도 등장하는 민중적 메시아다.[1]

> 和화氣기東동風풍眞진人인出출.
> 조화로운 기운의 동풍이 부는 곳에 진인이 출세하리라. —「남사고비결」

『격암유록』에도 "진인眞人이 곧 출현할 것이다."는 예언이 많이 등장한다. 위 구절은 조화로운 동풍에 비유되는 진인이 장차 이 세상에 출세하리라는 예언이다.

> 眞진人인眞진人인何하眞진人인? 眞진木목化화生생是시眞진人인. 天천下하一일氣기再재生생人인, 해印인用용使사是시眞진人인
> 진인, 진인이란 무엇인가? 진목眞木이 화생한 것이 진인이다. 천하의 한 기운이 재생한 사람이요, 해인이 용사하는 것이 바로 진인이다.

---

1   진인출현설의 역사와 전개과정에 대해서는 김탁, 『조선의 예언사상』 상, 하(북코리아, 2016)을 참고하시오.

　진인眞人은 진목眞木이 화생化生한 존재라고 주장한다. 또 천하의 크고 가득한 기운이 사람으로 출세한 인물이 진인이며, 해인海印으로 불리는 보물을 사용하는 자가 바로 진인이라고 강조한다. 진인이 해인을 사용하는 존재라고 주장한 구절이 특기할 만하다.

　　秘비文문曰왈, 海해島도眞진人인, 自자出출紫자霞하島도. 眞진主주
　　비밀스러운 글에 "섬의 진인이 자하도로부터 나온다."고 했다. 진주는
　　―「세론시」

　비밀스럽게 전하는 비결서에 "섬에 사는 진인眞人이 자하도紫霞島에서 출현하리라."고 전한다고 주장한다. 이 비결서는 물론 『정감록』이다. 그리고 이 구절은 진인과 거의 같은 의미로 진주眞主라는 용어가 사용되었음을 알려준다.

　　弓궁乙을合합德덕眞진人인來래.
　　궁과 을이 덕을 합한 진인이 출현할 것이다. ―「계룡론」

　궁을弓乙이라는 비밀스러운 글자의 덕을 합친 인물인 진인이 이 세상에 나타날 것이라는 주장이다. 진인이 궁을과 합쳐서 설명되는 점이 특기할 만하다.

　　十십八팔姓성人인鄭정眞진人인, 天천地지震진動동. ―「계룡론」

　십팔十八은 목木의 파자다. 목木은 동방東方을 상징한다. 따라서 위의 구절은 동방을 상징하는 인물인 정씨鄭氏 성을 지닌 진인이 이 세상에 나타날 때 천지가 진동할 것이라는 주장이다.

眞_진人_인世_세界_계何_하之_지年_년? 和_화陽_양嘉_가春_춘也_야.

진인세계가 되는 해는 언제인가? 화창한 날씨의 아름다운 봄이다.

—「말운론」

이 구절에서는 진인세계眞人世界라는 용어가 나온다. "진인이 다스리는 세상"이라고 해석할 수 있다. 진인의 세상은 "화창한 봄"으로 상징된다. 지금의 세상과는 전혀 다른 아름답고 이상적인 사회가 이루어질 것이라는 주장이다.

二_이七_칠龍_용蛇_사是_시眞_진人_인. —「말운론」

이二와 칠七은 오행五行으로 화火에 해당한다. 그리고 용龍은 지지地支로 진辰을 가리키고, 사蛇는 사巳를 가리키는 용어다. 따라서 이 구절은 진인이 여름을 상징하는 화火의 계절에 진년辰年과 사년巳年 사이에 출현할 것이라고 해석할 수 있다.

그런데 이 구절을 "계묘년(2023) 병진丙辰, 정사丁巳 월月에 진인, 성인이 극락으로 우리를 이끌고 갈 것이다."라고 해석하기도 한다.[2] 계癸는 절기상으로는 겨울을 가리킨다. 위의 구절에서 이二와 칠七이 여름을 가리키는 용어라는 점을 간과한 듯한 주장이다. 어쨌든 위의 구절을 특정한 년도에 진인이 출세할 것을 예언한 대목으로 해석하는 사람도 있음이 확인된다.

先_선後_후兩_양白_백眞_진人_인出_출. —「말운론」

양백兩白을 앞뒤로 하여 진인眞人이 출세할 것이라는 주장이다. 양백이 진인출현설과 관련되어 서술된 점이 특기할 만하다.

---

2   신유승 해독, 『격암유록』 제2권(세종출판공사, 1987), 205쪽.

血혈脈맥貫관通통侍시眞진人인.
혈맥이 관통하는 진인을 모셔라. ㅡ「성산심로」

"혈맥血脈이 통하는 진인"을 모셔라는 주장은 아마도 "살아 숨 쉬는 진인"을 모시라는 뜻으로 보인다.

眞진人인仙선藥약伐벌病병滅멸.
진인이 선약으로써 질병을 물리쳐 멸하리라. ㅡ「생초지락」

진인眞人이 이 땅에 출세하여 선약仙藥으로 모든 질병을 물리칠 것이라는 주장이다. 진인이 "신선의 약"을 이용하여 온갖 병을 없앨 것이라고 강조한 대목이다.

南남來래鄭정氏씨陰음陽양合합德덕, 眞진人인來래.
남쪽에서 오는 정씨는 음과 양이 합친 덕을 갖춘 사람이리니, 진인으로 올 것이다. ㅡ「생초지락」

진인이 정씨鄭氏 성姓을 가지고 남쪽에서 출세할 것이라는 주장이다. 그리고 진인은 음陰과 양陽의 덕德을 합친 인물로 표현된다. 동양 역학易學의 두 가지 중요한 요소인 음과 양의 덕목 모두를 합친 이상적인 존재로 이 땅에 올 것이라는 말이다.

西서氣기東동來래, 救구世세眞진人인天천生생化화.
서쪽 기운이 동쪽으로 와서 세상을 구원할 진인이 하늘에서 (인간 세상으로) 화생하신다. ㅡ「새 삼오」

"서쪽 기운이 동쪽으로 온다."는 표현의 정확한 의미는 알 수 없다. 이 구절에서 진인眞人은 "세상을 구원할 존재"로 믿어진다. 그리고 진인은 하늘로 상징되는 이상향에서 지상의 인간으로 태어날 것이라고 주장한다. 위대한 인격이 이 땅에 나올 것을 강조한 대목이다.

> 海해島도眞진人인渡도南남來래之지眞진主주, 出출南남海해島도中중紫자霞하仙선
> 境경.
> 섬의 진인이 남쪽에서 오시는 진주이며, 남해의 섬 가운데 자줏빛 노을
> 이 깃든 선경에서 출현할 것이다. ―「새 사일」

진인眞人과 진주眞主가 같은 의미로 사용되었다. 섬에 사는 진인이 남쪽으로부터 올 것인데, 구체적으로는 "남해의 섬 가운데 신선이 사는 곳"에서 이 땅으로 출현할 것이라고 주장한다.

> 雙쌍七칠向향面면曰왈義의眞진人인可가女녀生생.
> 두 개의 칠七이 얼굴을 마주하면 의인이나 진인이 되니, 여자로 태어날
> 수도 있다. ―「무용출세지장」

두 개의 칠七을 서로 합쳐보면 녀女자가 된다고 풀이하기도 한다.[3] 파자로 이해한 듯한 해석이다. 진인이 여자로 태어날 수도 있다는 주장이다.

> 辰진巳사眞진人인男남女녀不불辨변.
> 진사辰巳의 진인은 남녀를 분별할 수가 없다. ―「무용출세지장」

진년辰年과 사년巳年 사이에 출현할 진인은 남자로 태어날 수도 있고, 여자로 태어날 수도 있다는 주장이다.

---

3 신유승 해독, 『격암유록』 제3권(세종출판공사, 1987), 61쪽.

海_해島_도眞_진人_인
바다 가운데 섬의 진인 ―「궁을론」

"진인眞人이 섬에 산다."는 표현은 앞에서도 나왔다. 다시 한 번 *진인*이 섬에서 출현할 것이라는 점을 강조했다.

兵_병事_사兵_병事_사眞_진人_인兵_병
병사와 군대에 관한 일과 진인의 병사 ―「은비가」

"진인眞人이 부릴 병사"라는 표현이 나왔다. 아마도 진인이 거느리는 병사도 있을 것이라는 주장인 듯하다.

人_인出_출人_인出_출眞_진人_인出_출
사람이 나오는 일과 진인의 출현 ―「은비가」

진인眞人이 이상적인 존재로 머물지 않고 지상에 인간으로 태어날 것이라는 주장이다.

次_차出_출眞_진人_인動_동出_출世_세.
다음에 출현하는 진인이 (세상을) 진동하며 출세하리라. ―「은비가」

진인이 세상을 진동하며 이 땅에 나올 것이라는 주장이다. 진인이 태어나는 순간에 있을 변화상을 강조한 대목이다.

眞_진人_인出_출世_세分_분明_명知_지.
진인이 세상에 출현하심을 분명히 알라. ―「은비가」

"진인이 이 땅에 출세할 것이다."는 비결을 분명하게 알라고 주장한다. 그만큼 진인출현설이 임박했다고 강조하는 대목이다.

> 末말運운雲운王왕眞진人인降강島도.
> 말운에 구름 왕이신 진인이 섬으로 내려오신다. ―「은비가」

　말세의 위기상황을 맞이할 때 "구름 왕"으로 표현되는 진인眞人이 섬으로 내려올 것이라고 주장한다. 앞선 구절에서는 진인이 사는 곳이 섬으로 주장했는데, 이 구절에서는 진인의 출현지가 섬이라고 주장한 점이 특기할 만하다.

> 故고曰왈弓궁乙을合합德덕眞진人인也야.
> 그러므로 궁을이 합덕合德한 진인이다. ―「은비가」

　궁을弓乙이라는 비밀스러운 글자의 덕이 합쳐진 인물이 바로 진인眞人이라는 주장이다. 그만큼 진인이 존재를 신비화하는 구절이다.

> 眞진人인居거住주之지地지也야. 故고曰왈十십勝승也야.
> 진인이 거주하는 땅이다. 그러므로 십승이라고 한다. ―「은비가」

　진인이 사는 땅이 바로 십승지十勝地라고 주장한다. 십승지가 단순히 위기상황을 맞아 사람들이 피난하는 장소가 아니라, 이 세상을 건질 인물로 이 땅에 출세할 진인이 사는 곳이라고 주장하는 것이다. 십승지에 대한 새로운 해석을 시도한 대목이다.

> 眞진人인出출世세朴박活활人인.
> 진인이 출세하는데 박씨로서 (사람들을) 살리는 존재다. ―「은비가」

　진인眞人이 이 땅에 곧 나올 것인데, 그는 박씨朴氏라는 성姓을 가진 인물이며 사람들의 생명을 구하는 존재라는 주장이다. 이른바 박씨 진인출세설을 강조한 대목이다.

隱은地지死사地지 嘲조笑소中중의, 是시非비만흔 眞진人인일세. ―「송가전」

진인眞人이 이 세상에 출현하지만, 많은 사람들의 비웃음을 사고 그에 대한 시비가 분분할 것이라는 주장이다. 앞부분의 "숨겨진 땅과 죽을 땅"이라는 표현은 문맥상 그 의미가 분명하지 않다. 단지 진인이 일반인이 모르는 숨겨진 땅이나 죽을 고비를 넘기고 나서야 이 땅에 출세할 것을 강조한 대목으로 이해된다.

眞진人인用용事사海해印인法법.
진인이 해인의 법을 사용하신다. ―「농궁가」

진인은 "해인海印의 법"으로 묘사되는 조화를 부리는 존재라는 주장이다. 진인이 해인을 가지고 이 세상을 다스릴 것이라는 점을 강조하였다. 진인이 해인이라는 성물聖物을 사용하여 세상을 구원할 것을 주장한 대목이다.

眞진人인居거住주兩양白백.
진인이 양백에 거주하신다. ―「극락가」

앞에서 살펴본 구절에서는 "진인이 십승지에 산다."고 했다. 그런데 이 구절에서는 "진인이 양백兩白에서 산다."고 주장한다. 십승지와 양백 모두 사람들의 목숨을 보전할 피난처 내지 구원처로 제시된 장소다. 결국 진인은 이러한 성스러운 장소에 사는 위대한 존재라는 점이 강조된다.

鳩구兎토로相상合합眞진人인 —「정각가」

이 구절은 "비둘기와 토끼가 서로 합쳐진 진인眞人"이라고 해석할 수 있다. 정확히 무슨 뜻인지 알 수 없다. 앞선 구절에 "해 속에는 새가 있고, 달 속에는 토끼가 있다."라고 서술되어 있다. 비둘기는 해, 토끼는 달에 산다고 주장한다. 어쨌든 해와 달의 정기精氣를 머금은 동물들의 기운을 합친 존재가 바로 진인眞人이라는 주장인 듯하다.

廿입二이眞진人인 覺각知지하소. —「말초가」

"22진인眞人을 잘 깨달아 알라."고 풀이할 수 있다. 왜 22라는 숫자가 갑자기 나왔는지 알 수 없다.

眞진人인用용法법 —「말중운」

위 구절은 "진인이 사용하는 법" 또는 "진인이 법法을 사용하신다."라고 해석할 수 있다. 앞에서 살펴본 바에 따르면 "진인이 해인海印의 법을 사용한다."라고 했다.

三삼八팔運운氣기 眞진人인으로 —「승운론」

이 구절에서는 진인이 삼三과 팔八로 상징되는 동방목東方木의 기운을 부리는 존재로 묘사된다. 동방은 계절로는 봄을 뜻한다. 아마도 새로운 세상을 만드는 존재가 바로 진인이라는 점을 표현한 대목으로 보인다.

此차世세上상에 眞진人인出출世세 못한다네. —「승운론」

그런데 위 구절에서는 갑자기 "이 세상에 진인이 출세하지 못하리라."고 주장한다. 그토록 진인이 출현할 것을 강조했는데, 이제는 태도를 바꿔 진인출세불가설을 언급한 것이다. 이해하기 힘든 대목이다.

> 海해島도眞진人인 鄭정道도仁인과, 紫자霞하眞진主주 鄭정紅홍桃도는, 金금木목合합運운 東동西서로서, 地지上상仙선國국 創창建건이라. … 易역紅홍靈령化화變변易역妙묘理리, 鄭정道도仁인을 알을세라. —「승운론」

위의 구절에서는 진인眞人과 진주眞主가 구별되어 서술된다. "섬에서 출현할 진인"의 이름은 정도인鄭道仁이고, "자하도에 사는 진주眞主"의 이름은 정홍도鄭紅桃라고 주장한다. 이들은 각기 서방西方 금金과 동방東方 목木을 대표하는 인물로서 동쪽과 서쪽의 기운을 합쳐서 지상에 신선의 나라를 세울 것이라고 주장한다. 그리고 변역變易의 오묘한 이치를 부리는 정도인이라는 진인眞人에 대해 잘 알고 있으라고 강조한다.

그런데 『정감록』에는 진인 정씨鄭氏의 이름이 다음과 같이 전한다.

> 眞진人인出출濟제州주道도鳴명島도, 姓성, 鄭정, 名명, 道도仁인, 字자, 仁인鑑감, 生생丙병辰진.
> 진인은 제주도 명도에서 출현하는데, 성은 정씨요, 이름은 도인이며, 자는 인감으로 병진년에 태어날 것이다.[4]

『격암유록』에서 주장한 "섬에서 출현할 진인"의 이름인 정도인鄭道仁과 똑같다. 『정감록』에서는 좀 더 자세하게 제주도의 명도鳴島에 나올 것이며, 진인의 자字와 출생년도까지 언급되었다. 앞선 기록인 『정감

---

4 「요람역세」, 『정감록』(한성도서주식회사, 1923), 안춘근, 『정감록집성』(아세아문화사, 1973), 529면.

록』의 주장을 그대로 『격암유록』이 이어받은 것이다.

鄭정乙을龍룡南남起기.
정을룡이 남쪽에서 일어날 것이다.[5]

이 밖에도 『정감록』에서는 정씨鄭氏 진인眞人의 또 다른 이름이 을룡乙龍이라고 주장했다. 앞서 주장한 정도인鄭道仁과 정을룡鄭乙龍이 동일인인지 다른 사람인지에 대해서는 언급이 없다.

太태祖조, 姓성, 鄭정, 名명, 紅홍桃도, 字자, 正정文문, 戊무午오生생. … 建건國국鷄계龍룡山산.
태조의 성은 정씨요, 이름은 홍도이며, 자는 정문인데, 무오생이다. … 계룡산에 나라를 세우리라.[6]

『정감록』에는 새 왕조를 계룡산에 세울 진인眞人 정씨鄭氏의 이름이 홍도紅桃이고, 자는 정문正文이며, 무오년에 이 세상에 태어날 것이라고 주장했다. 그런데 『격암유록』에는 "자하도에 사는 진주眞主의 이름이 정홍도라고 주장한다. 따라서 이 구절도 『격암유록』이 앞선 기록인 『정감록』에 등장하는 또 다른 진인眞人의 이름을 그대로 차용하였음을 알 수 있다.

西서湖호出출世세 眞진人인으로, 神신聖성諸제仙선 神신明명들이 —「출장론」

위의 구절은 "서쪽 호수에서 출세하는 진인眞人과 (그를 도울) 신성한 여러 신선과 신명들"이라고 풀이할 수 있다. 진인이 서호西湖에서

---

5   「동차결」, 『정감록』(한성도서주식회사, 1923), 안춘근, 『정감록집성』(아세아문화사, 1973), 554면
6   「동차결」, 『정감록』(한성도서주식회사, 1923), 안춘근, 『정감록집성』(아세아문화사, 1973), 556면

나올 것이라고 주장한다. 앞선 구절에서 "진인이 섬에서 출세할 것이다."라고 주장한 것과 차이가 있다. 그리고 진인이 출세할 때 그를 도와줄 여러 신성한 존재도 함께 이 땅에 나올 것이라고 주장한다.

鷄계龍룡鄭정氏씨 海해島도眞진人인 ―「출장론」

위의 구절은 "계룡산에 나라를 열 정씨鄭氏는 섬에서 나올 진인眞人이다."라고 해석할 수 있다. 『정감록』의 정씨 진인출현설과 동일한 내용이다.

鷄계龍룡三삼月월 震진天천罡강에, 三삼碧벽眞진人인 나오시고 ―「성운론」

위 구절은 "계룡 삼월에 천지를 진동시키며 삼벽三碧 진인眞人이 출세하리라."라고 해석할 수 있다. "세 개의 푸른 옥돌"이 가리키는 바가 명확하지 않다. 아마도 진인眞人의 중요성을 보석에 비유한 표현으로 보인다.

一일心심和화合합 是시非비眞진人인 末말復복合합一일 眞진人인일세.
―「성운론」

이 구절은 "한 마음으로 화합된 시비是非가 엇갈리는 진인眞人이요, 마지막에는 다시 합일하는 진인眞人일세."라고 풀이할 수 있다. 진인에 대한 시비是非가 분분할 것이지만, 끝에 가서는 이러한 다양한 의견들이 모두 한군데로 합쳐질 것이라는 점을 강조한 대목으로 보인다.
『정감록』에 나오는 진인출세설과 관련된 중요한 구절은 다음과 같다.

眞진人인自자南남海해而이來래, 鷄계龍룡創창業업.
진인이 남해로부터 나와서 계룡산에서 창업할 것이다.[7]

"진인眞人이 남해에서 출현하여 올 것인데, 그가 계룡산에 새 왕조를 세울 것이다."라는 구절로 진인출현설의 전형적인 대목이다.

眞진人인自자南남海해島도來래.
진인이 남해의 섬으로부터 올 것이다.[8]

위 구절에서는 진인이 막연한 남해南海가 아니라 "남해에 있는 어떤 섬"에서 출현할 것이라고 강조하였다. 진인출세설이 더욱 구체화된 대목이다.

國국初초眞진人인從종何하而이出출世세乎호? 初초自자濟제州주而이更갱至지全전羅라, 而이自자南남而이來래.
나라의 초기에 진인이 어느 곳에서 출세할 것인가? 처음에는 제주로부터 다시 전라에 이르고, 그 다음에 남南에서 나오리라.[9]

위의 구절은 "진인眞人이 제주도에서 나와 전라도를 거쳐 남쪽에서 출세할 것이다."라는 주장이다. 진인출세설이 그의 출현경로가 자세히 밝혀짐으로써 더욱 강화되었다.

辰진巳사之지間간, 眞진人인出출來래.
진년과 사년 사이에 진인이 출현하리라.[10]

---

7 「징비록」, 『정감록』(한성도서주식회사, 1923), 안춘근, 『정감록집성』(아세아문화사, 1973), 486면.
8 「운기구책」, 『정감록』(한성도서주식회사, 1923), 안춘근, 『정감록집성』(아세아문화사, 1973), 502면과 507면.
9 「요람역세」, 『정감록』(한성도서주식회사, 1923), 안춘근, 『정감록집성』(아세아문화사, 1973), 527면.
10 「요람역세」, 『정감록』(한성도서주식회사, 1923), 안춘근, 『정감록집성』(아세아문화사, 1973), 528면.

이 구절도 진인이 구체적으로 진년辰年과 사년巳年 사이에 이 땅에 나올 것이라고 주장한 대목이다. 진인출세의 시점이 구체적으로 밝혀져서 그 합당성이 더욱 보장되었다.

眞진人인出출濟제州주道도.
진인이 제주도에서 출현하리라.[11]

진인이 출현할 지역이 제주도라고 밝혀졌다. 이 역시 진인출현설이 허황된 주장이 아니라 꼭 이루어질 것이라는 점을 강조하였다.

眞진人인乃내出출
진인이 곧 출현할 것이다.[12]

진인출현의 시점이 임박했다고 강조한 대목이다. 곧 이 땅에 진인이 출세하여 새 왕조를 건설할 것이라고 주장한다.

眞진人인出출於어海해島도.
진인이 바다의 섬에서 출현할 것이다.[13]

癸계亥해, 眞진人인南남出출.
계해년에 진인이 남쪽에서 나오리라.[14]

11 「요람역세」, 『정감록』(한성도서주식회사, 1923), 안춘근, 『정감록집성』(아세아문화사, 1973), 529면.
12 「요람역세」, 『정감록』(한성도서주식회사, 1923), 안춘근, 『정감록집성』(아세아문화사, 1973), 530면.
13 「동차결」, 『정감록』(한성도서주식회사, 1923), 안춘근, 『정감록집성』(아세아문화사, 1973), 549면.
14 「오백론사」, 『정감록』(한성도서주식회사, 1923), 안춘근, 『정감록집성』(아세아문화사, 1973), 577면. 「남격암십승지론」, 『정감록』(한성도서주식회사, 1923), 안춘근, 『정감록집성』(아세아

眞_진人_인渡_도南_남.
진인이 남쪽에서 건너오리라. **15**

위의 구절들은 이른바 남조선신앙_{南朝鮮信仰}의 전형적인 표현이다. "진인이 남쪽 조선에서 출세할 것이다."라는 주장이다. 더욱 구체적으로는 진인이 남쪽이나 남쪽의 섬에서 나올 것인데 그 시점은 계해년이 될 것이라고 강조한다.

한편 『격암유록』에는 진인_{眞人} 이외에 진주_{眞主}라는 표현도 다음과 같이 나온다.

三_삼八_팔木_목人_인十_십五_오眞_진主_주 ―「말운론」

十_십五_오眞_진主_주擇_택現_현出_출.
십오진주가 선택하여 나타나실 것이다. ―「말운론」

弓_궁白_백豊_풍, 十_십五_오眞_진主_주擇_택現_현出_출. ―「말운론」

十_십五_오眞_진主_주鳥_조乙_을矢_시口_구. ―「농궁가」

진주_{眞主} 특히 십오진주_{十五眞主}라는 표현이 등장한다. 십오_{十五}는 동양의 역법_{易法}에서 천간_{天干}으로 무기_{戊己} 토토_土를 상징하는 숫자다. 즉 목_木, 화_火, 금_金, 수_水의 네 기운이 균형을 이루어 운행되도록 중앙에서 조화롭게 조정해주는 토_土를 가리킨다. 이 세상의 유지와 발전을 위해 필수적인 우주의 기운을 상징하는 것이 십오_{十五}로 표현되는 토_土

문화사, 1973), 618면.
15 「서계이선생가장결」, 『정감록』(한성도서주식회사, 1923), 안춘근, 『정감록집성』(아세아문화사, 1973), 591면.

기운이다. 이러한 맥락에서 십오진주十五眞主라는 표현이 가능했던 것으로 추정된다.

어쨌든 위의 인용문들은 각기 "삼팔三八 목木의 기운을 가진 십오진주", "십오진주가 이 땅에 나타날 것이다.", "궁弓과 백白과 풍豊으로[16] 십오진주가 출현할 것이다.", "십오진주 좋을시구"라고 풀이할 수 있겠다.

世세人인苦고待대 救구世세眞진主주, 鄭정氏씨出출現현 不부知지런가?
―「승운론」

이제 진주眞主에 "세상을 구원하실"이라는 말이 덧붙여졌다. 세상 사람들이 그토록 염원해왔던 이 세상을 구원하실 진주眞主가 정씨鄭氏 성姓을 가진 인물로 출현한다는 사실을 알지 못하는가라고 묻고 있다. 마땅히 정씨 진주가 이 땅에 출세할 것이라는 점을 강조한 대목이다.

馬마頭두牛우角각眞진主주之지幻환 ―「세론시」

馬마頭두生생角각十십五오眞진主주
말 머리에 뿔이 돋은 15진주 ―「궁을론」

"말의 머리에 소의 뿔이 솟아난 것"이 진주眞主 또는 십오진주十五眞主의 모습이라는 주장이다. 마馬는 하늘을, 우牛는 땅을 상징하는 동물로 묘사된다. 정확한 의미는 알 수 없지만, 하늘과 땅의 기운을 모두 머금은 존재로서 진주眞主가 나타날 것을 주장한 듯하다.

左좌衝충右우突돌輔보眞진主주. ―「갑을가」

---

16 이들은 각기 궁궁弓弓, 양백兩白, 삼풍三豊을 가리키는 글자다.

좌측과 우측에서, 즉 모든 방향에서 진주眞主를 보좌할 인물도 나올 것이라는 주장이다. 진주가 이 땅에 출현하면 그들 보좌할 인물들도 동시에 출세할 것이라는 점을 강조한 대목이다.

원래 『정감록』에도 진주라는 용어가 이미 나온다.

> 天천命명歸귀於어眞진主주.
> 천명이 진주에게 돌아가리라.[17]

『정감록』의 진주는 진인眞人과 같은 의미로 사용되었다. "하늘의 명命이 진주眞主에게 있으리라."는 주장이다.

> 眞진主주, 遺유將장擊격之지.
> 진주가 장군을 보내 그들을 격파할 것이다.[18]

진주가 "장군을 보내 기존 왕조의 군대를 무찌를 것이다."고 주장한다. 진주의 활약상을 미리 그려본 대목이다.

> 神신將장走주肖초輔보相상眞진主주.
> 조씨 성을 지닌 신장이 진주를 보필하리라.[19]

주초走肖는 조趙의 파자다. 진주眞主를 보좌할 신장神將의 성씨姓氏가 조씨趙氏라고 밝혀짐으로써 진주眞主가 이 땅에 곧 나올 것이라는 사실이 더욱 강조되었다.

---

17 「운기구책」, 『정감록』(한성도서주식회사, 1923), 안춘근, 『정감록집성』(아세아문화사, 1973), 500면.
18 「동차결」, 『정감록』(한성도서주식회사, 1923), 안춘근, 『정감록집성』(아세아문화사, 1973), 555면
19 「동차결」, 『정감록』(한성도서주식회사, 1923), 안춘근, 『정감록집성』(아세아문화사, 1973), 556면

漢한陽양之지末말, 有유五오災재. 一일曰왈, 洋양, 二이曰왈, 倭왜, 三삼曰왈,
淸청, 四사曰왈, 假가鄭정, 五오曰왈, 眞진主주.
한양(조선)의 말기에 다섯 가지 재앙이 있으리라. 첫째는 서양이요, 둘
째는 왜倭요, 셋째는 청나라요, 넷째는 가정假鄭이요, 다섯째는 진주眞主
이리라.[20]

조선朝鮮이 망하는 시기가 되면 서양, 왜, 청, 가정假鄭, 진주眞主의
재앙이 일어날 것이라는 주장이다. 가정은 "가짜 정씨"로 이해되는데,
아마도 진인眞人 정씨鄭氏가 나오기 전에 그를 빙자한 인물로 짐작된
다. 이어서 진주眞主가 나타나 조선을 대신하여 새로운 왕조를 건설할
것이라는 점을 강조한 대목이다.

倭왜人인亡망於어古고月월, 古고月월亡망於어魚어羊양, 魚어羊양亡망於어假가
鄭정, 假가鄭정亡망於어眞진主주.
왜인은 오랑캐에게 망할 것이고, 오랑캐는 조선에 망할 것이며, 조선은
가정假鄭에 망할 것이며, 가정은 진주에게 망할 것이다.[21]

앞에서 살펴본 대목의 내용과 대동소이大同小異하다.

助조眞진主주 진주를 도와[22]

牛우杜두之지姓성, 自자起기義의兵병, 輔보眞진主주.
우씨와 두씨 성을 가진 자들이 스스로 의병을 일으켜 진주를 보필하리라.[23]

---

20 「동차결」, 『정감록』(한성도서주식회사, 1923), 안춘근, 『정감록집성』(아세아문화사, 1973), 565면
21 「동차결」, 『정감록』(한성도서주식회사, 1923), 안춘근, 『정감록집성』(아세아문화사, 1973), 549면
22 「동차결」, 『정감록』(한성도서주식회사, 1923), 안춘근, 『정감록집성』(아세아문화사, 1973), 556면
23 「동차결」, 『정감록』(한성도서주식회사, 1923), 안춘근, 『정감록집성』(아세아문화사, 1973), 562면

진주眞主가 출세하면 그를 도와줄 존재도 함께 이 땅에 나올 것이라는 주장인데, 특히 우씨牛氏와 두씨杜氏 성姓을 지닌 장수가 나타나 의병을 일으켜 진주를 도와줄 것이라고 강조한다.

한편 『정감록』에는 진인眞人과 진주眞主 뿐만 아니라 진왕眞王과 직주直主라는 용어도 나온다.

眞진王왕開개基기之지時시
진왕이 터전을 열기 시작하는 때[24]

眞진王왕出출海해島도中중.
진왕이 바다의 섬에서 나오리라.[25]

"진왕眞王이 나라의 터전을 열 것이다."와 "진왕眞王이 섬에서 출세할 것이다."는 주장은 진인출현설과 유사하다. 진인과 진왕은 같은 뜻으로 사용되었음을 알 수 있다.

直직主주, 出출於어海해島도中중.
직주가 바다의 섬에서 출현하리라.[26]

이 구절에서는 직주直主라는 표현이 사용되었다. 직주는 진주와 같은 맥락에서 사용된 용어다. 진인출현설의 또 다른 표현이라고 볼 수 있다.

---

24 「요람역세」, 『정감록』(한성도서주식회사, 1923), 안춘근, 『정감록집성』(아세아문화사, 1973), 518면.
25 「동차결」, 『정감록』(한성도서주식회사, 1923), 안춘근, 『정감록집성』(아세아문화사, 1973), 564면.
26 「동차결」, 『정감록』(한성도서주식회사, 1923), 안춘근, 『정감록집성』(아세아문화사, 1973), 555면.

정씨
鄭氏

『격암유록』에도 정씨鄭氏라는 용어가 자주 등장한다. 이 정씨는 범상한 인물을 가리키지 않고 특별한 능력을 지닌 진인眞人이 정씨라는 성姓을 가지고 이 세상에 나타날 것이라는 주장이다. 그런데 『격암유록』의 정씨 관련기록은 진인출현설을 반대하기도 하고 찬성하는 입장 모두를 밝히고 있어서 오락가락하고 있다.

우선 정씨가 이른바 진인으로 출현한다는 『정감록』의 주장과 다르게 『격암유록』에는 이를 반대하는 입장의 기록도 많이 보인다. 관련기록은 다음과 같다.

> 鄭정氏씨鄭정氏씨何하鄭정氏씨? 滿만七칠加가三삼是시鄭정氏씨. 何하姓성不부知지無무裔예後후, 一일字자縱종橫횡眞진鄭정氏씨.
>
> 정씨, 정씨라 부르는데, 무엇이 정씨인가? 가득 찬 칠七에 삼三을 더한 것이 정씨이다. 어떤 성씨인지 모르는 후손이 없는 일자一字를 종횡으로 한 것이 참 정씨이다. ―「남사고비결」

사람들이 진인으로 출현한다는 정씨가 어떤 인물인지 궁금해 하는 상황을 설명한 대목이다. 칠七에 삼三을 더하면 십자十字가 된다. 그리고 일자一字을 종횡으로 배열하면 역시 십자가 나온다. 그런데 십자十

字와 정씨鄭氏와의 관련성이 기존의 예언서인 『정감록』에는 전혀 보이지 않는다. 『격암유록』은 십자十字에 상당한 의미를 부여하는데, 위의 인용문도 새로 출현할 진인인 정씨가 십자와 관련이 있다고 주장하는 부분으로 보인다.

그런데 이 구절을 "칠에다 삼을 더하여 가득차면 십十이 된다. 정씨는 진인眞人 또는 성인聖人의 대명사일 뿐 인간 세상의 성씨姓氏가 아니다."라고 해석하기도 한다.[1] 진인의 성씨가 정씨로 국한되는 것을 반대하는 입장이다. 그렇지만 『정감록』에는 새로 출현하여 새로운 왕조를 세울 정시 진인眞人에 대해 언급한 구절이 많이 보인다.

나아가 "일자一字를 가로와 세로로 해 보면 십자十字가 되며 진정씨眞鄭氏(聖人)가 된다."라고 풀이하기도 한다.[2] 참된 정씨가 성인이라는 주장이다. 성씨가 중요한 것이 아니라는 점을 강조했다. 누구나 십자十字를 대표하는 인물이 나온다면 그가 바로 성인이라는 입장인 것이다. 『정감록』에 나오는 정씨 진인출현설을 인용하면서도 다른 성씨姓氏가 나타날 가능성을 열어두고 있는 구절이다.

> 鄭정本본天천上상雲운中중王왕, 再재來래今금日일鄭정氏씨王왕, 不부知지何하姓성鄭정道도令령.
> 정鄭은 본래 하늘의 운중왕雲中王이신데, 오늘에 다시 오신 정씨왕은 어떤 성姓인지 아무도 모르는 정도령이다. ─「계룡론」

『정감록』이 출현한 이후 그토록 염원해왔던 진인眞人 정씨鄭氏가 "구름 속의 왕"이라고 주장한다. 그렇지만 오늘날 다시 오실 정씨왕鄭氏王 즉 정도령鄭道令은 어떤 성씨姓氏로 출현할지 알 수 없다고 강조한다. 새로 올 진인眞人의 성씨姓氏가 굳이 정씨鄭氏로 국한될 필요가 없다는

---

1   신유승 해독, 『격암유록』 제1권(세종출판공사, 1987), 42쪽.
2   신유승 해독, 『격암유록』 제1권(세종출판공사, 1987), 42쪽.

입장이다. 정도령鄭道令이라는 용어가 등장하는 점이 특기할 만하다. 『정감록』에는 정도령鄭道令이라는 용어가 한 번도 나오지 않는다. 『격암유록』에 와서야 비로소 정도령이라는 표현이 등장한다는 점이 확인된다.

> 南남來래鄭정氏씨誰수可가知지? 弓궁乙을合합德덕眞진人인來래.
> 남쪽에서 오리라는 정씨를 누가 알 수 있으랴? 궁을弓乙이 합덕合德한 진인眞人이 오리라. ―「계룡론」

진인이 남쪽에서부터 올 것이라는 『정감록』의 주장과는 달리 "궁을을 합덕한 진인"이 나올 것이라는 주장이다. 『정감록』에서 새로 오실 진인의 성씨가 정씨로 국한되었던 것을 비판하고 "궁을이 합덕했다."는 묘한 표현으로 진인이 오리라고 강조하는 것이다.

> 古고人인鄭정氏씨, 牛우性성妖요死사.
> 옛 사람인 정씨가 소의 성질을 가졌는데 일찍 죽었다. ―「말운론」

『정감록』에서 강조했던 진인眞人 정씨鄭氏가 있었음을 인정하지만 "일찍 죽었다."라는 표현에서 알 수 있듯이 지난 시절에 믿었던 인물일 따름이라는 입장이다. 그리고 그 정씨鄭氏가 "소의 성질"로 표현되는 구원자로서의 성격일 일부 지녔지만 과거의 인물일 뿐이라고 주장한다.

그런데 이 구절을 "옛날 사람으로 성인이 태어나서 소 울음소리를 부르던 사람이 일찍 죽었다."고 해석하며, 그 성인을 '예수 그리스도'라고 주장하기도 한다.[3] 갑자기 기독교의 신격神格인 예수가 등장하는지 이해하기 어렵다. "일찍 죽었다."는 표현에 주목하여 이렇게 해석했는지는 모르지만 "옛 사람인 정씨鄭氏"라는 구절은 어떻게 풀이해야 하는

---

3 신유승 해독, 『격암유록』 제1권(세종출판공사, 1987), 59쪽.

지는 밝히지 않았다. 다소 견강부회牽强附會한 느낌이 든다.

釋석迦가之지運운三삼千천年년, 彌미勒륵出출世세鄭정氏씨運운.
석가의 운수는 3천년이요, 미륵은 정씨의 운으로 출세하리라. ―「말운론」

석가로 상징되는 부처님의 운수는 삼천년 동안 이어질 것이고, 새로 오실 부처님인 미륵불은 정씨鄭氏로 출세할 운수라는 주장이다. 미륵불이 정씨라는 성姓을 가진 인물이라는 입장이다. 미륵불 정씨 출세설을 강조하는 대목이다.

위 구절을 "중생을 구원할 현재의 부처인 석가의 운이 3천년이다. 그 후에 내세를 구원할 부처인 미륵이 세상에 나오는데 그 분이 바로 진인眞人 정씨이다."라고 해석하기도 한다.[4] 이러한 해석에 따르면 미륵불의 성姓이 정씨鄭氏가 된다. 정씨 진인출현설을 인정하는 것이다.

鄭정氏씨黎려民민 ―「말운론」

"정씨의 백성들"이라고 풀이할 수 있다. 장차 오실 진인眞人 정씨鄭氏가 다스릴 백성들이라는 주장이다. 한편 이 구절을 "하느님 정씨의 백성들"이라고 풀이하기도 한다.[5] 진인 대신에 "하느님"이라는 표현을 사용하였다. 기독교적 입장의 해석이라고 볼 수 있다.

求구鄭정地지者자, 平평生생不부得득, 求구鄭정於어天천, 三삼七칠滿만足족.
땅에서 정씨를 구하는 자는 평생토록 얻을 수 없고, 정씨를 하늘에서 구하는 자는 삼칠로 만족하리라. ―「성산심로」

---

4   신유승 해독, 『격암유록』 제1권(세종출판공사, 1987), 59쪽.
5   신유승 해독, 『격암유록』 제2권(세종출판공사, 1987), 160쪽.

"땅에서 정씨를 구하는 사람"은 기존의 『정감록』에 수록된 예언을 믿고 진인眞人 정씨鄭氏가 이 땅에 출현할 것을 기다리는 사람이라는 의미이다. 이러한 사람들은 평생을 기다려도 얻지 못할 것이라고 주장한다. 나아가 이와 반대로 정씨를 하늘에서 구하는 사람은 삼칠三七 즉 십十으로 만족할 것이라고 강조한다. "하늘에서 십자十字를 구하는 사람"이 진정한 정씨를 찾을 수 있다는 입장이다.

> 地지不불逢봉鄭정王왕求구世세.
> 땅에서는 정왕鄭王이 세상을 구하는 것을 볼 수 없다. ―「성산심로」

인용문의 정왕鄭王은 진인眞人 정씨鄭氏와 같은 뜻으로 사용되었다. 곧 정씨 진인이 세상에 출현하여 새 왕조를 이끌 왕으로 등극할 것이라는 주장이 『정감록』에 많이 보인다. 그런데 『격암유록』에서는 이처럼 정씨 왕이 세상을 구하는 일이 땅에서 이루어지지 않을 것이라고 주장한다. 정씨 진인출현설을 부정하는 입장이다.

『격암유록』에는 정씨가 진인으로 출현할 것이라는 주장을 부정하는 구절이 많이 보인다. 그렇지만 동시에 다음과 같이 정씨 진인출현설을 인정하는 구절도 있다.

> 南남來래鄭정氏씨陰음陽양合합德덕, 眞진人인來래.
> 남쪽에서 오는 정씨는 음과 양이 합친 덕을 갖춘 사람이리니, 진인이 올 것이다. ―「생초지락」

> 南남來래鄭정氏씨更갱明명輝휘.
> 남쪽에서 오는 정씨가 다시 밝게 빛날 것이다. ―「생초지락」

"남쪽에서 정씨가 올 것이다."라는 주장은 『정감록』의 남조선신앙과 정씨 진인출현설을 적극 인정하는 것이다. 따라서 『격암유록』은 『정감록』의 진인신앙을 받아들이면서도 한편으로는 정씨 진인이 출현하는 것을 부정하는 이율배반적인 입장을 견지한다.

鄭정氏씨鷄계龍룡千천年년定정, 趙조氏씨伽가倻야亦역千천年년, 范범氏씨完완
山산七칠百백年년, 王왕氏씨松송嶽악五오百백年년.
정씨가 계룡산에 천 년 동안 도읍을 정할 것이고, 조씨의 가야국 또한
천 년을 누릴 것이며, 범씨가 완산에서 7백 년 동안 도읍할 것이고, 왕씨
가 송악에서 5백 년 동안 도읍을 정할 것이다. ─「생초지락」

원래 『정감록』에는 왕조교체설이 다음과 같이 나온다.

山산川천種종氣기佳가淑숙, 入입鷄계龍룡山산, 鄭정氏씨千천年년之지地지, 伽가
倻야山산, 趙조氏씨千천年년之지地지, 入입全전州주范범氏씨六육百백年년之지
地지. 後후又우入입於어松송岳악百백年년王왕氏씨復부興흥, 其기餘여未미詳상
不불可가考고.
산천의 맑고 아름다운 기운이 계룡산으로 들어가니 정씨가 천년 동안 도
읍할 땅이고, 가야산은 조씨가 천년 동안 도읍할 땅이고, (산천의 기운
이) 전주로 들어가니 범씨가 6백 년 동안 도읍할 땅이다. 그 다음에는
또 (산천의 기운이) 송악으로 들어가니 백 년 동안 왕씨가 부흥할 것이
고, 그 나머지는 자세하지 않아 고찰할 수 없다.[6]

---

6 「운기구책」, 『정감록』(한성도서주식회사, 1923), 안춘근, 『정감록집성』(아세아문화사, 1973),
500면. 같은 「운기구책」에 송악이 5백 년 동안 도읍할 땅이고, 계룡산은 정씨가 8백 년 동안
도읍할 땅이며, 가야산은 조씨가 8백년 동안 도읍할 땅이며, 팔공산八公山이 왕씨가 천년 동안
도읍할 땅이라는 기록도 있다. 「운기구책」, 『정감록』(한성도서주식회사, 1923), 안춘근, 『정감
록집성』(아세아문화사, 1973), 501면. 정씨가 8백년, 조씨가 천년, 범씨가 6백 년 동안 도읍한
다는 기록도 있다. 「감결」, 『정감록』(한성도서주식회사, 1923), 안춘근, 『정감록집성』(아세아
문화사, 1973), 567면. 계룡산은 정씨가 5백년 동안, 가야산은 조씨가 8백 년 동안, 팔공산은
왕씨가 7백 년 혹은 천년 동안, 완산은 범씨가 왕 노릇을 하나 연수가 정해지지 않았다는 기록
도 있다. 「정이감여론」, 『정감록』(한성도서주식회사, 1923), 안춘근, 『정감록집성』(아세아문
화사, 1973), 620면.

山산川천鍾종氣기佳가淑숙, 入입於어鷄계龍룡, 鄭정氏씨八팔百백年년之지地지.
後후入입伽가倻야, 趙조氏씨千천年년之지地지. 後후入입全전州주, 范범氏씨六육
百백年년之지地지. 後후又우入입松송岳악, 王왕氏씨復부興흥. 其기餘여未미詳상
不불可가考고.

산천의 아름답고 맑은 기운이 계룡산으로 들어가니 정씨가 8백 년 동안
도읍할 땅이다. 그 후 (산천의 기운이) 가야산으로 들어가니, 조씨가 천년
동안 도읍할 땅이다. 그 후 (산천의 기운이) 전주로 들어가니, 범씨가 6백
년 동안 도읍할 땅이다. 또 그 후 (산천의 기운이) 송악으로 들어가니, 왕
씨가 다시 흥할 것이다. 그 나머지는 자세하지 않아 살펴볼 수가 없다.[7]

원래 『정감록』에는 계룡산이 정씨가 천년 동안 도읍할 땅이라고 적
혀 있고, 전주는 범씨가 6백 년 동안 도읍할 땅이라고 한다. 왕조의 교
체가 특정 성씨姓氏가 번갈아가면서 이루어질 것이며, 그 왕조의 연대가
조금씩 다르게 표현된다. 그렇지만 『격암유록』의 왕조교체설이 『정감
록』의 왕조교체설을 거의 그대로 답습했다는 점은 분명히 확인된다.

鷄계龍룡, 乃내鄭정氏씨八팔百백年년之지地지.
계룡산은 곧 정씨가 8백 년 동안 도읍할 땅이다.[8]

---

7 「징비록」, 『정감록』(한성도서주식회사, 1923), 안춘근, 『정감록집성』(아세아문화사, 1973), 485면.
계룡산은 정씨가 8백 년 동안 도읍할 땅이고, 가야산은 조씨가 8백 년 동안 도읍할 땅이고,
팔공산은 왕씨가 칠천년 동안 도읍할 땅이며, 완산은 범씨가 왕이 되지만 그 년수가 정해지지
않았다는 기록도 있다. 「요람역세」, 『정감록』(한성도서주식회사, 1923), 안춘근, 『정감록집성』
(아세아문화사, 1973), 522면. 계룡산은 정씨가 5백 년 동안 도읍할 땅이며, 가야산은 조씨가
천년 동안 도읍할 것이고, 금유金劉는 범씨가 6백 년 동안 도읍하며, 송악은 왕씨가 부흥할
땅이라는 주장도 있다. 「비지론」, 『정감록』(한성도서주식회사, 1923), 안춘근, 『정감록집성』
(아세아문화사, 1973), 608면. 계룡산은 정씨가 5백 년 동안, 가야산은 조씨가 8백 년 동안,
팔공산은 왕씨가 7백 년 동안, 완산은 범씨가 왕 노릇할 것이지만 연수가 정해지지 않았다는
기록도 있다. 「정감문답」, 『정감록』(한성도서주식회사, 1923), 안춘근, 『정감록집성』(아세아
문화사, 1973), 652면.
8 「징비록」, 『정감록』(한성도서주식회사, 1923), 안춘근, 『정감록집성』(아세아문화사, 1973), 486면

全_전州_주, 范_범氏_씨六_육百_백年_년之_지地_지.
전주는 범씨가 6백 년 동안 도읍할 땅이다.[9]

전주는 완산完山의 다른 이름이다. 새로 건설될 왕조의 도읍지가 같고, 왕조가 유지될 기간만 조금씩 다르게 표현될 따름이다.

伽_가倻_야伽_가倻_야 趙_조氏_씨伽_가倻_야 ―「갑을가」

伽_가倻_야, 乃_내趙_조氏_씨千_천年_년之_지地_지.
가야산은 곧 조씨가 천년 동안 도읍할 땅이다.[10]

정씨의 계룡산에 도읍할 왕조를 거친 후에 조씨가 가야산에 다시 새로운 왕조를 세울 것이라는 주장이다. 이러한 『격암유록』의 주장은 『정감록』의 주장을 그대로 인정하는 것이다.

世_세間_간再_재生_생鄭_정氏_씨王_왕.
세상에 다시 태어났을 때는 정씨 왕이다. ―「석정수」

鄭_정本_본天_천上_상雲_운中_중王_왕, 再_재來_래今_금日_일鄭_정氏_씨王_왕.
정씨는 하늘 위의 구름 가운데 있던 왕이요, 오늘날 다시 오시는 정씨 왕이로다. ―「새 사사」

鄭_정氏_씨天_천姓_성誰_수可_가知_지?
정씨가 하늘의 성씨인줄을 누가 알겠는가? ―「은비가」

---

9   「징비록」, 『정감록』(한성도서주식회사, 1923), 안춘근, 『정감록집성』(아세아문화사, 1973), 486면
10 「징비록」, 『정감록』(한성도서주식회사, 1923), 안춘근, 『정감록집성』(아세아문화사, 1973), 486면

鄭정本본天천上상雲운中중王왕,　再재來래春춘日일鄭정氏씨王왕.
정鄭은 본래 하늘의 구름 속의 왕이시며, 봄날을 다시 가져올 정씨왕鄭氏
王이시다. ―「은비가」

위에 나오는 『격암유록』의 구절들은 『정감록』의 정씨 진인출현설을
그대로 이어받은 것이다. 정씨가 새롭게 나타나 새 왕조를 세울 것이
라는 점을 거듭 강조한다. 정씨는 본래 "하늘 위의 구름 가운데 있던
왕"이며, "정씨는 본래 하늘의 성씨이다."라는 구절이 정씨 진인의 원
천적 우월성을 강조하고 있다. 그리고 이 정씨 왕이 "이 세상에 다시
태어날 것이다.", "오늘날 다시 정씨 왕으로 오실 것이다.", "이 세상에
봄날로 상징되는 신세계를 건설할 것이다."라고 주장한다. 정씨 진인
출현설을 적극 인정하고 반영하는 기록들이다.

海해印인用용事사者자,　天천權권鄭정氏씨也야.
해인을 용사用事하는 사람은 하늘의 권세를 지닌 정씨이다. ―「은비가」

이제 정씨는 "해인海印을 부리는 자"로 표현된다. 그는 하늘의 권세
를 지닌 인물로 장차 이 땅에 나타날 구원자이다. 해인과 관련하여 정
씨 진인이 언급된다는 점이 특기할 만하다. 해인은 『정감록』에는 나오
지 않는 용어이다.

木목兎토再재生생鄭정姓성運운,　三삼時시重중生생鄭정本본人인.
목토木兎로 재생하는 정씨의 운이요, 삼시三時로 중생하는 정씨 본인이
다. ―「은비가」

"목토木兎로 다시 오신다."와 "삼시三時로 거듭 오신다."는 표현의 정
확한 의미는 확실하지 않다. 목木이 봄을 상징하여 '새 세상'을 상징한
다는 점과 삼시三時가 과거, 현재, 미래를 뜻하는 용어라는 사실만 확

인된다.

無무極극天천上상雲운中중王왕이, 太태極극再재來래鄭정氏씨王왕은 ―「농궁가」

무극無極과 태극太極이라는 표현이 사용되었다. 동양 역법易法의 오묘한 이치가 포함된 언급이다. 그만큼 운중왕雲中王과 정씨왕鄭氏王이 신비로운 존재로 묘사되었다.

天천門문開개戶호進진奠전邑읍 ―「갑을가」

전읍奠邑이라는 정鄭의 파자가 사용된 점이 특기할 만하다. 전읍奠邑이라는 파자는 조선 후기에 발생한 많은 변란사건에도 나오며, 『정감록』에도 나오는 용어다. 그리고 "하늘의 문을 연다."는 표현이 정씨鄭氏와 관련되어 서술되었는데, 진인眞人 정씨의 파천황적破天荒的인 능력에 대해 강조한 대목이다.

出출於어鄭정氏씨, 自자出출於어南남. ―「세론시」

"정씨가 남쪽에서 출현할 것이다."는 주장이다. 정씨 진인이 남쪽 혹은 남쪽 조선에서 나올 것이라는 이른바 남조선신앙의 다른 표현이다. 『정감록』의 주장과 일치하는 대목이다.

鷄계龍룡鄭정氏씨 海해島도眞진人인 ―「출장론」

"계룡산에 도읍을 정한 정씨는 섬에서 나오는 진인眞人이다."라고 해석된다. 『정감록』의 핵심 주장을 그대로 인정하는 대목이다.

鄭정氏씨黎려首수之지民민으로, 兩양白백三삼豊풍 일넛다네. ―「삼풍론」

정씨의 백성에게 양백兩白과 삼풍三豐을 일러 주었다는 주장이다. 『정감록』에서는 양백과 삼풍이 특정한 지명地名이라고 주장된다. 그러나 『격암유록』에서 양백과 삼풍의 명사적 용법으로 특별한 뜻을 지닌 용어로 강조된다. "정씨의 백성"과 관련하여 양백과 삼풍이 언급되었다는 점이 특기할 만하다.

靑청林림道도士사 鷄계龍룡鄭정氏씨 ―「계룡론」

청림도사靑林道士라는 신비로운 존재가 계룡산에 도읍할 정씨라는 주장이다. 청림도사가 정확히 어떤 인격을 가리키는 용어인지는 명확하지 않다. 그러나 "계룡정씨"라는 표현은 전형적인 진인출현설의 하나이며, 특히 정씨가 곧 계룡산에 새 나라를 세울 것이라는 『정감록』의 주장을 그대로 반영한 구절이다.

仙선道도昌창運운 時시來래故고로, 鷄계龍룡鄭정氏씨 傳전햇다네. ―「계룡론」

장차 선도仙道가 창성할 운수가 도래하여 계룡산에 도읍을 정할 정씨 진인에게 전했다는 주장이다. 정씨가 선도의 도맥道脈을 이어받아 이 땅에 출현할 것이며, 그가 곧 계룡산에 새 왕조를 건설할 진인眞人이라는 점을 강조했다.

世세人인苦고待대 救구世세眞진主주 鄭정氏씨出출現현 不부知지런가?
―「승운론」

이 구절에서는 진인 대신 진주眞主라는 용어가 사용되었다. 같은 의미이다. 세상 사람들이 그토록 오랫동안 기다려왔던 세상을 구원할 진주가 정씨鄭氏로 출현할 것을 몰랐단 말인가라고 반문한다. 당연히 이러한 사실을 알고 있었어야 한다는 뜻이다. 전형적인 정씨 진인출현설의 하나이다.

天_천生_생有_유姓_성 人_인間_간無_무名_명, 鄭_정氏_씨로만 볼 수 있나? 鄭_정本_본天
_천上_상雲_운中_중王_왕, 再_재來_래春_춘日_일 鄭_정氏_씨王_왕을 —「승운론」

하늘이 사람을 태어나게 할 때 특정한 성씨姓氏를 가지게 하는데, 인
간계의 이름 없는 정씨로만 볼 수 있느냐고 묻는다. 그 정씨는 원래
하늘 위 구름 가운데 왕이었던 존재이며, 봄날을 다시 오게 할 정씨鄭
氏 성姓을 가진 왕이었다고 주장한다. 인간계의 무명의 정씨가 모두 진
인眞人이 될 수 없고, 특별한 능력을 지닌 하늘의 왕이었던 정씨가 이
땅에 나타난다는 입장이다.

그런데 위 구절을 "하느님으로 살 때는 성姓이 정鄭인 대명사가 있으
나 인간으로 있을 때는 이름은 없다고 치더라도 정도령鄭道令이라 하여
어리석게 꼭 정씨鄭氏로만 볼 수 있나? 라는 뜻인데, 결론은 세상의 아
무 성姓이라도 성인聖人의 성씨姓氏가 될 수 있고, 이름은 그 누구라도
밝혀진 것이 없다."라고 풀이하기도 한다.[11] 이러한 해석은 정씨 진인
출현설을 부정하고, 어떤 성씨를 가졌다 하더라도 누구나 진인眞人이
될 수 있다는 입장이다. 그렇지만 원문의 해석은 그렇지 않다. 뒷부분
의 운중왕雲中王이나 재래춘일再來春日하는 정씨왕鄭氏王이라는 구절이
나오기 때문이다.

天_천縱_종大_대聖_성 鷄_계龍_룡으로, 蓮_연花_화世_세界_계 鄭_정氏_씨王_왕을
—「도부신인」

하늘이 내린 큰 성인이 계룡산을 중심으로 연화세계蓮花世界라는 이
상향을 세울 정씨鄭氏 성姓을 가진 왕으로 태어나리라는 주장이다. 계

---

11 신유승 해독, 『격암유록』 제1권(세종출판공사, 1987), 195쪽.

룡산에 도읍을 정할 정씨 진인출현설의 하나이다. 불교적 색채가 강한 연화세계라는 이상향이 제시된 점이 특기할 만하다.

鄭정氏씨國국都도 何하處처地지가? 鷄계鳴명龍룡叫규 新신都도處처오, 李이末말 之지後후 鄭정都도地지는, 淸청水수山산下하 千천年년都도라. ―「도부신인」

정씨가 새 나라의 도읍지로 선택할 땅은 어떤 곳인가? "닭이 울고 용이 울부짖는 곳"이 바로 새로운 도읍지라는 주장이다. 그리고 이씨 조선朝鮮의 말기 이후에 정씨鄭氏가 세울 도읍지는 푸른 물이 흐르는 산 아래에 천년 동안 유지될 것이라고 강조한다. 계룡산에 진인 정씨가 새로운 나라를 세울 것이고, 그 존속기간이 천년이나 될 것이라는 뜻이다. 『정감록』의 주장과 일맥상통하는 구절이다.

太태白백山산下하 三삼姓성後후에, 鄭정氏씨奪탈合합 鷄계龍룡일세. ―「말중운」

태백산 아래 세 성씨姓氏가 다스린 후에 정씨鄭氏가 나타나 이를 물리친 후 계룡산에 도읍을 정할 것이라는 주장이다. "태백산 아래에 세 성씨가 다스린다."는 구절은 이곳에 처음 보인다.

天천鷄계龍룡은 不불覺각하고, 地지鷄계龍룡만 찾단말가? ―「도부신인」

하늘이 정해놓은 계룡은 깨닫지 못하고, 땅에서만 계룡을 찾느냐고 비판하는 대목이다. 지리적으로 충청도의 계룡산에만 집착하지 말라는 경고이다. 이 구절은 계룡산이라는 특정한 산을 중심으로 건설되는 진인眞人의 나라를 부정하는 입장이다.

二이尊존士사로 得득運운하니, 鄭정氏씨再재生생 알리로다. ―「말중운」

"두 명의 존귀한 선비가 운을 얻는다."는 구절의 정확한 의미는 알 수 없다. 다만 이어지는 구절에서 "정씨鄭氏가 다시 태어난다."는 사실을 알라고 강조한다. 아마도 앞에서 살펴보았듯이 "천상天上에 있던 운중왕雲中王이 이 세상에 태어날 것이다."라는 대목을 다시 강조한 듯하다.

원래 정씨 진인출현설은 『정감록』에 다음과 같이 확인된다.

山산川천鍾종氣기佳가淑숙, 入입於어鷄계龍룡, 鄭정氏씨八팔百백年년之지地지.
산천의 아름답고 맑은 기운이 계룡산으로 들어가니 정씨가 8백 년 동안 도읍할 땅이다.[12]

山산川천鍾종氣기佳가淑숙, 入입於어鷄계龍룡, 鄭정氏씨八팔百백年년之지地지.
산천의 아름답고 좋은 기운이 계룡산으로 들어가니 정씨가 8백 년 동안 도읍을 정할 곳이다.[13]

鄭정氏씨八팔百백年년之지運운.
정씨에게 팔백 년의 운수가 있으리라.[14]

鄭정氏씨千천年년之지運운.
정씨에게 천년의 운수가 있으리라.[15]

鷄계龍룡山산, 乃내鄭정氏씨五오百백年년之지地지.

---

12 「징비록」, 『정감록』(한성도서주식회사, 1923), 안춘근, 『정감록집성』(아세아문화사, 1973), 485면.

13 「요람역세」, 『정감록』(한성도서주식회사, 1923), 안춘근, 『정감록집성』(아세아문화사, 1973), 530면.

14 「징비록」, 『정감록』(한성도서주식회사, 1923), 안춘근, 『정감록집성』(아세아문화사, 1973), 489면. 계룡산이 정씨가 8백년 동안 도읍할 땅이라는 기록이 있다. 「요람역세」, 『정감록』(한성도서주식회사, 1923), 안춘근, 『정감록집성』(아세아문화사, 1973), 525면.

15 「운기구책」, 『정감록』(한성도서주식회사, 1923), 안춘근, 『정감록집성』(아세아문화사, 1973), 506면.

계룡산은 곧 정씨의 5백년 도읍지이다.[16]

鷄_계龍_룡山_산, 乃_내鄭_정氏_씨之_지五_오百_백年_년之_지地_지.
계룡산은 곧 정씨의 오백년 도읍할 땅이다.[17]

鄭_정氏_씨爲_위王_왕, 五_오百_백七_칠年_년.
정씨가 왕이 되어 507년이 가리라.[18]

鷄_계龍_룡山_산下_하有_유都_도邑_읍之_지地_지, 鄭_정氏_씨立_입之_지.
계룡산 아래에 도읍터가 있으니 정씨가 (나라를) 세우리라.[19]

鷄_계龍_룡鄭_정王_왕五_오百_백年_년之_지地_지.
계룡산은 정왕鄭王이 5백 년 동안 도읍할 땅이다.[20]

팔백 년, 천년, 오백 년, 507년 등 왕조의 존속기간에 대한 이견이 있지만, 계룡산에 정씨가 새로운 도읍지를 정해 새 왕조를 건설할 것이라는 주장은 공통적으로 나온다. 이처럼 『정감록』에는 일관되게 계룡산을 중심으로 정씨 왕조가 새롭게 세워질 것이라고 주장한다. 이는

16 「요람역세」, 『정감록』(한성도서주식회사, 1923), 안춘근, 『정감록집성』(아세아문화사, 1973), 523면.
17 「요람역세」, 『정감록』(한성도서주식회사, 1923), 안춘근, 『정감록집성』(아세아문화사, 1973), 513면. 「산록집설」, 『정감록』(한성도서주식회사, 1923), 안춘근, 『정감록집성』(아세아문화사, 1973), 630면.
18 「남격암십승지론」, 『정감록』(한성도서주식회사, 1923), 안춘근, 『정감록집성』(아세아문화사, 1973), 616면.
19 「감결」, 『정감록』(한성도서주식회사, 1923), 안춘근, 『정감록집성』(아세아문화사, 1973), 571면. 정씨주지鄭氏主之로 기록된 곳도 있다. 「신효자의조사비전」, 『정감록』(한성도서주식회사, 1923), 안춘근, 『정감록집성』(아세아문화사, 1973), 613면.
20 「정이감여론」, 『정감록』(한성도서주식회사, 1923), 안춘근, 『정감록집성』(아세아문화사, 1973), 620면.

『정감록』의 핵심적인 주제이다.

鄭정氏씨自자南남海해島도中중.
정씨가 남해의 섬으로부터 나올 것이다.[21]

鄭정氏씨, 出출於어海해島도.
정씨가 바다의 섬에서 나올 것이다.[22]

莫전邑읍率솔海해島도之지兵병.
정씨가 섬의 병사를 이끌 것이다.[23]

此차時시, 莫전邑읍率솔海해島도之지兵병.
이때 정씨가 섬의 병사를 이끌고 나오리라.[24]

鄭정起기於어海해島도.
정씨가 섬에서 일어나리라.[25]

그리고 『정감록』에는 장차 계룡산에 새 도읍지를 정할 정씨鄭氏가

---

21 「운기구책」, 『정감록』(한성도서주식회사, 1923), 안춘근, 『정감록집성』(아세아문화사, 1973), 507면.
22 「요람역세」, 『정감록』(한성도서주식회사, 1923), 안춘근, 『정감록집성』(아세아문화사, 1973), 513면. 「정감문답」, 『정감록』(한성도서주식회사, 1923), 안춘근, 『정감록집성』(아세아문화사, 1973), 637면. 「정감문답」, 『정감록』(한성도서주식회사, 1923), 안춘근, 『정감록집성』(아세아문화사, 1973), 643면.
23 「동차결」, 『정감록』(한성도서주식회사, 1923), 안춘근, 『정감록집성』(아세아문화사, 1973), 560면.
24 「경주이선생가장결」, 『정감록』(한성도서주식회사, 1923), 안춘근, 『정감록집성』(아세아문화사, 1973), 586면. 「토정가장결」, 『정감록』(한성도서주식회사, 1923), 안춘근, 『정감록집성』(아세아문화사, 1973), 594면.
25 「정이감여론」, 『정감록』(한성도서주식회사, 1923), 안춘근, 『정감록집성』(아세아문화사, 1973), 620면.

원래는 남해의 섬에서 나올 것이라고 주장한다. 남해에 있는 어떤 섬에서 군사를 이끌고 육지로 건너올 것이라고 강조한다. 이는 남조선신앙으로 집약된다. 남쪽 조선, 남쪽의 어떤 섬에서 진인眞人이 출세할 것이라는 믿음이다.

> 李이氏씨五오百백年년社사稷직, 終종亡망於어鄭정氏씨.
> 이씨 5백년의 사직이 끝내 정씨에게 망하리라.[26]

이씨李氏가 중심이 된 조선왕조朝鮮王朝가 5백년이 지난 후에 결국에는 정씨鄭氏에 의해 망하고 말 것이라는 주장이다. 조선을 뒤이어 새로운 정씨 왕조가 세워질 것을 강조한 대목이다.

한편 「비결집록秘訣輯錄」에도 다음과 같은 구절이 보인다.

> 鄭정氏씨自자出출於어南남海해島도中중矣의.
> 정씨가 남해의 섬으로부터 스스로 출현하리라.[27]

『정감록』의 이본異本에도 "정씨가 남해의 어떤 섬에서 출현하리라."는 예언이 있다. 남조선신앙의 하나다. 이처럼 『정감록』의 여러 이본에는 한결같이 "진인 정씨가 남해의 섬으로부터 출세할 것이다."는 점이 강조되어 있다.

---

26 「동차결」, 『정감록』(한성도서주식회사, 1923), 안춘근, 『정감록집성』(아세아문화사, 1973), 556면
27 호세이細井 肇, 「비결집록」, 『정감록』(자유토구사, 1923), 안춘근, 『정감록집성』(아세아문화사, 1973), 831면.

정도령

鄭道令

『격암유록』에는 『정감록』에는 단 한 번도 나오지 않는 정도령鄭道令이라는 용어가 자주 등장한다. 정씨鄭氏 성姓을 지닌 진인眞人의 젊음, 청춘, 새로움, 생기발랄함을 강조하기 위해 정도령이라는 용어가 나온 것이다. 『격암유록』의 정도령 관련기록들을 살펴보도록 하자.

> 鄭정本본天천上상雲운中중王왕, 再재來래今금日일鄭정氏씨王왕. 不부知지何하姓성鄭정道도令령.
> 정씨는 본래 하늘의 구름 속에 있는 왕인데, 오늘날에 다시 오는 정씨 왕이다. (그러나) 어느 성씨로 오는 정도령인지는 알 수 없다. ─「계룡론」

『격암유록』은 정도령이 원래 하늘에 계신 존재라고 주장한다. 정도령을 신비화시킨 것이다. 이 하늘에 계신 정도령이 오늘날 다시 세상에 내려오는데, 어떤 성씨를 가지고 태어날지는 알 수 없다고 강조한다. 정도령이라는 신비한 존재가 다시 이 세상에 출세할 때에는 정씨가 아닌 다른 성씨로도 출세할 수 있다는 주장이다. 정도령이 굳이 정씨가 아니라 다른 성씨를 가지고 이 세상에 나타날 수 있다는 열린 해석을 강조한 대목이다.

鄭정趙조之지變변一일人인鄭정矣의.　無무父부之지子자鄭정道도令령,　天천地지
合합運운出출.
정씨와 조씨의 변화는 한 사람인 정씨이다. 아비 없는 자식인 정도령에
게서 천지가 합친 운이 나올 것이다.　—「계룡론」

　정씨와 조씨로 대변되는 새로운 왕조의 창업자가 실은 한 사람 정씨
를 가리킨다는 주장이다. 그리고 "아버지가 없는 자식"이라는 표현에
서 정도령이 지금까지의 인간과는 달리 전혀 새로운 존재라는 점이 부
각되었다. 나아가 이 정도령에게서 하늘과 땅을 합친 엄청난 운이 일
어날 것이라고 주장한다. 정도령이 기존과는 전혀 다른 새로운 세상을
열 인물이라는 점이 강조되었다.

鷄계龍룡石석白백鄭정道도令령.
계룡석백의 정도령이다.　—「계룡론」

　이 구절에서는『정감록』의 "계룡산의 돌이 하얗게 변하면 진인이 출
현할 것이다."는 대목이 연상된다. 전통적인『정감록』의 정씨 진인출
현설을 다시 부연하여 설명하고 있다. 정도령은『정감록』의 정씨 진인
출현설을 집약한 용어라는 점이 확인된다.

天천生생有유姓성鄭정道도令령, 世세間간再재生생鄭정氏씨王왕.
하늘에 살 때는 정도령이며, 세간에 다시 태어날 때는 정씨 왕이다.
　—「석정수」

　하늘에 있는 존재인 정도령이 이 세상에 올 때는 정씨 성을 지닌 왕
으로 태어날 것이라는 주장이다. 정도령의 태생을 "하늘이 내린 인물"
이라고 강조했으며, 세상에 나와 새로운 세상을 건설할 왕이라는 점이
강조되었다. 한 마디로 정도령은 이 세상에 새 세상을 세울 왕이라는

주장이다. 이 역시 『정감록』의 정씨 진인출현설과 계룡산도읍설을 요약한 대목이다.

山산下하大대運운回회, 長장安안大대道도正정道도令령.
산하의 대운이 돌아오고, 장안의 대도를 펼칠 정도령이다. ―「생초지락」

이 구절에서는 정도령鄭道令이 아니라 정도령正道令이라는 용어가 등장한다. 특정한 성씨를 지닌 진인으로서의 정도령鄭道令이 아니라 '바른 도를 지닌 인물'이라는 점이 부각되었다. 이러한 입장에서는 어떤 성씨를 지닌 인물이라도 "바른 도를 행할 인물"이 될 가능성을 가진다. 따라서 어떤 성씨를 지녔는가의 여부로 진인眞人의 여부가 판단되는 것이 아니라 어떤 일을 행하는가에 진인인가 아닌가가 판단되는 것이다. 결국 정씨 이외의 성씨를 지닌 인물도 진인이 될 수 있는 가능성이 있다는 주장이다.

彌미勒륵上상帝제鄭정道도令령
미륵상제인 정도령이 ―「은비가」

이 구절에서 정도령은 미륵상제라고 표현되었다. 불교에서 주장하는 미래불未來佛이자 다가올 이상세계의 구현자인 미륵불과 유교의 신관神觀에서의 극존칭인 상제上帝가 결합된 미륵상제가 곧 정도령이라는 주장이다. 동양적 종교와 세계관에서 최고의 신격이 바로 정도령이라고 강조하는 것이다. 그만큼 정도령이라는 존재의 위격位格이 격상되었다.

何하姓성不부知지鄭정道도令령.
어느 성씨인지 모르는 정도령이다. ―「은비가」

이 구절에서는 또다시 정도령이 어떤 성씨로 올지 모른다고 주장한다.

정도령鄭道令이 꼭 정씨鄭氏라는 성씨姓氏로 이 세상에 오지 않을 수도 있다는 입장이다. 정도령이 진인眞人으로서의 역할에 충실하기만 한다면 그 어떤 성씨를 가지고 오더라도 상관이 없다는 생각이 반영되었다. 바로 이러한 맥락에서 『격암유록』에서는 정씨鄭氏 이외에 박씨朴氏, 조씨曺氏, 이씨李氏 등의 인물이 이른바 진인이라는 주장이 제기되기도 한다.

> 長장安안大대道도正정道도令령
> 장안의 큰 도道인 정도령正道令 ─「은비가」

이 구절에서도 정도령鄭道令 대신 정도령正道令이라는 용어가 사용된 점이 특기할 만하다. 정씨鄭氏라는 특정 성씨姓氏에 얽매이지 않는 진인의 출현가능성이 제기된다. 이 정도령正道令은 나라 안에 큰 도道를 펼칠 존재라고 강조한다.

> 無무後후裔예之지鄭정道도令령은 何하姓성不부知지正정道도來래.
> 후손이 없는 정도령은 어떤 성씨인지 알 수 없지만 바른 도로써 오리라.
> ─「농궁가」

정도령은 특정한 성씨로만 국한되지 않는 존재라는 주장이다. 그 어떤 인물이라도 바른 도를 펼치면 그가 곧 정도령이라는 해석이 가능하다. 정도령이 정씨에 얽매이지 않고 다른 성씨를 가진 인물로 탄생할 수 있다는 점을 강조한 대목이다.

한편 "정鄭은 여러 가지의 심오하고 중요한 뜻을 지닌 글자를 합성한 한자이다. 지존至尊의 존尊자 모양도 있고, 지상에서 제일 큰 우두머리 즉 왕중왕王中王의 뜻을 지닌 글자가 전奠이라서 말세에 진인眞人 성자 聖者가 자하도紫霞島 한국 땅에 천년대운 계룡국을 건설하고 금성金城으로 도읍을 정한다고 한다."라고 해석하기도 한다.[1]

그리고 "도령道令은 성인聖人이 정도正道를 지상에 펼치고 열방列邦에

명령하는命 열왕列王의 왕으로서 천국세계를 건설하며 중생으로 하여
금 영생을 얻게 한다는 뜻이다."라고 풀이하기도 한다.[2]

결국 "구세주救世主의 대명사를 간단히 정鄭, 정씨鄭氏, 정도령鄭道令
이라고 한다."라고 맺는다.[3] 나아가 "세상의 어떤 성姓을 가진 사람도
정도령이 될 수 있다. 그러나 그는 반드시 영능靈能이 무지무지하게 뛰
어나고, 중생을 구제할 만큼 사람을 초월하여 신神의 경지에 도달하여
기적과 이적을 언제 어디서라도 일으키고 행사할 수 있는 초능력의 사
람을 말한다."라고 주장하기도 한다.[4]

無무極극天천上상雲운中중王왕이 太태極극再재來래鄭정氏씨王왕은 —「농궁가」

이 구절에서는 운중왕雲中王에 무극無極이, 정씨왕鄭氏王에 태극太極이
라는 동양철학적 용어가 관련지어졌다는 점이 특기할 만하다. 하늘에
서 무극적 존재로 있던 운중왕이 지상에 태극적 존재인 정씨왕으로 출
현하리라는 주장이다.

鷄계龍룡都도邑읍非비山산名명, 誕탄生생青청林림正정道도士사. —「농궁가」

"계룡산에 도읍을 정한다."는 비결은 산의 이름을 가리키는 것이 아니
라고 주장한다. 『정감록』의 계룡산도읍설을 부정하는 대목이다. 나아가
푸른 숲에서 탄생하는 정도사正道士가 있으리라는 주장이다. "바른 도道를
펼칠 인물"인 정도사라는 용어가 나오는 점이 특기할 만하다. 요컨대
『정감록』의 정씨 진인에 의한 계룡산도읍설을 부정하고, 어떤 성씨라도
상관없이 새 인물이 출현하여 바를 도를 펼칠 것이라는 주장이다.

---

1 신유승 해독, 『격암유록』 제1권(세종출판공사, 1987), 128쪽.
2 신유승 해독, 『격암유록』 제1권(세종출판공사, 1987), 129쪽.
3 신유승 해독, 『격암유록』 제1권(세종출판공사, 1987), 129쪽.
4 신유승 해독, 『격암유록』 제1권(세종출판공사, 1987), 129쪽.

한편 이 구절을 "계룡도읍은 산 이름 계룡에 도읍하는 것이 아니라 청림(동방東方의 양목兩木)에서 탄생하신 바른正 도를 펼칠 정도사鄭道士를 말한다."라고 해석하기도 한다.[5]

> 日일中중有유鳥조, 月월中중玉옥獸수, 何하獸수? 鳩구兔토相상合합眞진人인, 世세人인苦고待대鄭정道도令령, 何하意의事사永영不불覺각?
> 해 속에는 새가 있고, 달 속에는 옥玉으로 된 짐승이 있는데 무슨 짐승인가? 비둘기와 토끼가 서로 화합한 진인眞人이 세상 사람들이 기다리던 정도령인데, 무슨 뜻인지 영원토록 깨닫지 못하는가? —「정각가」

해와 달에 있다고 믿어지는 동물에 대한 이야기를 언급하였다. 우리 민족은 예로부터 해에는 세 발 달린 까마귀가 살고 있고, 달에는 옥으로 만든 토끼가 산다고 믿어왔다. 이러한 전설에 입각하여 해와 달의 정기精氣가 합쳐진 진인眞人이 정도령鄭道令으로 세상에 출현할 것이라는 주장이다. 그런데 이러한 이야기를 세상 사람들은 대부분 깨닫지 못하고 있다고 탄식한다.

이 구절을 "해 속에는 새가 있고, 달 속에는 토끼가 있는데, 어떤 짐승인가? 비둘기와 토끼가 서로 화합하여 진인眞人이 나오시는데, 그가 세상 사람들이 고대하는 정도령인데도 어떤 뜻과 사람인지 영영 깨닫지 못한다는 뜻이다."라고 풀이하기도 한다.[6]

> 天천藏장地지秘비 鄭정道도令령은, 世세人인마다 알소냐? —「격암가사」

하늘이 감추고 땅이 숨긴 정도령을 세상 사람들이 어찌 모두 알아볼 수 있을 것인가라는 말이다. 그만큼 정도령의 존재는 쉽게 짐작하거나

---

5 신유승 해독, 『격암유록』 제1권(세종출판공사, 1987), 133쪽.
6 신유승 해독, 『격암유록』 제1권(세종출판공사, 1987), 153쪽.

만나볼 수 없을 것이라는 주장이다. 정도령이라는 존재의 신비함을 강조한 대목이다.

辰_진巳_사聖_성君_군 正_정道_도令_령이, 金_금剛_강山_산精_정 運_운氣_기바다 … 南_남海_해島_도로 건너와서 ―「송가전」

여기서도 정도령鄭道令이 아니라 정도령正道令이라는 용어가 나오는 점이 특기할 만하다. 진년辰年과 사년巳年 사이에 출현할 정도령正道令이 금강산의 정기와 운수를 받아 남해도로 건너올 것이라는 주장이다. 뒷부분에서는 진인이 남쪽 또는 남조선에서 출현할 것이라는 이른바 남조선신앙南朝鮮信仰의 표현으로 보인다.

圃_포隱_은之_지後_후鄭_정正_정道_도令_령.
포은의 후예 정씨인 정도령이다. ―「새 사삼」

이 구절에서는 정도령正道令의 성씨姓氏가 정씨鄭氏이며, 구체적으로 고려高麗 말기의 유명한 신하인 포은 정몽주鄭夢周(1337~1392)의 후손이라고 주장한다. 정도령正道令의 성姓이 정씨鄭氏라고 규정한 대목인데, 앞부분에서 등장한 정도령正道令의 성씨가 특정 성씨로 국한되지 않는다는 주장과 대치되는 대목이다. 정몽주의 본관인 영일迎日 정씨라야만 정도령正道令이 될 수 있다는 입장이다.

雲_운中_중靈_령神_신正_정道_도令_령
구름 가운데 영신靈神이신 정도령 ―「농궁가」

정도령正道令이 하늘에 있는 존재인 신령스러운 신神이라는 주장이다. 정도령의 신비함과 존귀함이 극적으로 표현된 대목이다.

義의相상祖조師사三삼昧매海해印인, 鄭정道도令령之지十십勝승이요 ―「십승가」

　　신라新羅 말기의 고승高僧인 의상조사(625~702)는 법계도法界圖에서 해인삼매海印三昧를 강조했고, 정도령鄭道令은 십승十勝을 강조했다는 주장이다. 여기서도 십승이 명사적 용법으로 사용되었다. 해인삼매에 버금가는 깨달음의 경지를 십승으로 표현한 것이다. 정도령鄭道令은 십승으로 상징되는 존재라는 점을 다시 한 번 강조하고 있다.

在재來래今금日일鄭정氏씨王왕, 不부知지何하姓성鄭정道도令령. ―「계룡론」

　　앞 구절에서는 오늘날 이 세상에 다시 오실 정씨왕鄭氏王이라고 주장했으며, 뒷 구절에서는 어떤 성씨로 오실지 모르는 정도령鄭道令이라고 주장했다. 정씨왕은 『정감록』의 정씨 진인출현설을 반영하고 있는 대목이며, 정도령鄭道令은 굳이 정씨鄭氏로만 국한되지 않는 진인출현설을 주장한 부분이다. 『정감록』과 다른 진인출현설을 『격암유록』에서 주장하는 부분이다.

世세人인不부知지鄭정變변朴박, 鄭정道도令령之지降강島도山산. ―「갑을가」

　　앞 구절의 "세상 사람들이 정씨鄭氏가 박씨朴氏로 변할 것을 모른다."는 부분은 진인眞人이 정씨로 출현하지 않고 박씨로 출현할 것이라는 주장이다. 이른바 박씨 진인출현설의 근거이다. 전통적인 『정감록』의 정씨 진인출현설을 부정하고 새로운 박씨 진인출현설을 주장한 대목이다. 그런데 뒷부분의 "정도령이 도산島山에 내려올 것이다."는 구절은 『정감록』의 "정씨 진인이 도산島山에 내려올 것이다."는 대목을 연상시킨다. 즉 앞부분에서는 『정감록』의 주장을 부정하고 있지만, 뒷부분에서는 『정감록』의 주장을 그대로 반영한 것이다. 이처럼 이율배반적인 주장은 『격암유록』에서 여러 번 보인다.

先선天천秘비訣결 篤독信신마소, 鄭정僉첨只지는 虛허僉첨只지세.
—「가사총론」[7]

　앞선 세상의 비결을 맹신하지 말라는 주장이다. 그 비결의 핵심은
"앞으로 정첨지鄭僉知가 나올 것이다."는 내용이다. 첨지는 예전에 나이
많은 남자를 얕잡아 이르던 말이다. 물론 『정감록』에는 정첨지나 정도
령鄭道令이라는 용어는 나오지 않는다. 『정감록』의 실제 기록과는 상
관없이 세간에서는 앞으로 나올 정씨鄭氏 진인眞人을 정첨지 또는 정도
령이라고 언급했던 것이다. 이 구절은 『정감록』의 정씨 진인출현설을
부정하고, 다른 성씨를 지닌 인물이 진인으로 출현할 가능성도 열려있
다는 주장이다.

蓮연花화坮대上상 神신明명世세界계, 正정道도靈령이 오신다네. —「말중운」

　정도령正道令이 아니라 정도령正道靈이라는 용어가 사용된 점이 특기
할 만하다. "도道를 깨달은 영적靈的인 존재"라는 의미가 강조된 듯하
다. 연꽃으로 만든 대 위에 펼쳐질 신명세계神明世界를 만들 정도령正道
靈이 곧 이 세상에 나올 것이라는 주장이다.

天천縱종之지聖성 鄭정道도令령은, 子혈子혈單단身신 無무配배偶우라.
—「승운론」

　하늘에서 내려온 성인인 정도령은 혈혈단신의 몸으로 배우자도 없
다는 말이다. 정도령이 가족과 부인도 없는 사람으로 이 세상에 나올
것이라는 주장이다.

7　이 구절은 "先天秘訣 篤信마소 鄭僉只는 虛僉只라." 「말중운」라고도 나온다.

鄭_정氏_씨道_도令_령 알랴거든, 馬_마枋_방兒_아只_지 問_문姓_성하소. 鷄_계龍_룡都_도 邑_읍 海_해島_도千_천年_년, 上_상帝_제之_지子_자 無_무疑_의하네. —「승운론」

정씨 성을 가진 도령을 알려면 마방아지에게 물으라는 주장이다. 마방아지는 아마도 속설에 '당나귀 鄭정'이라고 부른 일에 연유한 듯하다. 이 정도령이 계룡산에 도읍을 정하고, 섬에 천년 동안 왕조를 유지할 것이니, 상제上帝의 아들이라 불릴만하다는 주장이다. "섬에 천년 동안 왕조를 유지한다."는 주장은 이 구절에 처음 등장한다. 어쨌든 정도령의 계룡산도읍설을 긍정적으로 수용하고 있으며, 정도령이 "상제의 아들"에 비유될 정도로 극히 귀한 인물이라는 점이 강조되었다.

甘_감露_로如_여雨_우 寶_보惠_혜大_대師_사, 正_정道_도靈_령이 飛_비出_출하야 —「성운론」

정도령正道靈이라는 용어가 다시 한 번 나왔다는 점이 특기할 만하다. 단 이슬이 비와 같이 내리는 보혜대사가 정도령과 동일한 존재로 주장되며, 그의 능력이 "하늘을 날 수 있다."는 점이 강조되었다. 보혜대사寶惠大師는 보혜대사保惠大師로도 표기된다. 한편 급기야 "정도령이 그리스도"라는 주장도 있다.[8]

『격암유록』에는 『정감록』에는 나오지 않는 정도령鄭道令이라는 용어를 정씨鄭氏 진인眞人을 가리키는 말로 사용하였다. 그리고 『격암유록』에는 정도령正道令 또는 정도령正道靈이라는 용어가 등장하여 정씨鄭氏라는 성姓을 가진 인물만 진인이 될 수 있다는 기존의 입장과는 다르게 다른 성씨를 지닌 인물도 진인이 될 수 있는 가능성을 열어두었다. 이러한 맥락에서 정씨鄭氏 이외에 박씨朴氏, 조씨曺氏, 이씨李氏 등의 성姓을 가진 인물들도 진인眞人이라고 주장할 수 있게 되었다.

---

8 유성만, 『신 격암유록』(도서출판 한솜미디어, 2004), 172쪽.

진사성인출

辰巳聖人出

진년辰年과 사년巳年 사이에 성인聖人이 이 땅에 올 것이라는 주장이다. 특정한 년도를 지정해서 성인의 출세설이 빈 말이나 단순한 추측이 아니라 실제로 꼭 일어날 일이라는 점을 강조한 대목이다.

辰진巳사聖성人인 ―「세론시」

진년과 사년에 태어난 성인이 일을 것이라는 주장이다. 성인이 태어날 년도까지 정해져 있다는 점을 강조하여 성인의 출세가 임박했다고 주장한다.

辰진巳사落낙地지, 辰진巳사出출世세, 辰진巳사堯요之지受수禪선. ―「세론시」

진년辰年과 사년巳年에 (하늘에서) 땅으로 떨어져서 그 해에 세상에 출세하니, 진년과 사년에 요堯임금의 선위禪位가 이루어질 것이라는 주장이다. 선위는 왕위를 다음 임금에게 물려준다는 뜻이다. 요컨대 진년과 사년 사이에 진인眞人이 태어날 것이며, 이때 옛날 중국의 위대한 임금이었던 요堯임금이 왕위를 순舜임금에게 물려주었던 것과 같은 일이 일어날 것이라고 강조한다.

그런데 위의 구절을 "갑진년(2024)과 을사년(2025)에 천지에 원자탄이 터져서 불벼락이 하늘에서 땅으로 떨어지며, 이 천하대란을 수습할 진사성인辰巳聖人이 세상에 출현하신다. 진사성인은 요堯임금과 같은 성군聖君이므로 우리나라는 물론이고 온 세상의 나라들로부터 왕위를 물려받아 명실공히 왕중왕王中王 즉 천상천하에서 최고로 숭앙받는 지도자 신인神人이시다."라고 해석하기도 한다.[1] 특별한 년도를 꼭 집어서 어떠어떠한 사건이 일어날 것이라는 시한부적인 해석을 시도한 것이다.

그러나 진년辰年과 사년巳年은 각각 12년마다 한 번씩 돌아온다. 따라서 12년에 한 번 꼴로 어떠어떠한 일이 발생할 것이라는 예언과 해석의 가능성이 항상 열려져 있다. 만일 특정한 년도에 어떤 사건이 일어나지 않으면, 다시 12년 후로 예언이 유보되고 연기될 수 있는 것이다. 극단적으로는 특별한 사건이 발생하기까지의 시점은 영원한 시간 속으로 계속 그 실현시점이 미루어질 수도 있다. 결국 예언은 믿느냐 안 믿느냐에 달려 있는 믿음의 영역에 속한다.

> 寅인卯묘事사可가知지, 辰진巳사聖성人인出출, 午오未미樂낙堂당堂당.
> 인년寅年과 묘년卯年에는 일을 알 수 있을 것이고, 진년辰年과 사년巳年에는 성인聖人이 출세할 것이며, 오년午年과 미년未年에는 즐거움이 당당하리라. —「말운론」

위의 인용문에 나오는 인년寅年을 임인년壬寅年(2022)과 계묘년癸卯年(2023)으로 풀이하고, 진년辰年을 갑진년甲辰年(2024)으로 사년巳年을 을사년乙巳年(2025)으로 해석하기도 한다.[2] 그렇지만 그 때를 지나도 이러한 사건이 일어나지 않으면 다시 실현시기가 12년 후로 미루어질 가능성이 크다.

1　신유승 해독, 『격암유록』제2권(세종출판공사, 1987), 92쪽.
2　신유승 해독, 『격암유록』제1권(세종출판공사, 1987), 57쪽.

寅인卯묘事사可가知지人인覺각. 三삼災재八팔難난並병起기時시. 辰진巳사聖성
人인出출三삼時시. 火화中중綠녹水수産산出출降강.

인년과 묘년에 일을 알 수 있으니 사람들이 깨닫는다. 삼재와 팔난이 아
울러 일어나는 시기다. 진년과 사년에 성인이 출세하니 세 번에 이른다.
불 가운데 푸른 물이 쏟아져 내릴 것이다. ─「은비가」

위 인용문 역시 "인묘사가지, 진사성인출."이라는 기본 구조를 유지
하고 있다. 세 가지 재난과 여덟 가지 어려움이 일어나고, 불 가운데
물이 쏟아져 내릴 것이라는 구절이 추가되었다.

聖성人인出출은 辰진巳사當당運운, 似사人인不불人인 聖성人인出출이요.
─「승운론」

진년과 사년 사이에 성인聖人이 출세할 것이고, 그 성인은 사람과 비
슷하지만 보통 사람이 아니라는 주장이다.

진년과 사년 사이에 성인이 출세할 것이고, 인년과 묘년에는 일을 알
수 있다는 등의 표현은 이미 『정감록』에 다음과 같이 자주 등장한다.

子자丑축猶유未미定정, 寅인卯묘年년間간, 聖성人인出출於어咸함陽양林림中중,
則즉辰진巳사事사可가知지矣의.

자년子年과 축년丑年에는 아직 정해지지 않았고, 인년寅年과 묘년卯年 사이
에 성인이 함양의 숲에서 출현할 것이니, 진년辰年과 사년巳年에는 일을
가히 알 수 있으리라.3

---

3 「징비록」, 『정감록』(한성도서주식회사, 1923), 안춘근, 『정감록집성』(아세아문화사, 1973), 489면.
   「운기구책」, 『정감록』(한성도서주식회사, 1923), 안춘근, 『정감록집성』(아세아문화사, 1973),
   506면. 이 구절과 거의 비슷한 내용이 「요람역세」, 『정감록』(한성도서주식회사, 1923), 안춘
   근, 『정감록집성』(아세아문화사, 1973), 531면에도 있다. "辰巳事可知"라는 기록도 있다. 「청
   구비결」, 『정감록』(한성도서주식회사, 1923), 안춘근, 『정감록집성』(아세아문화사, 1973), 634면.

위의 인용문에서는 인년寅年과 묘년卯年 사이에 성인聖人이 출세할 것이고, 진년辰年과 사년巳年 사이에 일을 알 수 있다고 주장한다. 앞뒤가 바뀌었지만, 주장하고자 하는 바는 별반 차이가 없다.

> 子자丑축猶유未미定정, 寅인卯묘事사可가知지, 辰진巳사聖성人인出출.
> 자년과 축년에는 오히려 정해지지 않았고, 인년과 묘년에는 일을 알 수 있을 것이며, 진년과 사년에는 성인이 출현하리라.[4]

위의 구절이 자축子丑, 인묘寅卯, 진사辰巳에 각기 일어날 사건을 주장한 대표적인 사례이다. 이러한 표현법이 『격암유록』에 그대로 이어졌음을 알 수 있다.

> 辰진巳사之지間간, 眞진人인出출來래.
> 진년과 사년 사이에 진인이 출현하리라.[5]

성인聖人 대신에 진인眞人이라는 용어가 사용되었다. 성인이나 진인 모두 일상적이고 평범한 인간이 아닌 특별한 존재라는 점에서는 동일한 성격을 지녔다. 결국 이 구절도 "진년과 사년에 성인이 출현할 것이다."는 주장과 거의 동일하다고 볼 수 있다.

한편 『정감록』의 이본의 하나인 「진험震驗」에도 다음과 같은 구절이 확인된다.

---

4 「징비록」, 『정감록』(한성도서주식회사, 1923), 안춘근, 『정감록집성』(아세아문화사, 1973), 496면. 「무학전」, 『정감록』(한성도서주식회사, 1923), 안춘근, 『정감록집성』(아세아문화사, 1973), 576면. 「감인록」, 『정감록』(한성도서주식회사, 1923), 안춘근, 『정감록집성』(아세아문화사, 1973), 607면.

5 「요람역세」, 『정감록』(한성도서주식회사, 1923), 안춘근, 『정감록집성』(아세아문화사, 1973), 528면.

辰진巳사聖성人인起기, 午오未미樂낙堂당.

진년과 사년에 성인이 일어나고, 오년과 미년에 즐거움이 당당하리라.[6]

앞에서 살펴본 구절들과 거의 비슷한 내용이다. 특별한 년도에 어떠 어떠한 일이 일어날 것이라고 주장한 대목이다.

6 「진험」, 『정감록』(한성도서주식회사, 1923), 안춘근, 『정감록집성』(아세아문화사, 1973), 206면

오미낙당당

午未樂當當

오년午年과 미년未年이 되면 즐거움이 가득 찰 것이라는 주장이다. 당당當當은 때때로 당당堂堂이라고도 표기되는데, 같은 뜻이다.

우선 『격암유록』의 관련기록은 다음과 같다.

十십五오眞진主주, 午오未미樂낙堂당. ―「궁을론」

십오진주十五眞主가 나오는 오년과 미년에 즐거움이 클 것이라는 주장이다.

未말判판之지圖도, 午오未미樂낙堂당堂당. ―「궁을론」

말기의 심판이 있는 도상圖上이 출현하면 오년과 미년에 즐거움이 당당할 것이라는 주장이다.

午오未미樂낙當당當당運운世세.
오년과 미년에 즐거움이 당당한 운이 오는 세상이 될 것이다. ―「은비가」

역시 오년午年과 미년未年에 즐거움이 가득할 것이라는 구절과 거의 같은 뜻이다.

樂악堂당堂당은 午오未미當당運운, 十십人인皆개勝승 樂악堂당堂당이요.
—「승운론」

즐거움이 가득하는 것이 오년과 미년이 될 것이고, 열 명이 모두 이기면 즐거움이 당당할 것이라는 주장이다. "열 명이 모두 이긴다."는 구절의 의미는 명확하지 않다.

"오년과 미년에는 즐거움이 당당할 것이다."는 구절도 『정감록』에 다음과 같이 자주 등장하는 표현이다.

午오未미樂낙堂당堂당矣의.
오년午年과 미년未年에는 즐거움이 당당하리라.[1]

午오未미樂악堂당堂당.
오년과 미년에는 즐거움이 당당하리라.[2]

오년午年과 미년未年이 되면 즐거움이 가득 차 태평성세太平聖世가 될 것이라는 주장이다. 『정감록』에서 갖가지 어려움과 재난 또는 재앙을 무사히 겪은 후에 열릴 새 세상에 대한 희망을 이야기할 때 자주 사용하는 표현이다.

---

[1] 「징비록」, 『정감록』(한성도서주식회사, 1923), 안춘근, 『정감록집성』(아세아문화사, 1973), 496면. 「감결」, 『정감록』(한성도서주식회사, 1923), 안춘근, 『정감록집성』(아세아문화사, 1973), 570면. 「무학전」, 『정감록』(한성도서주식회사, 1923), 안춘근, 『정감록집성』(아세아문화사, 1973), 576면.

[2] 「감인록」, 『정감록』(한성도서주식회사, 1923), 안춘근, 『정감록집성』(아세아문화사, 1973), 607면. 「청구비결」, 『정감록』(한성도서주식회사, 1923), 안춘근, 『정감록집성』(아세아문화사, 1973), 634면. 「초창결」, 『정감록』(한성도서주식회사, 1923), 안춘근, 『정감록집성』(아세아문화사, 1973), 175면.

午오未미平평平평堂당.
오년과 미년에는 평평할 것이다. [3]

　　오년과 미년에는 평평함이 있을 것이다는 주장인데, 오미낙당당午未樂當當과 거의 비슷한 표현이다.
　　한편 『정감록』의 이본 가운데 하나인 「초창결蕉蒼訣」에 포함된 「서계결언西溪訣言」에 다음과 같은 내용이 보인다.

　　午오未미樂낙當당當당者자, 尊존卑비無무等등, 賢현者자隱은蔽폐. 善선善선不부進진, 惡오惡악不불退토之지世세, 違위法법葛갈藟만相상連련, 變변古고易역常상也야.
　　오미낙당당이란 존귀함과 비천함의 차이가 없이 현명한 사람이 숨어 지내는 것이다. 착한 것을 착하게 여겨 나아가지 않고, 악한 것을 악하게 여겨 물러서지 않는 세상에 법을 어기는 갈등이 서로 이어져 옛 것을 변화시키고 일상을 바꾸는 것이다. [4]

　　"즐거움이 당당할 것이다."는 구절에 대해 자세한 설명을 추가하였다. 추가된 설명이 더욱 복잡한 느낌이다.

3　「신효자의조사비전」, 『정감록』(한성도서주식회사, 1923), 안춘근, 『정감록집성』(아세아문화사, 1973), 613면.
4　「서계결언」, 「초창결」, 『정감록』(한성도서주식회사, 1923), 안춘근, 『정감록집성』(아세아문화사, 1973), 192면.

이재전전

利在田田

"이로움이 전전田田에 있다."는 구절도 『격암유록』에 흔히 보인다. 관련기록들을 살펴보도록 하자.

    天천香향得득數수田전田전理리.
    하늘의 향기가 운수를 얻는 전전田田의 이치이다. —「남사고비결」

전전田田이라는 용어가 나온다. 전전은 글자 그대로 '밭 전田'을 강조한 용어다. 그런데 이 구절을 "하늘의 그윽한 향기를 얻을 운수인데, 그것은 영생하고 깨끗하며 목욕탕인데, 진심으로 일구는 밭이다."라고 풀이하기도 한다.[1] 지나치게 억지로 해석한 느낌이다.

    利이在재田전田전十십勝승化화. 上상帝제豫예言언眞진經경說설, 毫호理리不불
    差차生생命명, 一일二이三삼松송家가田전.
    이로움이 밭에 있으니 십승으로 화할 것이다. 상제께서 예언하신 참
    경전의 말씀은 털끝만큼의 차이도 없는 생명이니, 일이삼과 송가전
    이다. —「말운론」

---

1   신유승 해독, 『격암유록』 제2권(세종출판공사, 1987), 16쪽.

"이로움이 밭에 있다."는 구절이 십승十勝과 연관되어 설명되었다는 점이 특기할 만하다. 송가전松家田은 이른바 조선국운삼절론과 관련된 용어다. 조선의 국운이 세 번의 위기상황을 맞이할 것인데, 그때 구원의 방법이 각각 송松, 가家, 전田에 있다는 주장이다. 첫 번째는 임진왜란, 두 번째는 병자호란을 가리키고 세 번째에 올 위기 때 구원될 수 있는 방법이 전田 또는 전전田田에 있다는 말이다.

그런데 이 구절을 "전田 속에 십자十字가 있으니, 이는 십승진리十勝眞理이며, 이것을 깨우쳐서 극락선경으로 들어가라는 뜻이다. 그것은 마음의 밭을 잘 일구고 깨우쳐야 한다는 뜻이다."라고 풀이하기도 한다.[2] 특별한 근거가 없이 견강부회한 느낌이다.

> 全전全전田전田전, 陰음陽양兩양田전之지間간.
> 전전소소과 전전田田은 음陰과 양陽이 두 전田의 사이에 있는 것이다.
> ─「은비가」

전전소소이라는 용어는 이 구절에 처음 보이는데, 특별한 뜻이 없는 용어다. 전전田田을 두 개의 전田으로 나누어보고, 각기 음과 양의 전田으로 볼 수 있다는 주장이다. 전田이 왜 음전陰田과 양전陽田으로 나뉘는지에 대한 설명은 없다.

> 利이在재田전田전陰음陽양田전, 田전中중十십勝승我아生생者자.
> 이로움이 전전田田에 있으니 음양전陰陽田이며, 전田 가운데 십승이 있으니 나를 살리는 것이다. ─「은비가」

전전田田이 음전과 양전으로 설명된다. 그리고 전田의 가운데에 십자十字 모양이 있다는 사실에 착안하여 이를 십승十勝이라고 주장한다.

---

2 신유승 해독, 『격암유록』 제1권(세종출판공사, 1987), 157쪽.

나아가 이 십승이 사람을 살리는 기능을 한다고 강조한다. 전田 또는 전전田田이 십승十勝과 연관되어 설명된다는 점이 특기할 만하다.

한편 『격암유록』에는 「전전가田田歌」가 전한다.

四사口구合합體체 入입禮례之지田전, 五오口구合합體체 極극樂락之지田전, 田전田전之지理리 分분明명하나 ―「전전가」

위 구절의 앞부분은 "네 개의 구口가 합쳐진 것이 예禮에 들어가는 전田이고, 다섯 개의 구口가 합쳐진 것이 극락極樂의 전田이다."라고 풀이할 수 있다. 이어지는 부분은 "전전田田의 이치가 분명하나"로 해석할 수 있다. 전田이라는 글자의 모양이 네 개의 '입 구口'자가 합쳐진 것과 같다는 의미이고, 다시 이 전田이라는 글자의 모양이 큰 '입 구口'를 가진 것으로 보아 "다섯 개의 구口"라는 표현이 가능하다. 전田 또는 전전田田이라는 용어가 중요하다고 강조하는 대목이다.

利이在재田전田전心심田전인가? ―「전전가」

"이로움이 전전田田에 있다."는 비결이 심전心田을 가리키는 것이 아니냐고 반문한다. 이재전전利在田田의 핵심이 심전心田이라는 주장이다. "마음 밭"을 잘 갈고 닦는 일이 이롭다는 점을 강조한 것이다.

그리고 『격암유록』에 「송가전松家田」이 전한다. 송가전은 조선국운 삼절론을 가리키는 말이다.

求구地지田전田전平평生생難난得득, 求구道도田전田전無무難난易이得득.
땅에서 전전田田을 구하면 평생토록 얻기 어려울 것이며, 도道에서 전전田田을 구하면 어렵지 않게 쉽게 얻을 것이다. ―「성산심로」

전전田田이 '밭'을 의미한다는데 착안하여 특별한 지역의 땅이라고 생각해서는 안 될 것이라는 주장이다. 전전田田을 "갈고 닦는다."는 행위에 비유하여 도道를 찾고 구하는 일과 관련지어야 한다고 강조한다. 앞에서 살펴본 바와 같이 전전田田을 심전心田이라고 풀이하는 것과 관련된다.

> 利이在재田전田전 秘비文문으로, 田전之지又우田전 田전田전일세.
> ─「도부신인」

"이로움이 전전田田에 있다."는 말은 비밀스러운 문장 즉 비결秘訣이며, 전田과 전田을 합친 전전이라는 주장이다. 동어반복同語反覆으로 전전을 풀이하였다.

이재전전利在田田도 『정감록』에 나오는 표현이다. 『정감록』의 관련 기록들을 살펴보도록 하자.

> 十십勝승圖도弓궁乙을田전田전. 故고利이在재弓궁弓궁乙을乙을, 利이在재田전田전. 二이人인太태田전, 種종草초得득毛모, 利이在재十십勝승之지地지也야.
> 십승도는 궁을전전이다. 그러므로 이로움이 궁궁을을에 있으며, 이로움이 전전田田에 있다. 두 사람이 큰 밭에서 풀을 심어 털을 얻으니, 이로움이 십승의 땅에 있다.[3]

"십승도十勝圖가 궁을전전弓乙田田이다."이라는 구절과 관련하여, 각기 "이로움이 궁궁을을弓弓乙乙에 있다."와 "이로움이 전전田田에 있다."는 구절이 파생되었다. 결국 십승十勝이 "이로움"과 관련된다는 주장이다. 그리고 "두 사람이 큰 밭에서 풀을 심어 털을 얻는다."는 구절은 짐작하기 어려운 대목이다. 특히 "풀을 심어 털을 얻는다."는 표현이

---

3 「동차결」, 『정감록』(한성도서주식회사, 1923), 안춘근, 『정감록집성』(아세아문화사, 1973), 550면.

알기 어렵다. 어쨌든 이어지는 구절에서 태전太田이 십승지十勝地와 관련된다는 점이 강조되었음이 확인된다.

利이在재松송松송, 利이在재家가家가之지運운已이去거, 利이在재田전田전, 弓궁弓궁乙을乙을之지間간.
이로움이 송松에 있고, 이로움이 집家에 있다는 운수는 이미 지나갔고, (이제는) 이로움이 전전田田과 궁궁을을의 사이에 있다.[4]

조선국운삼절론에서 주장하듯이 임진왜란과 병자호란의 위기상황은 이미 지나갔다는 말이다. 마지막 위기상황을 당해서는 "이로움이 전전田田과 궁궁을을弓弓乙乙의 사이에 있다."고 주장한다.

大대弓궁小소弓궁, 兩양人인太태田전, 種종草초得득毛모, 利이在재田전田전, 此차卽즉十십勝승之지地지. 人인民민塗도炭탄, 莫막知지十십勝승.
큰 궁弓과 작은 궁은 두 사람이 큰 밭에서 풀을 심어 털을 얻는 것이니, 이로움이 전전田田에 있다는 것은 곧 십승의 땅이다. 백성들이 곤궁에 빠지는 것은 십승을 알지 못하기 때문이다.[5]

우선 궁弓이 큰 궁弓과 작은 궁弓으로 나뉜다. 그리고 "두 사람이 큰 밭에서 풀을 심어 털을 얻는 일"이 곧 "이로움이 전전田田에 있다."는 비결과 관련되며, 이것이 바로 십승지十勝地라고 주장한다. 전전田田이 곧 십승지十勝地를 가리킨다고 강조한 대목이다. 따라서 사람들이 도탄에 빠지는 것은 십승 즉 십승지를 알지 못하기 때문이라고 주장한다.
한편 「두사충요결」에 다음과 같은 내용이 보인다.

---

4 「동차결」, 『정감록』(한성도서주식회사, 1923), 안춘근, 『정감록집성』(아세아문화사, 1973), 550면.
5 「동차결」, 『정감록』(한성도서주식회사, 1923), 안춘근, 『정감록집성』(아세아문화사, 1973), 561면.

利이在재田전田전, 穴혈下하身신弓궁. 殺살我아者자, 小소頭두無무足족.

이로움이 전전田田에 있으니, 궁窮이다. 나를 죽이는 것은 소두무족이다.[6]

　"이로움이 전전田田에 있다."는 비결의 요지는 바로 궁窮이라는 주장
이다. 혈하신궁穴下身弓은 궁窮의 파자이다. 요컨대 외진 곳에서 가난하
고 어렵게 살라는 말이다. 사람들이 쉽게 왕래하기 힘든 오지奧地에서
가난하게 사는 것이 말세의 위기를 벗어날 수 있는 유일한 방법이라는
주장이다.

6　「두사충요결」, 『정감록』(한성도서주식회사, 1923), 안춘근, 『정감록집성』(아세아문화사, 1973),
　179면.

310　정감록과 격암유록

우성재야

牛性在野

『격암유록』에는 우성재야牛性在野라는 표현이 자주 보인다. 관련된 기록들을 살펴보자.

> 牛우性성牛우性성何하牛우性성? 天천道도耕경田전是시牛우性성. 牛우性성在재野야牛우鳴명聲성, 天천牛우地지馬마眞진牛우性성.
> 우성牛性, 우성이란 무엇인가? 하늘의 도道와 밭을 가는 것이 우성牛性이다. 소의 성질은 들판에 있으니 소 울음소리가 나는 것이요, 하늘의 소와 땅의 말이 참 우성牛性이다. ─「남사고비결」

"소의 성질"을 "하늘의 도道와 밭을 가는 일"이라고 규정한다. 그리고 "소의 성질이 밭에 있다."는 비결은 "소의 울음소리"라고 주장한다. 나아가 "하늘의 소와 땅의 말"이 진정한 소의 성품이라고 강조한다. 천우지마天牛地馬가 정확히 어떤 것을 의미하는지 명확하지 않다. 어쨌든 우성재야牛性在野의 핵심이 "소 울음소리"라고 강조한다.

이 구절을 "소의 성품은 음매하고 엄마 → 아빠 → 하느님을 찾는 천성天性이고 진리의 젖으로 배를 채워야 한다. 송아지에 해당하는 것은 어린 철부지 중생이다. 천도天道를 갈고 닦는 것을 소가 십승진리十勝眞理의 밭갈이하는 경전耕田에 비유했다."라고 해석하기도 한다.[1]

三삼神신山산下하牛우鳴명地지, 牛우聲성狼낭藉자, 始시出출天천民민, 人인皆개
成성就취.
삼신산 아래 소가 우는 땅에 소의 울음소리가 낭자할 때 비로소 천민天民
이 태어나고 사람들이 모두 (소원을) 성취하리라. ―「세론시」

그런데 이 구절을 "삼신산 아래 소가 우는 곳이 있고, 소 울음소리가
대지에 낭자하게 울려 퍼질 때 비로소 성인이 이 세상에 나오시며 하
늘나라 백성으로서 온 세상 사람들 모두가 소원을 성취할 수가 있다."
라고 해석하기도 한다.[2] 여기서 소원은 극락, 천당, 선경 속에 살며 영
생함을 뜻한다고 주장한다.

牛우性성農농夫부石석井정崑곤.
소의 성질을 지닌 농부는 석정곤이다. ―「말운론」

"소의 성질 또는 성품"과 관련하여 농부農夫라는 용어가 연관되어 설
명된다. 소가 논과 밭을 가는 동물이라는 점에서 농부農夫와 관련지은
듯하다. 그런데 이어지는 석정곤石井崑은 어떤 뜻인지 알 수 없다.
그런데 위의 구절의 우성농부牛性農夫를 "하느님을 아버지로 부르면
서 중생을 해탈시키는 농사를 짓는 하늘에서 내려 보낸 농부, 즉 예수
님"이라고 풀이하기도 한다. 그리고 이어지는 석정곤을 "하늘에서 보
낸 농부가 전하는 진리가 흰 돌 하느님의 우물에서 솟아나는 영생수이
다."라고 해석하기도 한다.[3]

非비山산非비野야十십勝승論론, 忽홀泊박千천艘소何하處처地지? 牛우性성在재

---

1   신유승 해독, 『격암유록』 제2권(세종출판공사, 1987), 42쪽.
2   신유승 해독, 『격암유록』 제2권(세종출판공사, 1987), 84~85쪽.
3   신유승 해독, 『격암유록』 제2권(세종출판공사, 1987), 180쪽.

野야予여定정地지.

산도 아니요 들판도 아닌 십승을 논하니, 홀연히 천척의 배를 댈 곳은 어디인가? 소의 성질은 들판에 있으니 내가 정한 땅이다. ─「말운론」

십승이 "산도 아니고 들판도 아닌 곳"으로 주장되며, 천척의 배가 정박하는 곳이 어떤 장소인가라고 반문한다. 그리고 "소의 성품은 들판에 있다."는 비결은 "내가 정해놓은 땅"이라고 주장한다. 우성재야牛性在野가 특정한 장소를 가리키는 용어라고 강조한 대목이다.

牛우性성在재野야, 非비山산非비野야.
소의 성질은 들판에 있으니, 산도 아니요 들판도 아니다. ─「성산심로」

牛우性성在재野야, 非비山산非비野야.
소의 성품은 들에 있으니, 산도 아니요 들판도 아니다. ─「무용출세지장」

우성재야라는 비결의 뜻이 특정한 지역이나 땅을 가리킨다는 점을 다시 강조한 대목이다.

牛우性성在재野야牛우鳴명聲성.
소의 성품은 들판에 있으니, 소 울음소리로다. ─「석정수」

牛우性성在재野야牛우鳴명聲성에 ─「길지가」

이 구절에서는 우성재야가 "소의 울음소리"라고 주장한다. 다소 애매모호하게 표현되었다.

牛우性성在재野야九구馬마世세 ─「생초지락」

우성재야牛性在野라는 비결이 구마세九馬世라는 주장이다. 구마세九馬世의 의미는 명확하지 않다.

> 牛우性성在재野야四사乙을中중, 武무陵릉桃도源원仙선境경地지.
> 소의 성품은 들판에 있고 네 개의 을乙에 있는데, 무릉도원의 선경세계
> 이다. —「은비가」

우성재야가 사을四乙과 연관되어 설명된 점이 특기할 만하다. 네 개의 을乙을 사방으로 배열하면 그 가운데 십자十字 모양이 나온다. 어쨌든 이어지는 구절과 연관되어 우성재야는 무릉도원에 비견되는 선경세계仙境世界라고 주장한다. 우성재야가 특별하고 특정한 어떤 장소나 지역을 가리키는 용어라고 강조한 대목이다.

> 奄엄宅택曲곡阜부牛우性성野야.
> 엄택곡부가 소의 성질이 들판에 있다는 말이다. —「은비가」

엄택곡부奄宅曲阜는 『천자문千字文』에 나오는 구절이다. 주공周公 단旦이 곡부曲阜에 노魯나라의 도읍을 세웠던 고사에서 나온 말이다. 새 왕조의 도읍지가 정해진 일과 연관시켜서 우성재야라는 비결이 설명되었다.

> 牛우性성在재野야 唵엄嘛마聲성中중, 非비雲운眞진雨우 喜희消소息식에
> —「가사총론」

우성재야라는 비결이 소 울음소리 이외에 이제는 "엄마"라는 소리와 연관된다. 소 울음소리인 "음메"가 "엄마"라는 소리와 비슷하다는 점에서 이러한 주장이 가능한 것으로 보인다. 어쨌든 이 "엄마"라는 소리는 혹독하게 가문 날에 구름으로만 있지 않고 시원하게 내리는 진짜 비와

같은 좋은 소식으로 비유된다.

> 牛_우性_성在_재野_야 十_십勝_승處_처엔, 牛_우鳴_명聲_성이 狼_낭藉_자하고 ―「가사총론」

우성재야牛性在野가 "십승의 땅"과 관련된다는 주장이다. 이 십승처十勝處에는 소 울음소리가 낭자하게 울려 퍼진다고 주장한다. 우성재야라는 비결이 구체적인 십승의 땅 즉 십승지와 관련된다는 점이 강조되었다.

우성재야도 『정감록』에 자주 등장하는 표현이다. 『정감록』의 관련 기록들을 살펴보도록 하자.

> 此_차荒_황凉_량之_지世_세, 牛_우聲_성滿_만野_야. 奄_엄麻_마之_지歌_가, 遠_원近_근歡_환迎_영.
> 이러한 황량한 세상에 소 울음소리가 들판에 가득할 것이고, 엄마를 부르는 노래는 원근에서 환영받으리라.[4]

"소의 울음소리가 들판에 가득하다."는 표현은 우성재야牛性在野와 비슷하다. 그리고 이 소 울음소리가 엄마라는 소리와 유사하다는 주장이다. 이러한 입장은 이후 『격암유록』에도 그대로 이어진다. "음메"와 "엄마"라는 소리가 들판에 가득차고, 이를 환영하는 무리가 많을 것이라는 점을 강조하였다.

> 弓_궁弓_궁乙_을乙_을牛_우聲_성入_입中_중, 能_능保_보萬_만人_인.
> 궁궁을을인 소 울음소리가 들려오면 능히 만인을 살릴 수 있으리라.[5]

---

4 「동차결」, 『정감록』(한성도서주식회사, 1923), 안춘근, 『정감록집성』(아세아문화사, 1973), 550면.
5 「동차결」, 『정감록』(한성도서주식회사, 1923), 안춘근, 『정감록집성』(아세아문화사, 1973), 550면.

궁궁을을弓弓乙乙이라는 비결이 소 울음소리와 연관된 점이 특기할
만하다. 어쨌든 소 울음소리가 들리면 많은 사람들이 살 수 있다는 주
장이다.

牛우性성在재野야.
소의 성질은 들판에 있다.[6]

이처럼 우성재야牛性在野라는 구절은 『격암유록』 이전에 이미 『정감
록』에 나오는 표현이다.

牛우性성在재野야, 活활我아者자, 穴혈躬궁草초田전.
소의 성질이 들에 있으니, 나를 살리는 것은 궁벽한[7] 풀밭이다.[8]

우성재야牛性在野라는 비결이 "나를 살리는 것은 궁벽한 풀밭이다."
는 구절과 연관되었다. 외진 곳에 있는 풀이 나는 밭에서 가난하게 사
는 일이 나를 살리는 지름길이라는 주장이다.

可가保보一일身신, 牛우性성在재野야. 其기聲성唵엄嘛마, 遠원也야近근也야, 歡환
音음入입之지十십勝승之지地지.
일신을 보존할 수 있으니 소의 성질은 들판에 있다. 그 소리는 '음메'이
니 멀리서도 들리고 가까이서도 들리니 기쁜 소리를 내며 십승의 땅으로
들어가라.[9]

---

6 「동차결」, 『정감록』(한성도서주식회사, 1923), 안춘근, 『정감록집성』(아세아문화사, 1973),
   553면.
7 혈穴과 궁躬을 합치면 궁窮자가 된다.
8 「동차결」, 『정감록』(한성도서주식회사, 1923), 안춘근, 『정감록집성』(아세아문화사, 1973),
   560면. 비슷한 내용이 「동차결」, 『정감록』(한성도서주식회사, 1923), 안춘근, 『정감록집성』
   (아세아문화사, 1973), 561면에도 있다. 초인草因으로 적혀 있지만, 초전草田의 오기이다.
9 「동차결」, 『정감록』(한성도서주식회사, 1923), 안춘근, 『정감록집성』(아세아문화사, 1973),

몸을 지키고 목숨을 보전하는 방법이 우성재야牛性在野라는 비결에 있다는 주장이다. 그 비결의 핵심은 "음메"라는 소 울음소리이며, 소 울음소리를 내면서 십승지로 들어가라고 강조한 대목이다.

以이指지十십勝승弓궁弓궁乙을乙을, 牛우性성入입中중, 能능活활萬만人인.
십승과 궁궁을을을 가리키고 소의 성질이 들어가니 능히 만인을 살릴 수 있다. [10]

십승과 궁궁을을이 우성牛性과 연관되어 설명된 점이 특기할 만하다. "소의 성품"이 많은 사람을 살리는 방법과 관련된다고 주장한다.

牛우性성在재野야, 利이及급田전田전.
소의 성질은 들에 있으니, 이로움이 전전田田에 미치리라. [11]

우성재야牛性在野라는 비결이 이재전전利在田田이라는 비결과 연관된다. 두 비결의 핵심적인 뜻이 같다는 주장이다.
한편 「두사충요결」에 다음과 같은 내용이 보인다.

活활我아者자, 草초田전名명. 牛우性성在재野야, 稻도下하止지.
나를 살리는 것은 초전草田의 이름이다. 소의 성질은 들판에 있으니, 벼 아래에 머물러라. [12]

561면.
10 「동차결」, 『정감록』(한성도서주식회사, 1923), 안춘근, 『정감록집성』(아세아문화사, 1973), 561면.
11 「서계이선생가장결」, 『정감록』(한성도서주식회사, 1923), 안춘근, 『정감록집성』(아세아문화사, 1973), 591면.
12 「두사충요결」, 『정감록』(한성도서주식회사, 1923), 안춘근, 『정감록집성』(아세아문화사, 1973), 179면.

우성재야牛性在野라는 비결의 뜻이 "벼 아래에 머무르라."는 것이라고 주장한다. 즉 농사짓는 일에 몰두하라는 말이다. 논과 밭은 가는 동물인 소의 성품이 들판에 있다는 말이 곧 농부의 일을 가리킨다고 강조한 대목이다.

소두무족

小頭無足

『격암유록』에는 소두무족小頭無足이라는 용어가 자주 등장하는데, 관련기록은 다음과 같다.

> 小소頭두無무足족, 飛비火화落락地지. 隱은居거密밀室실.
> 소두무족은 불이 날아 땅에 떨어진 것이다. 밀실에 은밀히 거하라.
> —「말운론」

작은 머리에 발이 없다는 뜻의 소두무족을 핵폭탄이나 미사일로 해석하기도 한다.[1] 그리고 비화낙지飛火落地를 무서운 불벼락이 하늘에서 땅으로 떨어진다고 풀이하기도 한다. 폭탄의 생김새가 앞부분이 작고, 뒷부분이 뭉퉁한 것에 비유하여 소두무족을 폭탄이라고 풀이하는 것이다. "나르는 불이 땅에 떨어진 것"이라는 표현에서 소두무족이 폭탄이라고 해석될 가능성이 더욱 높아졌다. 이러한 위기를 맞아서 피할수 있는 방법은 밀실密室이나 조용한 장소에 숨는 것이라는 주장이다.

---

1 신유승 해독, 『격암유록』 제2권(세종출판공사, 1987), 152쪽.

小_소頭_두無_무足_족天_천火_화世_세, 生_생者_자幾_기何_하?
소두무족은 하늘의 불이 만든 세상인데, 살아날 자가 몇이나 될까?
—「말운론」

위 구절을 "작은 머리에 핵폭탄이 붙어서 발도 없는 것이 날아가다가 마침내 폭발하면 하늘의 불벼락이 땅으로 떨어질 때, 이 세상에서 살아남는 자는 그 숫자가 몇인가?"라고 해석하기도 한다.[2] "하늘의 불"이라는 표현에서 하늘로 날아올라 땅으로 떨어지는 폭탄이라는 해석이 가능했던 것이다.

殺_살我_아者_자誰_수? 小_소頭_두無_무足_족.
나를 죽이는 것은 누구인가? 소두무족이다. —「말운론」

小_소頭_두無_무足_족殺_살我_아理_리.
소두무족은 나를 죽이는 이치이다. —「생초지락」

말세의 위기상황에서 실제로 나를 죽이는 것은 소두무족小頭無足이라는 주장이다. "작은 머리에 발이 없는 것"이 과연 무엇을 지칭하는지는 명확하지 않다. 다양한 해석이 가능하지만, 일단 생김새에 빗대어 폭탄을 가리키는 것이라는 주장이 있다.

殺_살我_아誰_수? 小_소頭_두無_무足_족. 活_활我_아誰_수? 三_삼人_인一_일夕_석. 助_조我_아誰_수? 似_사人_인不_불人_인. 害_해我_아誰_수? 似_사獸_수非_비獸_수.
나를 죽이는 것은 누구인가? 소두무족이다. 나를 살리는 것은 누구인가? 삼인일석이다. 나를 돕는 것은 누구인가? 사람과 비슷하나 사람이 아니다. 나를 해치는 것은 누구인가? 짐승과 비슷하나 짐승이 아니다. —「성산심로」

---

2 신유승 해독, 『격암유록』 제2권(세종출판공사, 1987), 188~189쪽.

말세를 맞아 사람을 죽이는 것은 소두무족小頭無足이고, 사람을 살리는 것은 '닦을 수修'라는 주장이다. 삼인일석三人一夕은 수修의 파자이다. 마음과 도道를 닦는 일이 살아남을 수 있는 방법이라고 강조한다.

> 小소頭두無무足족飛비火화理리.
> 소두무족은 나는 불의 이치이다. ─「은비가」

"나는 불"이라는 표현에서 소두무족이 폭탄이라고 해석될 가능성이 더욱 제기된다.

> 殺살我아者자誰수? 小소頭두無무足족, 鬼귀不부知지. 化화在재其기中중
> 나를 죽이는 것은 무엇인가? 소두무족小頭無足인데, 귀신임을 알지 못한다. 조화가 그 가운데 있다. ─「은비가」

위의 구절을 "인류 최대의 위험한 불인 원자탄이 폭발하는 일"로 풀이하기도 한다.[3] 그런데 소두무족의 본질이 귀鬼라고 주장하여, 어떤 사람은 소두무족을 귀신 우두머리 불이라는 글자라고 주장하기도 한다. 어쨌든 소두무족은 단순한 폭탄이 아니라 귀신의 조화로 움직이는 어떤 것이라는 해석이 가능해졌다.

> 小소頭두無무足족何하運운當당?
> 소두무족은 어느 운을 맞이할 것인가? ─「은비가」

소두무족에 의해 인류가 많이 상하는 운수를 맞이할 것이라는 주장이다. 귀신의 조화로 인간세계에 가해지는 상해傷害가 클 것이라는 해석이 가능하다.

---

3 신유승 해독, 『격암유록』 제1권(세종출판공사, 1987), 105쪽.

小_소頭_두無_무足_족 飛_비火_화落_락에, 千_천祖_조一_일孫_손 極_극惡_악運_운을 … 末_말世_세로다. —「말중운」

소두무족小頭無足이 나는 불처럼 땅에 떨어질 때 아주 적은 수의 사람만이 살아남을 것이며, 이를 말세라고 부른다는 주장이다.

위 구절의 소두무족을 "마귀의 불"이라고 해석하기도 한다.[4] 그런데 어떤 사람은 "소두小頭는 지혜가 없다는 뜻이고, 무족無足을 게으르다는 의미이다."라고 풀이하기도 한다.[5]

소두무족이라는 용어도 『정감록』에 자주 나오는 표현이다. 이제 관련기록들을 살펴보도록 하자.

利_이在_재弓_궁弓_궁, 殺_살我_아者_자, 小_소頭_두無_무足_족. … 小_소頭_두無_무足_족者_자, 山_산字_자穴_혈窮_궁.
이로움이 궁궁弓弓에 있으니, 나를 죽이는 것은 소두무족이다. … 소두무족이란 것은 산山이라는 글자에 혈이 막힌 것이다.[6]

"이로움이 궁궁弓弓에 있다."는 비결과 관련하여 소두무족이 언급된다. 소두무족의 본질은 "나를 죽이는 것"이다. 나를 해치고 궁극적으로 죽게 만드는 것은 소두무족인데, '산山'자에 혈穴이 막힌 것이라고 주장한다. 산은 혈이 있어야 지기地氣가 통하고 산의 맥脈이 흐를 수 있다. 그런데 이 혈이 막히면 산으로서의 기능을 제대로 할 수 없게 된다. 이처럼 생명이 없는 상태를 만드는 것이 바로 소두무족이라는 주장이다.

---

4 유성만 해독, 『신 격암유록 후편』(한솜미디어, 2005), 85쪽.
5 김순열 해독, 『격암유록 상』(도서출판 대산, 2002), 90쪽.
6 「동차결」, 『정감록』(한성도서주식회사, 1923), 안춘근, 『정감록집성』(아세아문화사, 1973), 560면.

小소頭두無무足족, 苟구傳전姓성名명, 於어荒황亂난之지世세.

소두무족은 진실로 거칠고 어지러운 세상에 성명姓名을 전한다.[7]

    그런데 소두무족小頭無足은 황량한 난세에 어렵게 이름을 전할 수 있는 것이기도 하다. 소두무족이 사람을 죽이는 것에만 그치지 않고, 말세에서 살아남을 수 있는 방법으로도 제시되는 것이다. 모순되는 주장이지만, 소두무족이 가져오는 위기에서 살아남는 사람이 아주 적을 것이라는 점을 강조한 대목인 듯하다.

殺살我아者자誰수? 小소頭두無무足족. 活활我아者자貧빈, 穴혈下하弓궁身신.[8]

나를 죽이는 것은 누구인가? 소두무족이다. 나를 살리는 것은 가난과 곤궁함이다.[9]

    앞부분은 이미 앞에서 살펴본 것과 같은 구절이다. 그런데 소두무족이 가져오는 위기에서 벗어날 수 있는 방법이 가난함과 곤궁함이라고 주장한다. 혈하궁신穴下弓身은 궁窮자의 파자이다. 가난하고 어렵게 사는 일이 곧 생명을 구하는 방법이라고 강조한다.

    한편 「초창결」에 다음과 같은 내용이 있다.

問문曰왈, 小소頭두無무足족何하也야? 曰왈小소頭두無무足족卽즉火화也야. 蒼창生생皆개以이火화亡망也야.

"소두무족이란 무엇인가?"라고 물었다. "소두무족은 곧 불火이다. 창생이 모두 불로써 망한다는 것이다."라고 답했다.[10]

---

7 「동차결」, 『정감록』(한성도서주식회사, 1923), 안춘근, 『정감록집성』(아세아문화사, 1973), 561면.

8 혈하궁신穴下弓身은 窮의 파자이다.

9 「서계이선생가장결」, 『정감록』(한성도서주식회사, 1923), 안춘근, 『정감록집성』(아세아문화사, 1973), 591면.

소두무족에 대한 직접적인 설명이 나온 구절이다. 소두무족이 한 마디로 '불火'이라는 주장이다. 세상 사람들이 불로써 모두 망할 것이라고 강조한다. 이 불은 터진다는 의미에서 폭탄과도 연관된다. 소두무족을 풀이하는 많은 사람들이 소두무족을 폭탄이라고 해석하는 근거가 되는 구절이다.

정확한 필사연대를 알 수 없는 「초창결蕉蒼訣」에 포함된 「서계결언西溪訣言」에는 다음과 같은 내용이 보인다.

小소頭두無무足족者자, 尙상黑흑之지人인也야.
소두무족이란 것은 당黨을 이루는 사람이다.[11]

여기서 상흑尙黑은 '무리 당黨'의 파자이다. 소두무족이 당黨을 만들고 이에 속하는 사람들이라는 주장이다. 당黨은 정치에 대한 이념이나 정책이 일치하는 사람들이 그 정치 이상을 실현하기 위하여 조직하는 단체를 가리키는 용어다. 따라서 소두무족이 특정한 목적을 가지고 무리를 지어 다른 당파黨派와 서로 다투는 사람들이라는 해석이 가능하다. "나를 죽이는 것은 소두무족小頭無足이다."는 주장에 따른다면, 이처럼 특별한 당파를 짓는 일을 철저하게 피하는 것이 바로 살 수 있는 계책이 된다.

---

10 「초창결」, 『정감록』(한성도서주식회사, 1923), 안춘근, 『정감록집성』(아세아문화사, 1973), 173면.

11 「서계결언」, 「초창결」, 『정감록』(한성도서주식회사, 1923), 안춘근, 『정감록집성』(아세아문화사, 1973), 191면.

여인대화와 우하횡산
女人戴禾 雨下橫山

『격암유록』에는 이른바 조선국운삼절론의 앞의 두 구절에 대한 비결도 보이는데, 관련기록은 다음과 같다.

> 殺_살我_아者_자誰_수? 女_여人_인戴_대禾_화, 人_인不_부知_지. 兵_병在_재其_기中_중. 殺_살我_아者_자誰_수? 雨_우下_하橫_횡山_산, 天_천不_부知_지. 裏_이在_재其_기中_중.
> 나를 죽이는 것은 누구인가? 왜倭인데, 사람임을 알지 못한다. 병사가 그 가운데 있다. 나를 죽이는 것은 누구인가? 설雪인데, 하늘에서 내리는 것임을 모른다. 내부가 그 가운데 있다. ─「은비가」

여인대화는 파자로 왜倭를 뜻한다. 그리고 우하횡산은 파자로 설雪을 뜻한다. 임진왜란이 발생했을 때 사람을 죽이는 것은 왜군이었고, 병자호란 때 사람을 죽이는 것이 눈雪이라는 의미이다.

> 女_여人_인戴_대禾_화 殺_살我_아者_자로, 兵_병在_재其_기中_중 人_인不_불矢_시口_구, 畵_화虎_호顧_고松_송 如_여松_송之_지威_위, 二_이才_재前_전後_후 從_종未_말生_생을, 虎_호性_성在_재山_산 十_십八_팔加_가公_공, 木_목龍_룡一_일數_수 當_당運_운이라. 人_인口_구有_유土_토 殺_살我_아理_리로, 重_중生_생深_심谷_곡 依_의松_송生_생을, 見_견人_인猖_창獗_궐 見_견木_목卽_즉止_지, 畵_화犢_독卽_즉音_음 松_송下_하止_지라. ─「송가전」

앞 구절은 왜倭가 일으킨 난리에 나를 죽이는 것은 병사兵士인데 사람임을 알지 못했다는 말이다. 시구矢口는 지知의 파자이다. 이어지는 구절은 "호랑이를 그릴 때 소나무를 넣는 일"에 비유하여 산으로 피난가라는 주장이다. 십팔가공十八加公은 송松의 파자이다. 그리고 소나무에 의지하여 소나무가 있는 곳으로 피난가면 살 수 있다는 주장이 이어진다. 마지막에는 송아지를 음독音讀하면 '송하지' 즉 소나무 아래로 피난하라는 말이라고 강조한다.

浮부土로溫온土로 狗구運운에도, 似사野야不불野야 傳전햇으며, 雨우下하橫횡山산 殺살我아者자로, 囊낭在재其기中중 天천不불矢시口구, 畵화狗구顧고簷첨家가給급千천兵병, 兩양上상左좌右우 從종土로生생을, 狗구性성在재家가 豕시上상加가冠관, 火화鼠서再재數수 當당運운이라. 重중山산不불利리 殺살我아理리로, 人인口구有유土로 樑양衣의生생을, 見견雪설猖창獗궐 見견家가卽즉止지, 畵화犬견卽즉音음 家가下하止지라. ―「송가전」

부토浮土와 온토溫土는 구들과 따뜻한 방으로 집을 가리킨다. 병자호란이 겨울에 일어나 나를 죽이는 것은 '눈雪'이라는 주장이다. 임진왜란 때 병사들에 의해 사람이 죽었던 일과 대비하여 병자호란 때는 하늘에서 내리는 눈이 사람들을 죽일 것이라는 점을 강조했다. 개의 성질은 집안에 머물러 있는 것이므로 집안에서 피난할 수 있다는 주장이다. 시상가관豕上加冠은 가家의 파자이다. 병자호란 때는 집 밖으로 나서면 죽을 운을 맞이할 것이고, 집안에 머무르면 살 수 있었다는 해석이 가능하다. 강아지를 음독音讀하면 "집안에 머무르라."는 뜻이 된다고 강조한다.

『정감록』에는 다음과 같은 기록이 보인다.

殺살我아者자雪설, 活활我아者자家가. 在재家가者자生생, 出출家가者자死사.
나를 죽이는 것은 눈이요, 나를 살리는 것은 집이다. 집에 있는 자는 살

것이고, 집을 나서는 자는 죽을 것이다.[12]

조선국운삼절론 가운데 두 번째 구절로서 병자호란 때의 비결이다. 엄동설한의 눈이 내리는 집 밖으로 나가면 죽을 것이고, 따뜻한 방안에 숨어 지내는 것이 살 수 있는 방법이라는 주장이다.

『정감록』에 나오는 조선국운삼절론에 대한 기록은 다음과 같다.

讖참曰왈, 李이之지運운, 有유秘비字자, 松송家가田전三삼字자也야. 松송先선利리於어倭왜. 利이在재松송松송, 利이在재家가家가, 利이在재田전田전, 利이在재弓궁弓궁乙을乙을. 利이在재松송松송, 人인名명地지名명, 虎호性성在재山산, 殺살我아者자, 人인邊변禾화女녀. 活활我아者자, 十십八팔公공也야. 物물名명犢독也야, 音음卽즉松송下하止지. 又우云운利이在재宋송卽즉, 唐당家가中중梨리胡호. 利이在재家가家가, 狗구性성卽즉在재家가巡순詹첨. 殺살我아者자, 雨우下하橫횡山산, 卽즉雪설. 活활我아者자, 冠관下하走주豕시也야. 田전末말利이於어弓궁弓궁者자, 兵병起기也야, 田전鎌겸. 弓궁弓궁者자, 大대利리於어土토弓궁, 小소利리於어武무弓궁, 不불利리於어山산, 不불利리於어水수, 不불深심不불淺천, 非비山산非비野야, 一일片편生생耳이之지地지.

참讖에 이르기를 "이씨李氏의 운수에 비밀스런 글자인 송松, 가家, 전田 세 글자가 있다. 송松은 먼저 왜倭에 이롭다는 것이다. 이로움이 송송松松에 있고, 이로움이 가가家家에 있고, 이로움이 전전田田에 있고, 이로움이 궁궁을을에 있다. 이로움이 송송松松에 있다는 것은 인명과 지명이며, 호랑이의 성질은 산에 있으니, 나를 죽이는 것은 인人 변에 화녀禾女이다.[13] 나를 살리는 것은 십팔공十八公이다.[14] 물건의 이름은 '송아지 독犢'인데, 소리는 송아지이다. 또 이르기를 이로움이 송宋에 있으니 당가唐家의 이

---

12 「동차결」, 『정감록』(한성도서주식회사, 1923), 안춘근, 『정감록집성』(아세아문화사, 1973), 547면.
13 파자로 왜倭를 뜻한다.
14 송松의 파자이다.

호梨胡이다.[15] 이로움이 집에 있으니, 개의 성질은 집에 돌아다니며 머무르는 것이다. 나를 죽이는 것은 우하횡산雨下橫山이니[16] 곧 눈雪이다. 나를 살리는 것은 관冠 아래에 돼지가 달리는 것이다.[17] 전田의 말기에 이로움이 궁궁弓弓에 있다는 것은 병사가 일어난다는 것으로 밭을 가는 낫이다. 궁궁이란 토궁土弓에 크게 이롭고, 무궁武弓에 작게 이로우니 산에도 불리하고 물에도 불리하며, 깊지도 얕지도 않고 산도 아니며 들판도 아닌 한 조각 땅이다. …"라 했다.[18]

조선의 국운이 세 번의 절체절명의 위기상황을 맞이할 것이며, 이로부터 벗어나 살 수 있는 방법이 비결에 숨어있다는 주장이다. 임진왜란과 병자호란에 대한 비결은 이미 설명되었고, 마지막으로 닥쳐올 세 번째의 위기에 대한 설명과 비결이 주장된다.

그런데 궁궁弓弓에 대한 설명이 위의 문장과 상반되는 내용도 전한다.

弓궁弓궁大대利리於어武무弓궁, 小소利리於어土토弓궁.
궁궁은 무궁武弓에 크게 이롭고, 토궁土弓에 작게 이롭다.[19]

그리고 정확한 필사연대를 알 수 없는 「진험震驗」에도 다음과 같은 내용이 확인된다.

明명哲철保보身신, 莫막如여弓궁弓궁之지間간. 非비山산非비野야, 在재一일片편

---

15 "당가의 이호"는 무슨 뜻인지 알기 어렵다.

16 설雪의 파자이다.

17 가家의 파자이다.

18 「동차결」, 『정감록』(한성도서주식회사, 1923), 안춘근, 『정감록집성』(아세아문화사, 1973), 560면.

19 「경주이선생가장결」, 『정감록』(한성도서주식회사, 1923), 안춘근, 『정감록집성』(아세아문화사, 1973), 587면. 「토정가장결」, 『정감록』(한성도서주식회사, 1923), 안춘근, 『정감록집성』(아세아문화사, 1973), 594면.

生생之지地지也야.

총명하게 몸을 보전하는 것으로 궁궁의 사이만한 것이 없다. 산도 아니
고 들도 아닌 한 조각 땅에 있다.[20]

  산도 아니고 들도 아닌 곳인 외딴 곳의 작은 땅에서 어렵게 사는 일
이 목숨을 보전하는 방법이라는 주장이다.

> 讖참曰왈, 李이氏씨之지運운, 有유三삼秘비字자, 松송家가田전. 三삼字자解해曰왈,
> 松송先선利리於어倭왜. 家가中중利리於어胡호. 田전末말利리於어凶흉. 凶흉, 兵병
> 器기也야. 兵병器기曰왈, 歉겸也야.
> 참讖에 이르기를 "이씨의 운수에 세 가지 비밀스런 글자가 있는데, 송松,
> 가家, 전田이다. 세 글자를 해독하면 먼저 송松은 왜倭에 이롭고, 가家는
> 중간에 오랑캐에 이롭고, 전田은 말기에 흉凶에 이롭다 했다. 흉凶은
> 병기兵器이다. 병기는 흉년이다."라 했다.[21]

  세 번째로 올 위기상황은 병기兵器인 흉凶이라고 주장한다. 그런데
이어지는 문장에서는 병기兵器가 곧 흉년이라고 강조한다. 병기는 전
쟁으로 해석할 수 있지만, 흉년은 자연재해이다. 다소 엇갈리는 주장
을 하고 있는 셈이다.
  한편 『정감록』에 포함되는 것으로 추정되는 필사연대를 알 수 없는
「유산결遊山訣」에 다음과 같은 내용이 나온다.

> 利이在재宋송宋송, 十십八팔公공也야. 人인也야. 虎호之지性성, 在재山산. 殺살

---

20 「진험」, 『정감록』(한성도서주식회사, 1923), 안춘근, 『정감록집성』(아세아문화사, 1973),
   206면.
21 「경주이선생가장결」, 『정감록』(한성도서주식회사, 1923), 안춘근, 『정감록집성』(아세아문화
   사, 1973), 587면. 「토정가장결」, 『정감록』(한성도서주식회사, 1923), 안춘근, 『정감록집성』
   (아세아문화사, 1973), 594면.

我아者자, 人인邊변禾화女녀. 利이在재可가可가, 走주豕시得득冠관. 回회簷첨.
犬견之지性성, 在재家가. 殺살我아者자, 雨우下하橫횡山산. 利이在재弓궁弓궁,
穴혈窮궁草초田전. 猫묘閣각. 牛우之지性성, 在재野야. 殺살我아者자, 小소頭두
無무足족.[22]

이로움이 송송宋宋에 있으니, 송松이다. 사람이다. 호랑이의 성질은 산에
있다. 나를 죽이는 것은 왜倭이다. 이로움이 가가可可에 있으니, 가家이
다. 처마이다. 개의 성질은 집에 있다. 나를 죽이는 것은 눈(설雪)이다.
이로움이 궁궁弓弓에 있으니, 궁窮과 초전草田이다. 묘각猫閣이다. 소의 성
질은 들판에 있다. 나를 죽이는 것은 소두무족小頭無足이다.[23]

　　조선국운삼절론에 대해 조금 다른 표현이 있는 구절이다. 마지막 세
번째로 올 위기상황에 대한 설명이 조금씩 다르다. 어쨌든 궁벽한 곳
이나 풀밭에서 가난하게 사는 것이 마지막 위기를 벗어날 수 있는 방
법으로 제시되고 있다.
　　그리고 「두사충요결」에 다음과 같은 내용이 있다.

　　利이在재松송松송, 人인名명也야. 殺살我아者자, 女여人인載재禾화. … 利이在
재家가家가, 回회簷첨. 殺살我아者자, 雨우下하橫횡山산.
　　이로움이 송송松松에 있으니, 사람 이름이다. 나를 죽이는 것은 왜倭이다.
… 이로움이 가가家家에 있으니, 처마이다. 나를 죽이는 것은 눈雪이다.[24]

　　표현이 조금씩 다르지만 조선국운삼절론의 첫 번째와 두 번째 구절
이다. 전체적인 내용과 의미는 앞에서 살펴본 구절들과 대동소이大同小

---

22 원문에는 두두로 적혀 있으나, 두두頭가 맞다.
23 「유산결」, 「윤고산여유겸암문답尹高山與柳謙菴問答」, 『정감록』(한성도서주식회사, 1923), 안춘근,
　　『정감록집성』(아세아문화사, 1973), 73면.
24 「두사충요결」, 『정감록』(한성도서주식회사, 1923), 안춘근, 『정감록집성』(아세아문화사, 1973),
　　179면.

異하다.

한편 정확한 필사연대를 알기 어려운 「토정결土亭訣」에도 다음과 같
은 내용이 있다.

識참曰왈, 李이氏씨之지運운, 有유三삼秘비字자, 松송家가田전也야. 松송先선利리
於어倭왜, 家가中중利리於어胡호, 田전末말利리於어凶흉. 凶흉者자, 兵병起기也야.
兵병起기則즉田전歉겸也야. 田전歉겸則즉弓궁弓궁. 大대利리於어土토弓궁, 小소
利리於어武무弓궁.
참언에 이르기를 "이씨의 운수에 세 가지 비밀스러운 글자가 있으니, 송
松, 가家, 전田이다. 송松은 먼저 왜倭에 이롭고, 가家는 중간에 오랑캐에
이로우며, 전田은 말기에 흉凶에 이롭다. 흉凶이란 것은 군대가 일어난다
는 것이다. 군대가 일어난다는 것은 곧 흉년이 드는 것이다. 흉년이 드
는 것은 곧 궁궁弓弓이다. 크게는 토궁土弓에 이롭고, 적게는 무궁武弓에
이롭다.[25]

앞에서 살펴본 구절과 대동소이大同小異하다. 여전히 군대가 일어난다
는 전쟁의 발생과 자연재해인 흉년과 연관시킨 점이 이해되지 않는다.

---

[25] 「토정결」, 『정감록』(한성도서주식회사, 1923), 안춘근, 『정감록집성』(아세아문화사, 1973),
185면.

십팔가공과 시상가관

十八加公 豕上加冠

『격암유록』에는 십팔가공十八加公과 시상가관豕上加冠이라는 파자도 나오는데, 관련기록은 다음과 같다.

> 活활我아者자誰수?[1] 十십八팔加가公공, 宋송下하止지. 深심谷곡. 活활我아者자 誰수? 豕시上상加가冠관, 哥가下하止지. 樑양底저.
>
> 나를 살리는 자는 누구인가? 십팔十八에 공公을 더한 송松이니 소리로는 '송'에 머무르라. 깊은 골짜기이다. 나를 살리는 것은 무엇인가? '돼지 시 豕'자 위에 관冠 모양의 갓머리를 더하면 '집 가家'가 되고 소리는 '가'가 된다. 대들보 아래에 머물러라. ─「은비가」

십팔가공은 송松의 파자이고, 시상가관은 가家의 파자이다. 임진왜란 때는 소나무가 있는 산 속으로 피난가라는 뜻이다. 그 다음 난리 때인 병자호란이 발생할 때에는 피난할 방법이 집안에 있으니 그곳에 머무르라는 뜻이다.

> 虎호性성在재山산, 如여松송之지盛성. 見견人인猖창獗궐, 見견松송卽즉止지.

---

1 원문에는 화話자로 적혀 있지만 문맥상 활活이므로 바로잡는다.

호랑이의 성질은 산에 있으니, 소나무가 무성한 곳이다. 사람(왜놈)을 보게 되면 미쳐 날뛰니, 소나무를 보면 그곳에 머물러라. —「은비가」

狗구性성在재家가, 家가給급千천兵병. 見견雪설猖창獗궐, 見견家가卽즉止지.
개의 성질은 집에 있으니, 집에서 수많은 오랑캐를 피할 수 있다. 눈이 쏟아지는 것을 보면 (날씨가) 미쳐 날뛰니, 집을 보거든 즉각 머물러라. —「은비가」

각각 임진왜란과 병자호란 때의 비결을 설명한 부분이다. 이미 앞에서 살펴본 구절들과 비슷한 내용이고, 조금씩 표현이 다를 뿐이다.

牛우性성在재野야, 奄엄宅택曲곡阜부. 見견鬼귀猖창獗궐, 見견野야卽즉止지.
소의 성질은 들판에 있으니, 엄택곡부다. 귀신을 보면 미쳐 날뛸 것이니 들판을 보면 그곳에 머물러라. —「은비가」

세 번째에 올 위기상황에서 필요한 비결이다. 엄택곡부奄宅曲阜는 천자문千字文에 나오는 구절로 주공周公이 곡부曲阜에 노魯나라의 도읍을 정했다는 내용이다. 세 번째 오는 위기의 본질은 귀鬼에 있고, 이를 피하기 위한 비결로 야野가 주장된다.

利이在재宋송宋송, 畵화虎호顧고名명, 物물名명卽즉犢독, 音음卽즉松송下하止지.
이로움이 송송宋宋에 있으니, 호랑이를 그릴 때 고려해야 할 것은 이름인데, 물건의 이름은 '송아지 독犢'이니 소리는 '송아지'이고 뜻은 소나무가 있는 깊은 산골짜기에 머무르라는 것이다. —「은비가」

利이在재哥가哥가, 畵화狗구顧고簷첨, 物물名명卽즉犬견, 音음卽즉家가下하止지.
이로움이 가가哥哥에 있으니, 개를 그릴 때에는 고려해야 할 것은 처마인데, 물건의 이름은 '강아지 견犬'이니 소리는 '강아지'이고 뜻은 집 안에 머무르라는 것이다. ―「은비가」

이 두 구절도 임진왜란과 병자호란에 대한 비결풀이이다. 앞에서 살펴본 내용과 거의 동일하다.

利이在재全전全전, 畫화牛우顧고溪계, 物물名명卽즉牝빈, 音음卽즉道도下하止지.
이로움이 전전소소에 있으니, 소를 그릴 때에 고려할 것은 계곡인데, 물건의 이름은 '암컷 빈牝'이고 소리는 '도하지'이고 뜻은 도道 아래에 머무르라는 것이다. ―「은비가」

앞에서 살펴본 대목에는 "이로움이 전전田田에 있다."고 했는데, 여기서는 "이로움이 전전소소에 있다."고 적혀 있다. 오기誤記이거나 동일한 발음에 주목한 듯하다. 마지막에 올 위기를 벗어나기 위해서는 도道를 닦아야 한다는 주장이다.

위의 구절의 도하지道下止를 "수도修道하여 진리眞理 아래에서 머물고, 경거망동하여 멸망의 나락으로 굴러 떨어지지 않도록 하라."라고 풀이하기도 한다.[2]

宋송字자十십八팔加가公공. 木목公공間간生생, 不불如여松송人인津진. 深심谷곡, 地지名명.
송宋자는 십팔十八에 공公을 더한 것이다. 목木과 공公 사이에 생겨나니, 소나무가 사람이 머무는 나루터와 같지 않다. 깊은 계곡이니, 지명이다. ―「은비가」

십팔十八은 목木의 파자이고, 목木과 공公을 합치면 송松이 된다. 따라서 맨 처음에 나오는 송宋은 송松의 오기誤記이다. 임진왜란이 일어

---

2 신유승 해독, 『격암유록』 제1권(세종출판공사, 1987), 108쪽.

났을 때 소나무가 많이 있는 깊은 산으로 피난하거나 '송松'자가 들어간 지명이 있는 지역으로 피난가라는 말이다.

> 哥가字자豕시着착冠관.[3] 火화口구間간生생, 不불如여臥와眠면臥와身신. 巡순簷첨, 簷첨名명.
> 가哥자는 시豕가 관冠을 쓴다는 것이다. 불의 입에서 생겨나니, 누워서 잠자고 몸을 눕히는 것과 같지 않다. 처마 아래에 머무르라는 것이니, 처마 이름이다. ─「은비가」

시豕에 갓머리 부를 더하면 가家자가 된다. 병자호란이 일어났을 때는 집밖으로 피난하지 말고, 집안에 머무르면 목숨을 보전할 수 있다는 비결풀이다.

> 全전字자十십口구入입. 兩양弓궁間간生생, 不불如여修수道도正정已이. 田전名명.
> 전全자는 십十이 구口에 들어가는 것이다. 두 궁弓 사이에서 생겨나니, 오로지 수도修道하라는 것과 같지 않다. 밭의 이름이다. ─「은비가」

십十자가 구口에 들어가면 전田자가 된다. 따라서 맨 앞에 나오는 전全은 전田의 오기誤記이거나 같은 음音이라는 점이 고려된 듯하다. 전田이 궁궁弓弓과 연관되고, 수도修道로 결론짓는다.
이어지는 문장은 다음과 같다.

> 三삼數수之지理리, 弓궁乙을田전. 一일理리貫관通통, 三삼妙묘之지十십勝승.
> 세 가지의 이치는 궁弓, 을乙, 전田이다. 한 가지 이치로 꿰뚫으니 세 가지 오묘한 십승이다. ─「은비가」

---

3 원문은 가呵로 적혀 있지만, 문맥상 가哥가 맞으므로 바로잡는다.

궁弓과 을乙과 전田이 삼수三數로 나열된 점이 특기할 만하다. 그리고 이 세 가지를 한 이치로 꿴 것이 세 가지의 오묘한 십승十勝이라는 주장도 독특하다.

『정감록』에 나오는 조선국운삼절론朝鮮國運三絶論은 다음과 같다.

> 黑흑龍룡, 利이在재松송松송. 赤적鼠서, 利이在재家가家가. 靑청龍룡, 利이在재
> 弓궁弓궁.
> 임진년에는 이로움이 소나무에 있을 것이다. 병자년에는 이로움이 집에 있을 것이다. 갑진년에는 이로움이 궁궁弓弓에 있을 것이다.[4]

이처럼 『정감록』에는 특정한 년도를 꼭 집어서 예언한 것이 특징이다. 마지막 위기는 갑진년에 일어날 것이며, 위기를 벗어나기 위해서는 궁궁弓弓을 찾으라고 주장한다. 앞에서 마지막 위기는 전田 또는 전전田田에 살 수 있는 방법이 있다고 주장한 점과 대비된다. 궁궁과 전전이 같은 뜻으로 통할 수 있는 가능성이 제기된다.

> 黑흑龍룡倭왜亂란, 赤적鼠서胡호兵병, 赤적猴후自자國국之지亂란.
> 임진년에는 왜란이었고, 병자년에는 오랑캐의 전쟁이었다면 병신년에는 나라 안의 난리가 되리라.[5]

임진왜란과 병자호란이 외부로부터의 침략으로 발생한 재앙이었다면, 세 번째 올 위기는 나라 내부로부터 발생할 것이라는 주장이다.

4　「징비록」,『정감록』(한성도서주식회사, 1923), 안춘근,『정감록집성』(아세아문화사, 1973), 489면. 「운기구책」,『정감록』(한성도서주식회사, 1923), 안춘근,『정감록집성』(아세아문화사, 1973), 506면에는 거의 비슷한 구절이 있다. 다만 이재궁궁利在弓弓이 아니라 이재궁궁을을利在弓弓乙乙이라는 점이 다르다. 따라서 궁궁과 궁궁을이 같은 의미로 사용되었음을 알 수 있다.

5　「요람역세」,『정감록』(한성도서주식회사, 1923), 안춘근,『정감록집성』(아세아문화사, 1973), 526면.

한편 「두사충요결」에는 다음과 같은 내용이 있다.

活활我아者자, 十십八팔加가公공. 虎호性성在재山산, 松송下하止지.
나를 살리는 것은 송松이다. 호랑이의 성질은 산에 있으니, 소나무 아래
에 머물러라.[6]

活활我아者자, 有유豕시無무冠관. 狗구性성在재家가, 家가下하止지.
나를 살리는 것은 가家이다. 개의 성질은 집에 있으니, 집 안에 머물러라.[7]

이미 앞에서 살펴본 것과 대동소이大同小異한 내용이다. 요점은 『격
암유록』에 나오는 조선국운삼절론과 관련된 구절이 대부분 『정감록』
에 나온다는 사실이다.

---

6 「두사충요결」, 『정감록』(한성도서주식회사, 1923), 안춘근, 『정감록집성』(아세아문화사, 1973),
    179면.
7 「두사충요결」, 『정감록』(한성도서주식회사, 1923), 안춘근, 『정감록집성』(아세아문화사, 1973),
    179면.

엄택곡부

奄宅曲阜

『격암유록』에는 엄택곡부奄宅曲阜라는 용어가 보이는데, 관련기록은 다음과 같다.

上상中중下하松송家가道도, 奄엄宅택曲곡阜부聖성山산地지.
상중하上中下는 송松과 가家와 도道이며, 엄택곡부는 성스러운 산의 땅이다. ―「말운론」

엄택곡부奄宅曲阜는 천자문千字文에 나오는 용어인데, 주공周公이 노魯나라의 수도를 곡부曲阜에 정한 고사를 가리킨다. 위의 인용문에 나오는 송松, 가家, 도道는 각기 조선국운삼절론과 관련된 용어이다. 세 번에 걸쳐 발생하는 위기상황에서 살아날 계책을 가리키는 비밀스런 글자로 주장된다.

奄엄宅택曲곡阜부牛우性성野야, 多다人인往왕來래牛우鳴명地지.
엄택곡부는 소의 성질이 들판에 있으며, 많은 사람이 왕래하는 소가 우는 땅이다. ―「은비가」

옛날 주공周公이 곡부에 도읍을 정했듯이 새 나라의 수도를 정하는 일에 "소의 성질이 들판에 있다."는 비결과 관련이 있다고 주장한 대목이다.

　　牛우性성在재野야, 奄엄宅택曲곡阜부. 見견鬼귀猖창獗궐, 見견野야即즉止지.
　　소의 성질은 들판에 있으니, (들판이) 엄택곡부다. 귀신을 보면 미쳐 날뛰니, 들을 보거든 즉각 머물러라. —「은비가」

"소의 성질이 들판에 있다."는 비결이 엄택곡부奄宅曲阜와 관련되어 서술되고 있다. 그리고 들판을 보면 이곳에 머물라고 강조한다. 소가 우는 들판이 구원처 내지 피난처로 제시되고 있다.

　　非비山산非비野야 仁인富부之지間간, 奄엄宅택曲곡阜부 玉옥山산邊변
　　—「가사총론」

　　엄택곡부가 "산도 아니고 들도 아닌 인천과 부평의 사이"라고 주장한다. 엄택곡부가 특정한 지명地名과 연관되어 서술된 점이 특기할 만하다.

　　鄭정堪감預예言언 元원文문中중에, 利이在재田전田전 弓궁弓궁乙을乙을, 落낙盤반四사乳유 알았던가? 可가解해하니 十십勝승道도靈령, 畵화牛우顧고溪계道도下하止지를, 奄엄宅택曲곡阜부 傳전했지만 —「말중운」

　　정감鄭堪이 예언한 문장 가운데 "이로움이 전전田田에 있다.", "이로움이 궁궁을을弓弓乙乙에 있다.", "소반에서 네 젖을 떨어뜨리라." 등의 비결을 풀이하면 "십승도령十勝道靈", "소를 그릴 때 계곡을 고려하라.", "도道 아래에 머물라.", "곡부에 도읍을 정하라."는 해석이 가능하다는 주장이다.

　　한편 『정감록』의 이본 가운데 하나인 「초창결」에 다음과 같은 기록

이 있다.

奄_엄宅_택曲_곡阜_부何_하也_야? … 奄_엄宅_택曲_곡阜_부卽_즉前_전田_전總_총錄_록耳_이, 都_도
是_시窮_궁居_거作_작農_농也_야.
"엄택곡부란 무엇인가?"라고 물으니, "엄택곡부는 곧 전전총록前田總錄이
니, 바로 궁벽한 곳에 살면서 농사짓는 것이다."라고 답했다.[8]

엄택곡부의 원래 뜻과는 달리 "외진 곳에서 농사짓는 일"이라고 주
장한다. 가난하게 사는 일이 구원에 이르는 방법이라는 주장이다.

---

8 「초창결」, 『정감록』(한성도서주식회사, 1923), 안춘근, 『정감록집성』(아세아문화사, 1973),
173면.

삼인일석
三人一夕

『격암유록』에는 삼인일석三人一夕이라는 용어도 자주 나오는데, 관련기록들을 살펴보자.

> 三삼人인一일夕석修수字자理리.
> 삼인일석은 수修자의 이치이다. ―「남사고비결」

삼인일석三人一夕은 '닦을 수修'자의 파자이다. 위의 인용문은 이러한 사실을 알려준다. 이와 관련하여 위의 구절을 "삼인일석은 수修자를 파자한 것이다. 심신을 수양하는 수修자의 이치를 잘 알라는 뜻이다."라고 풀이하기도 한다.[1]

> 活활我아者자誰수? 三삼人인一일夕석.
> 나를 살리는 것은 누구인가? 삼인일석이다. ―「말운론」

> 活활我아誰수? 三삼人인一일夕석.
> 나를 살리는 것은 누구인가? 삼인일석이다. ―「성산심로」

---

1 신유승 해독, 『격암유록』 제1권(세종출판공사, 1987), 37쪽.

삼인일석三人一夕은 나를 살리는 방법 또는 비결로 회자된다. 도道를 닦는 행위가 살 수 있는 계책이라는 주장이다.

　三삼人인一일夕석修수道도生생.
　삼인일석에서 도를 닦는다는 수修자가 나온다. ―「은비가」

이 구절은 삼인일석이 수修자의 파자이며, 그 뜻이 "도道를 닦는 일"을 가리킨다는 주장을 반영했다.

　活활我아者자誰수? 三삼人인一일夕석, 都도下하止지. 天천坡파.
　나를 살리는 것은 무엇인가? 삼인일석이니, '도' 아래에 머물러라. 하늘
　고개이다. ―「은비가」

『격암유록』에 나오는 관련구절을 고려할 때 위 인용문의 도都는 도道의 오기誤記로 보인다. 삼인일석三人一夕이 수修자의 파자라는 사실을 생각하면 더욱 심증이 간다. 그런데 천파天坡의 숨은 뜻은 자세히 알기 어렵다.

　그런데 위 구절을 "삼인일석三人一夕은 수修를 파자破字한 것인데, 전심전력으로 수도하여 십승十勝 진리 아래에서 머물고 그치라. 그곳이 바로 아리랑고개 하늘의 진리로 가는 고개인 천파天坡이다."라고 풀이하기도 한다.[2]

　三삼人인一일夕석自자下하上상.
　삼인일석은 아래에서 위로 오른다. ―「은비가」

삼인일석이 "아래로부터 위로 오르는 일"이라는 주장이다. 아래下와

2　신유승 해독, 『격암유록』 제1권(세종출판공사, 1987), 106쪽.

위上이 각기 무엇을 가리키는 말인지 명확하지 않다.

　그런데 이 구절을 "삼인일석으로 수도修道하면 아래에서 위로 오르듯이 하계下界의 사바세계에서 상계上界의 하느님 세계로 올라가듯 차원이 훨씬 다른 입신入神의 경지로 들어갈 수 있다."고 풀이하기도 한다.[3]

　　達달穹궁達달穹궁이요, 三삼人인一일夕석 達달穹궁일세.　―「농궁가」

　달궁의 정확한 의미가 명확하지 않다. 그런데 "달궁달궁은 아기를 달래는 말이면서도 진심으로 수도修道하여 천상의 진리에 도달하라는 뜻이다."라고 풀이하기도 한다.[4]

　　三삼人인一일夕석 雙쌍弓궁알소. 訪방道도君군子자 修수道도人인아, 十십勝승福복地지 弓궁乙을일세.　―「가사총론」

　　三삼人인一일夕석 雙쌍弓궁道도에, 至지誠성感감天천 天천神신化화로, 武무陵릉桃도源원 차자보자.　―「출장론」

　　三삼人인一일夕석 雙쌍弓궁十십勝승 人인口구有유土토 안잣서라.　―「송가전」

　위의 구절들은 삼인일석三人一夕을 쌍궁雙弓 즉 궁궁弓弓과 연관시키고 있다. 그리고 마지막 구절에서는 쌍궁과 십승을 관련시킨다. 도道를 닦으면 십승복지十勝福地에 들어갈 수 있고, 이는 곧 궁을弓乙을 찾는 일이라고 주장한다. 또 궁궁弓弓의 도道를 잘 닦으면 지극한 정성으로 하늘을 감동시켜 천신天神으로 변화되어 신선세계에 들어갈 수 있다고 강조한다. 세 번째 구절의 인구유토人口有土는 파자로 짐작되는데, 정

3　신유승 해독, 『격암유록』 제3권(세종출판공사, 1987), 94쪽.
4　신유승 해독, 『격암유록』 제1권(세종출판공사, 1987), 123쪽.

확히 어떤 글자인지 알 수 없다.

『정감록』의 이본 가운데 하나인 「초창결」에 다음과 같은 내용이 있다.

問문曰왈, 三삼人인一일夕석何하也야? 曰왈卽즉修수也야. 修수心심修수道도也야.
"삼인일석이란 무엇인가?"라고 물었다. "(삼인일석은) 곧 修자다. 마음
을 닦고, 도를 닦는 것이다."라고 대답했다.[5]

요컨대 『격암유록』 이전에 이미 『정감록』에 삼인일석三人一夕이라는
용어가 나오고, 그 뜻이 "마음과 도道를 닦는 일"이라는 점이 밝혀졌다.
삼인일석이 修의 파자라는 사실이 널리 알려졌음이 확인된다.

---

5 「초창결」, 『정감록』(한성도서주식회사, 1923), 안춘근, 『정감록집성』(아세아문화사, 1973),
173면.

전내강도산

奠乃降島山

『격암유록』에는 전내강도산奠乃降島山이라는 용어가 한 번 등장한다.

　　三삼聖성奠전乃내降강島도山산
　　세 명의 성인인 전내가 도산에 내려올 것이다. —「은비가」

전내奠乃는 정鄭의 파자이다. 따라서 위 인용문은 "세 명의 정씨가 도산島山에 내려오리라."라고 풀이할 수 있다. 세 명의 진인眞人이 도산島山에 출현할 것이라는 주장이다.

『정감록』에는 전내강도산이라는 용어가 다음과 같이 나온다.

　　古고月월出출於어魚어羊양, 奠전乃내降강於어島도中중.
　　오랑캐는 조선에서 나올 것이고, 전내는 섬 가운데 내려올 것이다.[1]

　　奠전邑읍降강於어島도山산.
　　정씨가 도산에 내려올 것이다.[2]

---

[1] 「초창결」, 『정감록』(한성도서주식회사, 1923), 안춘근, 『정감록집성』(아세아문화사, 1973), 178면.

島_도山_산降_강於_어奠_전乃_내.
도산島山이 전내奠乃에 내려오리라.³

전내奠乃와 전읍奠邑은 정鄭의 파자이다. 세 구절이 모두 정씨鄭氏 진인출현설眞人出現說을 주장했다.
한편 도산島山은 비슷한 글자인 조산鳥山으로도 표기되었다.

奠_전乃_내降_강於_어鳥_조山_산.
정씨가 조산鳥山에 내려오리라.⁴

奠_전邑_읍降_강於_어鳥_조山_산.
정씨가 조산鳥山에 내려오리라.⁵

조산鳥山은 계룡산鷄龍山이나 조령鳥嶺 등 '새 조鳥'자가 들어간 지명地名과 관련이 있는 것으로 추정된다. 앞에서 살펴본 도산島山은 "진인眞人이 섬에서 출혈할 것이다."는 비결과 관련이 있다고 짐작된다.
그리고 정확한 필사연대를 알 수 없는 「두사충요결杜師忠要訣」에 다음과 같은 내용이 있다.

奠_전內_내降_강於_어島_도中_중.
정씨가 섬 안에 내려오리라.⁶

---

2 「징비록」, 『정감록』(한성도서주식회사, 1923), 안춘근, 『정감록집성』(아세아문화사, 1973), 493면.
3 「호남소전」, 『정감록』(한성도서주식회사, 1923), 안춘근, 『정감록집성』(아세아문화사, 1973), 624면.
4 「남사고비결」, 『정감록』(한성도서주식회사, 1923), 안춘근, 『정감록집성』(아세아문화사, 1973), 581면.
5 「정감문답」, 『정감록』(한성도서주식회사, 1923), 안춘근, 『정감록집성』(아세아문화사, 1973), 655면.

전형적인 정씨 진인출현설의 하나로 "진인이 섬으로부터 나올 것이다."는 비결과 연관되는 대목이다.

---

6 「두사충요결」, 『정감록』(한성도서주식회사, 1923), 안춘근, 『정감록집성』(아세아문화사, 1973), 178면.

인부지간 야박천소

仁富之間 夜泊千艘

『격암유록』에는 "인천과 부평 사이에 밤에 천척의 배가 정박할 것이다."는 비결이 다음과 같이 나온다.

> 仁인富부之지間간, 夜야泊박千천艘소, 和화氣기東동風풍萬만邦방和화.
> 인천과 부평 사이에 밤에 천척의 배가 정박하면 조화로운 동풍에 온 나라가 화합할 것이다. ―「말운론」

"인천과 부평 사이에 밤에 천척의 배가 정박할 것이다."는 비결이 성취되면 온 세계가 화합될 것이라는 희망찬 미래를 주장하였다.

이 외에도 『격암유록』에는 다음과 같은 기록들이 보인다.

> 夜야泊박千천艘소仁인富부間간. ―「갑을가」

> 夜야泊박千천艘소仁인富부來래라. ―「해운개가」

> 非비山산非비野야 仁인富부之지間간, 弓궁弓궁吉길地지 傳전했지만 ―「말중운」

> 夜야泊박千천艘소仁인富부間간 ―「갑을가」

"인천과 부평 사이에 밤에 천척의 배가 정박할 것이다."는 비결이 조금씩 표현은 다르지만 거의 비슷하게 서술되었다. 그리고 "인천과 부평 사이"는 "산도 들도 아닌 궁궁길지弓弓吉地"로도 표현되었다.

『정감록』에는 다음과 같은 기록들이 보인다.

> 聖성歲세八팔月월, 仁인富부之지間간, 夜야泊박千천艘소.
> 성스러운 해의 8월에 인천과 부평 사이에 밤에 천척의 배가 정박할 것이다.[1]

원래 『정감록』에는 "성스러운 해의 팔월"이라는 시점이 명기된 채 "인천과 부평 사이에 밤에 천척의 배가 정박하리라."는 비결이 주장되었다.

> 仁인富부之지間간, 夜야泊박千천艘소.
> 인천과 부평 사이에 천척의 배가 정박하리라.[2]

이 비결은 『정감록』의 도처에 자주 등장한다. 그만큼 널리 알려진 비결이다.

---

1 「징비록」, 『정감록』(한성도서주식회사, 1923), 안춘근, 『정감록집성』(아세아문화사, 1973), 487면. 「운기구책」, 『정감록』(한성도서주식회사, 1923), 안춘근, 『정감록집성』(아세아문화사, 1973), 498면.

2 「운기구책」, 『정감록』(한성도서주식회사, 1923), 안춘근, 『정감록집성』(아세아문화사, 1973), 497면. 「요람역세」, 『정감록』(한성도서주식회사, 1923), 안춘근, 『정감록집성』(아세아문화사, 1973), 525면과 530면. 「감결」, 『정감록』(한성도서주식회사, 1923), 안춘근, 『정감록집성』(아세아문화사, 1973), 525면과 568면. 「이토정비결」, 『정감록』(한성도서주식회사, 1923), 안춘근, 『정감록집성』(아세아문화사, 1973), 601면 「호남소전」, 『정감록』(한성도서주식회사, 1923), 안춘근, 『정감록집성』(아세아문화사, 1973), 624면. "仁富之間, 夜忽泊千艘."과 "千艘忽泊於仁富."라는 기록도 있다. 「산록집설」, 『정감록』(한성도서주식회사, 1923), 안춘근, 『정감록집성』(아세아문화사, 1973), 629면.

若약逢봉聖성歲세, 千천艘소忽홀泊박, 仁인富부之지廣광野야.
만일 성스러운 해를 맞이하면 천척의 배가 홀연히 인천과 부평 사이의
넓은 들판에 정박하리라.[3]

조금씩 표현이 차이가 있지만 핵심은 동일한 내용을 지닌 비결이 자
주 언급되었다는 점이 확인된다.
한편 인부仁富가 인천仁川과 부평富平이라는 특정한 지역 이름으로
해석되어야 한다는 결정적 증거가 있는데, 다음과 같다.

仁인川천富부平평之지間간, 夜야泊박千천艘소.
인천과 부평의 사이에 밤에 천 척의 배가 정박하리라.[4]

인천과 부평이라는 구체적인 지명이 명확히 나온다. 따라서 인부仁
富는 경기도에 있는 지역을 가리키는 말이 분명하다.

---

3 「서산대사비결」, 『정감록』(한성도서주식회사, 1923), 안춘근, 『정감록집성』(아세아문화사, 1973),
   582면.
4 「비지론」, 『정감록』(한성도서주식회사, 1923), 안춘근, 『정감록집성』(아세아문화사, 1973),
   609면.

수종백토주청림

須從白兎走青林

『격암유록』에는 "모름지기 흰 토끼를 좇아 푸른 숲으로 달아나라."
는 비결이 여러 번 등장하는데, 관련기록은 다음과 같다.

須_수從_종白_백鳩_구走_주青_청林_림.
모름지기 흰 비둘기를 좇아 푸른 숲으로 달아나라. —「계룡론」

須_수從_종白_백兎_토青_청林_림, 世_세上_상四_사覽_람誰_수可_가知_지?
모름지기 흰 토끼를 좇아 푸른 숲으로 달아나라. 세상 사람들이 누가 알
수 있으랴? —「은비가」

須_수從_종白_백兎_토走_주青_청林_림은 —「송가전」

흰 비둘기와 흰 토끼라는 점만 다를 뿐 동일한 내용의 비결이다. 일
반인이 알기 어려운 비결이라는 점이 강조되었다. 백토白兎는 육십갑
자六十甲子로 신묘辛卯에 해당하기 때문에 이 해에 태어난 사람을 가리
키는 용어로 볼 수도 있다.

走_주青_청林_림에 寸_촌土_토落_락을 —「계명성」

須수從종走주靑청林림. —「생초지락」

"푸른 숲으로 달아나라."는 것이 비결의 핵심이라고 강조된 대목이다.

須수縱종白백虎호靑청林림.
모름지기 흰 호랑이를 좇아 푸른 숲으로 가라. —「궁을론」

백호白虎는 육십갑자로 경인庚寅에 해당하기 때문에 이 해에 태어난 인물을 가리키는 용어로 해석될 수도 있다.
『정감록』에는 『격암유록』에 나오는 구절과 비슷한 내용이 이미 다음과 같이 확인된다.

須수縱종白백日일走주林림中중.
모름지기 백일白日을 좇아 숲 사이로 달아나라.[1]

須수從종玄현蛇사走주山산林림.
모름지기 검은 뱀을 좇아 산림으로 달아나라.[2]

여기서 검은 뱀은 계사년癸巳年을 가리키는 말로 해석할 수도 있다. 계사년에 태어난 인물을 따라야 한다는 의미로 해석될 가능성이 있다.

須수從종玄현兎토走주山산林림.
모름지기 검은 토끼를 좇아 산림으로 달아나라.[3]

---

1 「징비록」, 『정감록』(한성도서주식회사, 1923), 안춘근, 『정감록집성』(아세아문화사, 1973), 485면.
2 「징비록」, 『정감록』(한성도서주식회사, 1923), 안춘근, 『정감록집성』(아세아문화사, 1973), 491면.
3 「운기구책」, 『정감록』(한성도서주식회사, 1923), 안춘근, 『정감록집성』(아세아문화사, 1973),

須_수從_종白_백兎_토走_주靑_청林_림.
모름지기 흰 토끼를 좇아 푸른 숲으로 달아나라. [4]

須_수從_종白_백兎_토山_산林_림入_입
모름지기 흰 토끼를 좇아 산림으로 들어가라. [5]

여기서 현토玄兎는 간지干支로 계묘癸卯에, 백토白兎는 신묘辛卯에 해
당한다. 따라서 위의 구절은 계묘년이나 신묘년을 맞이하면 푸른 숲이
나 산림으로 달아나라고 해석할 수도 있고, 그 해에 태어난 사람을 따
르라는 의미로 해석할 수 있다.

須_수從_종白_백牛_우走_주從_종城_성.
모름지기 흰 소를 좇아 종성으로 달아나라. [6]

백우白牛는 간지로는 신축辛丑에 해당한다.

須_수從_종赤_적牛_우走_주縱_종橫_횡.
모름지기 붉은 소를 좇아 종횡으로 달아나라. [7]

500면.

4 「운기구책」, 『정감록』(한성도서주식회사, 1923), 안춘근, 『정감록집성』(아세아문화사, 1973),
506면. 「오백론사」, 『정감록』(한성도서주식회사, 1923), 안춘근, 『정감록집성』(아세아문화사,
1973), 578면. 「이토정비결」, 『정감록』(한성도서주식회사, 1923), 안춘근, 『정감록집성』(아세
아문화사, 1973), 600면. 「칠언고결」, 『정감록』(한성도서주식회사, 1923), 안춘근, 『정감록집
성』(아세아문화사, 1973), 608면.

5 「요람역세」, 『정감록』(한성도서주식회사, 1923), 안춘근, 『정감록집성』(아세아문화사, 1973),
528면.

6 「감결」, 『정감록』(한성도서주식회사, 1923), 안춘근, 『정감록집성』(아세아문화사, 1973), 567면

7 「비지론」, 『정감록』(한성도서주식회사, 1923), 안춘근, 『정감록집성』(아세아문화사, 1973),
608면.

붉은 소는 간지로 정축丁丑에 해당한다.

　요컨대 "모름지기 어떤 동물을 따라 푸른 숲으로 달아나라."라는 형태의 비결은 『격암유록』 이전에 이미 『정감록』에 자주 등장하는 표현이다. 『정감록』에 나오는 비결과 비슷한 형태의 비결을 『격암유록』이 그대로 사용하고 있다는 점이 확인된다.

길성조림

吉星照臨

『격암유록』에는 "길한 별이 비칠 것이다."라는 비결도 등장하는데, 관련기록은 다음과 같다.

> 欲욕識식蒼창生생保보命명處처, 吉길星성照조臨림眞진十십勝승.
> 창생이 목숨을 보전할 땅을 알고자 한다면 길한 별이 비치는 참 십승을 찾으라. ―「남사고비결」[1]

백성들이 목숨을 보전할 땅을 구하려면 "길한 별이 비치는 곳"을 찾아야 할 것이며, 이곳이 바로 "참 십승十勝"이라고 주장한다. "길한 별이 비치는 곳"이 목숨을 구명할 수 있는 구원처 내지 피난처로 제시되었다.

> 吉길星성照조臨림南남朝조之지紫자霞하仙선中중, 弓궁弓궁十십勝승桃도源원地지.
> 길한 별이 비치는 곳은 남쪽 조선의 자하선紫霞仙 가운데이니, 궁궁 십승의 도화낙원이다. ―「새 사삼」

"길한 별이 비치는 곳"이 남쪽 조선의 신선이 사는 곳이며, 궁궁弓弓

---

1   신유승 해독, 『격암유록』 제1권(세종출판공사, 1987), 35쪽.

십승十勝의 이상세계라는 주장이다. "길한 별이 비치는 곳"이 이상향으로 제시되었다.

非비山산非비野야 不불利리水수에, 天천神신加가護호 吉길星성照조로
 ―「도부신인」

"길한 별이 비치는 곳"이 "산도 아니고, 들도 아닌 장소"이며, "물에도 불리한 곳"이라고 주장한다. 하늘의 신神이 도와주는 곳이라는 점에서 특별한 장소라는 점이 강조되었다.

吉길星성所소照조 ―「말중운」

"길한 별이 비치는 곳"이라는 점에서 내용은 같으며 표현만 조금 다른 구절이 나온다.
『정감록』에는 다음과 같은 기록이 보인다.

吉길星성照조臨림.
길한 별이 비칠 것이다.[2]

"길한 별이 비치는 곳"이라는 구절이 『격암유록』 이전에 이미 『정감록』에 나온다는 사실이 확인된다.
한편 『정감록』의 이본 가운데 하나로 전해지는 「초창결蕉蒼訣」에는 다음과 같은 내용이 보인다.

吉길星성所소照조之지地지, 吉길星성何하星성也야? 日월二이十십八팔宿수也야.

---

2 「동차결」, 『정감록』(한성도서주식회사, 1923), 안춘근, 『정감록집성』(아세아문화사, 1973),
   550면과 553면.

길한 별이 비치는 땅에서 길한 별이란 어떤 별을 말하는가? 답하기를 "이십팔수다."라 했다.[3]

"길한 별"이 "이십팔수二十八宿"라고 주장한다. "길한 별"에 대한 명확한 정의가 내려진 대목이다.

擇택其기山산野야間간, 吉길星성所소臨림處처.
산과 들의 사이를 택하니 길한 별이 임하는 곳이다.[4]

"길한 별이 비치는 장소"가 "산과 들의 사이"라는 주장이다. 특정한 지역이나 구체적 장소를 가리키는 용어로 "길한 별이 비치는 곳"이 사용되었음이 확인된다.

何하處처吉길星성照조臨림處처乎호? 日왈吉길地지亦역載재馬마上상錄록, 有유福복子자孫손自자然연見견知지矣의.
"어떤 곳이 길한 별이 비치는 곳인가?"라 했다. "길한 땅은 마상록에 실려 있으니, 복이 있는 자손은 자연스레 봐서 알 것이다."라고 답했다.[5]

"길한 별이 비치는 곳"이 곧 "길한 땅"이며, 이에 대해서는 『마상록馬上錄』이라는 책에 자세히 적혀 있다는 주장이다. 이 "길한 땅"은 "복이 있는 자손들"만이 알 수 있는 장소라는 점이 강조되었다.

亂난世세之지地지, 非비但단吉길星성照조臨림矣의.
난세의 땅은 길한 별이 비치는 곳이 아니다.[6]

---

3 「초창결」, 『정감록』(한성도서주식회사, 1923), 안춘근, 『정감록집성』(아세아문화사, 1973), 43면
4 「초창결」, 『정감록』(한성도서주식회사, 1923), 안춘근, 『정감록집성』(아세아문화사, 1973), 167면
5 「초창결」, 『정감록』(한성도서주식회사, 1923), 안춘근, 『정감록집성』(아세아문화사, 1973), 173면

"험난한 세상"에서는 "길한 별이 비치는 땅"을 찾기 어렵다는 주장이다.

---

6 「초창결」, 『정감록』(한성도서주식회사, 1923), 안춘근, 『정감록집성』(아세아문화사, 1973),
   175면.

사답과 칠두

寺畓 七斗

『격암유록』에는 사답寺畓과 칠두七斗라는 용어도 자주 보이는데, 관련기록은 다음과 같다.

> 寺사畓답七칠斗두, 斗두中중之지星성.
> 사답칠두는 두斗 가운데 있는 별이다. ―「사답칠두」

두성斗星은 고대 중국의 천문학에서 태양이 운행하는 궤적인 황도黃道 부근의 28개의 항성恒星 가운데 북방北方의 첫 번째 별이다. 사답과 칠두가 별이라는 주장이다.

한편 『격암유록』에 「사답칠두寺畓七斗」, 「칠두가七斗歌」, 「사답가寺畓歌」가 전한다.

> 寺사畓답七칠斗두 此차農농事사는, 無무田전庄장이 獲획得득이요. ―「칠두가」

> 寺사畓답七칠斗두 天천農농이니, 是시呼호農농夫부 때 만난네. … 天천牛우耕경田전 田전田전일세. … 天천上상水수源원 靈영田전이라. ―「사답가」

「칠두가」에서는 사답칠두를 농사에 비유하여 "밭이 없어도 생산물

을 얻을 수 있는 일"이라고 주장했다. 그리고 「사답가」에서도 사답칠
두를 "하늘의 농사"라고 규정하고, 이 농사를 짓는 사람이 적절한 기회
를 만났다고 주장한다. 나아가 "하늘의 소가 밭을 가는 밭"이고, "하늘
에서 내리는 물로 농사짓는 신령스러운 밭"이라고 강조한다.

理이氣기妙묘理리 心심覺각하니, 寺사畓답七칠斗두 이 아닌가? ―「사답가」

그런데 위의 인용문에서는 사답칠두가 이기理氣의 묘한 이치를 마음
으로 깨달아야 찾을 수 있는 일로 표현한다.

한편 "칠두七斗는 북두칠성이요, 생명과 영혼을 맡은 하느님이시니
이것을 영생永生하는 농사를 짓는 일에 비유한 것이다."라고 풀이하기
도 한다.[1]

그리고 "사답寺畓은 물질적인 세속의 농사가 아니라 절의 칠성당에
생명을 주관하는 칠성신七星神 즉 하느님의 영생永生하는 농사를 지으
라는 것이다. 영혼을 가꾸고 키우는 농사에 하늘에서 생명수生命水의
근원이 있다."라는 주장도 있다.[2]

寺사畓답七칠斗두石석井정崑곤, 天천縱종之지聖성盤반石석井정. 一일飮음延연
壽수永영生생水수, 飮음之지又우飮음紫자霞하酒주.
사답칠두와 석정곤은 하늘이 내린 성인의 반석 가운데 샘물이다. 한 번
마시면 수명을 늘리는 영생하는 물이며, 마시고 또 마시면 신선의 술이
다. ―「은비가」

사답칠두가 별의 이름이며, 하늘의 농사라는 기존의 주장과는 달리
위의 인용문에서는 사답칠두를 영생수永生水이자 자하주紫霞酒라고 주

---

1   신유승 해독, 『격암유록』 제1권(세종출판공사, 1987), 159쪽.
2   신유승 해독, 『격암유록』 제1권(세종출판공사, 1987), 167쪽.

장한다. 하늘에서 내린 신성한 물이며, 생명을 연장할 수 있는 물이자
신선이 마시는 술이라고 강조한다.

寺사畓답七칠斗두文문武무星성
사답칠두와 문무성은 —「은비가」

위의 인용문에서는 사답칠두가 문무성文武星과 함께 열거되어 별의
이름으로 표현되었다.

農농曲곡土토辰진寸촌七칠斗두落락
농사와 절寺이 칠두七斗에 떨어진다. —「석정수」

곡曲과 진辰을 합치면 농農이 된다. 토土와 촌寸을 합치면 사寺가 된
다. 그런데 "칠두七斗에 떨어진다."는 구절의 정확한 의미는 명확하지
않다.

石석井정嵬외를 不불覺각하니, 寺사畓답七칠斗두 엇지 알며 —「말중운」

"돌우물이 있는 높은 산"을 깨달아야 사답칠두를 알 수 있다는 주장
이다. 석정외石井嵬의 뜻도 자세하지 않다.

天천牛우耕경田전 田전田전理리로, 寺사畓답七칠斗두 作작農농일세. —「출장론」

"하늘의 소가 밭을 가는 이치"로 사답칠두가 "농사짓는 일"에 비유되
었다.
　정확한 필사 년대를 알 수 없는 「이본정감록異本鄭鑑錄」에 다음과 같
은 내용이 있다.

寺사畓답七칠斗두落락 사답칠두락[3]

이처럼 사답칠두 또는 사답칠두락이라는 구절은 『정감록』의 이본에
도 나오는 표현이다. 『격암유록』은 이러한 『정감록』의 구절을 그대로
이어받아 사용하고 있음이 확인된다.

「비결집록秘訣輯錄」에는 다음과 같은 내용이 있다.

弓궁弓궁之지處처在재於어高고田전口구, 高고田전口구者자, 兩양乳유之지間간. 落락
盤반孤고寺사畓답七칠斗두落락, 井정石석泉천何하難난也야? 或혹云운, 落낙盤반
高고田전乳유. 且차云운, 蓋개字자田전田전背배負부背배點점, 負부負부大대凡범.
弓궁弓궁乙을乙을之지意의, 專전主주於어一일片편生생理리之지地지. 且차米미與여
林림木목茂무盛성之지處처. 或혹云운, 示시人인可가憐련者자志지無무妨방.
궁궁弓弓의 땅은 고전구高田口에 있으니, 고전구高田口는 두 젖의 사이이
다. 낙반고와[4] 사답칠두락은 정석천井石泉이니 무엇이 어려운가? 어떤 이
는 낙반고전유落盤高田乳라고 말하고, 또 개蓋자와 전전田田은 등에 점을
진 것이고 진다는 것은 대범하다는 뜻이다.[5] 궁궁을을弓弓乙乙의 뜻은 오
로지 한 조각 생리生理의 땅에 주력하는 것이다. 또 쌀과 숲이 무성한 곳
이라고 한다. 어떤 사람은 남에게 가련하게 보이는 자의 뜻도 무방하다
고 한다.[6][7]

전체적인 뜻은 궁궁弓弓의 땅이 "두 젖의 사이"에 있고, 사답칠두락
이 "돌우물의 샘"이라는 주장이다. 그리고 궁궁을을弓弓乙乙은 "한 조각

---

3 「이본정감록」, 『정감록』(한성도서주식회사, 1923), 안춘근, 『정감록집성』(아세아문화사, 1973),
   105면.
4 아마도 낙반고사유落盤孤四乳의 오기인 듯하다.
5 해석하기 어려워서 의역을 시도했다. 의미가 잘 통하지 않는다.
6 의미가 통하지 않아 의역했다.
7 호세이細井 肇, 「비결집록」, 『정감록』(자유토구사, 1923), 안춘근, 『정감록집성』(아세아문화사,
   1973), 831면.

362 정감록과 격암유록

의 땅에 힘쓰는 일"이라고 강조한다. 중언부언한 느낌이 들며, 해석이 쉽지 않다.

한편 「초창결」에는 다음과 같은 내용이 보인다.

> 問문曰왈, 寺사畓답七칠斗두落락何하也야? 曰왈擇택其기水수田전作작農농也야.
> "사답칠두락이란 무엇인가?"라고 물으니, "어떠한 논을 택하여 농사짓는 것이다."라고 답했다.[8]

사답칠두락의 뜻이 "논을 택해 농사짓는 일"이라고 규정한다. 사답의 답畓에 주목한 해석인 듯하다.

그리고 「정감이심토론결」에는 다음과 같은 기록이 있다.

> 石석井정非비難난, 寺사畓답七칠斗두.
> 석정石井은 어려운 것이 아니라 사답칠두寺畓七斗이다.[9]

석정石井이 곧 사답칠두라는 주장이다. 석정은 "돌우물"로 해석할 수 있다. 돌우물과 사답칠두가 같은 의미라는 주장인데, 그 의미를 알기 어렵다.

또 「초창결蕉蒼訣」에 포함된 「서계결언」에 다음과 같은 내용이 있다.

> 寺사畓답七칠斗두落락者자, 業업斗두有유文문武무星성. 名명曰왈曲곡者자, 辰진.
> 寸촌土토田전, 自자農농爲위上상策책也야.
> 사답칠두락이란 것은 두斗에 문무文武의 별이 있다는 것이다. 이름하여

---

8 「초창결」, 『정감록』(한성도서주식회사, 1923), 안춘근, 『정감록집성』(아세아문화사, 1973), 173면.
9 「정감이심토론결」, 『정감록』(한성도서주식회사, 1923), 안춘근, 『정감록집성』(아세아문화사, 1973), 189면. 호세이細井 肇, 「비결집록」, 『정감록』(자유토구사, 1923), 안춘근, 『정감록집성』(아세아문화사, 1973), 850면.

곡曲이라 한 것은 진辰이다. 조각만한 밭이 있다면 스스로 농사짓는 것을 상책으로 삼는다.[10]

사답칠두락이 별과 관련이 있고, 농사짓는 일과도 연관된다는 주장이다. 곡曲과 진辰을 합치는 농農자가 된다는 점에 착안한 해석인 듯하다. 「비결집록秘訣輯錄」에 다음과 같은 구절도 있다.

寺사畓답七칠斗두, 東동方방地지.
사답칠두는 동방의 땅이다.[11]

농사짓는 일과 연관되었던 사답칠두가 이제는 "동쪽에 있는 땅"으로 규정되었다. 농사를 지으려면 땅이 있어야 된다는 사실에 연유한 듯하다.

寺사畓답非비難난, 精정脫탈其기右우.
사답寺畓은 어렵지 않으니, 정精의 오른쪽을 탈락시킨 것이다.[12]

사답寺畓이 미米라는 주장이다. 답畓과 관련된 해석으로 보인다.

---

10 「서계결언」, 「초창결」, 『정감록』(한성도서주식회사, 1923), 안춘근, 『정감록집성』(아세아문화사, 1973), 191~192면. 업두業斗는 의미가 통하지 않아 의역했다.

11 호세이細井 肇, 「비결집록」, 『정감록』(자유토구사, 1923), 안춘근, 『정감록집성』(아세아문화사, 1973), 835면.

12 호세이細井 肇, 「비결집록」, 『정감록』(자유토구사, 1923), 안춘근, 『정감록집성』(아세아문화사, 1973), 850면.

석정
─
石井

『격암유록』에는 석정石井이라는 용어가 자주 등장하는데, 관련기록
들을 분석해보자.

> 石석井정何하意의? 延연飮음水수.
> 석정石井이란 무슨 뜻인가? 마시는 물이다. ―「말운론」

위의 구절을 "반석에서 솟아나는 물은 어떤 뜻인가? 그 석정수石井水
는 생명수요, 영생수永生水로서 연장延長하여 물을 마시면 연년익수延年
益壽할 수 있는 진리의 말씀이다."라고 해석하기도 한다.[1] 원문을 부연
하여 확대해석한 것이다.

> 一일飮음延연壽수石석井정崑곤.
> 한 번 마시면 수명을 연장시켜주는 높은 산에서 솟아나는 샘물이다.
> ―「생초지락」

석정곤이 "생명을 늘려주는 신비의 샘물"이라고 주장한다. 이와 유

---

1 신유승 해독, 『격암유록』 제2권(세종출판공사, 1987), 257쪽.

사한 다음과 같은 표현도 있다.

利이在재石석井정永영生생水수源원.
이로움이 반석에서 솟는 물에 있으니, 영생하는 수원지이다. ―「새 사삼」

석정石井이 "영생하는 물의 근원"으로 해석되었다. 인간의 수명을 연장시켜줄 수 있는 능력이 석정에 있다는 주장이다.

利이在재石석井정, 生생命명線선.
이로움이 반석의 샘에 있으니 생명선이다. ―「석정수」

이제 석정石井은 생명선生命線으로까지 표현된다. 생명을 유지할 수 있는 궁극의 선을 가리킨다.

三삼印인糧량露로石석井정
삼인三印 양식과 반석에서 솟는 물 ―「궁을론」

인용문의 삼인三印은 화인火印, 우인雨印, 로인露印을 가리킨다. 이 세 개의 인印이 석정石井과 연관되어 서술된 점이 특기할 만하다.

天천牛우耕경田전, 利이在재石석井정.
하늘의 소가 밭을 갈고, 이로움은 반석에서 솟는 물에 있다. ―「궁을론」

"이로움이 무엇 무엇에 있다."는 표현은 말세의 위기를 맞아 구원처나 피난처로 제시되는 비결의 전형적인 형태다. 이제 "이로움이 석정石井에 있다."는 주장이 제기된 것이다.
한편 『격암유록』에 「석정수石井水」와 「석정가石井歌」가 전한다.

利이在재石석井정 天천井정水수는, 一일次차飲음之지延연壽수요, 飲음之지又우
飲음 連연飲음者자는, 不불死사永영生생 此차泉천일세. —「석정가」

　석정石井은 곧 "하늘의 심에 있는 물"인 천정수天井水요, 한 번 마시면
생명이 연장되고, 계속해서 먹으면 죽지 않고 영원히 살 수 있는 생명
수라는 주장이다. 이 구절을 "반석에서 솟아나는 생명수는 온 세상 천
하를 깨끗이 정화하고 나쁜 독기를 흡수하여 영생永生하게 하며, 마시
고 또 마시라는 뜻인데, 석정수石井水는 바로 하느님의 진리이다."라고
해석하기도 한다.[2]

　　石석井정, 欲욕飲음者자促촉生생, 所소願원成성就취. —「세론시」

　석정石井을 마시면 삶이 촉진될 수 있고, 소원이 성취될 수 있다는
주장이다. 석정이 만병통치약으로 표현된 것이다.
　이 구절을 "석정인데 마시고자 하는 자는 영생을 촉진시킬 뿐만 아
니라 소원성취까지 할 수 있다."라고 해석하기도 한다.[3]

　　寺사畓답七칠斗두石석井정崑곤, 天천縱종之지聖성盤반石석井정.
　　사답칠두와 석정곤은 하늘이 좇는 성인의 반석에서 솟는 샘물이다.
　　—「은비가」

　사답칠두가 석정곤과 연관된 점이 특기할 만하다. 석정石井이 본래
"하늘"에서 연유했다는 점이 강조된 대목이다.

　　利이在재石석井정 靈영泉천之지水수, 寺사畓답七칠斗두 作작農농으로 —「가사총론」

2　신유승 해독, 『격암유록』 제1권(세종출판공사, 1987), 159쪽.
3　신유승 해독, 『격암유록』 제2권(세종출판공사, 1987), 72쪽.

"이로움이 석정石井에 있다."고 주장되며, 신령한 샘물이라고 강조한
다. 그리고 사답칠두는 "농사짓는 일"이라고 설명된다.

> 石석井정崑곤을 모르므로, 靈영泉천水수를 不부得득이요. … 水수昇승火화
> 降강 不불覺각하니, 石석井정崑곤을⁴ 엇지 알며, 石석井정崑곤을 不불覺각하
> 니, 寺사畓답七칠斗두 엇지 알며, 寺사畓답七칠斗두 不불覺각하니, 一일馬마
> 上상下하 엇지 알며, 馬마上상下하路로 不불覺각하니, 弓궁弓궁乙을乙을 엇
> 지 알며, 弓궁弓궁乙을乙을 不불覺각하니, 白백十십勝승을 엇지 알며, 白백
> 十십勝승을 不불覺각하니, 亞불亞불倧종佛불 엇지 알며, 亞불亞불倧종佛불
> 不불覺각하니, 鷄계龍룡鄭정氏씨 엇지 알며, 鷄계龍룡鄭정氏씨 不불覺각하
> 니, 白백石석妙묘理리 엇지 알며, 穀곡種종三삼豊풍 不불覺각하니, 兩양皇황
> 聖성人인 엇지 알며, 兩양白백聖성人인 不불覺각하니, 儒유佛불仙선合합 엇
> 지 알며, 儒유佛불仙선合합 不불覺각하니, 脫탈劫겁重중生생 엇지 알며, 脫탈
> 劫겁重중生생 不불覺각이면 鄭정道도令령을 알었으랴? ―「말중운」

석정곤에서 시작하여 정도령鄭道令까지 연관시켜 동어반복적인 주장
이 계속 이어진 대목이다. 먼저 석정곤의 뜻을 알아야 궁극적으로 정
도령을 알 수 있을 것이라는 점이 강조되었다.

『정감록』에는 다음과 같이 석정 또는 석정곤이라는 용어가 나온다.

> 欲욕免면不불塗도炭탄, 莫막如여石석井정崑곤.
> 고통스럽거나 곤궁한 지경을 벗어나고자 한다면 석정곤만한 것이 없다.⁵

석정곤石井崑이 도탄에 빠진 세상에서 벗어날 수 있는 방법이라는 주

---

4 원문에는 곤坤으로 적혀 있지만, 곤崑이 맞다.
5 「요람역세」, 『정감록』(한성도서주식회사, 1923), 안춘근, 『정감록집성』(아세아문화사, 1973),
   524면.

장이다. 석정곤에 대한 설명은 없다.

弓궁弓궁兩양間간, 不불下하十십勝승. 弓궁弓궁非비難난. 利이在재石석井정. 石석
井정非비難난. 寺사畓답七칠斗두. 寺사畓답非비難난. 當당在재石석井정下하精정
脫탈其기右우, 一일粒립二이春용.
궁궁의 사이는 십승보다 아래에 있지 않다. 궁궁은 어렵지 않다. 이로움
이 석정에 있다. 석정은 어렵지 않다. 사답칠두이다. 사답은 어렵지 않
다. 마땅히 석정의 아래에 있으니 정精에서 그 오른쪽을 탈락시킨 것이
고, 첫째는 쌀알이고 둘째는 절구이다.[6]

석정石井이 곧 사답칠두寺畓七斗라는 주장이다. 그리고 사답은 미米라
고 주장한다. 그 결과 석정이 쌀알과 절구라는 결론이 도출되었다. 쌀
알은 미米와 통하는 의미이지만, 절구는 그 의미가 명확하지 않다.

欲욕免면斯사塗도炭탄, 無무如여石석井정崑곤. … 寺사畓답三삼斗두落락, 此차
地지是시井정崑곤.
이와 같은 도탄지경을 벗어나고자 하면 석정곤 만한 것이 없다. … 사답
삼두락의 땅이 바로 정곤井崑이다.[7]

도탄塗炭의 도塗는 진흙을, 탄炭은 숯을 가리키는 말로, 진흙 구덩이나
숯불에 빠졌다는 뜻이다. 바뀐 뜻으로 진구렁이나 숯불 속에 있는 것처
럼 매우 고통스러운 지경을 이르는 말이다. 따라서 이러한 어렵고 힘든
지경을 벗어나고자 하면 석정곤石井崑이 최고의 방법이라는 주장이다.

---

6 「동차결」, 『정감록』(한성도서주식회사, 1923), 안춘근, 『정감록집성』(아세아문화사, 1973),
   549~550면.
7 「오백론사」, 『정감록』(한성도서주식회사, 1923), 안춘근, 『정감록집성』(아세아문화사, 1973),
   578면. 「오백사론」, 『정감록』(한성도서주식회사, 1923), 안춘근, 『정감록집성』(아세아문화사,
   1973), 622면.

위의 인용문에서는 사답칠두락寺畓七斗落 대신 사답삼두락寺畓三斗落이라는 용어가 사용되었다. 두락斗落은 논밭 넓이의 단위를 이르는 말이다. 마지기라고도 부르는데, 이는 한 말一斗의 씨앗을 뿌릴 만한 면적을 뜻하는 것으로 '마지기'란 '말斗짓기' 의 '말' 자에서 'ㄹ', '짓'자에서 'ㅅ'이 빠져 나간 표현이며, 두락은 한 말, 두 말 하는 두斗와 씨앗을 뿌리는 낙종落種에서 두斗 자와 낙落 자를 취한 표현이다. 마지기의 유도단위誘導單位로 한 되升지기, 한 섬一石(20斗)지기 등의 표현이 있다. 어쨌든 위의 인용문에서는 사답寺畓 삼두락三斗落의 면적이 바로 정곤井崑이라고 주장한다.

> 欲욕免면期기塗도炭탄, 宜의求구石석井정崑곤. 石석井정非비難난知지, 寺사畓답七칠斗두落락. 亥해馬마上상下하路로, 正정是시石석井정崑곤.
> 도탄의 지경을 벗어나고자 한다면, 마땅히 석정곤을 구하라. 석정은 알기 어려운 것이 아니라 사답 칠두락이다. 해마亥馬의 위 아래 길이 바로 석정곤이다.[8]

앞에서 살펴본 내용과 대동소이하다. 그런데 갑자기 해마상하로亥馬上下路라는 용어가 나오는데, 정확한 뜻은 알기 어렵다. 이 해마상하로가 석정곤石井崑이라고 주장한다.

정확한 필사연대를 알기 어려운 「정감이심토론결」에 다음과 같은 내용이 있다.

> 死사中중求구生생, 莫막如여弓궁弓궁. 弓궁弓궁非비難난, 利이在재石석井정.
> 죽음 가운데 삶을 구하는데 궁궁弓弓만한 것이 없다. 궁궁은 어려운 것이 아니라 이로움이 석정石井에 있다.[9]

---

8 「이토정비결」, 『정감록』(한성도서주식회사, 1923), 안춘근, 『정감록집성』(아세아문화사, 1973), 598면.

죽음이 닥친 위기상황에서 살 수 있는 방법은 궁궁弓弓에 있고, 이 궁궁의 뜻이 "이로움이 석정石井에 있다."라는 주장이다. 즉 궁궁弓弓이 무엇인지를 알려면 석정石井을 알아야 한다는 점을 강조하였다.

역시 정확한 필사연대를 알 수 없는 「초창결蕉蒼訣」안에 수록된 「서계결언西溪訣言」에 다음과 같은 내용이 보인다.

> 石석井정崑곤者자, 可가字자之지變변也야. 井정字자, 田전也야, 力역農농之지意의 也야.
> 석정곤이란 것은 가可자가 변한 것이다. 정井자는 전田이니, 힘써 농사를 지으라는 뜻이다.[10]

석정곤石井崑이 가可자가 변한 것이라는 주장인데, 보충설명이 없기 때문에 자세한 뜻을 알기 힘들다. 그리고 정井자가 전田자라는 주장도 납득하기 힘들다. 어쨌든 석정곤이 "농사를 힘써 짓는 일"이라고 주장한다.

「비결집록秘訣輯錄」에는 다음과 같은 구절이 있다.

> 第제一일勝승地지石석井정崑곤.
> 제일가는 승지勝地는 석정곤石井崑이다.[11]

첫 번째로 손꼽히는 승지勝地가 바로 석정곤石井崑이라는 주장이다. 석정곤이 "빼어난 장소나 땅"을 가리키는 용어라고 주장한 점이 특기할 만하다.

---

9   「정감이심토론결」, 『정감록』(한성도서주식회사, 1923), 안춘근, 『정감록집성』(아세아문화사, 1973), 188~189면. 호세이細井 肇, 「비결집록」, 『정감록』(자유토구사, 1923), 안춘근, 『정감록집성』(아세아문화사, 1973), 850면.

10 「서계결언」, 「초창결」, 『정감록』(한성도서주식회사, 1923), 안춘근, 『정감록집성』(아세아문화사, 1973), 191면.

11 호세이細井 肇, 「비결집록」, 『정감록』(자유토구사, 1923), 안춘근, 『정감록집성』(아세아문화사, 1973), 835면.

남조선
南朝鮮

『격암유록』에는 『정감록』에는 나오지 않는 남조선南朝鮮이라는 용어가 나오는데, 관련기록은 다음과 같다.

> 其기庫고何하處처紫자霞하? 南남之지朝조鮮선. 秘비藏장之지文문, 出출於어鄭정氏씨, 自자出출於어南남.
> 그 창고는 어디에 있는 자하紫霞인가? 남쪽 조선에 있다. 비밀스럽게 감추어둔 글에 정씨가 남쪽에서 스스로 출현하신다고 했다. —「세론시」

자하는 보랏빛의 노을이라는 뜻으로 신선이 사는 장소에 끼는 안개를 가리키는 용어다. 따라서 위의 인용문에서는 신선이 사는 땅이 남쪽 조선에 있다고 주장한다. 그리고 비밀스러운 글에 "정씨가 남쪽에서 스스로 출현할 것이다."라고 적혀 있다고 강조했다. 정씨는 진인眞人의 성씨를 가리킨다. 정씨 진인출현설과 남조선신앙이 모두 반영되었다. 남지조선南之朝鮮이라는 구절은 남조선이라는 용어와 매우 비슷하다.

한편 위 구절을 "하느님의 비밀창고는 어디인가? 그것은 선경仙境 속의 자하紫霞이고 남조선이며, 몰래 비밀스럽게 감춘 글로써 정씨는 남한에서 자연적으로 스스로 나오신다."라고 해석하기도 한다.[1]

祈기天천禱도神신, 活활方방何하處처? 非비東동非비西서, 不불離리南남鮮선.
하늘과 신께 기도하여 살 곳은 어디인가? 동쪽도 아니고 서쪽도 아니니,
남쪽 조선을 떠나지 말라. ―「세론시」

구원처 내지 피난처로 남쪽 조선이 제기되었다. 남선南鮮도 남조선
의 약어略語이다. 남조선신앙의 표현으로 이해된다.

吉길運운十십勝승何하地지? 南남朝조鮮선四사面면如여是시.
길한 운수가 있는 십승지는 어떤 땅인가? 남조선의 사면이 이와 같다.
―「말운론」

살 수 있는 운수가 있는 십승지가 남조선에 있다는 주장이다. 이 구
절에서 드디어 남조선이라는 용어가 처음으로 명확하게 등장한다.

三삼災재八팔難난不불入입處처, 二이十십八팔宿숙共공同동回회, 紫자霞하仙선中중
南남朝조鮮선.
삼재와 팔난이 들어오지 못하는 곳이요, 이십팔수가 함께 도는 곳이 자
줏빛 노을과 같은 신선이 사는 남조선이다. ―「생초지락」

전쟁, 질병, 가뭄의 세 가지 재앙과 배고픔, 목마름, 추위, 더위, 물,
불, 칼, 병란兵亂의 여덟 가지 재앙과 괴로움이 침범하지 못하는 이상
적인 장소이자 하늘의 온갖 별자리가 보호해주는 성스러운 땅이 바로
신선이 사는 곳에 비유되는 남조선이라는 주장이다. 남조선이 최고의
구원처이자 피난처로 제시되었고, 이상적인 세계라는 점이 강조되었
다.

---

1   신유승 해독, 『격암유록』 제2권(세종출판공사, 1987), 86쪽.

南_남門_문復_복起_기 南_남朝_조鮮_선에, 紅_홍鸞_난赤_적霞_하 避_피亂_란處_처를
―「가사총론」

남조선이 최고의 피난처라는 점이 다시 한 번 강조된 대목이다.

紫_자霞_하仙_선中_중南_남朝_조鮮_선 ―「생초지락」

남조선이 신선이 사는 세계라고 주장되었다. 남조선이야말로 이상
향이라고 강조된 것이다.

桃_도花_화流_유水_수武_무陵_릉村_촌이 南_남海_해朝_조鮮_선 ―「길지가」

남해조선南海朝鮮이라는 용어가 나온 점이 특기할 만하다. 이 구절
역시 남조선이 인간들이 그토록 원했던 이상향이라고 강조하였다. 무
릉도원武陵桃源은 최선의 상태를 갖춘 완전한 사회를 뜻한다.

紫_자霞_하仙_선中_중南_남朝_조鮮_선에, 人_인生_생於_어寅_인 나온다네. ―「격암가사」

이 구절도 신선이 사는 세계가 바로 남조선에 있다고 주장한다. 그
리고 사람이 인시寅時에 출현한다고 강조한다. 여기서 말하는 사람은
진인眞人을 가리키는 듯하다.
동양 명리학命理學을 대표하는 『연해자평淵海子平』에 "하늘은 자子에
서 열리고天開於子, 땅은 축丑에서 열리고地闢於丑, 사람은 인寅에서 태어
난다人生於寅."는 구절이 있다. 그리고 소강절邵康節(1011~1077)의 『황극
경세서皇極經世書』에 "천개어자天開於子, 지개어축地開於丑, 인기어인人起
於寅, 묘생만물卯生萬物"이라는 구절이 보인다.

南_남之_지朝_조鮮_선 先_선定_정하야 ―「송가전」

이 구절은 남쪽 조선에서부터 새로운 세상이 오는 기틀이 정해질 것이라는 주장을 제기한 대목이다. 남조조선南之朝鮮은 남조선南朝鮮과 같은 용어이다.

부금냉금

浮金冷金

『격암유록』에는 부금냉금浮金冷金이라는 용어도 보이는데, 관련기록은 다음과 같다.

從金從金何從金, 光彩玲瓏從是金. 日月無光光輝城, 邪不犯正眞從金.

종금從金, 종금이란 무엇인가? 광채가 영롱한 것이 바로 종금이다. 해와 달의 빛이 없어도 빛나는 성城이요, 삿된 것이 올바른 것을 범하지 못하는 것이 진정한 종금이다. ─「남사고비결」

위의 인용문에서는 종금從金이라는 다소 생소한 용어에 대해 설명하였다. "광채가 영롱한 것"이 바로 종금從金이라고 규정하고 있으며, "해와 달의 빛이 없어도 밝게 빛나는 성城"이자 "삿된 것이 참된 것을 범하지 못하는 것"이 바로 종금從金이라고 강조한다. 부금냉금과 관련된 용어로 보이기 때문에 살펴보았다.

浮부金금冷냉金금從종金금理리, 似사人인不불人인天천神신鄭정.

뜬 금金과 차가운 금金은 금金을 좇는 이치이고, 사람인데 사람이 아닌 천신天神인 정씨이다. ─「은비가」

위의 구절에서는 부금냉금浮金冷金이라는 알기 어려운 용어가 종금從金의 이치라고 주장한다. 종금從金에 대해서는 앞 구절에서 살펴보았다. 그런데 부금냉금이 "사람인 듯하나 사람이 아닌 천신天神인 정씨鄭氏라고 주장한다. "천신天神 정씨鄭氏"는 "진인眞人 정씨鄭氏"를 뜻하는 말로 짐작된다. 어쨌든 부금냉금이 정씨 진인과 관련된다는 점만 확인된다.

> 似人非人, 人玉非玉. 浮金冷金, 從金從金在生.
> 사람을 닮았으되 보통 사람은 아니며, 사람이 옥과 같은데 옥이 아니다.
> 뜬 금金과 냉정한 금金이 있는데 금金을 따르는 것에서 사는 길이 있다.
> ─「은비가」

앞 구절의 해석이 쉽지 않다. "사람과 비슷한데 사람이 아니고, 옥玉과 같은 사람인데 옥玉이 아니다."라는 구절의 뜻이 명확하지 않다. 이어지는 구절에서는 부금냉금이 종금從金이며, 이것에 사는 방법이 있다고 주장한다.

그런데 이 구절의 "옥 같은데 옥이 아니다."를 "왕王이며 의인義人이자 성인聖人인 왕자王者"로 풀이하고, 부금浮金을 "가볍고 들떠 있으며, 하찮은 쇳조각처럼 두드리면 시끄러운 소리만 내는 가짜 금金"으로 냉금冷金을 "차분하고 냉정하며 이성과 믿음이 금강석金剛石 같은 진짜 금金"으로 풀이하기도 한다.[2]

> 浮부金금冷냉金금 牛우運운에도, 似사人인不불人인 傳전햇으며, 小소頭두無무足족 殺살我아者자로, 化화在재其기中중 鬼귀不부知지라. 畵화中중顧고溪계奄엄宅택曲곡阜부, 一일八팔于우八팔 從종金금生생을, 牛우性성在재野야 三삼人인一일夕석, 水수兎토三삼數변 終종末말일세. 穴혈角각八팔人인 殺살我아理

---

2 신유승 해독, 『격암유록』 제1권(세종출판공사, 1987), 109쪽.

리로, 弓궁弓궁十십勝승 天천坡파生생을, 見견鬼귀猖창獗궐 見견野야卽즉止지, 畵화豕시卽즉音음 道도下하止지라. ―「송가전」

위 구절에서는 부금냉금浮金冷金이 "소의 운運"을 지녔다고 주장하며, "사람인 듯하지만 사람이 아닌" 특별하고 비범한 존재를 가리키는 용어라고 강조한다. 이어지는 구절에서는 소두무족小頭無足이 나를 죽이는 존재인데, 조화가 그 안에 있으며 그 본질은 귀신이라고 주장한다. 그리고 그림을 그릴 때 계곡을 염두에 두는 것은 새 도읍지를 구하는 일에 비유되며, 금金을 따르면 살 수 있다고 주장한다. 나아가 소의 성질은 들판에 있으므로 도道를 닦아야 삶을 도모할 수 있고, 그렇지 않으면 종말을 면하지 못할 것이라고 강조한다. 또 궁궁십승弓弓十勝은 살기 위한 방법이고, 귀신이 발동할 때에는 들판으로 피난하라고 주장하며, 도道 아래에 머물라고 강조한다.

한편 『정감록』의 이본 가운데 하나인 「초창결」에 다음과 같은 구절이 보인다.

問문曰왈, 浮부金금冷냉金금何하也야? … 曰왈浮부金금冷냉金금卽즉農농具구.
"부금냉금은 무엇인가?"라고 물으니, "부금냉금은 농기구다."라고 답했다.[3]

부금냉금이 곧 농구農具라는 주장이다. 무슨 의미인지 선뜻 그 의미가 닿지 않는 대목이다. 어쨌든 부금냉금이라는 알기 어려운 용어가 『격암유록』에 나오기 전에 이미 『정감록』에 등장한다는 사실과 부금냉금이라는 용어에 대한 정의도 나온다는 사실이 확인된다.

---

3   「초창결」, 『정감록』(한성도서주식회사, 1923), 안춘근, 『정감록집성』(아세아문화사, 1973), 173면.

천근월굴과 삼십육궁

天根月窟 三十六宮

『격암유록』에는 천근월굴天根月窟과 삼십육궁三十六宮이라는 용어도 등장하는데, 관련기록은 다음과 같다.

天천根근月월窟굴寒한往왕來래, 三삼十십六육宮궁都도春춘.
하늘의 뿌리와 달의 굴이 차갑게 왕래하니, 삼십육궁이 모두 봄날이로 다. ─「남사고비결」

不불老로不불死사永영春춘節절, 三삼十십六육宮궁都도是시春춘, 天천根근月월窟굴 寒한往왕來래.
늙지도 죽지도 않는 영원한 봄날에 삼십육궁이 모두 봄이요, 하늘의 뿌 리와 달의 굴이 차갑게 왕래하도다. ─「생초지락」

三삼十십六륙宮궁都도是시春춘, 萬만樹수春춘光광鳥조飛비來래.
삼십육궁이 모두 봄날이요, 온갖 나무에 봄빛이 가득하고 새들이 날아오 도다. ─「생초지락」

天천根근月월窟굴寒한來래地지, 三삼十십六육宮궁都도是시春춘.
하늘의 뿌리와 달의 굴이 차갑게 오는 땅에 삼십육궁이 모두 봄날이로다. ―「은비가」

위의 인용문들에 나오는 "천근월굴한왕래天根月窟寒往來, 삼십육궁도시춘三十六宮都是春"이라는 시구詩句는 조금씩 표현이 다르지만 기본 구조는 같다.

천근월굴한왕래天根月窟寒來와 삼십육궁도시춘三十六宮都是春은 중국 송대宋代의 유학자인 소강절邵康節(1011~1077)이 지은 시 가운데 주역周易의 복희팔괘伏羲八卦를 읊은 다섯 시구詩句에 나오는 구절로 음양의 조화와 변화를 말한다. 천근天根은 양陽으로 남자의 성性이고, 월굴月窟은 음陰으로 여자의 성性을 나타내어, 음양이 한가로이 왕래하니 소우주小宇宙인[1] 육체가 모두 봄이 되어 완전하게 한다는 뜻이다.

원래 시의 전문은 다음과 같다.

耳이目목聰총明명男남子자身신
洪홍鈞균賦부與여不불爲위貧빈

눈과 귀가 총명한 남자의 몸을 조물주께서[2] (내게) 내려주시니 궁색하지 않네.

須수探탐月월窟굴方방知지物물

월굴을 살펴본 후에야 만물이 드러나는 이치를 알 것이고

未미躡섭天천根근豈기識식人인

천근을 밟지 못한다면 어찌 사람의 근원을 안다 하랴?

乾건遇우巽손時시觀관月월窟굴
地지逢봉雷뢰處처見견天천根근

건괘와 손괘가 만날 때 월굴을 보고 지괘와 뇌괘가 만나는 곳에서 천근을 보네.

天천根근月월窟굴閒한往왕來래
三삼十십六륙宮궁都도是시春춘

천근과 월굴이 한가로이 왕래하니 삼십육궁이 모두 봄이라네.

---

1 삼십육궁은 우주를 상징한다. 여기서는 소우주인 인간의 육체를 의미한다.
2 홍균은 조물주, 하느님, 만물의 창조자를 뜻한다.

천근은 지괘(☷)와 뇌괘(☳)가 만나는 것이니, 지뢰복괘地雷復卦가 된다. 월굴은 건괘(☰)와 손괘(☴)가 만나는 것이니, 천풍구괘天風姤卦가 된다. 지뢰복은 음陰이 지배하는 세상에서 처음으로 양陽이 나온 것이다. 천풍구는 양陽이 지배하는 세상에서 처음으로 음陰이 나온 것이다. 지뢰복괘가 동지冬至에 해당하고, 천풍구괘는 하지夏至에 해당한다.

동지는 추운 겨울에 처음으로 따듯한 양이 나오는 때이다. 하지는 더운 여름에 처음으로 시원한 음이 나오는 때이다. 동지와 하지는 번갈아 온다. 이것을 소강절은 천근와 월굴이 한가로이 왕래한다고 표현했다. 1년 열두 달이 음양의 변화와 조화에 의한 것임을 알 수 있다.

한편 우리나라 전라북도 순창군에 있는 회문산回文山에도 석굴 옆 암벽에 천근월굴이라고 새긴 곳이 있다. 이 글은 유학자였던 동초東樵 김석곤金晳坤(1874~1948)이 암각한 것이라고 전한다. 우주에 음과 양이 왕래하듯이 소우주인 사람도 음과 양이 왕래하여 조화로운 삶을 살아가라는 뜻이라고 한다.

혈하궁신

穴下弓身

『격암유록』에는 혈하궁신穴下弓身이라는 구절이 다음과 같이 나온다.

穴혈下하弓궁身신一일二이九구, 日일月월無무光광五오九구論론. —「말운론」

혈하궁신穴下弓身은 '궁할 궁窮'자의 파자이다. 이어지는 일이구一二九
는 무슨 의미인지 알 수 없다. 오구논五九論도 마찬가지다.

不불入입正정穴혈者자, 死사, 有유福복之지人인, 或혹希희生생, 穴혈下하弓궁身신.
올바른 혈穴에 들어가지 못하는 자는 죽을 것이고, 복이 있는 사람은 드
물게 살아날 것이니, 궁窮이다. —「말운론」

궁한 삶을 사는 사람이 살아날 확률이 높다는 주장이다. 혈하궁신穴
下弓身이 궁窮의 파자라는 사실만 확인된다. 혈하궁신穴下弓身은 『정감
록』에는 보이지 않는 표현이다.

이살태수

吏殺太守

『격암유록』에는 다음과 같이 "아전이 태수를 죽인다."는 구절이 있다.

君군弱약臣신强강 民민嬌교吏리에, 吏이殺살太태守수 無무所소忌기憚탄
— 「가사총론」

임금이 약한데, 오히려 신하는 강하고, 백성은 아전을 사랑한다고
설명한다. 말세가 오면 아전이 태수를 죽이는데 거리낌이 없을 것이라
는 주장이다.

"아전이 태수를 죽인다."는 구절은 『정감록』에 다음과 같이 나온다.

吏이殺살太태守수, 綱강常상永영殄진.
아전이 태수를 죽이니, 강상이 영원히 없어질 것이다.[1]

"아전이 태수를 죽이는 일"이 말세에 올 것이며, 그렇게 되면 인간으
로서 지켜야할 떳떳한 도리가 영원히 없어질 것이라는 주장이다.

---

1 「징비록」, 『정감록』(한성도서주식회사, 1923), 안춘근, 『정감록집성』(아세아문화사, 1973),
   487면.

엄마
—
唵嚤

『격암유록』에는 엄마唵嚤라는 용어가 나온다. 관련기록은 다음과 같다.

> 唵엄嚤마唵엄嚤마 阿아父부唵엄嚤마, 天천下하第제一일 우리 唵엄嚤마, 道도乳유充충腸장 이 내 몸이, 唵엄嚤마 업시 어이 살까? —「농궁가」

엄마와 아버지를 부르고, 우리 엄마가 천하에 제일이라고 주장하며, 도道의 젖이 배 안에 가득한 이 몸이 엄마가 없이 어떻게 살 것인가라고 노래한다. 엄마의 중요성이 강조된 대목이다.

> 牛우性성在재野야 唵엄嘛마聲성中중, 非비雲운眞진雨우 喜희消소息식에
> —「가사총론」

"소의 성질은 들판에 있다."는 비결과 "엄마"라는 소리를 연관시키고 있다. 소가 우는 소리인 "음메"가 "엄마"라는 소리와 비슷하다는 점에서 연결시킨 것이다. 이처럼 소가 우는 곳을 찾아야 삶을 도모할 수 있다는 주장이 반영된 구절이며, 가문 날에 구름으로만 머물지 않고 진정한 비로 내리는 기쁜 소식이 될 것이라고 강조한다.

當당服복奄엄麻마 常상誦송呪주로, 萬만怪괴皆개消소 海해印인일세.
—「가사총론」

"엄마"라는 소리를 주문처럼 항상 읊조리는 일이 온갖 질병을 모두 고치는 해인이라는 주장이다. "엄마"를 주문이라고 강조한 대목이다. 『정감록』에는 엄마唵嘛 또는 엄마奄麻와 관련된 다음과 같은 기록들이 있다.

此차荒황凉량之지世세, 牛우聲성満만野야. 奄엄麻마之지歌가, 遠원近근歡환迎영. 이러한 황량한 세상에 소 울음소리가 들판에 가득할 것이고, 엄마를 부르는 노래는 원근에서 환영받으리라.[2]

소가 우는 소리인 "음메"가 "엄마"라는 소리와 비슷하다는 점에 착안하여, "소의 성질이 들판에 있다."는 비결을 해석하고 있다. "엄마"를 부르는 노래가 온 세상에서 환영받으면 이상사회가 이룩될 것이라는 전망을 제시하고 있다.

當당服복唵엄嘛마符부, 常상誦송唵엄嘛마呪주.
마땅히 엄마부唵嘛符를 (불에 태워 재를 물에 타서) 먹을 것이고, 항상 엄마주唵嘛呪를 외울 것이다.[3]

이제 엄마는 부적과 주문으로 이해되었다. 엄마부唵嘛符를 태워 마시고, 엄마주唵嘛呪를 항상 외울 때 이상사회가 이루어질 것이라는 점을 강조한 대목이다.

---

2 「동차결」, 『정감록』(한성도서주식회사, 1923), 안춘근, 『정감록집성』(아세아문화사, 1973), 550면.
3 「동차결」, 『정감록』(한성도서주식회사, 1923), 안춘근, 『정감록집성』(아세아문화사, 1973), 556면.

可가保보一일身신, 牛우性성在재野야. 其기聲성唵엄嘛마, 遠원也야近근也야, 歡환
音음入입之지十십勝승之지地지.

일신을 보존할 수 있으니 소의 성질은 들판에 있다. 그 소리는 '음메'이
니 멀리서도 들리고 가까이서도 들리니, 기쁜 소리를 내며 십승의 땅으
로 들어가리라.[4]

십승지라는 이상적인 땅에 들어가려면 "소의 성질은 들판에 있다."
는 비결을 잘 해석해야 할 것이며, 그 핵심은 소가 우는 소리인 "음메"
와 비슷한 "엄마"라는 소리를 기쁘게 불러야 한다고 주장한다.

---

[4] 「동차결」, 『정감록』(한성도서주식회사, 1923), 안춘근, 『정감록집성』(아세아문화사, 1973), 561면.

묘각
猫閣

『격암유록』에는 묘각猫閣이라는 용어가 한 번 나오는데, 관련기록은
다음과 같다.

> 弓궁弓궁猫묘閣각 藏장穀곡之지處처, 牛우聲성出출現현 見견牛우라.[1]
> —「가사총론」

궁궁弓弓이라는 용어가 묘각과 연관된 점이 특기할 만하다. 그리고
"고양이 집"이 "곡식을 저장해두는 곳"이라고 주장하며, "소 울음소리
가 들리면 소를 볼 수 있다."고 강조한다.

『정감록』에는 묘각에 대한 다음과 같은 기록이 있다.

> 楊양又우問문曰왈, 乙을乙을弓궁弓궁之지下하, 或혹以이猫묘閣각稱칭之지, 或혹
> 以이反반覆복稱칭之지, 猫묘閣각反반覆복理리, 豈기不불相상殊수乎호? … 猫묘
> 者자, 守수末말物물也야. 閣각者자, 匿닉粟속之지庫고也야.
> 양씨가 또 "을을궁궁의 아래를 어떤 사람은 묘각이라고 부르고, 어떤 사
> 람은 반복이라고 부르는데, 묘각과 반복의 이치가 어찌 서로 단절되지

---

[1] 원문은 견불우見不牛라고 적혀 있지만, 문맥상 불不자가 빠져야 될 듯하다.

않는가?"라고 물었다. … 묘猫라는 것은 말물末物을 지키는 것이요, 각閣
이란 것은 곡식을 숨겨놓는 창고이다.²

"궁궁을을弓弓乙乙의 아래"를 묘각猫閣 또는 반복反覆이라고 부른다고
주장한다. 그리고 묘猫는 "말물末物을 지키는 것"이고, 각閣은 "곡식을 감
춰두는 창고"라고 설명한다. 그런데 말물末物의 의미가 확실하지 않다.

> 活활我아者자, 穴혈窮궁草초田전. 又우猫묘閣각, 破파有유頭두無무足족. 猪저者자
> 都도下하地지. … 草초田전者자, 窮궁於어人인棄기荒황荒황之지地지. 勤근力력
> 種종柑감子자爲위主주, 霜상根근爲위次차, 豫예備비米미爲위可가也야.
> 나를 살리는 것은 궁벽한 풀밭이다. 또 고양이 집이니, 파자로 하면 머리
> 는 있고 발이 없다는 것이다. 돼지는 '도야지'를 가리킨다. … 초전이란
> 것은 사람들이 버린 거친 땅을 가리킨다. 부지런히 일해 감자 심는 일을
> 위주로 하고 상근을³ 다음으로 하여 쌀을 예비하는 것이 가할 것이다.⁴

나를 살리는 것이 궁벽한 곳에서 밭을 갈고 사는 일과 묘각猫閣이라
는 주장이다. 이 묘각을 파자로 하면 "유두무족有頭無足"이라고 강조한
다. 소두무족小頭無足과 유사한 표현인데, 정확한 의미는 알 수 없다.
이어지는 구절에서는 궁벽하고 거친 땅에서 농사지으며 살아야 살 수
있다고 주장한다.

> 猫묘閣각者자, 藏장食식物물之지閣각.
> '고양이 집'이란 것은 먹는 물건을 보관하는 곳이다.⁵

---

2 「양류결楊柳訣」, 『정감록』(한성도서주식회사, 1923), 안춘근, 『정감록집성』(아세아문화사, 1973),
  42면.
3 상근은 서릿발을 뜻하지만, 문맥상 알 수 없는 용어이다.
4 「동차결」, 『정감록』(한성도서주식회사, 1923), 안춘근, 『정감록집성』(아세아문화사, 1973),
  560면.

묘각猫閣에 대해 앞의 구절에서는 "곡식을 감춰두는 창고"라고 주장했는데, 위의 구절에서는 비슷한 의미로 "먹을 것을 보관하는 창고"라고 정의했다. 먹을 것을 구하는 방법은 농사를 짓는 일이다. 따라서 외진 곳에서 농사짓는 일과 연관된다고 볼 수 있다.

利이在재弓궁弓궁, 穴혈躬궁草초田전. 猫묘閣각.
이로움이 궁궁ㄹㄹ에 있으니, 궁窮한 풀밭이다. 묘각猫閣이다.[6]

"이로움이 궁궁ㄹㄹ에 있다."는 비결을 해석하면 "궁벽한 땅인 밭에서 농사를 짓는 일"과 "묘각猫閣"이 된다는 주장이다.

5 「동차결」, 『정감록』(한성도서주식회사, 1923), 안춘근, 『정감록집성』(아세아문화사, 1973), 561면.

6 「유산결」, 「윤고산여유겸암문답尹高山與柳謙菴問答」, 『정감록』(한성도서주식회사, 1923), 안춘근, 『정감록집성』(아세아문화사, 1973), 73면.

지기금지원위대강과 포덕천하

至氣今至願爲大降 布德天下

『격암유록』에는 지기금지원위대강至氣今至願爲大降이라는 용어도 다음과 같이 등장한다.

> 上상帝제道도德덕降강仙선人인, 至지氣기今금至지願원爲위大대降강.
> 상제의 도덕이 선인仙人에게 내릴 것이요, 지극한 기운이 이르러 주시기를 바랍니다. ─「가사요」

원래 지기금지원위대강은 동학東學의 시천주侍天呪라는 주문에 나오는 구절이다. 이 동학의 주문에 나오는 구절이 "상제上帝의 도덕이 신선神仙에게 내릴 것이다."는 구절과 관련하여 『격암유록』에 나온 것이다.

그리고 『격암유록』에는 포덕천하布德天下라는 용어도 보인다.

> 布포德덕天천下하 ─「격암가사」

포덕천하布德天下도 동학東學에서 사용한 용어다.

시호시호
時乎時乎

『격암유록』에는 시호시호時乎時乎라는 용어도 다음과 같이 보인다.

時시好호時시好호不부再재來래.
좋은 시절, 좋은 시절이로다. 다시 못 올 시절이로다. ―「남사고비결」

호乎가 아니라 호好로 썼다. 아마도 착오가 있어 오기誤記한 듯하다.
시호시호는 동학東學의 창시자인 수운水雲 최제우崔濟愚(1824~1864)가
1861년에 지은 「검가劍歌」라는 가사에 나오는 구절이다.

時시乎호時시乎호不부再재來래. ―「갑을가」

위의 구절은 최제우의 「검가」에 나오는 구절과 동일하다.

어양지말과 대중소어

魚羊之末 大中小魚

『격암유록』에는 어양지말魚羊之末과 대중소어大中小魚라는 표현이 보이는데, 관련기록은 다음과 같다.

> 魚어羊양之지末말에 ―「가사요」

어양지말의 어양魚羊은 선鮮의 파자이다. 따라서 어양지말은 "조선朝鮮의 말기末期"라는 뜻이다. 이러한 표현은 『정감록』에 자주 등장하는 표현이다.

> 日일中중之지變변, 及급於어世세界계, 大대中중小ㅅ魚어具구亡망으로
> ―「가사총론」

일중日中의 변화가 세계에 미치면 큰 물고기, 중간 크기의 물고기, 작은 물고기들이 모두 망한다는 주장이다. 여기서 "물고기 어魚"는 특정한 '나라國'를 상징하는 용어로 보인다.

이와 관련하여 이 구절을 "중일전쟁이 세계대전으로 확전되어 강대국, 중간국, 약소국들이 함께 망한다."라고 풀이하기도 한다.[1]

『정감록』에는 다음과 같은 구절이 나온다.

大대中중小ㅅ中중俱구亡망.
대중大中과 소중小中이 함께 망할 것이다.[2]

위의 인용문에서 대중大中은 대중화大中華를, 소중小中은 소중화小中華의 약어略語로 각각 중국과 조선을 가리킨다. 말세의 위기가 닥치면 중국과 우리나라 모두가 망할 것이라는 예언이다.

古고月월亡망於어魚어羊양.
오랑캐는 조선에 망할 것이다.[3]

여기서 고월古月은 호胡의 파자이고, 어양魚羊은 조선朝鮮을 뜻하는 선鮮의 파자이다. 따라서 위의 구절은 말세가 되면 "중국이 조선에 의해 망할 것이다."는 예언이다.

魚어羊양未미亡망, 光광緒서先선亡망.
조선이 망하기 전에 광서제가 먼저 망하리라.[4]

조선이 망하기 전에 중국 청淸나라의 제11대 황제인 광서제光緒帝 (1870~1908)가 먼저 죽을 것이라는 주장이다. 실제 1910년 조선이 일본에 의해 강제합병이 되기 전에 광서제가 죽었다. 따라서 적어도 이 구절은 광서제의 죽음이 있은 다음에 기록된 것으로 볼 수 있다.

---

1 신유승 해독, 『격암유록』 제1권(세종출판공사, 1987), 182쪽.
2 「징비록」, 『정감록』(한성도서주식회사, 1923), 안춘근, 『정감록집성』(아세아문화사, 1973), 486면.
3 「징비록」, 『정감록』(한성도서주식회사, 1923), 안춘근, 『정감록집성』(아세아문화사, 1973), 493면. 「호남소전」, 『정감록』(한성도서주식회사, 1923), 안춘근, 『정감록집성』(아세아문화사, 1973), 624면.
4 「동차결」, 『정감록』(한성도서주식회사, 1923), 안춘근, 『정감록집성』(아세아문화사, 1973), 549면.

倭_왜人_인亡_망於_어古_고月_월, 古_고月_월亡_망於_어魚_어羊_양, 魚_어羊_양亡_망於_어假_가鄭_정, 假_가鄭_정亡_망於_어眞_진主_주.

왜인은 오랑캐에게 망할 것이고, 오랑캐는 조선에게 망할 것이며, 조선은 가정假鄭에게 망할 것이며, 가정은 진주眞主에게 망할 것이다. [5]

일본, 중국, 조선, 가정假鄭, 진주眞主가 순환하여 나라를 세울 것이라는 주장이다. 여기서 가정은 "가짜 정씨鄭氏"로 진인眞人 행세를 하는 가짜 인물이며, 진주는 글자 그대로 "참 정씨鄭氏"를 가리킨 듯하다.

魚_어羊_양亡_망於_어上_상元_원之_지歲_세.

조선은 상원의 해에 망하리라. [6]

『정감록』에서는 조선朝鮮을 어양魚羊이라는 파자로 표현했다. 위의 구절의 상원上元이란 원래 중원中元(음력 7월 15일, 백중날)과 하원下元(음력 10월 15일)에 대칭이 되는 말로서 음력 정월 대보름날을 가리키는 용어다. 그런데 "상원上元의 해"라는 용어가 사용되었다. 아마도 새로운 시대를 여는 첫 해라는 의미에서 사용한 것으로 보인다.

大_대小_소中_중華_화皆_개亡_망矣_의.

크고 작은 중화中華가 모두 망하리라. [7]

중국과 조선이 모두 망할 것이라는 예언이다.

---

5 「동차결」, 『정감록』(한성도서주식회사, 1923), 안춘근, 『정감록집성』(아세아문화사, 1973), 549면.
6 「동차결」, 『정감록』(한성도서주식회사, 1923), 안춘근, 『정감록집성』(아세아문화사, 1973), 566면.
7 「감결」, 『정감록』(한성도서주식회사, 1923), 안춘근, 『정감록집성』(아세아문화사, 1973), 567면

魚어羊양之지末말　조선의 말기에[8]

이처럼 어양지말魚羊之末이라는 표현은 『정감록』에 자주 나온다.

古고月월亡망於어,魚어羊양.
오랑캐가 조선에 의해 망하리라.[9]

오랑캐 즉 중국이 조선에 의해 망할 것이라는 예언으로 『정감록』에 자주 등장하는 표현이다.

大대中중小소魚어, 俱구亡망無무歸귀.
크고 중간 크기와 작은 고기가 함께 망해서 돌아갈 곳이 없으리라.[10]

나라를 물고기에 비유했다. 크고 작은 나라가 모두 망할 것이라는 예언이다.

古고月월云운亡망, 害해及급,魚어羊양.
오랑캐가 망하면 피해가 조선에 미치리라.[11]

고월古月은 '오랑캐 호胡'로 여기서는 중국中國을 의미하고, 어양魚羊

---

8 「정북창비결」, 『정감록』(한성도서주식회사, 1923), 안춘근, 『정감록집성』(아세아문화사, 1973), 579면. 「산록집설」, 『정감록』(한성도서주식회사, 1923), 안춘근, 『정감록집성』(아세아문화사, 1973), 629면.

9 「남사고비결」, 『정감록』(한성도서주식회사, 1923), 안춘근, 『정감록집성』(아세아문화사, 1973), 581면. 「이토정비결」, 『정감록』(한성도서주식회사, 1923), 안춘근, 『정감록집성』(아세아문화사, 1973), 601면.

10 「서계이선생가장결」, 『정감록』(한성도서주식회사, 1923), 안춘근, 『정감록집성』(아세아문화사, 1973), 591면.

11 「이토정비결」, 『정감록』(한성도서주식회사, 1923), 안춘근, 『정감록집성』(아세아문화사, 1973), 596면.

은 선鮮의 파자로 조선朝鮮을 가리킨다. 중국이 망하면 그 피해가 조선에까지 미칠 것이라는 예언이다.

魚어羊양之지地지   조선의 땅[12]

이처럼 선鮮의 파자인 어양魚羊은 조선朝鮮을 의미하는 용어로『정감록』에 자주 등장한다.

古고月월入입于우魚어羊양.
오랑캐가 조선으로 들어가리라.[13]

중국이 조선으로 들어갈 것이라는 예언인데, 말세가 되면 중국에 조선에 병합되리라는 뜻으로 보인다.
한편『정감록』의 이본 가운데 하나인「두사충요결」에는 다음과 같은 기록이 있다.

古고月월出출於어魚어羊양.
오랑캐가 조선에서 나오리라.[14]

이번에는 오랑캐인 중국이 조선에서 나올 것이라는 예언이다. 말세가 되면 중국이 조선에서 물러갈 것이라는 주장으로 보인다.

---

12 「정감문답」,『정감록』(한성도서주식회사, 1923), 안춘근,『정감록집성』(아세아문화사, 1973), 646면.
13 「정감문답」,『정감록』(한성도서주식회사, 1923), 안춘근,『정감록집성』(아세아문화사, 1973), 655면.
14 「두사충요결」,『정감록』(한성도서주식회사, 1923), 안춘근,『정감록집성』(아세아문화사, 1973), 178면.

그리고 「진험震驗」에는 다음과 같은 구절이 보인다.

日일月월亡망於어古고月월, 古고月월亡망於어魚어羊양.
일월은 오랑캐에게 망하고, 오랑캐는 조선에게 망한다.[15]

여기서 일월日月의 뜻은 명확하지 않다. 이어지는 구절은 앞에서도
나왔다.

---

15 「진험」, 『정감록』(한성도서주식회사, 1923), 안춘근, 『정감록집성』(아세아문화사, 1973), 206면

흑비장군과 백마신장

黑鼻將軍 白馬神將

『격암유록』에는 흑비장군黑鼻將軍, 백마신장白馬神將, 백미장군白眉將軍, 청미장군靑眉將軍 등의 신격神格이 다음과 같이 등장한다.

黑흑鼻비將장軍군 ―「말중운」

白백面면天천使사 黑흑鼻비將장軍군 ―「성운론」

白백馬마神신將장出출世세時시 ―「말운론」

白백眉미將장軍군 … 靑청眉미大대將장 ―「궁을론」

靑청眉미將장軍군 呼호風풍喚환雨우 異이蹟적으로 ―「출장론」

『정감록』에는 다음과 같은 용어가 등장한다.

蜂봉目목將장軍군 봉목장군[1]

---

1 「오백론사」, 『정감록』(한성도서주식회사, 1923), 안춘근, 『정감록집성』(아세아문화사, 1973),

白_백馬_마將_장軍_군　백마장군**2**

白_백猴_후名_명將_장　백후명장**3**

白_백眉_미將_장軍_군　백미장군**4**

靑_청衣_의將_장軍_군 ,黑_흑鼻_비將_장軍_군　청의장군 흑비장군**5**

　『정감록』에는 봉목장군蜂目將軍, 백마장군白馬將軍, 백후명장白猴名將, 백미장군白眉將軍, 청의장군靑衣將軍, 흑비장군黑鼻將軍 등의 신격神格이 등장한다. 『격암유록』은 『정감록』의 영향을 받아 이름이 비슷한 신격神格을 언급한 것이다.

　577면. 「오백사론」, 『정감록』(한성도서주식회사, 1923), 안춘근, 『정감록집성』(아세아문화사, 1973), 621면.

2　「신효자의조사비전」, 『정감록』(한성도서주식회사, 1923), 안춘근, 『정감록집성』(아세아문화사, 1973), 614면.

3　「남격암십승지론」, 『정감록』(한성도서주식회사, 1923), 안춘근, 『정감록집성』(아세아문화사, 1973), 617면.

4　「토정묘결」, 『정감록』(한성도서주식회사, 1923), 안춘근, 『정감록집성』(아세아문화사, 1973), 621면.

5　「산록집설」, 『정감록』(한성도서주식회사, 1923), 안춘근, 『정감록집성』(아세아문화사, 1973), 630면.

가정

—

假鄭

『격암유록』에는 가정假鄭이라는 용어도 보이는데, 관련기록은 다음과 같다.

天천下하假가鄭정三삼年년.
천하에 가정假鄭 삼년이 있으리라. —「궁을론」

이상사회가 지상에 이룩되기 이전에 가짜 진인 정씨鄭氏가 통치하는 기간이 3년 동안 있을 것이라는 주장이다.

南남靑청西서白백 假가鄭정들이, 掀흔天천一일世세 揚양揚양으로 —「출장론」

일반적으로 동양의 오행五行사상에서는 남방南方은 적색赤色에 해당되며, 청색靑色은 동방東方에 배치된다. 이렇게 본다면 위 인용문의 첫 부분은 틀린 것이다. 남청南靑이 아니라 남적南赤으로 적어야 한다.

어쨌든 위의 인용문은 남쪽과 서쪽에서 가정 즉 "가짜 정씨 진인"들이 나와서 세상을 들썩이게 만들 것이라는 주장이다.

『정감록』에는 가정이라는 용어가 다음과 같이 나온다.

倭왜人인亡망於어古고月월, 古고月월亡망於어魚어羊양, 魚어羊양亡망於어假가鄭정, 假가鄭정亡망於어眞진主주.

왜인은 오랑캐에게 망할 것이고, 오랑캐는 조선에 망할 것이며, 조선은 가정假鄭에 망할 것이며, 가정은 진주에게 망할 것이다.[1]

왜倭는 호胡에게 망하고, 호胡는 선鮮에 망하고, 선鮮은 가정假鄭에게 망하고, 가정은 진주眞主에게 망할 것이라는 주장이다. 여기서 왜倭는 일본日本, 호胡는 중국中國, 선鮮은 조선朝鮮을 가리킨다. 각 나라의 운명을 예언하면서 조선은 가짜 정씨 진인에게 망하고, 이 가정이 세운 나라는 진주 즉 진정한 진인眞人에 의해 망할 것이라고 강조한다.

漢한陽양之지末말, 有유五오災재. 一일曰왈, 洋양, 二이曰왈, 倭왜, 三삼曰왈, 清청, 四사曰왈, 假가鄭정, 五오曰왈, 眞진主주.

한양(조선)의 말기에 다섯 가지 재앙이 있으리라. 첫째는 서양이요, 둘째는 왜倭요, 셋째는 청나라요, 넷째는 가정假鄭이요, 다섯째는 진주眞主이리라.[2]

앞서 살펴본 구절과 비슷한 대목이다. 한양의 말기 즉 조선朝鮮의 말기에 닥칠 다섯 가지의 재앙을 열거하고 있다. 서양, 일본, 중국, 가정, 진주의 침략에 의한 재난이 발생할 것을 예언하고 있는 구절이다. 서양이 특별히 강조된 점이 주목된다. 마지막으로 진주가 세울 왕조는 이상적인 사회로 제시되는데, 조선의 입장에서는 재앙이 된다는 의미이다.

---

1 「동차결」, 『정감록』(한성도서주식회사, 1923), 안춘근, 『정감록집성』(아세아문화사, 1973), 549면.
2 「동차결」, 『정감록』(한성도서주식회사, 1923), 안춘근, 『정감록집성』(아세아문화사, 1973), 565면.

보혜대사

保惠大師

『격암유록』에는『정감록』에 나오지 않는 보혜대사保惠大師라는 존재
가 등장한다. 관련기록은 다음과 같다.

> 道도教교統통率솔保보惠혜大대師사
> 도교를 통솔하시는 보혜대사 ―「가사요」

위 인용문에서 보혜대사는 도교道教를 통솔하고 주관하는 존재로 언
급된다. 흔히 대사大師는 불교佛教의 고승高僧을 지칭하는 용어로 이해
되지만, 여기서는 도교를 총괄하는 존재로 나온다.

> 保보惠혜師사聖성海해印인出출.
> 보혜대사께서 성스러운 해인을 가지고 오신다. ―「가사요」

해인海印이 원래 불교佛教의『화엄경華嚴經』에서 나온 용어라는 사실
로 볼 때 위의 인용문에 나오는 보혜사성保惠師聖은 불교에서 주장하는
이상적인 인격人格을 가리키는 용어로 보인다. 어쨌든 보혜대사가 해
인을 가지고 나온다고 주장하여 해인을 가지고 그 조화를 부리는 주인
공이라고 강조하고 있다.

위의 인용문을 "보혜대사가 성스러운 해인海印을 갖고 나오셔서 마귀를 물리치고 중생을 구원한다는 뜻이다."라고 풀이하기도 한다.[3]

佛불道도大대師사保보惠혜印인 ―「말운론」

위의 인용문에서는 보혜保惠가 불도佛道의 대사大師라고 주장되며, 인印을 가지고 나온다고 주장한다. 보혜대사가 불교의 이상적 인격이며, 인印의 주인공이라는 점이 강조되었다.

木목兎토再재生생保보惠혜士사 ―「은비가」

위의 구절에서는 보혜가 '선비 사士'라고 주장한다. 보혜가 유교儒敎의 이상적인 인격人格으로도 이해되는 것이다. 앞부분의 목토木兎는 굳이 말하자면 간지干支로 을묘乙卯에 해당한다. 따라서 을묘년에 태어난 인물이라는 의미로 보인다.

海해外외道도德덕 保보惠혜之지師사, 上상帝제再재臨림 十십勝승이니 ―「십승가」

보혜대사保惠大師가 해외海外에 도덕道德을 펼치는 존재로 표현된다. 그리고 보혜대사는 "상제上帝가 재림하는 십승十勝"이라고 주장한다. 상제上帝는 동양에서 최고의 신격神格을 가리키는 용어다. 이 상제上帝가 다시 태어날 때 가지고 나오는 십승十勝과 보혜대사가 서로 관련이 된다는 주장이다.

保보惠혜大대師사 계신 곳이, 弓궁乙을之지間간 仙선境경일세. ―「궁을도가」

3　신유승 해독, 『격암유록』 제1권(세종출판공사, 1987), 139쪽.

이제 보혜대사保惠大師가 있는 곳은 "궁을弓乙의 사이에 있는 신선세계"라고 주장한다. 보혜대사가 이상적인 사회나 세계에 있는 존재라는 점이 강조되었다.

甘감露로如여雨우 寶보惠혜大대師사, 正정道도靈령이 飛비出출하야 ─「성운론」

위의 인용문에서는 보혜대사保惠大師 대신에 보혜대사寶惠大師라는 용어가 사용되었다. 오기誤記나 착오로 보인다. 어쨌든 보혜대사는 "단이슬처럼 내리는 비"에 비유되었고, 정도령正道靈이 태어나거나 이 세상에 나오는 일과 관련되는 존재로 묘사되었다.

박씨 진인설

朴氏 眞人說

　　『정감록』은 이씨李氏 조선朝鮮을 대신하여 새로운 왕조를 건설한 진인眞人의 성씨姓氏가 정씨鄭氏라고 주장한다. 그런데 『격암유록』에는 『정감록』의 정씨鄭氏 진인출현설眞人出現說을 일부 인정하고 이어받는 기록들도 있지만, 정씨鄭氏가 아니라 박씨朴氏가 새롭게 진인으로 태어날 것이라고 주장한다. 이러한 『격암유록』의 박씨 진인출현설의 근거가 되는 관련기록들은 다음과 같다.

　　　出출死사入입生생朴박活활人인.
　　　죽음을 벗어나 삶으로 들어가는 박씨朴氏 살리는 자이다.
　　　―「래패여언육십재」

　　"죽음에서 벗어나 삶으로 들어가는" 일을 주도하는 인물이 박씨朴氏라는 주장이다. 이 박씨는 활인活人 즉 "살리는 자"로 묘사된다. 죽음을 이기고 삶의 길로 인도할 인물의 성씨가 박씨朴氏라는 점을 강조한 대목이다. 박씨라는 특정한 성씨姓氏가 나온다는 점이 특기할 만하다. 이제 진인眞人은 굳이 정씨鄭氏로만 국한되어 주장될 수 없다는 사실이 강조되었다. 새로운 박씨 진인출현설의 결정적 계기가 마련되는 구절이다.

末_말世_세聖_성君_군湧_용天_천朴_박.
말세의 성군은 용솟음치는 하늘의 박씨朴氏이다. ―「말운론」

末_말世_세聖_성君_군容_용朴_박天_천.
말세의 성군은 하늘을 포용할 박씨이다. ―「은비가」

이제 박씨朴氏는 "말세未世에 나타날 성스러운 임금"으로 표현된다. 그리고 이 박씨는 "용솟음치는 하늘"과 연관된 신비한 존재이다. 박씨가 새로운 진인眞人으로 이 세상에 나타날 것이라는 점을 강조한 대목이다. 「은비가」에서는 용容을 사용하여 "하늘을 포용하고 품는다."는 뜻으로 의역했는데, 「말운론」과 대동소이大同小異한 표현이다.

한편 이 구절을 "말세에 요순堯舜 임금과 같은 성군이시며, 생명수를 샘솟게 하시고, 유일하게 크고[1] 거룩한 일을 하시던 신인합일神人合一하신 성인이시다."라고 풀이하기도 한다.[2]

眞_진人_인出_출世_세朴_박活_활人_인, 弓_궁弓_궁合_합德_덕末_말世_세聖_성.
진인眞人으로 출세하는 박씨朴氏 성姓의 사람을 살리는 성인이요, 궁궁弓弓을 합친 덕의 말세의 성인이시다. ―「은비가」

진인眞人이 박씨朴氏로 이 세상에 출현할 것이라고 주장하면서 그 박씨는 사람을 살리는 존재라고 강조한다. 이어지는 구절에서는 이 진인 박씨가 궁궁弓弓을 합덕合德한 "말세의 성인聖人이라고 주장한다. 박씨 진인출현설을 주장하는 대표적인 구절 가운데 하나다.

朴_박人_인容_용天_천伯_백, 何_하姓_성不_부知_지鄭_정道_도令_령.

---

1 천天을 일一, 대大, 일인一人의 파자로 보았다.
2 신유승 해독, 『격암유록』 제2권(세종출판공사, 1987), 147~148쪽.

박씨의 모습은 하늘의 맏이인데, 어떤 성씨인지 모르는 정도령이다.
　―「은비가」

앞부분에서는 박씨朴氏를 "하늘의 맏이 또는 우두머리"라고 주장했고, 뒷부분에서는 이 박씨가 "어떤 성씨姓氏인지 모르는 정도령鄭道令"이라고 주장했다. 서로 모순되는 표현이다. 하늘의 존재인 박씨가 정도령鄭道令이라는 진인眞人으로 태어날 것이라는 주장이다. 어쨌든 정씨鄭氏와 함께 이제는 박씨朴氏가 진인眞人이 될 가능성이 강하게 제기되었다.

十십八팔卜복術술 ―「갑을가」

十십八팔卜복術술出출世세知지.
박씨의 술법이 세상에 나올 것을 알라. ―「농궁가」

인용문의 십팔복十八卜은 박朴을 파자한 것이다. 따라서 이제 박씨朴氏의 술법이 세상에 나올 것이라는 주장이다. 박씨가 새로운 진인眞人으로 이 세상에 나타날 것이라는 점을 강조한 대목이다.

弓궁乙을合합德덕朴박活활人인 ―「농궁가」

궁을弓乙이 합덕合德한 존재가 바로 "박씨 살리는 사람"이라는 주장이다. 궁을의 덕을 합쳐서 나온 인물이 박씨이고, 그는 "사람들을 살리는 일"을 할 존재라고 강조한다.
　이 구절을 "천지의 운세를 타고 담당하는 사람은 궁궁弓弓(백십자白十字), 을을乙乙(흑십자黑十字)을 융합한 덕망으로 박성인朴聖人이 중생을 살린다."라고 해석하기도 한다.[3]

修수道도先선出출容용天천朴박

수도修道로 먼저 나오시는 하늘을 포용하는 박씨 ―「농궁가」

하늘까지도 남김없이 포용하는 존재인 박씨가 "도道를 닦는 일"로 먼저 등장한다는 주장이다. 박씨가 도道를 수련하여 이 세상에 나올 것이라고 강조한 대목이다.

末말世세聖성君군容용天천朴박, 我아邦방人인生생 ―「극락가」

말세의 성군聖君인 "하늘을 포용한 박씨"가 우리나라에 사람으로 오실 것이라는 주장이다. 박씨가 강조되었고, 그가 우리나라에 태어날 것이라고 주장한다.

이 구절을 "그는 말세에 성군으로 하늘의 진리와 온 세상을 포용할 박朴이며, 우리나라 사람으로 태어나신다는 뜻이다."라고 해석하기도 한다.[4]

白백虎호當당亂란六육年년起기로 朴박活활將장軍군運운出출世세하야 ―「승운론」

백호白虎는 간지干支로 경인庚寅에 해당한다. 경인년에 난리를 당하고 6년이 지난 후에 박씨朴氏 성姓을 가진 살리는 존재가 장군운將軍運을 좇아 세상에 태어날 것이라는 주장이다.

위 구절을 "백호白虎인 경인년庚寅年(1950)이고, 6.25동란을 당하여 6년째 되는 해부터 일어남으로 만인을 살리는 성인聖人 박朴이 영적靈的인 장군운將軍運에 세상으로 나온다는 뜻이다."라고 해석하기도 한다.[5]

---

3   신유승 해독, 『격암유록』 제1권(세종출판공사, 1987), 134쪽.
4   신유승 해독, 『격암유록』 제1권(세종출판공사, 1987), 149쪽.
5   신유승 해독, 『격암유록』 제1권(세종출판공사, 1987), 194쪽.

一일字자縱종橫횡木목人인姓성. 世세人인心심閉폐永영不불覺각.

일자一字를 종횡으로 합치니 (십자十字가 되고) 박씨朴氏 성姓이다. 세상 사람들이 마음의 문을 닫아 영원히 깨닫지 못할 것이다. ―「석정수」

일자一字을 가로와 세로로 그으면 십자十字가 된다. 여기서는 십자十字가 바로 기독교의 상징인 십자가를 뜻한다고 본다. 그리고 목인木人은 박朴의 파자다. 이 박씨가 세상에 나올 것인데, 대부분의 세상 사람들은 마음을 닫고 있기 때문에 그를 알아보지 못할 것이라는 주장이다. 이 구절도 진인眞人이 박씨朴氏로 출세할 것이라는 점을 강조한 대목이다.

世세人인不부知지鄭정變변朴박, 鄭정道도令령之지降강島도山산. ―「갑을가」

세상 사람들이 이제는 진인眞人이 정씨鄭氏 성姓으로 출현하는 것이 아니라 박씨朴氏 성姓을 가지고 출세하리라는 사실을 알지 못한다고 주장한다. 『정감록』의 정씨 진인출현설과 달리 『격암유록』에서는 박씨 진인출현설을 주장하고 있는 것이다. 이어지는 구절에서는 정도령鄭道令이 도산島山에 내려올 것이라고 강조한다.

한편 『격암유록』에는 유달리 감나무에 대한 기록들이 보이는데, 관련기록은 다음과 같다.

柿시木목 ―「계룡론」

시목柿木은 감나무를 가리키는 용어다. 그런데 이 시목이라는 용어를 "나무와 관련된 것, 즉 감 시柿, 감람나무 감橄, 송백松柏(소나무와 잣나무) 등은 전부 성인聖人과 진인眞人을 말한다."라고 풀이하기도 했다.[6]

---

6 신유승 해독, 『격암유록』 제1권(세종출판공사, 1987), 49쪽.

혼히 감람나무는 올리브나무를 가리킨다고 알려져 있다. 원래는 감나무를 가리키는 시목柿木이 이제 기독교의 『성경』에 나오는 감람나무로 확대 해석되었다. 따라서 인용문의 시목은 『성경』의 감람나무가 상징하는 인물로까지 해석되기에 이르렀다.

　　柿시謨모者자生생, 衆중謨모者자死사. —「말운론」

"감나무를 도모하는 자"는 살 수 있을 것이고, "대중을 도모하는 자"는 죽을 것이라는 주장이다. 감나무는 곧 감람나무를 가리킨다고 보고, 감람나무가 상징하는 인물을 따라야 한다고 강조한 대목이다.
　　위의 구절을 "감나무 성인의 길을 도모하는 자는 영생하고, 어중이떠중이가 좋아하고 뭇사람들이 요행을 바라며 노리는 한탕주의를 도모하는 자는 영원히 죽는다."라고 해석하기도 한다.[7]

　　似사人인不불人인柿시似사眞진人인.
　　사람과 비슷하지만 사람이 아닌 감나무와 닮은 진인眞人이다. —「새 사일」

"사람과 비슷하지만 사람이 아닌" 존재는 비상하고 특별한 인물이라는 뜻이다. 그가 곧 "감나무를 닮은 진인眞人"이라고 주장한다. 이제 감나무는 진인을 가리키는 용어로 등장한다.

　　未말世세二이柿시或혹一일人인, 萬만世세春춘光광一일樹수花화.
　　말세에 두 감나무는 한 사람을 가리키고, 오랜 세월동안 봄빛이 한 나무에 꽃을 피우리라. —「농궁가」

말세가 되면 "두 감나무"로 상징되는 어떤 인물이 출현할 것이고, 아

7　신유승 해독, 『격암유록』 제2권(세종출판공사, 1987), 144쪽.

주 오랜 세월에 걸쳐 그 나무에 꽃을 피우게 될 것이라는 주장이다.

그런데 위의 구절을 "말세에 성인聖人이 두 감나무이거나 혹은 한 사람의 의인義人인데, 만세萬世에 이르도록 영원한 봄빛같이 따사로운 진인眞人 한 사람으로 인해 꽃을 피우고 만발한다."라고 해석하기도 한다.[8]

> 柿시從종者자生생. 次차出출朴박, 天천子자乃내嘉가鷄계龍룡朴박.
> 감나무를 따르는 사람은 살 수 있을 것이다. 다음에 출현하는 박씨朴氏는 천자天子처럼 뛰어난 계룡鷄龍의 박씨朴氏이다. —「갑을가」

이 구절에서도 "감나무를 따르는 자"는 살 것이라고 주장한다. "다음 또는 두 번째에 출현하는 박씨"라는 표현에서 그 정확한 의미는 알기 어렵다. 가정假鄭이 "가짜 진인인 정씨"라는 주장과 비교해보면 진짜 진인眞人이 세상에 나오기 이전에 그를 사칭하는 가짜 인물이 나올 것이라는 주장이다. 그리고 이어지는 구절에서 이 박씨朴氏는 천자天子에 비견되는 위대한 존재이며, 계룡산에서 출현할 것이라고 강조한다.

위의 구절을 "감(람)나무를 따르는 자는 영생하고 차출박次出朴(두 번째 출현한 성인)은 천자로서 즉 즐겁고 경사스러운 계룡성인 박朴이다."라고 해석하기도 한다.[9]

> 末말世세聖성君군容용天천朴박, 弓궁乙을之지外외誰수知지人인?
> 말세의 성군聖君은 하늘을 포용하는 박씨朴氏인데, 궁을弓乙 이외에는 그 누가 알 수 있으랴? —「은비록」

말세의 성군聖君이 박씨朴氏로 이 세상에 출현할 것인데, 그는 "하늘

---

8 신유승 해독, 『격암유록』 제1권(세종출판공사, 1987), 138쪽.
9 신유승 해독, 『격암유록』 제1권(세종출판공사, 1987), 228쪽.

을 품을 수 있는 존재"로 묘사된다. 나아가 이 박씨라는 진인眞人은 궁을弓乙의 이치를 깨달은 사람만이 알아볼 수 있다고 주장한 대목이다.

그런데 이 구절을 "말세의 성군은 하늘을 마음대로 용납하는 박朴이라는 말인데, 이는 이렇게 외쳐도 궁을에 십자가도 사는 사람 외에는 누가 이 사람을 알아보겠느냐는 말이다."라고 해석하기도 한다.[10]

이처럼 『격암유록』에는 유달리 박씨朴氏가 진인眞人으로 출현할 것이라는 주장이 많이 보인다. 이는 『격암유록』의 독특한 주장이며, 다른 예언서와 구별되는 특징이다. 그렇다면 과연 이 박씨로 오실 진인은 누구일까? 이제 『격암유록』에서 그토록 강조했던 박씨의 실체에 대해 알 수 있는 다음의 기록을 살펴보자.

最최好호兩양弓궁木목人인으로, 十십八팔卜복術술 誕탄生생하니, 三삼聖성水수源원 三삼人인之지水수, 羊양一일口구의 又우八팔일세. —「도부신인」

위의 구절에서 목인木人과 십팔복十八卜은 박朴의 파자이고, 삼인지수三人之水는 태泰의 파자이며, 양일구羊一口와 우팔又八은 선善의 파자이다. 한 마디로 말해 박태선朴泰善이라는 이름을 파자로 풀이한 것이다.

이 구절을 "최고로 좋은 궁궁십승弓弓十勝의 목인木人(성인)으로 박朴이 탄생하니 … 선善은 양일구팔羊一口八을 합친 글자이다. 삼인지수水는 태泰라고 하여 성인聖人의 이름이라고 푸는 사람이 있다면 너무 어리석다."라고 풀이하기도 한다.[11]

위의 인용문에 대해 "이 구절은 (『격암유록』) 전체 중에 가장 귀한 구절이다. 이는 말세양궁지목인末世兩弓之木人으로서 출현하시는 성덕聖德의 존함이다. 이는 파자로 알아보기 쉽게 되었으므로 독자제현들께

---

10 조성기, 『한국저명대전집 1, 격암유록』(태종출판사, 1977), 183쪽.
11 신유승 해독, 『격암유록』 제1권(세종출판공사, 1987), 198쪽. 신유승은 이 구절이 박태선이라는 파자라는 사실은 인정하지만, 그를 진인으로 인정하지 않는 입장이다.

서 자해自解해 보시는 것이 더욱 의의가 있을까 하여 필자는 약略하고
자 한다."라고 설명하기도 했다.[12] 매우 알기 쉽게 기록되어 있는 파자
에 대해 "앞으로 출현할 성덕聖德의 이름"이라고 강조한다. 박태선朴泰
善이 새로 출세할 진인眞人이라고 주장한 것이다.

그리고 "이 구절을 파자로 풀이하면 십팔복十八卜은 박朴자가 되고,
삼성수원삼인지수는 태泰자가 되고, 양구일은 선善자가 된다. 즉 이 구
절을 파자로 풀이하면 박태선이라는 사람 이름이 된다."는 해설이 있
다.[13]

예언서에 특정인의 이름이 구체적으로 언급되는 일은 거의 없다. 새
로 출현할 메시아적 구원자의 성씨姓氏가 언급되는 정도가 대부분이
다. 따라서 이와 같이 명확하게 박태선이라는 이름이 『격암유록』에 등
장한다는 사실 자체가 박태선과 관련된 인물들이 『격암유록』을 기록
했다는 결정적 증거가 된다.

이제 박태선이라는 인물에 대해 알아보도록 하자.

박태선朴泰善(1917~1990)은 1917년 11월 22일 평안북도 영변군 구장면
구장리에서 태어났다. 초등학교를 졸업하고 일본 도쿄로 건너가 고학으
로 공업학교에 다니면서도 신앙생활을 계속했고, 부흥집회나 종교 강연
회에는 빠짐없이 참석했다고 한다. 제2차 세계대전이 터지자 귀국하여
공구 및 정밀기계 부분품을 만드는 공장을 경영하였다. 이 무렵 그는
남대문교회의 집사가 되어 북을 치면서 노방전도를 할 정도로 기독교
신앙에 열심이었다. 그가 신앙생활을 시작한 지 21년째 되던 해에 이성
봉 목사의 부흥회에 참석했다가 큰 은혜를 체험하게 되었다. 그 뒤 그
는 사흘 밤낮으로 식음을 전폐하고 기도하던 중 사흘째 되던 날 새벽

---

12 조성기, 『한국저명대전집 1, 격암유록』(태종출판사, 1977), 218쪽.
13 이와 같은 견해는 이후의 『격암유록』에 대한 여러 해설서에도 똑같이 계승된다. 김은태 편역,
    『격암유록』 하(도서출판 두손컴, 2002), 274쪽.

4시에 죄를 통회 자복하고 뜨거운 불 체험을 했다고 주장했다.

그러던 중 1950년 6.25 한국전쟁을 만나 기막힌 고생과 기도생활을 하게 되었는데, 평택에서 비행기 폭격을 받던 중 하나님의 특별한 권고하심을 체험했다고 한다. 그것은 자기의 모든 피가 소변을 통해 빠져나가고 성령의 새로운 피가 몸에 주입되는 체험이었다는 것이다. 그 뒤에도 그는 삼각산 기도원 등 열광주의 집단을 전전하며 신비체험을 했다. 그러다가 박태선은 기존 교회에 회의를 느끼고 1954년을 전후하여 경향 각지에서 집회를 인도했다. 1954년 4월 27일부터 5월 6일까지 10일간에 걸쳐 영등포 집회가 있었는데, 당시 여의도 비행장 뒤 백사장에 500여 평의 조립식 천막이 세워졌을 정도였다.

1955년 1월 1일부터 7일까지의 서울 무악교회 부흥집회의 인도를 필두로 남산집회, 대구, 부산, 한강 백사장 집회 등을 인도하면서 그는 서서히 '불의 사자' 등장하게 되었다. 따라서 이 해를 교단의 창립년도로 본다. 그때부터 박태선은 "향기", "이슬나리는 모습 같은 성령" 등 비성경적인 말을 한다는 이유로 1955년 7월에 한국기독교연합회가 박태선의 전도관傳道館운동이 사이비 종교운동임을 밝히는 성명서를 발표했고, 1966년 2월에는 대한예수교장로회로부터 이단으로 규정받게 되었다. 그러나 박태선은 계속 전국적으로 부흥집회를 확대해 갔고, 가는 곳마다 전도관을 세웠다. 1955년부터 용산과 인천을 비롯하여 전국의 주요 도시에 계속 전도관이 세워졌다. 1957년 4월에 서울 마포구 청암동에 2만 명을 수용할 수 있는 국내 최대 교회를 신축했고, 경기도 부천군 소사읍 범박리에 15만 평 규모의 제 1신앙촌을 건설하고 7,000여 명의 신자들을 이주시켜 공장을 짓고 그곳에서 일하면서 신앙생활을 하게 했다. 이 무렵 교명을 '한국예수교 전도관 부흥협회'라 했다. 약하여 전도관이라고도 한다. 세간에서는 이 교단을 감람나무교라고도 불렀다.

박태선의 기적과 신비한 행동은 많은 사람들에게 호기심을 일으켜 신도수가 급속도로 증가되었고, 특히 기성 기독교인들까지도 이 교파에 흡수되어 들어갔다. 이렇게 되자 매스컴과 기성교회로부터 많은 비난의 대상이 되기도 했다. 1957년 3월 18일자 『세계일보』는 '괴怪 전도관의 정체'라는 제목의 박태선에 대한 특종기사에서 남녀 12명이 혼음했다고 폭로하였다. 그 뒤 박태선은 많은 신도들로부터 고소를 당해 1년 3개월간 감옥살이를 하기도 했다. 1960년 12월 6일자 『동아일보』는 '미궁의 초소'라는 칼럼에서 박태선 전도관의 성화가 가짜라는 기사를 싣자 이에 반발한 전도관 신도들이 연일 항의를 했고, 12월 10일에는 수천 명이 『동아일보』에 몰려가 윤전기를 파괴하는 등 큰 소동을 벌이기도 했다. 이 해에 박태선은 부정선거와 관련하여 다시 1년간 감옥살이를 했다.

1962년에는 경기도 양주군 와부읍 덕소리에 제 2신앙촌을 건설하여 이를 2천년성이라 하고 이곳에 와야만 구제를 받는다고 주장하니, 수많은 신자들이 이주해 들어갔다. 모여든 신자들이 열심히 일했기 때문에 기업은 번창했고, 많은 시온 상품들이 국내업계를 석권하기 시작했다. 그런데 1970년 3월에는 또다시 경상남도 양산군 기장읍 죽정리에 130만 평의 대지를 마련하고, 50여 개의 생산 공장과 연건평 8만 여평의 어마어마한 산업기지를 마련하는 한편 수많은 부대건물과 주택을 지어 대이동을 시작했다. 신도들은 3,000년 성인 기장읍으로 가야만 구원받을 줄로 알고 뒤를 따랐다. 당시 경영했던 공장은 섬유, 식품, 제강, 화학, 직조, 조립금속, 염색, 세제 등 20여 종이 있었고, 3,000여 가지의 품목이 생산되었으며 종업원의 수도 1만 명이 넘었을 정도였다. 그러나 갑자기 발생한 해일로 인해 제강공장이 파괴되었고, 1979년에는 지금까지 사용해오던 '시온'이라는 이름을 갑자기 '삼광三光'으로 상표를 바꾸어 막대한 피해를 보았다. 이러한 과정에서 많은 신자들이 배반, 탈퇴하였고, 외부로부터도 수없는 비난과 도전을 받아 크고 작은 사건들이 잇따라 발생하기도 했다.

1975년에는 박태선의 장남 박동명朴東明이 연예인들과의 스캔들과 외환관리법 위반 등으로 검찰에 기소되어 징역 5년과 추징금 2억원을 선고받은 사건으로 세상을 떠들썩하게 하기도 했다. 1980년에는 기존의 전도관이라는 교명敎名을 천부교天父敎로 개정했다. 1981년 1월에는 '이슬성신절'을 정하고 매년 기념예배와 음악회 등을 개최하고 있다. 한때 2,000여 개의 전도관과 2,000여 명의 교역자와 200만 신도의 교세를 자랑하던 천부교는 1980년대 이후 그 교세가 급속하게 하락하여 300여 개의 전도관과 신도 5,000명 정도로 줄어들었다. 이러던 가운데 1990년 2월 7일 박태선이 사망한 후 박윤명이 대를 이어 교주가 되었으나 좀처럼 세간에 모습을 드러내지 않고 있다. 박태선 사후에 천부교 신도들은 상당수가 승리제단이나 기독교에덴성회 등으로 떨어져 나가거나 기성종단으로 편입되거나 혹은 신앙을 버린 사람들이 많이 있다고 한다.[14]

박태선은 자신을 "감람나무 성인"이라고 주장했는데, 『격암유록』에 유달리 시목柿木이라는 표현이 자주 등장하는 근거가 된다. 요컨대 『격암유록』은 박씨朴氏 진인眞人이 바로 박태선朴泰善이라고 주장하는 예언서다. 즉 『격암유록』은 전도관의 신앙활동과 깊이 관련이 있는 인물들이 만든 현대의 예언서이다.

---

14 김홍철 편저, 『한국신종교대사전』(도서출판 모시는 사람들, 2016), 916~919쪽.

전도관과 계수, 범박, 소래, 노고
傳道館 桂樹, 範朴, 蘇萊, 老姑

　　박태선朴泰善이라는 이름이 『격암유록』에 파자로 명확히 나오는 사
실 이외에도 『격암유록』의 저작자를 추정할 수 있는 근거들은 다음과
같다.

　　人인惠혜無무心심村촌十십八팔退퇴, 丁정目목雙쌍角각三삼卜복人인也야. 千천口구
人인間간以이着착冠관也야. ―「도하지道下止」

　　위의 인용문에 대해 "인人과 혜惠에서 심心자를 없애라는 말이고, 촌
村에서 십팔十八을 퇴退하라는 말이니 촌寸자만 남는다. 이 둘을 합치면
전傳자와 같이 된다. … 도道자가 된다. 인人자 사이에다 천구千口를 하
라는 말이니, 사술와 같고, 거기에다 이以자와 관冠자를 부착하라는 뜻
이니 이를 합하면 관館자가 된다. 그런고로 이 셋을 합면 전도관傳道館
이 분명하다."라고 풀이한 사람이 있다.[1]
　　그리고 위의 구절을 파자하면 전도관이라는 글자가 나온다고 주장
한 다른 사람도 있다.[2] 그는 전도관을 "진실한 하느님의 진리를 뜻하는

1　조성기, 『한국저명대전집 1, 격암유록』(태종출판사, 1977), 176~177쪽.
2　신유승 해독, 『격암유록』 제1권(세종출판공사, 1987), 98쪽.

곳(우리나라 또는 진리와 과학을 탐구하는 곳)을 말한다."라고 해석한다.

이처럼 『격암유록』에 전도관傳道館이라는 특정 교파敎派의 이름이 등장하는 자체가 『격암유록』이 전도관과 관련된 인물들에 의해 작성되었다는 점을 드러낸다.

전도관은 박태선朴泰善이 창립한 천부교天父敎의 초기 교명인 한국예수교전도관부흥협회의 약칭이다. 천부교는 박태선이 1955년 7월 1일 서울에서 창립한 그리스도교계 신종교이다. 전도관의 신앙대상은 하나님으로서의 박태선이다. 그는 자신을 가리켜 창조주요 구원자요 예언자며 심판주라고 주장했다. 신자들로부터는 '이긴 자', '감람나무', '영모靈母님', '하나님의 사람', '동방의 의인義人' 등으로 불렸다. 그는 자신의 출현으로 인하여 그리스도의 재림과 심판이 임박했다고 주장하였다.

박태선은 자기가 '감람나무 영모靈母님'이며, '동방東方의 의인義人'이라고 강조했다. 또 자기가 이 세상에 출현함으로써 자신을 중심으로 천년세계千年世界가 도래하고 심판과 예수의 재림이 임박했다고 주장했다. 더욱이 박태선 교주를 따르는 14만 4천명의 신도들만이 구원을 받고, 기성교회나 불신자들은 모두 멸망한다는 교리를 유포시켜 민심을 선동시켰다. 박태선이 구원을 받으려면 신앙촌에 입주해야 된다고 강조함으로써 많은 사람들이 소사 제 1신앙촌, 덕소 제 2신앙촌, 기장 제 3신앙촌에 입주하였다. 1950년대에 처음 출발할 때는 박태선은 자신은 그리스도의 보혈을 증거하는 예수의 종이라고 밝혔었다. 그러나 1980년대 초부터 박태선은 예수의 십자가와 『성경』을 기반으로 하는 기독교 노선에서 점차 이탈하여 예수의 구원을 부정하고 『성경』의 권위를 인정하지 않게 되었다. 그는 예수 그리스도 대신 자신이 '감람나무'라고 주장하며, "나는 길만 인도하는 사람이 아니라 바른 길을 가는 방법까지 알아 가지고 안내만 하는 것이 아니고 구원을 주어서 영생까지 하게 하는 사람"이라고 강조했다. 그래서 세간에서는 이 교단을 '감람나무교'라고 부르기도 했다.

또 박태선은 『성경』 66권은 98퍼센트가 거짓이고, 구원을 얻는데 필요한 성경 말씀은 2퍼센트밖에 되지 않는다고 가르쳤다. 그는 사람들의 죄를 씻어주고 소멸해주며 소탕시켜 준다고 주장했다. 순종만 하면 원죄까지도 다 뽑아 환원시켜 준다고 말함으로써 자신의 존재를 신격화시켰다. 여기서 의인義人이 된다는 것은 영원히 죽지 않고 산다는 것을 의미한다. 그렇기 때문에 박태선 교주는 자신이 이 육신을 갖고 영원히 죽지 않을 뿐 아니라 사람을 죽지 않게 만드는 능력을 갖고 있다고 독신자들은 믿었다. 다만 살 수 있는 사람은 그 숫자가 한정되어 있어 14만 4천명 밖에 되지 않는다고 주장했다. 즉 의인義人의 숫자가 14만 4천명이 다 차면 이 세상은 종말이 온다고 강조했다. 그래서 세상은 파멸되고 이 의인들만 살아남아 영원히 살게 된다고 가르쳤다.

박태선은 신도들에게 가끔 이슬 같은 은혜를 내려주었는데, 그의 설교를 듣고 있는 동안 온몸이 이슬에 젖은 것 같이 축축해진다는 것이다. 그 뿐만 아니라 그가 내려주는 생수生水는 신성한 생명수로서 질병의 치료는 물론 그것은 죄를 씻어주며 늙은 몸을 젊어지게도 하고, 죽을 사람은 살리며, 또 이 육신으로 영원히 살게 해 준다고 강조했다. 특히 그의 안찰치료법은 널리 알려져 있었는데, 신자들은 모든 질병이 그의 손으로 만지기만 하면 치료된다고 믿었다.

> 三삼神신山산下하牛우鳴명地지, 桂계樹수範범朴박是시吉길地지.
> 삼신산 아래는 소가 우는 땅이요, 계수와 범박이 곧 길지이다.
> ―「남사고비결」

> 桂계樹수範범朴박是시吉길地지. ―「갑을가」

위의 구절에 대해 "계수는 현재 경기도 시흥군 소래면 계수리를 말한 것이고, 범박이란 현재 경기도 부천시 범박동을 가리킨 것이다. 이 두 지명을 가진 촌村이 현재 신앙촌信仰村이다. 고로 여기가 길지吉地라는 말이다."라고 해석하기도 했다.[3]

그리고 "실제 지명인 경기도 시흥군에 계수리가 있다. … 우리나라 가 십승지에 들어가서 다시 처음부터 흥하기 시작하고始興, 하느님의 진리가 다시 소생蘇生하여 선경인 봉래산을 이룩한다는 뜻이다."라고 풀이하기도 했다.[4]

素소砂사範범朴박天천旺왕地지.
소사와 범박은 하늘의 왕성한 (기운이) 이른 곳이다. —「은비가」

이 구절을 "하늘이 무너져도 솟아素砂날 수가 있으며, 모범範을 보이 시는 성인 박朴이 계시는 곳으로서 하늘의 왕성한 기운이 이른 곳이고, 곧 우리의 마음속인데 어리석게 소사, 범박 따위의 지명地名을 찾아가 면 멸망하여 죽는다."라는 해석하기도 한다.[5]

박태선은 1960년 무렵부터 부천시 소사동에 신앙촌을 건설하기 시 작했다. 신앙촌을 건설하는 것은 신도들이 이 천년성 안에 들어와 의 인義人이 되어 말세의 심판을 면하고 무궁한 복락을 누리게 하려는데 있다고 주장했다. 그리하여 대부분의 신도들은 이러한 주장에 희망을 걸고 자신의 재산을 모두 교단에 바치고 그곳에 들어가 공동생활을 했 다. 계수, 범박, 소사 등의 용어는 박태선이 신앙촌을 건설한 곳과 교 단을 세운 곳을 가리키는 지명이다. 따라서 이러한 지명地名이 『격암 유록』에 등장한다는 사실 자체가 바로 『격암유록』이 박태선이 세운 전도관과 깊이 관련이 있는 인물에 의해 기록되었음을 증거하고 있다.

草초魚어禾화萊래之지山산, 天천下하名명山산 老노姑고相상望망 —「세론시」

3 조성기, 『한국저명대전집 1, 격암유록』(태종출판사, 1977), 129~130쪽.
4 신유승 해독, 『격암유록』 제1권(세종출판공사, 1987), 43쪽.
5 신유승 해독, 『격암유록』 제3권(세종출판공사, 1987), 125쪽.

女여古고老노人인 草초魚어禾화艸초來래, 相상望망對대坐좌地지, 三삼神신帝제
王왕始시出출時시 —「말운론」

위의 구절을 "여고女古는 합하면 고姑자요, 노老자는 그대로요, 초어
화는 소蘇자며, 초래는 래萊자다. 고로 노고산과 소래산이 된다."라고
풀이하였다.[6]

그리고 위 구절을 "노고산老姑山과 소래산蘇萊山이 서로 바라보고 마
주앉은 곳이 곧 남조선南朝鮮에 있고, 그곳의 지명地名처럼 천상천하를
구원하실 삼신제왕三神帝王이 비로소 출현하실 때가 있는데 그 분이 곧
성인聖人이다."라고 해석하기도 한다.[7]

소래산과 노고산은 박태선이 세운 신앙촌 주위에 있는 산 이름이다.
이는『격암유록』이 박태선의 교단과 관련이 있는 인물에 의해 작성되
었다는 또 다른 증거이다.

天천藏장地지秘비吉길星성照조, 桂계範범朴박樹수之지上상, 蘇소萊래老노姑고
兩양山산相상望망稀희坐좌. —「성산심로」

이 구절을 "범박과 계수는 동명洞名이요, 소래와 노고는 산명山名으
로 지금의 경기도 부천시와 시흥군에 각각 속해 있다. 이 땅들을 하늘
에서 정하여 비밀로 감추어두사 길성吉星을 비치시는 곳이라는 뜻이며,
두 산이 서로 마주보고 서 있다는 말도 길성이 비치는 곳을 분명히 이
르는 말이다."라고 풀이하기도 한다.[8]

草초魚어禾화萊래之지山산, 天천下하名명山산, 老노姑고相상望망, 三삼神신役역

---

6 조성기,『한국저명대전집 1, 격암유록』(태종출판사, 1977), 150쪽.
7 신유승 해독,『격암유록』제2권(세종출판공사, 1987), 212쪽.
8 조성기,『한국저명대전집 1, 격암유록』(태종출판사, 1977), 164쪽.

活_활. —「세론시」

위의 인용문을 "초_草와 어_魚 그리고 화_禾를 전부 합치면 소蘇자가 된다. 노고산과 서로 바라고 삼신의 역할을 한다."라고 풀이하기도 한다.[9]

聖_성住_주蘇_소萊_래老_노姑_고地_지.
성인이 거주하시는 소래와 노고 땅이다. —「은비가」

이 구절을 "풀 초_草의 아래에 어_魚와 화_禾자가 있으면, 소蘇자가 된다. 여기에 착안하여 '초어화는 소蘇자가 되고, 래萊는 그대로 래萊자이고, 산山도 역시 그대로 되니, 소래산蘇萊山이라는 것이며, 천하명산 노고상망老姑相望이라 했다. 이런 고로 소래산이 바라보는 노고산이 바로 목도木道의 창업지지創業之地라는 뜻이다. 이 산들은 모두가 인천仁川에서 동편으로 과거 부천군富川郡에 속해 있었던 산들이며 노고산에는 연전年前 경자년庚子年에 목도木道가 운행하는 하나님의 거룩한 성전聖殿이 세워져 있다.'라는 주장이 있다."는 해설이 있다.[10]

蘇_소萊_래白_백桂_계樹_수地_지 —「은비가」

소래와 계수는 지명으로 해석할 수 있다. 노고산과 소래산 등의 산 이름이 있는 것은 박태선이 세운 신앙촌 주변의 산 이름을 명확하게 기록하려는 의도가 반영되었기 때문이다. 결국 『격암유록』은 박태선이 세운 교단을 은밀하게 홍보하려는 명확한 저술목표를 가지고 있던 것이다.

9   신유승 해독, 『격암유록』 제2권(세종출판공사, 1987), 73쪽.
10 조성기, 『한국저명대전집 1, 격암유록』(태종출판사, 1977), 135쪽.

한편 김하원의 『격암유록은 가짜, 정감록은 엉터리, 송하비결은?』 (2004)에 따르면, 『격암유록』에 자주 나오는 '한번 마시면 수명이 늘고, 계속 마시면 불로불사한다.'는 이른바 석정수石井水는 박태선 장로가 기도해서 만든 생명수이며, 이 책의 일부 구절을 파자破字로 풀이하면 전도관傳道館과 박태선朴泰善이라는 이름이 분명히 나오며, 천향天香도 박태선 장로의 설교테이프를 시체 앞에 틀어놓으면 30분 안에 '시체가 꽃피고 악취도 사라지고 기이한 향기가 난다.'는 현상을 설명한 것이라고 한다. 석정石井은 돌우물이니 성경에 나오는 '반석에서 솟는 샘물'을 뜻하고, 천정天井은 '하늘의 샘' 또는 '하느님의 샘'으로서 박태선 장로의 생명수를 말한다고 한다.[11] 그리고 김하원은 '소 울음소리'란 신앙촌 신자들이 박태선 장로를 영모靈母(영혼의 엄마)라고 부르며 기도하는 것을, 어미 소를 찾는 송아지의 '음메, 음메'하는 울음소리에 비유한 것이라고 주장했다.[12] 따라서 『격암유록』은 박태선 장로를 믿는 전도관의 신앙촌 사람에 의해 최소한 10여 년의 기간에 걸쳐 써졌으며, 현재 우리가 알고 있는 이른바 『격암유록』이 국립중앙도서관에 등록된 때가 1977년 6월 7일이며 박태선의 아들 박동명이 연예인과 여대생들과 벌인 스캔들 사건이 예언되어 있기 때문에, 1975년부터 1977년 사이에 완성된 위작된 가짜예언서라는 견해가 있다.

그리고 『격암유록』에서 해인은 불, 비, 이슬의 세 가지로 이야기되며 삼풍三豊과 같은 뜻으로 쓰인다. 여기서 불, 비, 이슬은 말세성군末世聖君의 무소불능無所不能한 권능權能으로써 세상을 불로 멸망시키고, 사람들을 비와 이슬로써 영생불사永生不死하도록 한다는 전도관의 핵심 교리의 하나다.

전도관은 1980년에 천부교天父教로 교명을 바꾸었는데, 이슬은 성신聖神을, 성신聖神은 교주인 박태선을 가리킨다고 믿는다. 이슬성신이

11 김하원, 『격암유록은 가짜, 정감록은 엉터리, 송하비결은』(도서출판 인언, 2004), 198~199쪽.
12 김하원, 『격암유록은 가짜, 정감록은 엉터리, 송하비결은』(도서출판 인언, 2004), 155쪽.

내린다는 것은 박태선이 부흥집회를 열 때 이슬과 같은 감로甘露가 집회장에 가득 차며, 이 감로가 신도들의 몸에 닿아 시원하고 정신이 맑아지는 상태가 지속되는 것을 가리킨다. 이러한 이슬성신의 체험은 박태선 자신으로부터 시작되었으며, 박태선의 전국적 부흥집회에서 이슬이 내렸다는 영적 체험에서부터 비롯된 것이다. 김종석의 「전도관에서 천부교에로의 변화와 그 뒤」(1999)를 보면, 이슬성신론은 「호세아서」 14장 4절을 근거로 삼으며, 박태선의 부흥집회 때 이슬과 같은 은혜를 체험한 사람이 많았던 까닭에 이슬성신을 내릴 수 있는 사람이 감람나무요, 동방의 의인으로 구원자의 징표라고 믿었다고 한다. 천부교天父教 신도들은 이슬은혜가 바로 하나님의 은혜라고 믿으며, 14만 4천명을 이슬성신으로 아름답게 다듬어 의인으로 세우면 이 땅에 지상천국이 이루어질 것이라고 주장한다.

　　김하원은 "『격암유록』은 박태선 장로와 그가 세운 신앙촌과 전도관을 선전하기 위해 조작된 가짜 예언서이다."라고 결론짓는다.[13] 나아가 김하원은 『격암유록』에 "성인이 옥고獄苦를 치른다거나, 재혼한다는 등의 내용이 나오고, '성인이라고 왜 불초자식이 없겠는가?'라는 뜻이 담긴 구절이 있다."는 사실을 근거로 박태선이 1960년대 초에 두 번 옥고를 치뤘고, 1972년에는 본처와 사별하고, 1973년에 재혼하였으며, 1975년에는 그의 장남 박동명이 여대생, 연예인들과의 스캔들로 세상을 떠들썩하게 만들었다는 역사적 사실과 비교해 볼 때 『격암유록』이 1975년 이후부터 『격암유록』이 국립도서관에 등록된 1977년 사이에 쓰인 것이라고 주장하였다.[14]

　　『격암유록』이 세상에 널리 알려진 것은 신유승이 해독한 『격암유록』 3권이 출판된 시점인 대략 1987년 무렵이며, 지금까지 무려 60여종의 해설서가 출판되었다. 그리고 예언서로서의 진위 여부 논쟁과는 별도

13　김하원, 『위대한 가짜예언서 격암유록』(도서출판 만다라, 1995), 69쪽.
14　김하원, 『위대한 가짜예언서 격암유록』(도서출판 만다라, 1995), 80쪽.

로 최중현의 「『격암유록』 이용세본의 저본들에 관한 소고」(2004)에서 저본底本에 대한 서지학적 검토를 하고 있다.

국립도서관 소장본 『격암유록』은 이용세본 격암유록으로 불린다. 이 국립도서관 소장본 『격암유록』의[15] 저본으로는 1955년 당시 태극도太極道 신도였던 오경석吳敬錫이 소지하고 다니던 작은 수첩 총 48쪽에 펜글씨 종서로 쓰인 해주오씨본海州吳氏本, 48개의 장으로 이루어진 펜글씨본과 김도현본의 두 『격암록』, 40개 장으로 구성된 『산수평장山水評章』[16], 75개 장으로 구성된 서울본 등 4종이 있다.[17] 저본은 『격암유록』이 있기 전에 존재했던 필사본을 의미한다. 즉 국립도서관 소장본 『격암유록』이 있기 전에 이미 부분적으로 조금씩 다른 형태로 유통되었던 이른바 『격암유록』이 있었다는 주장이다. 그리고 국립도서관 소장본 『격암유록』의 이본으로는 조성기본,[18] 나종우본, 이사업본, 심광대사본, 신주태본 등이 있다.[19] 최중현은 국립도서관 소장본 『격암유록』이 필사본으로 완성된 때가 1975년 5월 이전일 수는 없다고 주장한다. 그 이유는 『격암유록』 「가사총론」에 "요순역유불초자식堯舜亦有不肖子息 … 말세이수혹일인末世二樹或一人[20]"이라는 구절이 박태선의 아들 박동명 사건이 사회에 널리 알려진[21] 이후에 필사된 것으로 본다.[22]

---

15 이 필사본이 국립도서관에 기증된 것은 1977년 2월 21일 배홍식에 의해서였다.
16 『산수평장』 펜글씨본에는 「요한계시록」, 「이사야」 제35장, 제41장, 제43장, 제44장, 제65장, 「로마서」 제1장, 제2장, 「고린도전서」 제6장, 제7장 등의 구절과 비슷한 내용이 실려 있다. 최중현, 『한국메시아운동사 연구』 제2권(생각하는 백성, 2009), 300~301쪽.
17 최중현, 『한국메시아운동사 연구』 제2권(생각하는 백성, 2009), 218~231쪽.
18 조성기는 1927년 4월에 황해도 연백에서 태어나 난을 피하고자 비결서에 의지하여 6.25 전쟁 무렵에 월남했고, 전도관 초창기에 입교하여 1977년 7월 『격암유록』 내용이 들어있는 『합본일집』이란 책을 간행하였고, 1980년 2월 전도관 창시자의 충격적 일대 변신에 결정적 역할을 한 뒤 1981년 10월경부터는 전도관으로부터 멀어져 갔던 인물이다. 최중현, 위의 책, 277쪽.
19 최중현, 『한국메시아운동사 연구』 제2권(생각하는 백성, 2009), 236쪽.
20 말세 섭리에는 악조건과 호조건이 있는데, 악조건의 상황에서는 2명의 감람나무 사명자가 필요하지만, 호조건의 상황에서는 한 명만으로도 충분하다는 박태선의 지론이다.
21 1975년 6월에 있었던 사건이다.
22 최중현, 『한국메시아운동사 연구』 제2권(생각하는 백성, 2009), 257쪽.

나아가 최중현은 "『격암유록』은 전체가 조작된 예언서가 아니라 기존 예언전승들의 수많은 부분들을 폭넓게 집대성한 결과물이었으며, 그 기존 전승들 가운데 가장 중요한 것들 중의 하나가 갱정유도회更正儒道會 창시자인 강대성姜大成(1890~1954)의 계시문서들이었다."본다.[23] 결론적으로 최중현은 『격암유록』의 편집은 1960년대 말엽 이후에나 시작되었고, 『격암유록』 저본의 작성으로부터 『격암유록』의 완성본이 만들어지기까지의 전 과정에서 기독교 경전의 문장들을 선택하여 삽입을 지시한 인물은 신앙촌 창설자인 박태선이었을 것이라고 추정한다.[24] 최중현은 전도관 내부의 요인으로 1969년 5월 박태선의 큰 딸의 타계, 1972년 2월 창시자인 박태선의 부인의 타계, 1974년 3월 박태선의 재혼, 1975년 6월 박태선의 큰 아들에 관한 언론매체들의 집중보도 등을 『격암유록』의 집대성에 미친 영향으로 본다. 최중현은 이러한 어려움을 일거에 해소할 돌파구가 필요한 상황에서 전통적 비결서에 조예가 깊은 몇몇 원로인사들의 건의가 있었고, 신앙촌 창시자인 박태선의 묵인 또는 적극적 후원을 받아 실천으로 옮겨졌을 것이며, 마침내 그 결과물로 새 예언서인 『격암유록』이 나타났을 것으로 결론짓는다.[25]

23 최중현, 『한국메시아운동사 연구』 제2권(생각하는 백성, 2009), 258쪽.
24 최중현, 『한국메시아운동사 연구』 제2권(생각하는 백성, 2009), 306쪽.
25 최중현, 『한국메시아운동사 연구』 제2권(생각하는 백성, 2009), 383쪽.

조씨曹氏 진인출현설

　『격암유록』을 해설하는 일부 사람은 박씨朴氏 이외의 성씨姓氏를 지닌 인물도 진인眞人이라고 주장하기도 한다. 『격암유록』「새41장」의 "조미단풍구비糟米端風驅飛, 조표풍지인糟飄風之人, 궁을십승弓乙十勝"이란 구절을 풀이하여 "조씨曹氏가 궁을십승 정도령이다."라고 주장하기도 한다.[1] 그리고 "길한 별吉星이 비치는 땅이란 별이 밝게 빛난다는 뜻의 함자를 지닌 분이 나온다는 뜻이다."라고 강조한다.

　나아가 그는 조희성曹熙星이란 이름을 구체적으로 거론했으며,[2] "역곡驛谷에 세계영생학회 승리제단 본부가 있다."라고 주장했고,[3] "조희성은 궁을십승弓乙十勝의 진인眞人, 이긴 자, 정도령正道令이다."라고 강조했다.[4] 진인眞人의 성씨가 조씨曹氏라는 주장을 『격암유록』의 특정 구절을 나름대로 해석하여 제시한 것이다. 조씨曹氏라는 용어가 구체적으로 나오는 것은 아니고, 자의적으로 해석하였다. 그리고 희성熙星이라는 이름도 "길한 별이 비치는 곳은 곧 별이 밝게 빛난다."는 뜻이

1　김은태 편저, 『정도령正道令』(해인출판사, 1988), 7~8쪽.
2　김은태 편저, 『정도령正道令』(해인출판사, 1988), 94쪽.
3　김은태 편저, 『정도령正道令』(해인출판사, 1988), 247쪽.
4　김은태 편저, 『정도령正道令』(해인출판사, 1988), 337쪽.

라고 해석하여 주장의 근거로 삼았다. 이외에도 「남사고비결」의 "승리대상진십승勝利臺上眞十勝"이라는 구절이 "역곡에 있는 승리제단"을 가리킨다는 주장도 있다.[5]

조희성曹熙星(1931~2004)의 승리제단勝利祭壇은 1981년 8월에 경기도 부천시 남구 역곡 2동에 세워진 기독교계 신종교인데, 박태선(1917~1990)의 전도관에서 분파되었다. 승리제단의 교리체계는 『격암유록』을 다룬 부분에서 살펴보았던 전도관의 교리와 유사한 점이 많다. 이들도 "『격암유록』에 보면 십승지인十勝之人 정도령이 역곡에 승리제단을 세우게 될 것이라고 예언하고 있다."고 주장한다. 여기서 십승지인이란 '이긴 자' 즉 구세주란 뜻이며, 정도령은 선도仙道의 구세진인求世眞人과 불교의 미륵불과 같은 뜻으로 명칭만 다를 뿐 동일인물이라고 주장한다.

그런데 승리제단에서는 예언서에 적혀 있는 진짜 정도령인지 아닌지를 식별하는 방법은 그 징표가 되는 이슬(감로수甘露水)의 은혜가 내리느냐 안 내리느냐에 달려있다고 주장한다. 이 이슬은 다름 아닌 하나님의 신의 생명력인데, 이것이 광선으로 정도령의 몸에서 방출되어야 한다는 것이다. 또한 이 이슬은 놀랍게도 기독교 『성경』의 창세기에 나오는 에덴동산의 생명과生命果의 정체요, 동방에서 태고 때부터 찾고 있던 삼신산의 불로초와 불사약이라는 사실이 밝혀지게 되었다고 주장한다. 그러므로 에덴동산의 생명과나 삼신산의 불로초를 구하려면 이슬의 징표가 내리고 있는 장소와 그 주인공만 찾으면 된다. 이 놀라운 역사가 지금 한국 땅에서 이루어지고 있는데, 바로 부천시 역곡에 있는 승리제단이라고 강조한다. 승리제단의 교주인 조희성이 영생학회永生學會를 창설하여 수많은 사람들의 질병을 치료하고, 사람들에게 영원히 죽지 않는 비법을 가르쳐주며, 예배를 드릴 때 신도들에게 이슬 정신을 내려주고 있는 '이긴 자'이며 '정도령'이라는 주장이다. 따라서 하나님의 은총을 입어 영원히 살 수 있는 유일한 방법은 바로 정도

---

5   정철모 편역, 『영靈, 남사고예언서(격암유록) 원문 해설』(지성기획, 1988), 28쪽.

령의 '이슬성신'을 받는 일이다. 그들은 정도령은 감로해인甘露海印이 있어야 한다고 강조한다. 아무리 그럴싸한 말을 늘어놓아도 감로해인이 없으면 가짜 정도령이라는 주장이다. 그리고 이런 예언은 이미 『성경』, 『법화경』, 『도덕경』, 『중화경中和經』에서 모두 예언해 놓았던 일이라고 설명한다.

승리제단의 교주 조희성이 행하는 수많은 설교에서 감로해인 즉 이슬성신이 내린다고 믿는다. 그렇기 때문에 조희성이야말로 진짜 정도령이라는 것이다. 승리제단에서는 정도령인 조희성이 수많은 사람을 치료하여 젊어지게 하고 죽지 않게 하는 기적과도 같은 일들이 현재적 사건으로 일어나고 있다고 선전한다. 조희성이 신도들에게 가끔 이슬 같은 은혜를 내려주는데, 그의 설교를 듣고 있는 동안 신도들의 온몸이 이슬에 젖은 것같이 축축해진다는 것이다. 뿐만 아니라 조희성이 내려주는 생수는 신성한 생명수라고 믿는다.

문씨文氏 진인출현설

『격암유록』에 나오는 특정 구절을 자의적으로 해석하여 새로 올 진
인眞人의 성씨姓氏가 문씨文氏라는 주장도 있다.

『격암유록』「승운론」의 "천상성명天上姓名, 은비지문隱秘之文, 인지행
로人之行路, 정도야正道也요."라는 구절을 "하늘이 내린 성씨의 이름은
숨기고 감추어 보내신 문씨文氏이다."라는 주장이 있다.[1] 그는 "재림 예
수님, 미륵부처님, 하나님의 아들, 정도령이 문선명文鮮明씨이다."라고
강조한다.[2]

문선명文鮮明(1920~2012)은 통일교(현 세계평화통일가정연합)의 창시자이
다. 문선명은 평안북도 정주군에서 남평 문씨 집안에서 문용명文龍明이
라는 이름으로 출생하였다. 그는 6남 7녀 중 2남으로 태어났으며, 형
문용수의 기독교 신앙의 영향을 받았다고 한다. 그의 조부는 평양신학
교를 졸업한 문윤국 목사였다. 문선명은 1938년에는 서울에서 경성상
공실무학교 전기과를 다니며, 조선예수교회 계열의 명수대예배당에서
주일학교 교사로 활동하였다. 그 당시, 창경원이나 흑석동, 상도동 일
대에서 전도활동을 하였다. 1941년 일본으로 건너가 와세다대학 부설

---

1 구성모 역해, 『격암유록의 현대적 조명』(미래문화사, 1992), 111쪽.
2 구성모 역해, 『격암유록의 현대적 조명』(미래문화사, 1992), 136쪽.

고등공업학교 전기과에 유학하고, 한인학생회를 통하여 항일운동에도 가담했다. 졸업 후 귀국한 그는 1943년 12월 최선길과 약혼하였고, 1944년 5월 이호빈 목사의 주례로 결혼하였다. 문선명은 1945년부터 1946년 4월까지 김백문 목사의 '이스라엘수도원'에 참여한다. 이곳에서 김백문은 계시에 의하여 모든 신자가 보는 앞에서, 전 세계의 솔로몬왕의 영광이 그에게 임하게 될 것을 축복해 주었다고 한다.

　1946년에 문선명은 가족들을 남한에 남겨둔 채 홀로 월북하여 평양으로 떠나게 된다. 1946년 6월에는 당시 북한 정부(북조선인민위원회)의 신종교에 대한 탄압정책에 따라서, 종교를 사칭해 사기를 쳤다는 명목으로 허호빈이 적발되었다. 문선명은 허호빈과 관련이 있다는 죄목으로 조사를 받았으며, 남한에서 뚜렷한 이유 없이 월북하였다는 이유로 간첩혐의가 덧붙여졌다. 간첩혐의에 대해서는 뚜렷한 혐의가 나타나지 않아서, 사회질서문란죄로 1946년 8월부터 11월까지 수감되었다. 출옥 후 종교 활동을 통하여 신도 수가 점차적으로 많아졌으나, 북한의 종교탄압으로 인하여 다시금 간첩 혐의로 1948년 2월부터 5월까지 평양내무서 및 형무소에 수감된다. 5월에는 흥남노무자수용소로 이송되었으며, 이곳에서 1950년 10월까지 강제노역을 당한다. 1950년 한국전쟁 때 흥남에 상륙한 유엔군에 의해 석방되었다. 10일간의 평양 귀환 길에 문정빈, 박정화 등 옥중에서 전도한 네 명의 제자가 따라나섰다. 평양에서 다시 40일간 지승도, 옥세현, 정달옥, 김원필 네 명의 제자를 수습하여 평양을 떠난다. 1950년 12월 4일 평양을 떠나, 27일에 서울에 도착한다. 서울에 1주일 간 체류 후, 1951년 부산광역시로 피난하여 자신의 교리인 『원리원본』을 집필하여 1952년 완성하면서 부산과 대구광역시를 중심으로 새로운 사상을 바탕으로 포교활동을 시작한다. 지승도, 옥세현, 김원필, 이기완, 강현실 등이 초기의 신자였다. 1953년에는 대구로 개척 전도를 하며 세력 기반을 넓혀 나갔다.

　1954년 5월 서울로 기반을 옮기며 공식적으로 '세계기독교통일신령협회'를 창설하였다. 주로 대학가를 중심으로 전도활동을 벌이다, 1955

년에 통일교를 믿는 이대梨大와 연세대延世大 학생 및 교수들에게 퇴학 및 퇴직 명령이 내려지면서 기반이 약화되었다. 같은 해 7월에는 한국 전쟁 당시 병역기피 혐의로 서대문 형무소에 수감된다. 10월에 혐의에 대한 무죄판결이 나고, 문선명은 100일간의 수용소 생활을 마친다. 그후 용산구 청파동으로 본부를 옮기고 정착한다. 1957년에는 교리서인 『원리해설』(이후 1966년에 『원리강론原理講論』으로 증보되었음)을 발간하여 본격적인 종교 활동을 시작하면서, 1958년에 일본(최봉춘), 1959년에 미국(김영운, 김상철)에 선교사를 파송하는 등 초창기부터 해외 활동도 활발히 전개하였다. 1959년 청파동에 통일산업 공장을 세우며, 경제사업도 시작한다. 이 교단에서는 1960년부터 국제합동축복결혼식이라는 대규모 합동 결혼식을 진행하고 있다. 1960년에는 문선명과 한학자의 성혼식과 3쌍의 초대교인들이 참가한 축복결혼식이 열렸다. 1961년에 33쌍이 더 축복결혼에 참여함으로써, 총 36쌍이 탄생하였다. 1963년에 72쌍의 축복결혼식이 있었으며, 1965년에는 세계 40개국을 순방하며 120개의 성지를 지정하였다. 1966년에는 종교간의 화합을 내건 '초교파운동본부'를 설립하였다. 1968년 1월 1일에는 하나님의 날을 선포하였으며, 같은 해에, '국제승공연합'을 창설하여 승공 운동을 본격적으로 시작하였다. 그는 그 당시 유행하던 '공산주의에 반대한다.'거나 '공산주의를 박멸한다.'는 뜻의 '반공反共' 또는 '멸공滅共'보다는, 공산주의를 이기자는 뜻의 '승공勝共'이라는 용어를 사용하였다. 또한, 이 해 2월 22일에 430가정 축복식이 있었다. 1970년 9월에는 세계반공연맹 일본대회를 개최하였다. 1971년에는 기반을 미국으로 옮긴다. 1976년에는 워싱턴 마뉴먼트와 뉴욕 양키스 스타디움에서 대규모 집회를 하였다. 워싱턴 마뉴먼트 집회에는 30만 명의 인파가 몰렸다. 월돌프 아스토리아 호텔에서 제1회 세계언론인대회를 개최한다.

문선명은 1970년대에 미국에서의 선교로 기독교로부터 많은 개종자를 이끌어냈다. 하지만, 기독교 세력 등의 반발이 거세어졌고, 유대인들까지 적대시하였다. 결국 그는 관습에 따른 선교헌금에 대한 이자소

득의 세금을 신고하지 않아, 1984년 7월 20일, 미국의 댄버리 연방 교도소에 수감되었다. 이에 많은 종교인들의 반대운동이 벌어졌다. 이후 문선명은 모범수로 감형을 받아 13개월 만에 출감했다. 이후 문선명은 천주평화연합(UPF)이라는 민간기구를 만들어 민간 차원의 세계적인 평화 운동을 전개하였으며, 이를 모태로 하여 기존 UN의 단점을 보완하기 위한 활동을 벌였다. 이 기구는 기존 유엔이 각국 정부 대표들로 구성, 운영되는 데 반해, 192개 유엔 회원국의 정치, 경제, 사회, 종교, 문화계 지도자들이 민간인 신분을 유지하면서 자국 대표로 참여하는 범세계적인 민간 기구이다. 이를 통하여, 지역주의와 국가주의를 벗어나지 못하는 기존 유엔의 한계를 극복하고, 세계 평화 정착, 분쟁 해결, 빈곤 추방 및 환경 보전 등 인류의 보편적 가치의 실현을 목표로 삼는다.

문선명은 16세가 되던 1935년 부활절에 기도 중 예수로부터 '인류 구원 사업에 대한 엄중한 당부'를 받았다고 주장하며, 통일교에서는 그를 인류를 구원할 구세주, 메시아, 재림주로 믿으며 "참부모님"이라 칭한다. 그의 사상은 기독교의 경전인 『성경』을 기초로 삼는 등 기독교와 유사한 교리를 표방하고 있으나, 여러 가지 세부적인 측면에서 기독교와는 다르다. 통일교의 교리는 문선명, 한학자 양위분을 인류의 구세주 메시아 '참부모'로 믿고 모신다. 세계평화통일가정연합의 기본 교리 체계로 『원리원본』, 『원리강의안』, 『원리강론』 등을 낸 바 있으며, 이 중 『원리강론』은 제자 중 한 사람인 유효원이 집필한 것으로 통일교 교리의 집약체라고 할 수 있다. 세계평화통일가정연합의 기본 교리서인 『원리강론』은 유효원의 저작으로 전편 7장, 후편 6장으로 되어 있다. 전편은 창조원리, 타락론, 종말론, 구주론, 부활론, 예정론, 기독론으로, 후편은 제1~5장까지의 복귀원리와 제 6장의 재림론으로 되어 있다.

이씨李氏 진인출현설

조씨曹氏와 문씨文氏 이외에도 『격암유록』의 특정한 구절을 자의적으로 해석하여 장차 오실 진인眞人의 성姓이 이씨李氏라는 주장도 있다. 『격암유록』 「말운론」의 "영자지인변화군榮字之人變化君"이라는 구절의 영자榮字가 파자로 이씨李氏를 가리킨다고 주장하는 경우가 있다.[1] 왜 이러한 파자가 이씨李氏를 가리키는지에 대해서는 부연 설명이 없다. 다만 그 이씨李氏가 바로 법륜공法輪功의 창시자인 이홍지李洪志 (1951~)라고 주장한다. 또 진사성인辰巳聖人을 1976년과 1977년에 중국에서 기공氣功을 전한 최초의 기공사라고 풀이한다.[2] 리홍즈李洪志는 1951년 5월 13일에 중화인민공화국 지린성 궁주링시에서 출생한 중화인민공화국의 종교인이다. 파룬궁을 창시하였으며, 1996년에 미국으로 이주하였다. 1992년에 이홍지는 중국 장춘에서 처음으로 법륜대법法輪大法를 전수한 이래 중국 각지를 순회하면서 수십 차례에 걸쳐 학습반을 열고 전수하였으며, 짧은 시간에 중국 전역으로 퍼져 나가 7년만인 1999년에는 수련자 수가 1억 명을 넘어 서게 되었다. 이렇게 되

---

1 금강산신인 구술, 남사고 대필, 정호 파역, 정덕희 옮김, 『격암유록, 무엇을 예언했는가』 상(도서출판 그룹필, 2003), 70~71쪽.
2 금강산신인 구술, 남사고 대필, 정호 파역, 정덕희 옮김, 『격암유록, 무엇을 예언했는가』 상(도서출판 그룹필, 2003), 66쪽.

자 중국 당국은 파룬궁을 사교 집단으로 규정하였다. 1995년부터 오스트레일리아, 스위스, 캐나다, 미국 등 수많은 나라에서 강연을 하였다. 그리고 2001년과 2002년에 노벨 평화상 후보로 연속 추천받았다. 나아가 이들은 법륜공 창시자인 이홍지와 기축己丑(1949)년에 태어난 한국 부처님과의 합작으로 새 세상이 이루어질 것이라고 주장한다. 이제는 『격암유록』의 특정한 구절을 자의적으로 해석하여 중국의 종교인까지 새 세상을 열 진인眞人이라고 주장하는 것이다.

또 다른 진인출현설

한편 『격암유록』의 글귀를 나름대로 풀이하여 대구 달성동에 있는 청암사의 지존여래地尊如來 백운도주님이 영인靈人으로 소래산에 해당하고, 천존여래天尊如來 천지도주님이 신인神人으로 삼신산에 해당하고, 인존여래人尊如來 청암도주님(1945~)이 토土를 상징하여 노고산에 해당한다는 주장도 있다.[1] 나아가 그는 삼풍三豊을 위에 언급한 삼존여래三尊如來의 가르침이라고 해석한다. 그리고 석백石白을 "미륵부처님의 해인, 성인聖人의 증표"라고 주장하고, 현재 울산에 있는 청암사 미륵지청에 안치되어 있는 돌미륵이라고 주장하기도 한다.[2] 원래 천존天尊, 지존地尊, 인존人尊이라는 용어는 증산甑山 강일순姜一淳(1871~1909)이 처음으로 사용한 용어이고, 여래如來는 불교 용어이다. 따라서 위에 언급된 청암사라는 단체는 불교와 증산교의 영향을 받은 조직으로 짐작된다. 이들은 특별한 성씨를 진인으로 주장하지는 않고, 다만 세 명의 주요 인물이 가족관계라는 점을 강조한다.

---

1   김순열 해독, 『격암유록 상』(도서출판 대산, 2002), 107쪽.
2   김순열 해독, 『격암유록 하』(도서출판 대산, 2002), 122쪽.

맺음말

———

　『격암유록』이 조선朝鮮 중기中期에 실존했던 남사고南師古라는 풍수가에 의해 직접 작성된 비결서나 예언서는 아니다. 아주 오랜 시간이 흐른 뒤 남사고의 이름을 빌린 특정인 또는 특정집단의 인물들에 의해 특정한 의도 아래 '만들어진' 예언서가 바로 『격암유록』이다. 그렇지만 『격암유록』이 설령 특별한 의도를 가지고 전체가 조작된 위서僞書라고 하더라도, 나름대로 미래의 일이나 길흉화복을 예언한 위서緯書임은 분명하다. 이러한 책이 발행되고 거기에 열광하는 대중이 있다는 사실 자체가 하나의 종교현상인 것이다. 따라서 우리는 일단 『격암유록』도 우리 겨레의 대망신앙待望信仰을 담아내려는 중요한 사상적 그릇의 하나로 인정해야 할 것이다. 우리 겨레는 비결서가 제시하는 비전vision을 항상 필요로 해 왔고, 앞으로도 역시 그러할 것이다.

　기존의 조선시대를 대표하는 예언서인 『정감록』이 새로운 예언서로 대체되어야 할 필요성이 제기된 것은 자유당 정권이 몰락되던 1960년 4월 이씨李氏 왕조의 스물여덟째 왕으로 상징되던[1] 이승만李承晩이 실

────────

1　이승만이 27대 만에 끝나버린 조선왕조의 마지막 한 대를 황서黃鼠로 암시된 이승만이었다는 견해가 1950년대 무렵부터 비결동호인들 사이에 있어왔다는 주장이 있다. 최중현, 『한국메시아운동사 연구』 제2권(생각하는 백성, 2009), 382쪽.

각한 이후였다. 이씨 왕조를 뒤이어 등장한다던 정씨鄭氏 왕조에 대한 예언이 조속히 부정되어야 할 상황이 왔던 것이다. 이러한 역사적 맥락에서 새로운 세상을 건설할 진인眞人이 곧 출현할 것이고, 그의 성씨姓氏가 굳이 정씨鄭氏가 아니라도 상관없다는 인식과 이해가 널리 퍼졌고, 이를 뒷받침하는 예언서가 등장할 토대가 갖추어졌던 것이다. 이러한 시대적 상황에서 『정감록』을 기반으로 삼는 새로운 형태의 예언서인 『격암유록』이 나타났고, 이후 『격암유록』을 각자 나름대로 자의적으로 해석하는 여러 사람들이 출현하였다. 비결서나 예언서는 단순히 조작되거나 만들어지는 것이 아니다. 지나간 과거사를 분명히 맞추었다고 믿어지게끔 설득력을 갖춘 형태로 제시되어야 하며, 당시의 사회상에 맞는 형식이나 용어를 사용하여 상징이나 은유로서 드러나야 한다. 이제 앞에서 살펴보았던 긴 논의를 축약하는 결론은 다음과 같이 정리될 수 있다.

첫째, 『격암유록』은 『정감록』을 철저하게 오마주hommage한 예언서이다. 오마주는 흔히 영화에서 다른 작가나 감독에 대한 존경의 표시로 특정 대사나 장면 등을 인용하는 일을 가리킨다. 한마디로 말해 『격암유록』은 『정감록』이 없이는 결코 존재할 수 없는 예언서다. 『격암유록』은 십승十勝, 낙반고사유落盤高四乳, 궁궁弓弓, 궁궁을을弓弓乙乙, 궁을弓乙, 을을乙乙, 삼풍三豊, 양백兩白, 계룡鷄龍, 계룡석백鷄龍石白, 정감鄭鑑, 진인眞人, 정씨鄭氏, 진사성인출辰巳聖人出, 오미낙당당午未樂當當, 이재전전利在田田, 우성재야牛性在野, 소두무족小頭無足, 여인대화女人戴禾, 우하횡산雨下橫山, 십팔가공十八加公, 시상가관豕上加冠, 엄택곡부奄宅曲阜, 삼인일석三人一夕, 전내강도산奠乃降島山, 인부지간야박천소仁富之間夜泊千艘, 수종백토주청림須從白兎走靑林, 길성조림吉星照臨, 사답칠두寺畓七斗, 석정石井, 부금냉금浮金冷金, 이살태수吏殺太守, 엄마唵嘛, 묘각猫閣, 어양지말魚羊之末, 흑비장군黑鼻將軍, 백마신장白馬神將, 가정假鄭 등 많은 용어들을 『정감록』에서 빌려왔다. 따라서 『격암유록』은 『정감록』이 없었더라면 이 세상에 나올 수 없는 예언서라는 사실이 밝혀졌다. 이 외에도 『격암유록』에는 지기금지원위대강至氣今至願爲大降, 포덕천하布德天下, 시호시호時乎時乎 등 동학東學의 주문呪文과 검가劍歌에 나오는 용어가 보인다. 이러한 사실에 비추어볼 때 『격암유록』은 동학東學이 발생한 19세기 중 후반 이후의 어느 시점에 작성된 예언서가 분명하다.

한편 『정감록』에는 보이지 않고 『격암유록』에만 보이는 용어로는 해인海印, 정도령鄭道令, 남조선南朝鮮, 천근월굴天根月窟, 삼십육궁三十六宮, 혈하궁신穴下弓身, 보혜대사保惠大師 등이 있을 따름이다. 그리고 이러한 용어들은 사용 빈도가 낮다. 결국 『격암유록』은 『정감록』에 대한 이해나 해석이 없이는 결코 풀릴 수 없는 예언서다. 『정감록』에 대한 올바른 풀이가 선행되어야만 비로소 『격암유록』에 대한 접근이 가능한 것이다.

둘째, 『격암유록』은 『정감록』에 대한 기독교적 해석을 가한 책이다. 『격암유록』에는 유달리 기독교적 용어들이 많이 나온다. 성경聖經(「남사고비결」), 십자十字(「궁을론」), 말세末世(「새 삼오」, 「은비가」, 「농궁가」, 「극락가」, 「가사총론」), 성신聖神(「농궁가」, 「은비가」), 천국天國(「말운가」, 「격암가사」), 하나님(「격암가사」), 구주救主(「세론시」), 구세주救世主(「성운론」), 심판審判(「격암가사」), 심판일審判日(「말운론」, 「석정수」), 예언서豫言書(「말운론」), 보혈寶血(「생초지락」), 영생永生(「성산심로」, 「생초지락」, 「새 삼오」, 「은비가」, 「새 사사」, 「궁을론」, 「석정가」, 「격암가사」, 「사답가」, 「가사총론」, 「송가전」, 「말중운」), 강림降臨(「은비가」, 「성운론」), 천사天使(「은비가」, 「말운가」, 「도부신인」, 「성운론」), 재림再臨(「십승가」), 우리 주님 강님할 제(「궁을도가」), 천당天堂(「조소가」, 「가사총론」, 「출장론」), 천국天國(「격암가사」), 지옥地獄(「조소가」, 「출장론」, 「가사총론」, 「격암가사」), 종말終末(「송가전」), 종말일終末日(「송가전」), 복음전도福音傳道(「격암가사」), 삼위일체三位一體(「격암가사」) 등이 그 대표적인 예이다.

『격암유록』이 1970년대에 박태선朴泰善이 창립한 한국적 기독교계 신종교 교단인 전도관傳道館에서 작성된 예언서라는 점을 고려해보면 어쩌면 당연한 결론이다. 이처럼 많은 기독교적 용어가 『정감록』적인 구절이나 비결과 연관되어 서술된 것이 바로 『격암유록』의 실체인 것이다. 결국 『격암유록』은 기독교의 영향을 많이 받은 예언서이자 기독교적 해석이 많이 들어 있는 비결서다. 『격암유록』은 전통에서 벗어난 예언들을 강조하기도 하는데, 그 대표적인 사례가 바로 십승十勝에 대한 새로운 해석을 시도했다는 점이다.

『정감록』에서 십승十勝은 "열 군데의 빼어난"이라는 뜻으로 "땅이나 장소"를 가리키는 지地를 서술하고 설명하는 용어로 사용되고 해석되었다. 특히 십十은 '완전한 수數'를 뜻하는 용어다. 그런데 『격암유록』은 십승十勝 자체를 명사적 용법으로 해석하였고, 특히 '십十'자에 주목하여 이를 기독교의 상징인 십자가十字架와 연관시켰다. 한마디로 말해 『격암유록』은 『정감록』의 십승十勝을 기독교를 상징하는 용어로 풀이하였다. 즉 『격암유록』은 『정감록』에 보이는 용어에 대해 종교적 해석 특히 기독교적 개념화를 시도하였다. 기존의 『정감록』이라는 전통적인 예언서를 기독교적으로 재해석하여 『격암유록』은 1970년대라는 시공간을 대표하는 한국의 예언서로 역사의 무대에 등장했던 것이다. 따라서 『격암유록』은 기독교가 점차 국가와 사회의 중요한 종교로 대두되는 시대적 상황을 적극 반영한 예언서이다.

셋째, 『격암유록』은 예언서의 새로운 전범典範을 보여준다. 이른바 『정감록』이 왕조시대王朝時代를 대변하는 대표적 예언서였다면, 이제 국민주권주의와 의회민주제라는 새로운 정치체제를 포함한 근현대사회로 변화하는 정치, 사회의 변화상에 발맞춰 새롭게 등장한 예언서가 『격암유록』이다. 『정감록』이 전통사회의 왕조체제를 유지한 채 새로운 왕조의 등장을 예언했다면, 이제 『격암유록』은 세계구원世界救援이라는 종교 본연의 임무를 완수하기 위한 예언서로 등장한다. 따라서 『격암유록』에는 특정한 왕조를 이상화하는 일은 보이지 않는다. 물론 『격암유록』은 여러 가지 면에서 그 근간은 『정감록』의 틀을 유지하면서 『정감록』의 내용에 대한 다양한 해석이 가능하게 하는 형태로, 이제는 왕조교체가 아니라 새로운 종교적 구원의 형태로 새로운 사회의 등장을 약속한다.

예언서는 정치, 사회적 변화상을 적극 반영한다. 따라서 기존에 있던 예언서는 일정한 시기가 지나면 시대적 상황과 변화를 수용한 새로운 예언서로 등장한다. 결국 기존에 있던 예언서에 대한 여러 다양한 해석이 가능하며, 특정한 정치, 사회적 사건에 대한 예언과 이에 대한 새로운 해석이 포함된다. 예언서는 새로운 기대와 희망을 제시하며 현 사회를 나름대로 설명한다. 따라서 예언은 현재를 변화시킬 수 있는 새로운 추진력과 원동력을 제공하고 추동시킨다. 그러므로 예언에 대한 지나친 맹신은 금물이다. 보다 대국적 차원에서 예언에 대한 이해가 필요하다. 예언은 현 세계에 대한 다양한 설명체계의 하나로 인식해야 할 것이다.

넷째, 『격암유록』은 예언의 계속성을 확인할 수 있는 예언서다. 『격암유록』을 통해 예언의 중첩성이 확인되며, 기존에 있던 특정한 예언에 대한 재해석을 시도하며, 이른바 특정한 예언이 연속해서 그 실현성을 담보하는 형태로 다시 제기된다. 『격암유록』에는 기존의 『정감록』에 나오는 예언이나 비결이 상당히 많이 보이는데, 이러한 구절들을 나름의 시각으로 재해석하여 새로운 예언으로 제시하고 있다. 그리고 이후 발행된 많은 『격암유록』에 대한 해석서들은 각자의 방식과 관점으로 『격암유록』에 대해 자의적인 해설을 시도하여 예언의 역사를 이어가고 있다. 한 번 역사의 무대에 등장한 특정한 예언은 실현될 때까지 계속해서 인용되거나 새롭게 해석되는 경향성을 지닌다. 그리고 어떤 새로운 예언서가 나온다면 그 예언서는 반드시 그 사회와 역사에 이전에 있었던 예언서를 바탕으로 하여 등장한다. "하늘 아래 전혀 새로운 예언"은 있을 수 없다. 현재의 예언은 항상 과거에 있었던 예언을 근거로 삼아 등장한다.

다섯째, 『격암유록』은 특정한 의도를 지닌 단체에 의해 예언서가 창작될 수도 있다는 사실을 밝혀준다. 『격암유록』에는 새로운 성씨姓氏

를 지닌 인물이 새로운 구원자로 등장하고, 특정한 지역이 예언서에 구체적으로 언급되면서 구원의 중심지도 제시하였다. 따라서 『격암유록』은 새로운 형태의 예언서로 창작되어 다가오는 시기의 새롭고 다양한 해석에 열려있는 형태로 제시되었다. 예언서는 단순히 거짓으로 '조작된' 것이 아니라 시대의 변화와 사회의 발전을 반영하여 특별한 의도를 가지고 '고안된' 창작품이다.

여섯째, 『격암유록』은 총 분량의 절반 정도가 4. 4조의 가사체로 이루어져 있다. 가사체는 쉽고 용이하게 그 내용을 전달할 수 있다는 장점이 있으므로 특정한 예언의 전달력을 증가시킨다. 가사체는 순한문으로 이루어져 내용의 전파력에 단점이 있었던 기존의 전통적인 예언에 대한 현대적 변용을 시도하여 보다 쉽고 간단하게 예언을 퍼뜨린다. 『정감록』에 이해하기 어렵게 표현되었던 한문체의 예언들이 이제 『격암유록』에서는 일반 사람들도 쉽게 해석과 접근이 가능한 가사체로 작성되기 시작했다. 예언에 대한 일반화를 시도한 것이다. 물론 우의적寓意的인 표현과 그 속에 담긴 애매모호함 때문에 숨겨진 속뜻을 이해하는 데에는 어려움이 많이 있지만, 표현방식만은 한글세대도 이해할 수 있게 만들어진 예언서가 『격암유록』이다.

참고문헌

「감결」, 『정감록』, 한성도서주식회사, 1923.

「감인록」, 『정감록』, 한성도서주식회사, 1923.

「경주이선생가장결」, 『정감록』, 한성도서주식회사, 1923.

「남격암십승지론」, 『정감록』, 한성도서주식회사, 1923.

「남경암산수십승보길지지」, 『정감록』, 한성도서주식회사, 1923.

「남사고비결」, 『정감록』, 한성도서주식회사, 1923.

「도선비결」, 『정감록』, 한성도서주식회사, 1923.

「동차결」, 『정감록』, 한성도서주식회사, 1923.

「두사충요결」, 『정감록』, 한성도서주식회사, 1923.

「무학전」, 『정감록』, 한성도서주식회사, 1923.

「비지론」, 『정감록』, 한성도서주식회사, 1923.

「산록집설」, 『정감록』, 한성도서주식회사, 1923.

「삼도봉시」, 『정감록』, 한성도서주식회사, 1923.

「서계결언」, 『정감록』, 한성도서주식회사, 1923.

「서계이선생가장결」, 『정감록』, 한성도서주식회사, 1923.

「신효자의조사비전」, 『정감록』, 한성도서주식회사, 1923.

「양류결」, 『정감록』, 한성도서주식회사, 1923.

「오백론사」, 『정감록』, 한성도서주식회사, 1923.

「요람역세」, 『정감록』, 한성도서주식회사, 1923.

「운기구책」, 『정감록』, 한성도서주식회사, 1923.

「유산결」, 『정감록』, 한성도서주식회사, 1923.

「윤고산여유겸암문답」, 『정감록』, 한성도서주식회사, 1923.

「이본정감록」, 『정감록』, 한성도서주식회사, 1923.

「이토정비결」, 『정감록』, 한성도서주식회사, 1923.

「정감문답」, 『정감록』, 한성도서주식회사, 1923.

「정감이심토론결」, 『정감록』, 한성도서주식회사, 1923.

「정이감여론」, 『정감록』, 한성도서주식회사, 1923.

「진험」, 『정감록』, 한성도서주식회사, 1923.

「징비록」, 『정감록』, 한성도서주식회사, 1923.

「초창결」, 『정감록』, 한성도서주식회사, 1923.

「출무록제」, 『정감록』, 한성도서주식회사, 1923.

「토정가장결」, 『정감록』, 한성도서주식회사, 1923.

「토정결」, 『정감록』, 한성도서주식회사, 1923.

「토정묘결」, 『정감록』, 한성도서주식회사, 1923.

「호남소전」, 『정감록』, 한성도서주식회사, 1923.

「괴서 『정감록』 해부」, 『삼천리』 제9권 제5호, 1937년 10월호.

구성모 역해, 『격암유록의 현대적 조명』, 미래문화사, 1992.

금강산신인 구술, 남사고 대필, 정호 파역, 정덕희 옮김, 『격암유록, 무엇을 예언했는가』
        상, 도서출판 그룹필, 2003.

김수산 · 이동민 공역저, 『정감록』, 명문당, 1981.

김순열 해독, 『격암유록』 상 · 하, 도서출판 대산, 2002.

김은태 편저, 『정도령正道令』, 해인출판사, 1988.

김 탁, 『조선의 예언사상』 상 · 하, 북코리아, 2016.

_____, 『한국의 보물, 해인』, 북코리아, 2009.

김하원, 『격암유록은 가짜, 정감록은 엉터리, 송하비결은』, 도서출판 인언, 2004.

_____, 『위대한 가짜예언서 격암유록』, 도서출판 만다라, 1995.

김홍철 편저, 『한국신종교대사전』, 도서출판 모시는 사람들, 2016.

무라야마 치준村山智順 저, 김희경 역, 『조선의 점복과 예언』, 동문선, 1990.

신유승 해독, 『격암유록』 제1권, 제2권, 제3권, 세종출판공사, 1987

심광대사, 『땡땡땡』, 창조출판사, 2000.

안춘근, 『정감록집성』, 아세아문화사, 1973.

_____, 『정감록집성』, 아세아문화사, 1981.

양은용, 「풍수지리설과 정감록」, 『종교문화연구』 19집, 2012.

유성만, 『신 격암유록』, 도서출판 한솜미디어, 2004.

유성만 해독, 『신 격암유록』 후편, 한솜미디어, 2005.

이완교, 『주역과 격암유록』, 도서출판 아름다운 사람들, 2008.

이태희, 『십승지』, 도서출판 참나무, 1998.

정철모 편역, 『영靈, 남사고예언서(격암유록) 원문 해설』, 지성기획, 1988.

조성기 주해, 『한국저명대전집 1 격암유록, 삼역대경, 대순전경』, 태종출판사, 1977.

차천자車天子, 「신해新解 정감록鄭鑑錄」, 『별건곤』 11호, 1928년 2월.

최중현, 『한국메시아운동사 연구』 제2권, 생각하는 백성, 2009.
호세이細井 肇, 「비결집록」, 『정감록』, 자유토구사, 1923.

찾아보기

정감록과 격암유록

초판1쇄 발행 2021년 10월 30일
초판2쇄 발행 2024년 5월 30일

지은이 김 탁
펴낸이 홍종화

주간 조승연
편집·디자인 오경희 · 조정화 · 오성현
　　　　　　　 신나래 · 박선주 · 정성희
관리 박정대

펴낸곳 민속원
창업 홍기원
출판등록 제1990-000045호
주소 서울 마포구 토정로 25길 41(대흥동 337-25)
전화 02) 804-3320, 805-3320, 806-3320(代)
팩스 02) 802-3346
이메일 minsok1@chollian.net, minsokwon@naver.com
홈페이지 www.minsokwon.com

ISBN 978-89-285-1660-5 93230

ⓒ 김탁, 2021
ⓒ 민속원, 2021, Printed in Seoul, Korea